贵 州 大 学 社 会 科 学 出 版 基 金
贵 州 省 高 校 人 文 社 科 研 究 基 地　联合资助
马克思主义经济学发展与应用研究中心

贵州省旅游业可持续发展理论与实证研究

Sustainable Development of Travel Industry in Guizhou Province: A Theoretical and Empirical Study

李锦宏　著

经济管理出版社

图书在版编目（CIP）数据

贵州省旅游业可持续发展理论与实证研究/李锦宏著.
—北京：经济管理出版社，2011.1
ISBN 978-7-5096-1252-1

Ⅰ.①贵… Ⅱ.①李… Ⅲ.①旅游业—可持续发展—研究—贵州省 Ⅳ.①F592.773

中国版本图书馆CIP数据核字(2011)第000835号

出版发行：经济管理出版社
北京市海淀区北蜂窝8号中雅大厦11层
电话：(010) 51915602 邮编：100038

印刷：三河市海波印务有限公司 经销：新华书店

组稿编辑：曹 靖 责任编辑：曹 靖
责任印制：杨国强 责任校对：李玉敏

787mm×1092mm/16 15印张 365千字
2011年12月第1版 2011年12月第1次印刷
定价：39.00元
书号：ISBN 978-7-5096-1252-1

序

时逢中央提出并实施西部大开发战略十周年之际，李锦宏教授精心撰写的《贵州省旅游业可持续发展理论与实证研究》一书即将付梓，我愿借作此序表示诚挚的祝贺。目前，资源短缺、环境污染和生态恶化已经成为制约经济社会发展的“瓶颈”；经济发展、资源利用及环境保护所构成的矛盾已成为当今世界各国所共同面临的重大挑战。可持续发展作为一种科学的发展观，已成为人类社会新文明时期的旗帜与灵魂。无论是体现发展目的还是破解发展难题，可持续发展都是关键，是核心，是根本。

区域旅游可持续发展是旅游可持续发展的区域化和具体化。以区域为单位研究旅游可持续发展有利于协调旅游业和其他部门的发展关系，有利于突出区域内部旅游特色，有利于形成互利共生、协调统一的利益格局。贵州旅游资源将粗犷、原始、神秘和精绝融为一体，是自然景点景观、气候物种、湖泊山川、民族风情、宗教圣地、社会发展等的综合缩影。以“多彩贵州风”为标志，贵州省旅游产业正蓬勃发展，但切不可忽视旅游开发所面临的人口、资源、环境、生态、经济等诸多问题，不可忽视贵州省旅游业发展所呈现的多形态表象。要解决这些问题，必须遵循人类与生态环境和谐共存的原则。基于此，可持续发展已成为贵州省旅游业首要的、必然的选择。

本书是李锦宏教授在多年从事区域旅游经济理论问题研究和对实际进行调查研究的基础上撰写而成，涉及贵州省实现旅游业可持续发展的各方面相关问题。既有对理论问题的深入分析、探讨，又有对实践的总结、归纳；既有对贵州省旅游产业的展望，又有对区域内典型案例的论证、检验；既有对贵州省旅游业发展的长期战略思考，又有针对目前发展现状中所应实施的重点与关键点而进行的具体思考。主要特色表现在以下几个方面：

一是研究的系统性、综合性强。旅游业可持续发展是一个涉及多方参与的复杂系统工程。本书涉及贵州省实现旅游业可持续发展的各个方面，并将它们组成一个有机的、各有侧重的整体，增强了全书的逻辑性和系统性。

二是研究内容具有创新性。本书从系统论角度出发，把区域内经济、社会、生态、文化四要素组成人与自然和谐的旅游业可持续发展系统，并对旅游业可持续发展系统进行解析与优化，进而构建旅游业可持续发展系统的理论分析框架。

三是研究方法的科学性。本书特别重视理论方法的严谨、科学和实际应用验证，例如AHP法系统分析法的应用，增强了研究方法的科学性，使本书在体系上、方法论上具有创新特点且别具一格。

四是理论分析与实证研究的紧密结合。首先，将多学科理论和方法交叉与融合，建立旅游业可持续发展的理论体系，不仅使理论体系十分系统、完整和丰满，而且使多学科理论在这个理论体系中各就其位、各得其所。其次，利用可持续发展的四要素构建旅游业可持续发展评价指标体系，选取贵州省民族地区典型区域进行实证分析，旨在评估贵州省旅游运行状况、实现程度和发展效果。

五是指导旅游实践具有可操作性。书中提出的对策在宏观上需政府主导，微观上需社区参与，这一模式体系是对旅游业可持续发展这一复杂的系统工程科学的解读。

李锦宏教授的这本著作内容丰富，视野开阔，观点新颖，见解精辟，理论与实际结合紧密，论述高屋建瓴，对贵州省民族地区旅游业发展的实践进行了提炼和升华。从书中可体会到作者的不凡思维、创新观念和卓越见解，是一本有关贵州省旅游研究的经典之作。研究贵州省旅游业的可持续发展，将对西部地区甚至全国旅游业走可持续发展道路起到示范作用和带动作用。本书的出版，无论是对于从事贵州旅游研究的科研工作者，还是对于从事旅游实务的管理者以及有志从事旅游业的人们，都具有重要的参考价值。

愿有更多的人关心和重视旅游产业的建设，让旅游业可持续发展与旅游经济之花并蒂盛开，相得益彰。

愿旅游业可持续发展的研究能在理论和实践的结合上取得更多优秀成果。我相信，本书的出版对推进贵州省旅游业的可持续发展将大有裨益。

是为序。

金彦平
（北京林业大学经济管理学院教授、博士生导师）

目　录

第一章 导 言

一、问题的提出

（一）研究背景

“二战”以后，旅游业在世界经济发展中占据重要的地位，世界旅游业获得了高速的发展，已经成为当今人们的一种大众化的生活方式。20 世纪 60 年代后，世界旅游业逐步确立了其在世界经济中的地位。世界旅游组织预测，到 2020 年，全球将接待 16 亿国际旅游者，国际旅游消费将达到 2 万亿美元，国际旅游人数和旅游消费支出的年均增长率分别为 4.35% 和 6.7%，远远高于世界经济年均 3% 的增长率。① 20 世纪 80 年代之后，随着可持续发展思潮在世界范围的兴起，旅游业者开始认识到，如果旅游与环境不能共存，旅游业必将成为一个短命产业，也意识到旅游业的发展对人类和自然遗产的依赖、对生态系统稳定性和持续性的影响，以及旅游需求对于人类尤其是对于未来人类基本需求的重要性。在此背景下，旅游可持续发展的概念被提了出来。

据世界旅游组织预测，世界旅游热点将向亚太地区转移，位于亚太地区的中国将成为世界最大的国际旅游目的地和第四大旅游客源国。中国旅游业经过改革开放以来 30 多年的发展，已经具备支柱产业的规模，并显示出强劲的发展势头，旅游的侧重点正逐渐由东部沿海地区向西部地区转移。

贵州省位于中国大陆的西南部，总面积 17.62 万平方千米，占全国国土面积的 1.8%，人口约 3975.48 万人。贵州省是我国旅游资源极为丰富的省份，目前集观光、度假和深度文化体验于一体的新型和谐旅游目的地正在悄然形成。贵州省共有 13 个国家级风景名胜区，5 个国家级自然保护区，9 个全国重点文物保护单位，24 个省级风景名胜区，239 个省级文物保护单位。② 同时，贵州省是一个多民族的省份，世居着汉族、苗族、布依族、侗族、土家族、彝族等 18 个民族，少数民族人口占总人口的 38.98%。多种族群和不同地域的文化因子经过反复对撞和相互涵化，逐渐积淀在贵州文化的各个层面中，其建筑、服饰、饮食、婚俗、祭祀、节庆、艺术等，无不蕴涵着异彩纷呈的人文底蕴，成为中华民族一笔珍贵的文化遗产。各民族历史悠久，其独特的民族文化、风俗习惯和生产生活方式都成为民族旅游重要的资源，民族旅游发展所依赖的这些资源，多集中在少数民

---

① 戴松年，纵瑞昆．国际旅游学［M］．上海：学林出版社，2004：2－5.

② 吕萍．贵州旅游资源与可持续发展［J］．铜仁师范高等专科学校学报，2005，（9）：24－27.

族聚居地区，贵州精品旅游线路多数也集中在民族区域，如黔东南苗、侗族文化体验游——古文化游——民族民俗旅游等。因为这些资源由于过去的封闭而保持得较完整，多数边远民族聚居区的经济又多处于相对不发达状态，多数的少数民族群众都处于相对的贫困状态，民族旅游的开发给少数民族群众提供了脱贫致富的机会，打开了致富的大门。贵州省民族地区独特的旅游资源，在很大程度上注定了作为全省优势产业的重要地位，民族地区所拥有的旅游资源是旅游开发的决定性条件。同时，民族地区旅游业发展具有极大的扩散效应，能够带动和振兴其他产业的发展，并优化产业结构，对于拓宽就业渠道、增加就业机会、对于赚取外汇、回笼货币、促进贵州国民经济等方面具有“引爆作用”。据有关部门统计，2008 年贵州实现旅游收入 640 多亿元，同比增长 27% 以上，共接待中外游客 3900 万人次，比上年增长 36%。旅游收入已经成为贵州省国民经济新的增长点。目前，贵州已将旅游业作为经济发展的支柱产业，要实现这一目标，贵州的旅游业发展必须走可持续发展之路，而研究贵州民族地区旅游业的可持续发展就更具有典型性和代表性。

（二）研究目的

本书以旅游业的可持续发展为指导思想，采用贵州民族地区旅游业发展为个案研究对象，以实证分析和规范分析相结合，结合外部的政治制度、文化教育和生态环境等因素，综合运用旅游经济学、区域经济学、博弈论、系统论和社会学等学科的理论和方法，系统研究贵州民族地区旅游业的发展问题，集中研究贵州民族地区内部的社区居民、旅游企业、政府和旅游者之间多元市场主体的复杂利益关系，探索更有效的贵州民族地区旅游业可持续发展的模式和途径。

本书通过对贵州省民族地区旅游业发展的条件分析，根据旅游业发展所处的不同历史演进阶段，以大量关键性数据，分析贵州省旅游业发展的现状，通过剖析贵州民族地区旅游业发展的经济、社会和文化方面存在的障碍，进一步研究适应贵州民族地区旅游业发展的政策安排，为促进旅游业跨越式发展，实现贵州民族地区旅游业可持续发展提供理论支撑和政策建议。

（三）研究意义

1. 理论意义

（1）随着国内旅游业的迅猛发展，国内学者对旅游业可持续发展的定义、发展模式、现状等方面研究逐步的深入，本书在此基础上，系统地阐述了可持续旅游的相关理论，并以系统论为研究视角，选取贵州省民族地区旅游业可持续发展作为个案研究对象。

（2）目前，对民族地区旅游业的可持续发展研究稍显薄弱，一般文献都是以研究旅游资源为主，而置于民族地区宏观经济发展背景下进行研究的少。本书在界定旅游可持续发展相关概念及分析相关理论的前提下，选择民族地区作为案例，将旅游业发展置于民族地区的宏观经济发展背景下，从而对民族地区旅游业可持续发展的模式作进一步的探索与研究。

（3）在提出贵州省旅游业可持续发展评价指标体系的基础上，本书以黔南州、黔东南州为例进行实证研究，以此为依据，提出适合民族地区旅游业可持续发展的模式——基于社区参与，并以社区参与为主线对其发展模式的构建、确立和选择等方面做进一步的探讨，形成指导性的理论成果，将民族地区旅游业可持续发展提升到理论层次。

2. 实践意义

20 世纪 90 年代后期，我国旅游业赢得了全方位发展的新机遇，旅游业在国民经济发展中的作用不断显现，已经成为我国第三产业中最具活力和潜力的新兴产业，成为我国经济新的增长点。国家旅游局《中国旅游统计年鉴》和国家统计局《国民经济和社会发展统计公报》统计数据已表明，我国旅游业发展已顺利步入了世界旅游大国的行列。因此，在此基础上提出推进我国从世界旅游大国到旅游强国的目标跨越，及时开展我国旅游业可持续发展的理论研究具有重大而深远的战略意义。

贵州省普遍面临着资源资源富有与经济生活贫困的矛盾，从生存与发展的现实需要看，贫困是该地区经济与社会发展中面临的最主要问题，因此，研究贵州省旅游业可持续发展问题，对于促进该地区旅游业“又好又快”的发展，极大带动相关产业综合发展，为当地居民提供就业机会，增加其生活保障，推进脱贫致富奔小康的进程具有十分重要的现实意义。

本研究有利于解决贵州省旅游业可持续性难题，对贵州省全面建设小康社会、深入贯彻与执行“三个代表”重要思想、实现贵州省社会稳定及各民族共同发展具有重要影响，对进一步推动贵州省新农村建设积极实践、加快贵州省城乡统筹发展具有重要实践指导意义。书中所构建的可持续发展评价指标体系可以有效地适用于贵州省旅游业可持续发展问题的分析评价，并为贵州省旅游业的决策者提供具有参考价值的对策建议。

二、国内外相关研究现状

（一）国外研究现状

1. 旅游业可持续发展实现形式——乡村旅游研究

国外对乡村旅游的研究主要从以下几方面展开：

（1）乡村旅游的定义。国外普遍认可的乡村旅游的定义侧重于乡村特性的考虑。乡村旅游从经济、社会、生态环境和乡村空间组织等多方面影响着乡村发展，乡村旅游的综合作用是国外研究的重要领域。在发达国家的各级政府中，旅游业被视为乡村经济增长和创造就业机会的源泉，乡村旅游业是乡村发展的战略产业。

（2）乡村旅游与乡村可持续发展的关系。乡村旅游与乡村可持续发展的相互关系也一直是海外乡村旅游研究的重要内容。人们通过具体案例对区域旅游可持续发展途径做了大量研究，其中包括旅游开发与乡村外部条件相适应，从而建立起旅游协调发展的模式。也有学者从地方政府的态度出发来研究社区参与对旅游可持续发展的影响，或者从旅游发展评价的角度探讨区域旅游可持续发展作为区域规划的重要组成部分，乡村旅游能够刺激地方商业、创造工作机会，促进地区经济发展。

（3）乡村旅游的驱动因素。乡村旅游主要的驱动力是内需。都市里的人们生活节奏快，工作压力大，渴望回归自然，放松身心，对乡村遗产、乡村传统兴趣增加，而以自然、清新的田园风光和浓郁的乡村民俗文化为特色的乡村旅游，相比出境观光游具有省时、省钱的优势，正满足了市民的需求。乡村旅游的其他驱动因素（动因）还包括：各种媒体对乡村旅游体验的宣传，加深了对乡村旅游的宣传力度，使乡村旅游逐渐深入人心；人们环保意识的增强，渴望追求一种更加环保的旅游方式；交通、通信等设施的改善，提高了乡村旅游地的可进入性；自助式的私人旅行日益增多；短期假日增多，都市人工作方式和休闲活动多样化；等等。

（4）经验借鉴。Suzanne 和 Wilson 通过调查美国伊利诺伊州的乡村旅游业发展，并通过对从业者进行实地走访调查，得出乡村旅游开发成功的有关经验，① 可以概括为以下几点：

①要有完整的产品组合，重视提高整个乡村社区的吸引力。

②当地政府的支持与参与。

③完整的战略规划。

④建立乡村旅游经营者（企业家）之间的协作关系。

⑤成立旅游中介组织。

⑥社区对旅游业的广泛支持。

⑦旅游产业开发和营销的信息技术支持。

2. 旅游业可持续发展实现形式——生态旅游研究

Lindberg 在其著作中揭示了生态旅游对社区的积极的经济和文化影响。② Martha S. Honey 也通过对加拉帕戈斯群岛生态旅游发展的研究得出结论：当城市的大私人企业控制和获取生态旅游收入时，当地社区的生态旅游收入很少。③ Weaver 在其著作《生态旅游》一书中也提到生态旅游对社区文化、经济及环境的影响（其中包括积极影响和消极影响、直接影响和间接影响）。④

3. 国外理论界提供旅游业可持续发展的理论支点

关于增长极的理论。增长极理论是法国经济学家弗朗索瓦·佩尔鲁克斯于 20 世纪 50 年代中期创立的，增长极理论是一种非平衡发展理论。无论是产业增长极还是区域增长极都具有极化效应和扩散效应。贵州省主要是考虑以旅游业为主导产业通过其极化效应和扩散效应来实现可持续发展，达到脱贫致富的目标。

关于比较优势的理论。该理论分为静态比较优势论和动态比较费用学说。静态比较优势论由英国大卫·李嘉图提出，其核心是根据资源禀赋从生产要素相对差别角度参与国际分工。根据此种理论贵州省适宜发展旅游业来建立新的增长机制，因此，在实施旅游业的可持续发展时可以将其资源优势转化为经济优势。动态比较费用学说是由德国经济学家李斯特提出来的，该理论具体到区域经济发展来看可以概括为区域比较优势是不断变化的。发展旅游业，实施可持续发展是谋求长期可持续的动态竞争优势。

关于旅游乘数的理论。该理论强调发展旅游业对我国经济产生的直接效应、间接效应和诱导效应是极其强大的。

关于可持续发展的理论。旅游业可持续发展作为社会可持续发展的一个子系统，是一

---

① Suzanne Wilson, Daniel R. Fesenmaier, Julie Fesenmaier, and John C. van Es. Factors for Success in Rural Tourism Development [M] . Journal of Travel Research, Nov. , 2001: 132 – 138.

② Lindberg K. An Analysis of Ecotourism' s Economic Conservation and Development in Belize [J] . Washington D. C. : World Wildwife Fund, 1994: 569 – 571.

③ Martha Honey. Ecotourism and Sustainable Development. Who Owns Paradise [J] . Washington D. C. : Island Press, 1999: 252 – 257, 345 – 349, 399 – 404.

④ David Weaver. Ecotourism [M] . John Wiley & Sons, Inc. 2001: 137 – 182, 183 – 238, 329 – 374.

个动态的过程，它强调时间维度和空间维度。从时间维度上讲它强调代际公平；从空间维度上讲则强调代内公平。贵州省选择旅游业作为经济启动点是追求可持续发展的。因为旅游业是一个特殊的产业，相对于其他产业来说，本身在供给和需求方面具有一种可持续性。

4. 国外旅游业可持续发展成功经验的借鉴

近几十年来，不论是发达国家还是发展中国家，旅游业的可持续发展都有了长足进步，各国都根据本国的旅游资源特色和实际情况开展了各种形式的旅游活动，如英国、匈牙利等欧洲国家的乡村旅游，肯尼亚、南非等国家的生态旅游等。在这些国家开展的旅游活动中都存在着一个共同的特点——社区参与在其中发挥了重要作用，从而使旅游活动实现预期效果，极大地促进了旅游目的地经济、社会、生态和文化的发展，实现旅游业可持续发展的目标。

（二）国内研究现状

随着“可持续旅游”的提出，旅游业可持续发展迅速成为旅游学界关注和讨论的热点话题。国内不少旅游专家和学者围绕旅游业可持续发展这一主题积极探讨，不断赋予其中国特色的内涵，有力地促进了我国旅游业可持续发展的研究和实践。对国内旅游业可持续发展研究现状概括为以下四点：

1. 旅游业可持续发展研究内容的多元化

总的来看，研究者们主要从经济学方向、社会学方向、生态学方向和文化学方向去揭示旅游可持续发展的内涵与实质。

（1）旅游可持续发展研究的经济学方向。司金鸾在可持续旅游消费的理论指导下，重点探究了可持续旅游消费的行为准则、动力机制、形式与结构、“链环影响”及其发展目标等关键问题。① 刘亭立、赵小丽借助经济学分析工具——外部性理论对旅游可持续发展中出现的问题进行了剖析，指出要实现旅游可持续发展，政府要有适当的介入，通过宏观调控对失灵的市场机制进行修正。② 丁赛分析了民族地区旅游经济的可持续发展问题。③

（2）旅游可持续发展的社会学方向。从社会学方向研究旅游可持续发展问题是近几年兴起的趋势，主要是旅游人类学方向。彭兆荣认为旅游业“可持续发展”概念的提出，不仅表现出人与环境的“可持续性关系”，也表现出人与人、民族与民族、族群与族群、不同的社会、不同的文化类型之间的关系可以得到平等、良性、保护性的“可持续发展”。④

（3）旅游可持续发展研究的生态学方向。近年来，国内旅游研究的热点是生态旅游和乡村旅游。唐飞、陶伟呼吁，我国应建立以政府、旅游企业和旅游者为主体的生态—社会—经济复合系统，以确保旅游业可持续发展。⑤ 金华、杨竹莘提出了基于环境脆弱因子的建设规模容限值计量模型，并在典型的生态旅游区——张家界进行了验证。⑥

① 司金鸾．中国可持续旅游消费理论问题探讨［J］．社会科学，2001，（10）：20－24.

② 刘亭立，赵小丽．可持续旅游发展的经济学分析工具［J］．北京第二外国语学院学报，2002，（4）：45－47.

③ 丁赛．民族地区旅游经济可持续发展分析［J］．西南民族大学学报，2005，（4）：123.

④ 彭兆荣．旅游人类学［M］．北京：民族出版社，2004.

⑤ 唐飞，陶伟．建立旅游可持续发展的复合系统［J］．东北财经大学学报，2001，（2）：28－30.

⑥ 金华，杨竹莘．生态旅游区环境变化与可持续旅游发展［J］．中国人口资源与环境，2002，（3）：95－98.

（4）旅游可持续发展研究的文化学方向。国内多数学者认为旅游文化是旅游可持续发展的源泉。张文祥指出，可持续发展对当代旅游审美文化和人们的审美观念有重要影响，它改变着人们的旅游消费观念，必将影响旅游开发的方向和旅游业的整体发展。[①]

现有研究成果表明，旅游业可持续发展已经成为旅游学科关注的前沿领域之一，其研究已表现出显著的多学科、跨学科共同参与的特点。

2. 民族地区旅游业发展存在的问题研究

吴云超在《民族地区旅游业可持续发展探讨》一文中指出，民族地区落后的经济严重影响了旅游业的发展，带动不了当地人对旅游业的参与度，是旅游经济发展迟缓的主要原因。[②] 冯莉在《西部少数民族地区旅游经济发展研究》一文中指出，少数民族地区发展旅游业往往忽视民族特色、历史特色和地方特色。[③] 赵大有则认为是由于民族文化的传承与外来经济观念的矛盾，使民族文化产品的吸引力降低，从而使民族地区旅游业的发展滞后。

3. 发展民族地区旅游业应采取的对策建议研究

目前，国内研究贵州民族地区旅游业发展问题，专家、学者主要是从旅游经济学和民族经济学角度进行的，提出了大量的对策建议。殷红梅、杨龙主张发挥贵州民族地区的旅游资源优势，确保资源保护与使用率。[④] 赵大有主张一方面走生态环境旅游之路，另一方面大力发展民族文化，打造民族文化旅游品牌。[⑤] 颜丽虹则主张在促进民族地区旅游业可持续发展时，应充分调动村民自愿参与的积极性与主动性，使保护和传承民族传统文化有着强大的内在支持力和持久性功力。[⑥]

4. 旅游业可持续发展的模式研究

（1）社区参与模式。该模式将社区居民作为旅游业发展主体，认为社区居民应积极参与旅游开发，使他们的意见、需要和诉求能够通过正式参与渠道得以表达，并从中受益。在贫困地区发展旅游业的目标是帮助贫困人口在旅游发展中获益和增加发展机会，而社区参与旅游是实现这一目标的有效途径，成为实现旅游业可持续发展的主要模式之一。以罗永常为代表的学者认为社区参与可以提高旅游产品的质量，保护旅游资源和环境，有利于旅游业的可持续发展。[⑦]

（2）政府主导型模式。政府利用经济手段、法律手段和行政手段为企业投资和经营创造良好的环境，引导旅游业健康发展。以石朝平、刘宝巍、杨国靖为代表的学者均认为，政府应在旅游业发展中发挥主导作用，提出了政府主导型的旅游业可持续发展模式。其中石朝平提出，旅游业中的政府主导主要是统筹规划、掌握政策、信息引导、组织协调、提供服务和检查监督。政府主导主要体现为“规划、发展、促销、管理、协调”等方面的工作。政府应该实现政策主导、法规主导、管理主导。[⑧]

---

① 张文祥．浅论可持续发展对当代旅游审美文化的影响［J］．桂林旅游高等专科学校学报，2000，11（1）：60－62.

② 吴云超．民族地区旅游业可持续发展探讨［J］．经济理论研究，2008，（10）：9－10.

③ 冯莉．西部少数民族地区旅游经济发展研究［J］．西南民族学院学报，2000，（4）：24－26.

④ 殷红梅，杨龙．贵州喀斯特民族地区旅游业可持续发展研究［J］．贵州师范大学学报，2008，（8）：26－30.

⑤ 赵大有．民族地区旅游业可持续发展思考［J］．科技创业月刊，2007，（3）：15－16.

⑥ 颜丽虹．少数民族地区民族文化旅游发展研究［J］．边疆经济与文化，2007，（12）：20－22.

⑦ 罗永常．乡村旅游社区参与研究——以东南苗族侗族自治州雷山县郎德村为例［J］．贵州师范大学学报，2005，（4）.

⑧ 石朝平．贵州旅游产业发展模式剖析［J］．山地农业生物学报，2003，（4）：351－356.

（3）股份制模式。在开发旅游资源时，可采取国家、集体和农户个体合作，把旅游资源、特殊技术、劳动量转化成股本，收益按股分红与按劳分红相结合，进行股份合作制经营。通过“股份制”的旅游开发模式，把社区居民的责（任）、权（利）、利（益）有机结合起来，引导居民自觉参与他们赖以生存的生态资源的保护，从而保证旅游的良性发展。如贵州花溪天河潭在发展乡村旅游时就采用了这种模式。

（三）国内外研究现状概述

由于国外学者起步较早，在旅游业以及社区参与旅游的研究方面已经形成了较为完整的体系，积累了大量的成果，在若干研究结论上形成了共识。20 世纪 80 年代后随着旅游业的深入发展，国外有关乡村旅游经营、开发、管理等方面的问题迫在眉睫，对旅游业进行研究的价值与意义愈益凸显。因此，越来越多的研究关注于此，研究的深度和广度也不断得到扩展，但在针对贵州省旅游业的研究上却几乎是空白。就研究内容而言，从最初主要关注旅游业的基本概念及旅游开发策略、旅游经济影响等基础研究，逐渐向旅游业的社会文化效应、旅游业的社区参与问题、旅游业的危机管理机制、旅游业可持续发展和乡村旅游营销等深层次研究倾斜。就研究方法而言，描述性的定性分析越来越少，较多地进行实证研究，运用大量的定量分析方法，如因子分析、结构方程模型、数理统计法等，特别是国外学者在研究过程中实地考察分析了大量案例，大大推进了乡村旅游的研究进程。

从国内看，尽管我国对乡村旅游研究进展较快，并取得了很多有价值的研究成果。在 20 世纪 90 年代，随着旅游业可持续发展观的提出，可持续发展在旅游业发展过程中的作用显得举足轻重。但由于起步较晚，发展的速度又比较快，因此对出现的一些问题还没来得及做深入的研究和提出更好的解决办法。对比国外的研究状况，可以发现目前国内社区参与的旅游业研究还处于起步阶段，而对贵州省民族地区旅游业的研究就更为稀少。就其研究领域和层次来看，国内的研究领域及内容要比国外狭窄得多。主要关注的仍是旅游业自身概念、内涵、特质及开发模式和方向的研究，主要围绕旅游业自身资源的特性来研究，而很少从旅游者心理学、社会学、经济学、民俗学及环境保护学方面进行研究。就其研究方法来看，国内的研究方法要比国外单调得多，国内乡村旅游研究方法仍主要依赖传统的逻辑分析、推理等，至于调查法和统计法在国内的旅游业研究中涉及很少。此外，现今我国有关旅游业的数据资料还不够全面。就其理论与实践结合的情况来看，我国乡村旅游研究中大多都是宏观的构想和综合性的陈述，相对缺乏可操作性和对实践的指导性，而关于贵州省旅游业专门或系统的研究就更是微乎其微了。

三、研究思路与方法

（一）研究思路

本书研究的方向是贵州省民族地区旅游业可持续发展问题，关于这一方向，无论在理论上还是实践上，均存在着一定的研究空白。本研究采取系统论的方法对贵州省应采取的旅游业发展模式进行系统论述；运用生态经济学中的有关理论，分析了旅游业可持续发展选择的基础理论，同时，利用区域经济学、旅游经济学、可持续发展理论的相关知识，采用理论分析和相关的实证分析相结合，对贵州省旅游业可持续发展问题进行了具体的阐述，提出了构建贵州省旅游业可持续发展的有关建议。具体如图1－1所示。

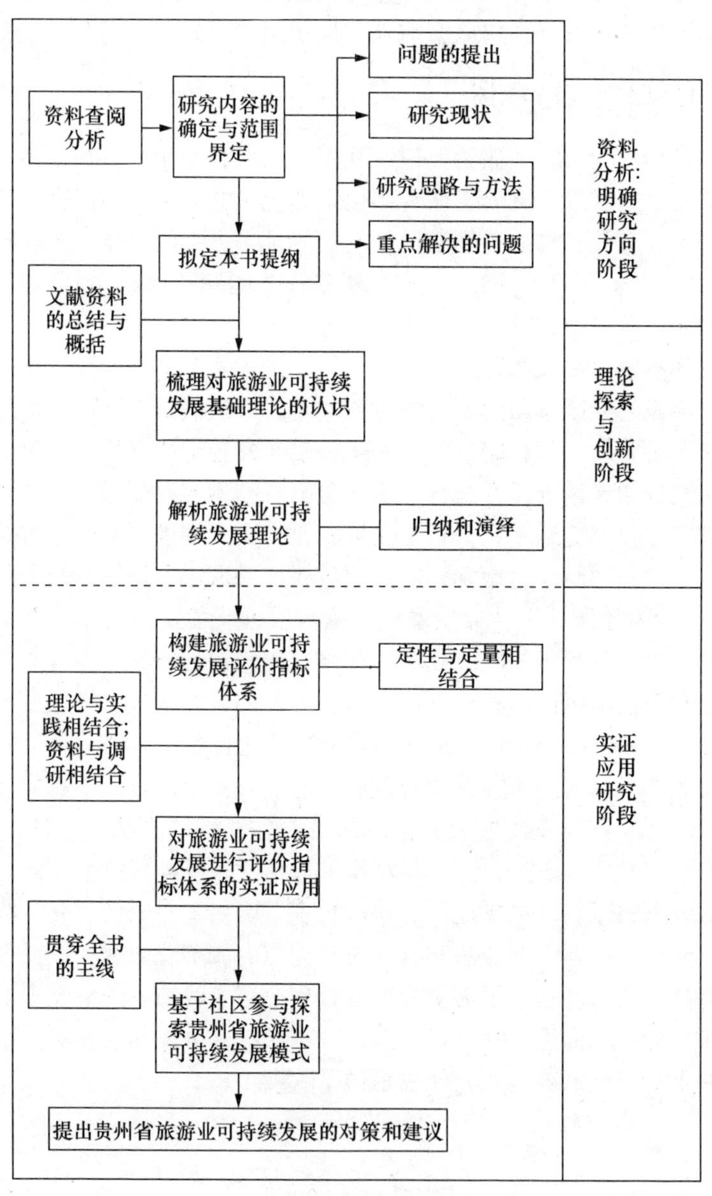

图1－1　研究思路与框架

具体来说，整体结构分为导言、理论基础、贵州省旅游业发展的现实判断、贵州省旅游业可持续发展的理论解析、贵州省旅游业可持续发展的评价指标体系的构建、个案研究、贵州省旅游业可持续发展的模式研究及对策建议和结论等九个部分，各部分主要内容如下：

第一章是导言，主要阐述本书的研究背景、研究目的和意义；分析国内外对旅游业可持续发展的研究现状；介绍本书的研究思路和研究方法，并指出本书应重点解决的问题。

第二章从宏观角度介绍旅游业可持续发展的理论基础，主要对可持续旅游、旅游业可持续发展等概念进行界定，以方便以后的研究分析；从可持续发展理论、系统论、协同学理论、社区参与理论、人地关系理论、生态经济学理论和旅游环境承载力理论角度阐述可持续旅游的基础理论；借助于产权理论、利益相关者理论、博弈论、旅游地生命周期理论和其他理论搭建可持续旅游的支撑理论。

第三章是对贵州省旅游业发展进行现实判断，其中包括介绍贵州省旅游业发展现状；从探索、参与和发展三个阶段阐述旅游业发展的历史演化；从有利条件和制约条件两个方面分析贵州省可持续发展的条件；从经济、社会和生态效益三个方面阐释旅游业可持续发展的效益；指出贵州旅游业的发展前景、面临的难题及旅游业可持续发展应处理好的几个问题。

第四章是旅游业可持续发展的理论解析，是本书的重点。以可持续发展理论为目标，以系统论为视角，以社区参与为主线，以博弈论、利益相关者理论、产业共生理论、层次分析法为主要分析方法。首先，从环境系统、目标系统、政策保障系统和评价反馈系统四个方面，构建旅游业可持续发展的系统；其次，构建旅游业可持续发展系统的运行框架、实现途径和条件分析；再次，解析与优化旅游业的动力系统，其中包括旅游业系统、旅游业驱动力因子、旅游业动力系统的摩擦和旅游业动力系统的优化分析；最后，阐述旅游业可持续发展的协调与共生。

第五章是贵州省旅游业可持续发展评价指标体系构建。贵州省旅游业可持续发展评价指标体系构建以旅游业可持续发展的基本理论为基础，结合贵州省旅游业发展的特点，借鉴国内外已有的研究成果，运用社会调查法、系统论、层次分析法、归纳法及实证分析等分析方法和手段，构建贵州省旅游业可持续发展评价指标体系进行具体评价。选取经济指标、社会指标、环境指标和文化指标，建立贵州省旅游业可持续业发展评价指标系统，并建立模型对其进行量化。

第六章是以黔东南州和黔南州为例进行实证研究，首先阐述选择民族地区作为案例的依据；其次在介绍黔东南州和黔南州区域社会经济发展概况的基础上，运用指标体系评价法对黔南州和黔东南州旅游可持续发展进行综合评价；最后提出贵州省民族地区旅游产业振兴之路。

第七章是研究贵州旅游业可持续发展模式，主要是基于社区参与的模式的选择。首先，阐述构建社区参与旅游模式的基本思路、主体、目标和实施范围，提出了基于社区参与的旅游发展模式的基本原则，以此原则来构建社区参与旅游的运行机制；其次，从核心指标、扩展指标、附加指标和参考指标四方面构建社区参与旅游标准体系树状图，阐述社区参与的功能和对社区参与旅游的产业链进行分析；再次，构建社区参与旅游的社会系统工程图和社区参与旅游生态环境系统工程图，对社区参与旅游的社会系统工程和生态环境系统工程进行分析，并在可持续理论和社区参与理论的指导下，首次创造性构建了社区参与的理论模型；最后，通过经济、社会、生态和文化的可持续发展目标的组合，构建贵州旅游业发展应采取的模式，并指出贵州省社区参与旅游业发展模式选择中值得注意的问题，以便为贵州旅游业的发展起到一定的启示作用。

第八章是提出促进贵州旅游业可持续发展的对策建议。首先，从宏微观角度分析贵州旅游业的可持续发展；其次，提出贵州旅游业可持续发展的总体思路，包括指导思想、发展目标、发展重点和发展思路；最后，从经济、社会、文化和生态四方面提出实现贵州旅游业可持续发展的对策。

第九章是本研究的结论、创新与展望，对贵州旅游业可持续发展的实证研究作一个总结概括，提出本研究的创新点和前景展望。

（二）研究方法

对贵州旅游业可持续发展的研究是一项边缘性和交叉性的研究，它涉及旅游学、经济学、生态学等多学科的理论知识和研究方法。课题组遵循理论联系实际、指导实践的原则，采用的研究方法主要有：

（1）系统分析方法。系统分析方法是一种从整体上把握事物内部结构和变化规律的思想方法，将研究对象看成为具有一定层次结构的系统，以整体的观念，对系统要素进行组合、分解、协调以及反馈分析。鉴于贵州旅游业可持续发展的研究是一项复杂的系统工程，课题组在第二章以系统的思维方法对旅游业的可持续发展进行综合性分析和整体的把握，首先构建了旅游业可持续发展的系统，内容包括环境系统、目标系统、政策保障系统和评价反馈系统四个方面；其次在第七章阐述社区参与的相关理论时，采用系统论的知识进行社会系统工程和生态环境系统工程分析。

（2）博弈论的分析。博弈论就是研究互动决策的理论，这是本课题采用的主要研究方法，课题组在第五章把旅游业主要的经济利益主体界定为地方政府、旅游企业、农户和旅游者，以博弈论的相关理论为指导，对政府与旅游企业间、旅游企业间、旅游企业与旅游者间、旅游者与农户间的关系进行博弈分析，在理性假设的前提下，从而提出各个微观经济主体的最佳策略选择，实现整体利益的均衡和最大化。

（3）文献研究法。文献研究法主要是一种搜集、鉴别、整理文献，并通过对文献的研究和总结，形成对事实科学认识的方法。课题组在第一章通过对国内外旅游业可持续发展方面相关文献的搜集和整理，总结出国内外对此问题的研究现状，在对前人的成果进行总结和研究的基础上，以此为借鉴，提出本书的研究思路与方法。

（4）层次分析法。层次分析法是一种将决策总元素分解成多个层次，在此基础之上进行定性和定量分析的方法。第一，课题组在第五章阐述贵州省旅游业可持续发展评价的方法时，选取层次分析法作为主要研究方法，首先分目标层、方法层和准则层三个层次建立层次结构模型并比较，从而确定各层次中的因素对于上一层次中每一因素的所有判断矩阵，其次求出各层次中的因素对于上一层次中每一因素的权重向量，并进行一致性检验。第二，课题组运用“总体目标层—系统层—状态层—要素层”的概念模型，从经济、社会、生态和文化四个方面选取评价指标，构建贵州省旅游业可持续发展评价指标体系。

（5）案例研究法。案例研究法是结合实际，以典型案例为素材，并通过具体分析、解剖，寻求解决问题方案的方法。课题组在第六章运用“模型设定—实证检验—政策分析”这一实证分析范式开展研究工作，选取贵州黔东南州和黔南州为案例研究对象，验证旅游业可持续发展评价系统的可行性，并通过对比分析，提出黔东南州和黔南州可持续发展的对策以及建议，加深对贵州省民族地区旅游业可持续发展的理性认识。

(6) 跨学科研究法。跨学科研究法也称“交叉研究法”，是一种运用多学科的理论、方法和成果从整体上对某一课题进行综合研究的方法。课题组在第二章和第四章运用旅游经济学、区域经济学、生态经济学、制度经济学、民族学、社会学、博弈论和系统论等多学科的理论知识对贵州旅游业的可持续发展进行全面而深入的研究。

(7) 利益相关者分析法。利益相关者分析法是一种运用利益相关者理论分析现实、谋求各利益主体利益全面实现的方法。课题组在第四章首先构建利益相关者图谱，挖掘出与旅游发展密切相关的主体；其次，课题组主张各利益群体全面积极参与旅游规划的调研、分析、决策等；最后，课题组认为旅游规划的制定和执行应保证各主体利益诉求的实现，协调各方面的利益冲突，实现旅游地的协调发展及可持续性。

四、本研究重点解决的问题

研究贵州民族地区旅游业可持续发展问题，首先，应当准确把握其跨学科和综合性的突出特点。其旅游业发展既涉及地理空间、生态环境和自然资源等客观物质因素，也涉及政府、企业、个人、社区及政策选择等主观性因素，因而需要从多种学科的综合角度出发进行系统研究。其次，在各种差异性因素的作用下，贵州民族地区旅游业发展会呈现多形态表象，甚至累积形成明显的区域发展特色。因此，贵州民族地区旅游业发展模式也不会只有单一的选择，而会是多种多样、各具特色的。故需要应用多学科理论系统研究贵州民族地区的旅游业发展问题，方能提出不同的有效发展模式和途径。

根据贵州民族地区旅游业的发展现状和以往民族地区旅游业发展的经验、教训，研究如何通过政府和市场行为来引导贵州省旅游业的可持续发展；研究如何制定有效的政策法规体系，建立合理的利益机制来引导贵州民族地区的旅游业在健康的道路上发展；研究构建贵州民族地区内部的当地社区、旅游企业、政府和旅游者之间相互协调、互动发展的利益机制；探索在实践中如何将生态建设和环境保护贯彻于旅游业发展之中；通过构建利益协调机制，探索更有效的贵州民族地区旅游业可持续发展的模式和途径；通过合理调整旅游产业结构，培育龙头旅游企业，协调政府、企业、旅游者之间的利益机制等来促进民族地区的旅游业可持续发展。

五、本章小结

本章介绍了课题选题的研究背景、研究目的和意义，通过搜集和整理国内外相关资料，对可持续发展的实现形式、研究内容的多元化的发展现状作了分析和研究，确定了课题的研究方法和研究思路，并指出本书应该重点解决动力系统的解析与优化、微观参与主体行为的冲突与协调、多目标与多主体共生、可持续发展评价指标体系四个方面的内容，并且要实现经济、社会、生态、文化的可持续发展。

第二章　旅游业可持续发展的理论体系

一、理论一：可持续旅游与旅游业的可持续发展理论辨析

（一）可持续旅游

1. 可持续旅游的定义

关于可持续旅游的定义有如下几种：

世界旅游组织在1995年给出的定义为：指在维持文化完整、保持生态环境的同时，满足人们对经济、社会和审美的要求。它能为今天的主人和客人们提供生计，又能保护和增进后代人的利益并为其提供同样的机会。

1995年《可持续旅游发展宪章》将可持续旅游定义为：旅游与自然、文化和人类生存环境成为一个整体，即旅游、资源、人类生存环境三者的统一，以形成一种旅游业与社会经济、资源、环境良性协调的发展模式。

谢菲尔德哈勒姆大学（Shefield Hallam University）的John Swarbrooke将可持续旅游定义为：经济上可行的同时，不损害将来旅游业所依赖的资源，尤其是旅游目的地自然环境和当地社区社会结构的旅游。

我国的傅文伟教授对可持续旅游的定义为：不损害生态持续性、旅游地居民利益的基础上，既满足当代人高质量的旅游需求，又满足下一代人高质量的旅游需求，实现旅游业的长期稳定和良性发展的旅游。

世界旅游理事会（WTTC）、世界旅游组织（WTO）和地球理事会（EC）在1999年下的定义则是：可持续旅游满足现代旅游者和旅游地区的需要，同时保护和增加未来人的机会的旅游。要实现可持续旅游，就要对所有资源进行管理，在满足人们的经济、社会和审美需要的同时，维护文化完整性、基本的生态过程、生物多样性以及生命支持系统。

本研究认为可持续旅游是指旅游业的发展应满足经济、文化、生态、社会四个方面的可持续性。

2. 可持续旅游的内容

从可持续旅游的定义可以看出，其包含以下几方面的内容：

（1）发展机会的公平性。即当代人之间、当代和后代之间应公平分配有限的旅游资源，一部分旅游者需求的满足不能以旅游区环境的破坏为代价，当代人在满足自己发展的需要时不应损害后代公平利用旅游资源的权利。

（2）生态系统的持续性。即旅游资源的开发与旅游业的发展应在生态系统的承载能力之内，必须保证可更新旅游资源的使用速率保持在其再生速度限度之内，不可更新旅游资源的耗竭速率不应超过寻求作为代用品的可更新旅游资源的速率。

（3）旅游与环境的整体性。即旅游与社会、经济、资源、环境之间需要良性协调发展。

（4）发展战略的共同性。即在旅游业发展中既要尊重世界各国和地区在文化、历史和社会经济发展中所形成的差异，又要在保护环境与发展旅游方面采取全球性的发展战略和联合行动，实现全球旅游可持续性目标。

3. 可持续旅游与旅游业主要表现形式的关系

众所周知，旅游业的表现形式有乡村旅游、生态旅游、观光农业旅游、城市旅游等。可持续旅游与这些表现形式的关系如下：

（1）可持续旅游与乡村旅游的关系。乡村旅游是以乡野农村特有的田园风光、农事活动、民俗风情为吸引物，以都市居民为主要目标市场，满足旅游者观光、休闲、娱乐、度假、求知、回归自然等各种旅游需求为目的的旅游消费行为及其引起的一切现象和关系的总和。[①] 从地域范围来看，乡村旅游只发生在特定的乡村地区，具有地域限制；而可持续旅游可以发生在乡村地区，也可以发生在城镇。从旅游方式来看，强调的是包括自然旅游产品、文化旅游产品在内的原真性，乡村性是其最显著的特点；可持续旅游则是一种综合性的旅游方式，旅游者除了要满足体验田园风光、民俗风情外，还要求满足经济、社会和美学的需要。从乡村旅游与可持续旅游的基本内涵来看，二者都是以亲近自然、享受自然、保护自然为基础，但二者的外延范围和核心产品有所不同，乡村旅游由于其旅游目的地、旅游者的不同，具有其自身的特点；可持续旅游则包含有多种多样的旅游方式。

（2）可持续旅游与生态旅游的关系。生态旅游是以生态资源（包括自然生态资源和人文生态资源）为依托，以生态学思想为指导，以科学文化知识为内涵，旅游者和经营者具有明确的生态环境意识，参与性强、品位高雅，能为地方生态环境保护和社会经济发展做贡献的旅游体系。[②] 它强调生态的可持续发展，着重通过体验大自然和人文系统来培养人们对环境和文化的理解、欣赏和保护，协调旅游开发与生态环境保护之间的关系为核心内容，追求环境效益、经济效益和社会效益协同发展。它是一种新型的可持续旅游方式，但生态旅游与可持续旅游又有本质上的区别。一方面，从侧重点上来看，生态旅游强调环保意识，是针对旅游环境问题而提出来的；而可持续旅游关心生态、社会、经济和文化的全面发展。另一方面，生态旅游的出现是作为一种旅游产品推向市场，它迎合了那些追求本真、追求自然的消费者群体，同时能够增强旅游者的环境保护意识；可持续旅游则适用于各种旅游产品，它将生态旅游的自然观、环境观提升为伦理性原则，融合进可持续发展思想，角度更全面，将生态旅游的概念升华和扩大。

（3）可持续旅游与观光农业旅游的关系。观光农业是在充分利用现有农业资源的基础上，通过以旅游内涵为主题的规划、设计与施工，把农业建设、科学管理、农艺展示、农产品加工及旅游者的广泛参与融为一体，使旅游者充分领略现代新型农业艺术及生态农

① 肖湘君．我国乡村旅游可持续发展研究［J］．农业经济，2008，(4)．

② 兀晶．论生态旅游与中国旅游业的可持续发展［J］．临沂师范学院学报，2006，(4)．

业的大自然情趣的一种新型旅游形式。[①] 从功能上看，观光农业与乡村旅游都具有休闲、观光、度假、科学教育等多种作用。从供给角度看，观光农业开发也基于满足特定对象——城市居民的旅游、度假活动的需要，因此，观光农业与乡村旅游拥有相似的目标市场。但是，二者也有一些差别：一方面，从作用上来看，观光农业旅游是以传统农业经济和农业资源为基础，在传统的农业经济基础上嵌入现代旅游的某些形式，与乡村旅游相比，观光农业更注重通过旅游促进农业发展的作用，强调农业经济的效益；而开发乡村旅游的目的是为了满足城市人群休闲的需要，不太看重以此给农业带来的效益。另一方面，从开展活动和利用资源上来看，乡村旅游包含的范围更广，它不仅包括了农业旅游活动的内容，更涵盖了乡村特有的社会文化和民俗风情，同时更强调自然风貌、乡土文化、人文个性的原始性和朴素性。

（4）可持续旅游与城市旅游的关系。城市旅游就是以城市为载体的休闲、游乐“体验活动”。对旅游者而言，它是以特定的空间为依托，以丰富的旅游资源、完善的基础设施和娱乐设施、个性独特的旅游产品、鲜明的旅游形象来吸引旅游者进行旅游的一种旅游体验方式。对城市而言，是向旅游者提供旅游产品和旅游服务的一项经济性产业，即城市旅游业。城市旅游的地域空间局限在城市地域延伸到周边腹地，而可持续旅游的地域空间很广泛，可以发生在城市，也可以发生在乡村。

（二）旅游业可持续发展

旅游业的可持续发展强调的是以系统的、平等的、全球的、协调的方式发展旅游，协调环境、旅游者和当地社区三者间的利益关系是旅游业可持续发展的核心。

1. 旅游业可持续发展的定义

1993 年，世界旅游组织（WTO）对旅游可持续发展的定义是：旅游可持续发展是一种经济发展模式，它被用来达到如下目的：改善当地社区的生活质量；为游客提供高质量的经历；维护当地社区和游客所依靠的环境的质量。当然也有其他的定义，比如联合国（UN，2001）的定义：旅游可持续发展是以这样的方式和规模在一个地区（社区环境）发展和维持的旅游，即它在长期内仍然保持活力而不会以可能阻止其他活动和过程的成功发展的方式，使（人的或物质的）环境发生退化或改变。

旅游业可持续发展是一个相当复杂的过程，几乎涉及人类物质生活与精神生活的所有层面，它又与人类对自然和社会的认识水平紧密相关，并且会随着人类活动与人类意识或认识的发展而显现新的内容。

2. 旅游业可持续发展的主要内容

可持续发展是涉及自然、生态、社会、经济和技术等多方面的影响到全人类今天和明天行为选择的发展。而旅游业可持续发展的主要内容包括以下几个方面：

（1）旅游资源的可持续利用。旅游资源的可持续利用就是要保证旅游资源的开发建设必须在旅游生态环境容量允许的范围内进行，以保护资源，达到永续利用的目的。旅游资源是旅游活动的客体，也是旅游业发展的基础，没有旅游资源的永续利用，也就没有旅游业的可持续发展。同时，旅游业的可持续发展，必会促进旅游资源的合理开发和利用。

---

① 舒伯阳．中国观光农业旅游的现状分析与前景展望［J］．旅游学刊，1997，（5）：41－43.

（2）旅游产业的增长。可持续发展鼓励经济增长，但不是以保护环境为名限制经济增长。但可持续发展不仅强调经济增长的数量，更强调经济发展的质量。因此，旅游业可持续发展的重要内容之一就是旅游的发展和旅游经济的增长。具体包括：旅游业发展的供给与旅游市场的需求基本相适应；旅游经济的最大化是在生态环境允许的范围之内。

（3）旅游地品牌的确立和形象的维护。这也是旅游业可持续发展的主要内容之一。品牌是联系旅游者和旅游企业之间关系的纽带，它可以对旅游者产生极大的、持久的吸引力。旅游要想获得长期的、可持续的发展，必须要以旅游地经营的可持续为基础。因此，旅游地品牌的树立和形象维护应成为旅游可持续发展的主要内容。

（4）旅游产业应用技术的创新与制度变革。旅游业的可持续发展离不开高新技术，旅游业也应该成为采用高科技的示范产业和优势产业。目前，制约我国旅游业发展的一个重要因素就是旅游系统各个环节的技术含量低，旅游科技基础薄弱，投入少，高新技术介入旅游业的程度低，旅游决策科学化和经营管理信息化程度低，旅游景区的开发高科技利用水平低，旅游开发缺乏对旅游文化的内涵、景观审美特征、地域文化背景综合考虑，缺乏高品位、高质量的参与性、娱乐性、知识性于一体的多元化产品。高新技术的推广应用还可以为旅游可持续发展提供决策依据和手段，促进可持续发展管理水平的提高，开拓新的可利用旅游资源领域。

制度变革也是旅游可持续发展不可忽视的因素，它包括建立符合市场经济特征的公平的制度体系。

（5）旅游产业管理的科学化。管理的科学化可以提高旅游资源配置的经济效率、技术效率，使旅游业在有序的市场环境中运行，它是旅游业可持续发展的有力保证。

（6）国民经济与全球经济的持续发展。旅游业是国际性产业，旅游业的持续发展是依赖于一个国家和地区乃至整个世界经济的持续发展，旅游经济的可持续发展也取决于地方经济的繁荣与社会稳定。①

（三）可持续旅游与旅游业可持续发展的关系

可持续旅游是旅游业可持续发展的核心与基本途径。只有走可持续旅游发展的道路，才能真正实现旅游业的可持续发展。旅游业的表现形式有乡村旅游、生态旅游、城市旅游、社区旅游等形式，只有把可持续旅游与这些旅游形式结合起来，旅游业的发展才称得上是旅游业可持续发展。

二、理论二：可持续旅游的基础理论

（一）可持续发展理论

1. 可持续发展含义

可持续发展是一个庞大的集合名词，它所涉及的内涵已不可能一言以概之。如世界环

① 万幼清．旅游业可持续发展的理论与实践［J］．管理世界，2003，（8）．

境与发展委员会（1987）认为，可持续发展是既满足当代的需求，又不对后代满足其需求能力构成危害的发展；国际自然保护联盟（1991）等认为，在人类生存与发展不超出生态系统承载能力的条件下，提高人们的生活质量；世界环境发展大会宣言（1992）指出，人类应享有以与自然相和谐的方式过健康而富有生产成果的生活的权利，并公平地满足今世、后代在发展与环境方面的需求；世界资源研究所（1992）认为，可持续发展就是建立极少产生废弃物和污染物的工艺流程和技术体系；世界银行副行长塞拉·杰尔汀（1995）认为，可持续发展就是给予子孙后代和我们一样多的甚至更多的人均财富；联合国开发计划署高级顾问穆纳西荷（1996）认为，可持续发展是从产出最大化转向公平增长、消除贫困、提高效率三者协同的发展范式。尽管关于可持续发展的定义不尽相同，但其基本思想是一致的，这就是可持续发展思想的主题在于正确规范两大基本关系：一是“人与自然”之间的关系准则；二是“人与人”之间的关系准则。人与自然之间的相互适应和协调进化是人类文明得以发展的必要条件；而人与人之间的互信、互利、互助、互律等是人类文明得以延续的充分条件。只有将这种必要条件与充分条件完整地组合起来才能使人们达成可持续发展的基本共识。

从目前来看，最为大家认同的是1987年由挪威前首相布伦特兰夫人提出的可持续发展定义：“可持续发展是在社会、经济、人口、资源、环境相互协调和共同发展的基础上，既满足当代人需求、又不对后代人满足其需要的能力构成危害的发展。”

可持续发展的内涵十分丰富，就其社会发展观而言，主张公平分配，以满足当代人和后代人的基本需求；就其经济观而言，主张建立在保护地球自然系统基础上的持续经济增长；就其生态环境观而言，主张人类与大自然的和谐相处，切实保护好人类赖以生存的自然环境。这些观念是对传统发展模式的挑战，是为谋求新的发展模式而建立的新的发展观，也是研究旅游可持续发展和推进旅游业可持续发展的思想与理论基础。

2. 可持续发展的多学科解释

可持续发展虽然最早源于生态学，但自其产生以来就备受社会各界和各个学科的关注，对它的研究成为20世纪90年代以来许多学科研究的热点领域之一，许多学科都把它作为自己的基本研究领域。对可持续发展问题研究的领域甚多，主要有：

（1）生态学方向。生态环境资源是除人口之外制约可持续发展的终极因素。生态环境资源的可持续性是人类经济社会可持续发展的基础。该方向以生态环境资源可持续发展为研究对象，以生态平衡、自然保护、环境污染防治、资源合理开发利用与永续利用等可持续发展中的生态问题作为基本研究内容，其焦点是力图把“生态环境保护与经济发展之间取得合理的平衡”作为衡量可持续发展的重要指标和基本手段。国际上以Bossel等人的研究为代表；国内以马世俊、王如松和王松霈等人为代表。

（2）经济学方向。可持续发展的经济是社会可持续发展的物质基础。通过国际社会对“增长”与“发展”之关系的多年论争，传统的“经济增长”（GNP、GDP的增长）已被“经济可持续发展”所取代，后者不仅包括经济增长，还涉及社会结构的进化、经济体制和组织的优化以及整个社会经济水平的发展等，扬弃了片面追求经济产值和经济增长速度的传统模式，强调以自然资源的永续利用和生态环境的良性循环为基础、同环境承载力相协调的可持续发展。该方向以经济可持续发展为研究对象，以区域开发、生产力布局、经济结构优化、资源供需平衡等区域可持续发展中的经济学问题作为基本研究内容，其焦点是力图把

“科技进步贡献率抵消和克服投资的边际效益递减率”作为衡量可持续发展的重要指标和基本手段，体现了科学技术作为第一生产力对实现可持续发展的革命性作用。

（3）社会学方向。建立可持续发展的社会是人类社会发展的最高目标。可持续发展的社会是消除贫困，公平分配物质财富，资源合理配置，科技进步，社会公正、安全、文明和健康发展的社会，也是人口与资源协调发展、人口与环境相互依存的社会。该方向以社会可持续发展为研究对象，以人口增长与人口控制、消除贫困、社会发展、社会分配、利益均衡和科技进步等可持续发展中的社会问题作为基本研究内容，其焦点是力图把“经济效益与社会公正取得合理的平衡”作为衡量可持续发展的重要指标和基本手段，也是可持续发展所追求的社会目标。

（4）系统学方向。该方向以系统论为基础，吸收控制论、信息论、计算机模拟技术、管理科学和决策论等科学理论，以系统动力学的方法，依因果联系建立系统的结构模型，通过对系统边界、系统环境、系统要素、系统结构与功能、系统发展机制和系统约束等的计算机模拟与优化，研究与预测系统的发展；以综合协同的观点，探索人地复杂巨系统的运行机理及其可持续发展的本源和演化规律，将能够体现可持续发展本质特征的“发展度”、“协调度”、“持续度”三者的和谐动态均衡作为中心，有序地演绎可持续发展的时空耦合与互相制约、互相作用的关系，建立人与自然、人与人关系统一解释的基础和评判规则。①

3. 可持续发展理论对本书的借鉴

本书依据可持续发展理论，将旅游业可持续发展目标分为经济的可持续、社会的可持续、生态的可持续及文化环境的可持续，构建了旅游业可持续发展的评价指标体系。将贵州省旅游业可持续发展评价指标体系分为三个体系：基础体系、协调体系和潜力体系，在三个体系的指标选取上依据了经济、社会、生态、文化各个层次指标，从经济、社会、生态、文化四个方面构建了评价指标体系。

（二）系统论

系统论是第二次世界大战后诞生的一门崭新的横向科学，是由奥地利生物学家路冯·贝塔朗菲创立的一种运用逻辑和数学等学科的方法考察一般系统的理论。

1. 系统的定义

系统是由两个或两个以上相互独立又相互联系和制约的，执行特定功能的要素组成的整体，这些要素称为子系统，每个子系统又由次一级子系统所形成的有机体系。

2. 系统的特征

（1）整体性。系统是由两个或两个以上有一定区别又有一定联系的要素所组成，系统整体性的主要表现是系统的整体功能。系统的整体功能不是各组成要素的简单叠加，而是呈现出各组成要素所没有的新功能，概括地表述为“整体大于部分之和”。

（2）相关性。各要素组成了系统，是因为它们之间存在相互联系、相互作用、相互影响的关系。这个关系不是简单的加和，而有可能是互相增强，也有可能是互相减弱。有效的系统，各要素之间互补增强，使系统保持稳定，具有生命力。而要做到这一点，系统必须有一定的有序结构。

---

① 袁光耀．可持续发展概论［M］．北京：中国环境科学出版社，2001.

（3）目的性。系统具有能使各个要素集合在一起的共同目的，而且人造系统通常具有多重目的。

（4）动态性。指系统处于不断的变化和运动之中，即系统要不断输入各种能量、物质和信息，通过转换处理，输出满足人们某种期望的要求。系统就是在这种周而复始的运动变化中生存和发展，人们也正是在系统的动态发展中认识和把握系统，以便充分发挥系统的功能。

（5）适应性。指系统对环境变化之适应程度，系统必须适应环境的变化才能生存。环境是指除现在系统以外的事物（物质、能量、信息）的总称，它是系统存在的土壤，是系统活动的空间。相对于系统而言，环境是一个更高级的复杂的系统，所以系统时时刻刻存在于环境之中，与环境是相互依存的。因此，系统只有适应外部环境的变化，能够经常与外部环境保持最佳的适应状态，才能得以存在。对于社会系统而言，任何系统都是发展和变化的，根据系统的目的，有时增加一些要素，有时删除一些要素，也存在系统的分裂及合并。研究系统，尤其是研究社会系统，应当持发展的观点。①

3. 系统与环境的关系问题

环境作为系统科学的概念，在20世纪20年代与系统概念相伴而生。首先，环境是系统存在的前提，没有一定的环境就无法体现出系统的结构和功能。其次，环境的变化往往也引起系统的变化；环境极速、猛烈的变化，系统的稳定性有可能被动摇，甚至对整个系统造成破坏。系统和环境之间总是在发生着一定的物质和能量交换，这种物质和能量的交换正是通过系统的小单位与环境的小单位之间的联系作用的。系统将环境中的物质和能量吸收、利用转化成自身有序化的动力和物质条件，然后再排出废物。当吸收的物质和能量大于排出的废物时，这个系统就是增值的系统、有序化的系统；否则就是无序化的系统。由于系统总是产生于一定的环境，因此它必定适应这一环境，然而由于系统和环境又都是在不断变化的，这种变化常常又会破坏系统与环境先前的适应关系。因此，一般而言，系统与环境只是准适应的关系。系统适应环境的一面使得它能在环境中生存，它不适应环境的一面却又迫使它不断进化，以便适应变化了的环境。系统和环境之间有一个最佳适应点。处在这个适应点上的系统是进化最快的系统（我们将这样的系统称为最优系统）。如果系统过于适应环境，系统就会失去进化的动力从而限制了其发展；如果系统过于不适应环境，系统就会被环境所淘汰。

4. 系统的生成、发展变化的动力问题

系统总是产生于一定的环境，系统之所以能在一定的环境中产生，在于系统的个体之间的联系以及系统的个体与环境中的个体之间的联系都以相互吸引的联系为主导。相互吸引的联系导致系统的内部结构走向紧密，从而导致系统的有序化。相互吸引的联系是系统有序化的根本动力。当环境中这些相互吸引的联系有无穷的源泉时就导致了系统的不断发展。但由于事物与事物之间的联系是由事物的性质决定的，因此，从根本角度而言，事物生成发展的动力是由事物本身决定的。

5. 系统论借鉴意义

首先，从系统论的视角对旅游业可持续发展框架进行分析，构建了旅游业可持续发展

---

① 郝海，踪加峰．系统分析与评价方法［M］．北京：经济科学出版社，2003.

的系统，将其要素分为四个部分：环境系统、目标系统、政策保障系统、评价反馈系统。

其次，以系统论的相关知识为基础，对社区参与的理论进行了系统的分析，其中包括社区参与旅游评价因子体系分析、功能及渠道分析、产业链分析、社会系统工程分析和生态环境系统工程分析，对社会系统内部与系统之间互动网络的完善起到一定的促进作用。

（三）协同学理论

1. 协同学理论概述

协同学也称协同论或协和学，是研究各种不同的系统从混沌无序状态向稳定有序结构转化的机理和规律。它着重探讨各种系统从无序变为有序时的相似性。协同学的创立者，是德国斯图加特大学教授、著名物理学家哈肯。1971 年他提出协同的概念，1976 年他系统地论述了协同理论，发表了《协同学导论》，还著有《高等协同学》，等等。

客观世界存在着各种各样的系统，社会的或自然界的，有生命的或无生命的，宏观的或微观的等，这些看起来完全不同的系统，却都具有深刻的相似性。协同论则是在研究事物从旧结构转变为新结构的机理的共同规律上形成和发展的，它的主要特点是通过类比对从无序到有序的现象建立了一整套数学模型和处理方案，并推广到广泛的领域。它基于“很多子系统的合作受相同原理支配而与子系统特性无关”的原理，设想在跨学科领域内，考察其类似性以探求其规律。

协同学认为，千差万别的系统，尽管其属性不同，但在整个环境中，各个系统间存在着相互影响而又相互合作的关系。其中也包括通常的社会现象，如不同单位间的相互配合与协作，部门间关系的协调，企业间相互竞争的作用，以及系统中的相互干扰和制约等。协同论指出，大量子系统组成的系统，在一定条件下，由于子系统相互作用和协作，这种系统会进行研究，可以概括地认为是研究从自然界到人类社会各种系统的发展演变，探讨其转变所遵守的共同规律。应用协同论方法，可以把已经取得的研究成果，类比拓展于其他学科，为探索未知领域提供有效的手段，还可以用于找出影响系统变化的控制因素，进而发挥系统内子系统间的协同作用。①

协同学理论的主要内容可以概括为以下三个方面：

（1）协同效应。协同效应是指由于协同作用而产生的结果，是指复杂开放系统中大量子系统相互作用而产生的整体效应或集体效应。对于自然系统或社会系统而言，均存在着协同作用，协同作用是系统有序结构形成的内驱力。任何复杂系统，当在外来能量的作用下或物质的聚集态达到某种临界值时，子系统之间就会产生协同作用。这种协同作用能使系统在临界点发生质变，产生协同效应，使系统从无序变为有序，从混沌中产生某种稳定结构。

（2）伺服原理。伺服原理是快变量服从慢变量，序参量支配子系统行为。它从系统内部稳定因素和不稳定因素间的相互作用方面描述了系统的自组织的过程。其实质在于规定了临界点上系统的简化原则——“快速衰减组态被迫跟随于缓慢增长的组态”，即系统在接近不稳定点或临界点时，系统的动力学和突现结构通常由少数几个集体变量即序参量决定，而系统其他变量的行为则由这些序参量支配或规定，正如协同学的创始人哈肯所

① http://www.swarmagents.com/complex/nonlinear/synergetics.htm.

说，序参量以“雪崩”之势席卷整个系统，掌握全局，主宰系统演化的整个过程。

（3）自组织原理。自组织理论是协同学的理论核心，这种自组织是伴随着“协同作用”而进行的，“协同作用”是协同学与协同理论的基本概念，其实质是系统内部各要素或各子系统相互作用和有机整合的现象。在此过程中强调系统内部各要素（或子系统）之间的差异与协同，强调差异与协同的辩证统一必须达到的整体效应。

2. 协同学理论对本书的借鉴

本书依据协同学理论揭示的原理，对旅游业可持续发展系统的子系统之间的相互作用及各子系统在整个系统中所处的地位进行了分析。在旅游业可持续发展系统中，环境系统、目标系统、政策保障系统、评价反馈系统属性各不相同，但相互影响、相互制约。环境子系统是物质基础，目标系统是主体，政策保障系统是有力支持，评价反馈系统是重要组成部分。

（四）社区与社区参与理论

1. 社区

“社区”一词最早由德国社会学家滕尼斯·F.（Tounies）在其1887年出版的《社区和社会》一书中提出来，指的是一种由具有共同价值观念的同质人口所组成的关系密切、守望相助、存在一种富有人情味的社会关系的社会团体。美国社会学家帕克（Robeer Park，1936）从生态学角度提了社区的定义，认为社区具有以下特点：它有一群按地域组织起来的人群：这些人群扎根在他们所生息的那块土地上；社区中的每一个人都生活在一种相互依赖的关系之中。中国学者认为社区是“有共同地域基础、共同利益和归属感的社会群体”，“社区是一定地域内共同生活的人群的组合，是一种社会关系的区位组织”。国内社会学界主要是把社区界定为地域社会。在《中国大百科全书·社会学卷》中，社区被定义为：“以一定地理区域为基础的社会群体。”总地来说，社区定义的归类分为两类：一是功能的观点，认为社区是由有共同目标和共同利害关系的人组成的社会团体；二是地域的观点，认为社区是在一个地区内共同生活的有组织的人群。

从定义可以看出，社区至少应当包括以下基本要素：有一定的人口数量；有一定地域界限；有共同的文化、制度和经济生活：居民按一定的方式和结构分布并具有一定的凝聚力和归属感。其包括人口要素、地域要素、文化要素、组织要素、社会经济要素五个方面。在上述诸要素中地域是社区的自然地理与人文地理的空间载体，人口（居民）是社区运作与变迁的主体，组织结构是社区活动得以展开的社会组织形式，而文化则是社区范围内具有特质的精神纽带。居住在社区里的居民总有某些共同的联系点，如相似的社会经济地位、经济利益以及相近的文化素质等。这些有着某些共同点的居民必然发生接触与互动，如行动上、语言上乃至思想上的沟通。由此导致了居民互动而形成的各种群体和社会组织，以及相似的文化习俗、价值判断、归属和认同感等社区文化。

本书认为，社区是由居住在某一地域里的人们结成多种社会关系和社会群体、从事各种社会活动所构成的相对完整的社会实体。它并非一定指某个地理疆域，主要的重点是在一个区域的人，基于他们临近的地缘关系，加强彼此间的关联性、共同感。社区必须有以一定的社会关系为基础组织起来共同生活的人群；必须有一定的地域条件；要有自己特有的文化、制度和生活方式。社区既具有诸如地缘、友谊、亲情、认同、共生互助等传统内涵，也包括磨合人与人的关系、建立处理公共事务的运作模式、确立适合本地域生活方式等现代含义。作为自然和社会的实体，社区人口的认同感是社区的一个基本要素。它既是社区内部同一性的反映，又是体现社区之间差异性的标志。这个社区可以通过群居、合作、公共的服务体系，获得共同的利益，或共同解决某些问题。若对社区的地理范围进行界定，则可依不同的需求或是不同的服务体系而加以区分，大致上可分为村落、城镇、都市与大都会区等。一个健全发展的社区，其间的居民对彼此有强烈的认同感，并能有彼此合作互助的精神，此则为“社区意识”的表现，即为所谓的“心理社区”。社区意识是居民对其居住地所产生的群体意识，包含对此地区及邻居的认同、融合与共识，而其来源则是基于社区的共同利益、服务功能与团队精神等。

按照地域的不同，社区可以分为城市社区和农村社区。按照社区功能性特征（如经济、社会和文化等）的不同可以分为经济型社区、文化型社区、旅游型社区等。本书主要研究的就是旅游社区。

2. 社区参与

参与本是社会学中的一个概念，在词典中意为参加、参与、分享等，从字面上理解为“加入……里面来”（参加或参与），并从中获得（分享）。关于参与问题，联合国大会在1969年发表了《社会进步与发展宣言》，指出公民参与是社会发展进程中不可或缺的一部分。在1971年发表的《广泛参与》和1981年出版的《广泛参与作为一种战略推动社区层面的行动和国家的发展》中对社区参与进行了详尽的描述。此后，直到20世纪90年代中期以后，社区参与的思想才引起关注，许多学者开始用自己的理解界定社区参与。如：

AIDAB（澳大利亚国家发展援助局）将参与定义为期望受益人参加发展项目的计划、实施和维护，它意味着发动人群对影响自身生活的一切进行管理及做出决策。参与的目的包括提高效益、社区支持、资源共享、促进公平等。

Stone认为，社区参与就是将发展设计为这样一种方式，即潜在的受益者被激励去参与做事情，调动他们自己的资源去参与自身发展，决定自身需要，以及决定该如何满足自身需要。这意味着作为一种发展战略，社区参与建立在社区资源、需要和决定的基础上。

Diamond认为，社区参与仅仅关注政治内容，对经济和财政方面的考虑不足，而这两方面恰恰是社区发展的原动力。

Lipest则提出要在经济事务中鼓励和促进社区参与。经济发展可以改变政府与社会之间的关系，增加那些监督政府、扩大政治参与的独立组织的数量和类型，以及政府为积累财富而对工作机会的控制。

吕星（2003）认为，社区参与是一种思想，是发展理论的重要组成部分，发展的受益者应当对发展的进程有决策权，对发展的利益有分配权，对发展的结果有拥有权，他们是发展的主体，决定自己的命运。

郭瑞香等人（2004）认为，社区参与基于对当地群众知识、技能和能力的重新认识和公正认识，并给予其充分的尊重；其核心是赋权和机会均等，即通过还百姓发言权、决策权来培养自信、自尊和社区自我发展的能力。社区参与注重过程而不是结果，其目的是建立社区居民的主人翁意识和公平、公正的管理机制和伙伴关系，在相互尊重、平等磋商以及分享经验的基础上寻找共同的利益和兴趣，经过必要的妥协达成社区共识。在政府的信息支持下、科技人员的参谋与技术指导下，社区百姓利用自己的传统知识、经验和技能做出社区自己的最终发展决策。而经济学中则认为，社区参与就是理性经济人生产和分享公共物品和公共服务的机制。

上述定义基本围绕三方面内容展开——主体赋权、承担责任、获取收益，它们构成了社区参与的核心。

所以，从广义上来说，社区参与既指政府及非政府组织介入社区发展的过程、方式和手段，也指社区居民参加发展计划、项目等各类公共事务与公益活动的行为及其过程，体现了居民对社区发展之责任的分担和对社区发展之成果的分享。但更多指的是后者。从狭义的角度讲，社区参与概念则仅仅指称居民的参与实践。社区参与最重要的主体是社区居民；社区参与的客体是社区的各种事务；社区参与的心理动机是公共参与精神；社区参与的目标取向是社区发展和人的发展。只有居民的直接参与和治理，才能培育居民的社区归属感、认同感和现代社区意识，才能有效地整合与发挥社区自身的各种资源。

3. 旅游活动中的社区参与理论

旅游社区是指依托旅游资源，在旅游资源地域范围内的常住居民，依赖本地的生产、文化，在占有或利用环境实体（土地、村落、周围环境）的基础上形成的具有相同或相似的价值观和认知水平以及相对稳定的经济关系、政治关系和人际关系。一个完整的旅游社区一般应具备四个条件：①具有一定范围的社区地域，形成良好的社区环境，是人群赖以从事社会生活的区域。它是人们在日常生活中形成的、达到一定的数量规模的、处在某一旅游区内的体系。②包含着不同的利益主体政府、企业（旅游企业与非旅游企业）、居民（不仅包括开展旅游活动的人群，还包括那些不靠旅游活动但同样会受到旅游发展影响的人群）。③要有布局完善、功能齐全的旅游生活服务网点；要有满足游客丰富多彩的消费需求的旅游产品生产能力和生产水平，具有高效合理的社区结构。④基于同一社区的经济、社会发展水平和历史传统、文化、生活方式，以及社区成员对所属社区在情感上和心理上的认同感和归属感。

旅游活动的社区参与是指在旅游发展中，社区居民通过各种方式和行为，积极、主动地参与或消极、被动地参与旅游发展的相关环节或相关层面，并且在其发展中获取相应的利益。[①] 1985 年墨非首度把社区参与的概念引入旅游业，开始尝试从社区的角度研究和把握旅游。Ccmea 认为，社区参与是当地居民充分发挥自身的能力来管理资源、制定政策和进行控制。Brnadon 进一步提出了更为主动的概念，认为社区参与是使旅游地社区获利于旅游而不是受利于旅游，使社区参与由原来的被动参与转变成了主动参与者。Petty（1995）根据动机、方式等特征的不同，将社区参与分为从操作性参与到自发性参与等七种。刘纬华（2000）提出，社区参与旅游发展是把社区作为旅游发展的主体进入旅游规划、旅游开发等涉及旅游发展重大事宜的决策、执行体系中。社区参与的旅游发展是旅游可持续发展的一个重要内容和评判依据。黎洁（2001）遵循经济人假定，把社区居民看作追求个人利益最大化的主体，认为社区参与包括社区居民参与旅游发展决策和参与旅游收益分配。主要强调了经济参与而忽略了其他因素，并认为参与过程本身并不能直接、自动地给居民带来额外的收益，而是仅仅会形成对旅游相关政策的影响，使其更多地考虑居民利益。钟林生等人（2003）认为社区参与是旅游业可持续发展的一个重要内容和评判依据。这些内容实际上阐述了旅游活动中社区参与的内涵。

---

① 佟敏．基于社区参与的我国生态旅游研究［D］．哈尔滨：东北林业大学，2005.

从上述国内外定义可以看出，旅游中的社区参与以社区居民及其代表作为旅游业中的活动主体；社区对旅游业的参与主要集中于旅游决策的参与和利益的分配上。这种参与使旅游社区居民改变了以往大众旅游活动中尴尬的被动状态，掌握了旅游发展的主动权，使旅游业的发展成为社区居民社会生活中的重要组成部分。但是，上述定义在对社区居民参与给予充分肯定的同时，还缺乏社区对环境的关注和社区参与环境建设的内容，在今天的可持续发展思潮下，略显单薄。于是，以一般的旅游业社区参与为基础，胡志毅等提出，社区参与应指社区的全面参与，它包含两层含义：一是在内容上，包括了旅游经济决策和实践、旅游规划与实施、环境保护、社会文化进步等全方位的内容；二是居民不再仅以就业为途径、以谋取经济收入为目标参与旅游发展，而是同时视保护环境和维护传统文化为社区自身发展的需要和居民责任，全民地、自觉地参与到旅游发展进程中。

要实现旅游的健康发展，必然离不开社区的参与。社区参与的意义主要体现在三个方面。首先，由于社区居民既是旅游资源的缔造者和保持者，也是旅游资源的载体，离开了他们，资源也就无以存在。因此，社区居民是旅游发展必不可少的资源要素之一。其次，对于发展旅游业，社区居民具有共同的利益关系和认知水平，具有相对固定的人际网络，虽然人微言轻，但人多势众，所以他们对发展本地旅游的态度直接成为本地旅游业发展的制约性因素之一。最后，旅游业只有通过社区居民的参与才能得到长足发展，而社区居民参与旅游的发展也可以获取许多利益。其具体包括：①经济利益的双赢。社区参与可以获取经济利益，提高居民的生活水平；同时，旅游业有了居民的参与支持，更具有活力。②社会文化的延续与传承。在社区参与旅游活动中，居民的素质及社会意识都得到提高，使他们自觉不自觉地发扬并继承社会文化。③生态环境的保护与改善。居民的直接参与、环境保护意识的提高，会改进其生活环境和为环境的保护提供更多资金。

本书认为所谓社区参与，是指旅游目的地社区及其居民以其自由的各种生产要素进入到旅游活动的决策与执行体系，对旅游活动进行广泛的参与，以此获得利益的分配，促进旅游地的可持续发展。

4. 社区与社区参与理论的借鉴意义

本书依据社区参与理论，把其作为分析旅游业可持续发展理论的主线。社区参与是旅游业可持续发展当中的一个重要因素，是实现旅游业可持续发展的一个有效途径。社区参与旅游开发是保护脆弱生态系统和全方位治理环境的成功方案，也是保护社会文化遗产和传承地方历史文化的重要途径。

（五）人地关系理论

1. 人地关系理论的概述

人地关系理论是研究人与自然界的关系，即人地关系的客观规律的理论。杜国明（2004）着重探讨人类活动与地理环境之间的相互关系。人地关系理论中的“人”是指在地球表面一定区域空间，一定社会形态下，一定时间内有意识地从事各种社会活动的人；“地”是指与人类活动密切相关的存在地域分异的地理环境，包括自然地理环境和社会经济环境。它是地理学、其他自然科学、环境科学，乃至哲学、历史学和经济学等多学科研究的范畴。人地关系是自人类起源以来就存在的客观关系。

人们对人地关系的认识是随着社会的发展而不断深化的过程。早期人们对人地关系的认识，在中国有以“天命论”为基础的神怪论和不可知论，也有以“人定胜天”、“天定胜人”为代表的朴素的人地相关思想。在西方，神的干预和上帝主宰一切的思想也充斥于人地关系的认识期。法国学者孟德斯鸠等提出了地理环境决定论，认为社会经济的发展主要决定于地理位置、气候、河川及地形等地理环境的差异，而不是神意和上帝。20世纪初，法国地理学者白兰士对地理环境决定论提出非议，并提出了人地相关论，认为人同地的关系是相互的、有选择性的，或然性的心理因素是人地关系的媒介，而人地关系的变化亦以心理因素为转移，主张“天定足以胜人，人定亦足以胜天”。作为理论思维，人地关系学说主要有以下代表：

（1）地理环境决定论。认为人类的身心特征、民族特征、社会组织、文化发展等人文现象受自然环境，特别是气候条件支配的观点，是人地关系的一种理论，简称决定论。

（2）可能论、或然论。认为自然环境仅提供了一系列可能的机会，人类具有相当大的选择自由的观念，是人地关系论的一种理论。可能论是与环境决定论相对立的一种观点。另有一种介于决定论和可能论之间的折中观点，认为人类发展的每一个阶段都是对可能性的选择，但由于地理环境的影响，一些可能性的概率大于另一些可能性。这种观点发展了可能论的思想，被称为或然论。

（3）适应论、生态调节论。认为自然环境与人类活动之间存在互相作用的关系，以及地理学应当研究人类对自然环境的适应观点。又称生态调节论。

（4）文化景观论。认为应当从研究文化景观来分析人地关系的观点。文化景观论认为，文化景观上地面上可以感觉到的人文现象的形态，人文地理学应该研究这种人类及其劳动所创造的能反映人类集团的文化和经济的景观。

（5）人地共生论。美国地理学家G. P. 马什根据自己的考察和读到的文献写了《人和自然：或被人类行动改变了的自然地理》一书，指出人类对自然的开发与利用必须谨慎，以保持自然的和谐与平衡。苏联学者马克西莫夫认为：“人过去在改造，现在仍在改造。但是技术补充生物圈，并作为统一的运动体系内的组成部分之间相互作用。形成这种技术圈与生物圈的共生现象，可以说是一种本质上崭新的全球现象，同时也是科学技术进步的新阶段。”英国学者R. J. Bennett和R. J. Chotley在《环境系统》中专门论述了共生问题。人类对长时间、大范围和大规模的能流和物流没有能力调节，而只有通过共生来实现人类与自然界的和平共处。苏联地理学家索恰瓦在《地理系统学说导论》中阐述了人类与地理环境共生，以及共同创造的思想。于是，人类对处理与地理环境的关系问题有了新的认识，正确地选择了共生和协同进化。

2. 人地关系理论对本书的借鉴意义

本书在对旅游业可持续发展系统的构建时，根据人地关系理论，将环境系统作为系统的第一要素，其中环境系统按照是否包括人的角度可以分为自然环境系统和社会环境系统两部分。

（六）生态经济学理论

1. 生态经济学理论概述

生态经济学是研究生态系统和经济系统相结合的生态经济复合系统的结构、功能及其运动发展规律的学科，是生态学和经济学相结合的产物。生态经济学的基本理论包括社会经济发展同自然资源和生态环境的关系，人类的生存、发展条件与生态需求、生态价值理论、生态经济效益、生态经济协同发展等。①

（1）生态经济学的定义。

美国著名经济学家莱斯特·R. 布朗认为："生态经济是有利于地球的经济构想，是一种能够维系环境永续不衰的经济，是能够满足我们的需求又不会危及子孙后代满足其自身需求前景的经济。"这一概念是相对于传统经济而言的一种经济形态，它代表了一种新的经济发展趋势。

生态经济是建立在自然界的生态系统与人类社会的经济系统相互作用和相互渗透的复合系统基础上的，研究生态经济系统中的对立统一关系。在生态经济系统中，不断增长的经济系统对自然资源需求的无止境性，与相对稳定的生态系统对资源供给的局限性之间，势必构成一个贯穿始终的矛盾。要解决这一矛盾，必然要求采用一种更加理性的现代经济发展模式。这种模式，既不是以牺牲生态环境为代价的经济增长模式，也不是以牺牲经济增长为代价的生态平衡模式，而是强调生态系统与经济系统相互适应、相互促进、相互协调的生态经济发展模式。因此，生态经济是生态与经济的矛盾统一体，是生态和经济并重、双赢的经济形式。

目前，关于生态经济学的定义有很多，主要有以下几种认识：

Costanza 认为，"生态经济学是一门全面研究生态系统与经济系统之间关系的科学，这些关系是当今人类所面临的众多紧迫问题（如可持续性、酸雨、全球变暖、物种消失、财富分配等）的根源，而现有的学科均不能对生态系统与经济系统之间的这些关系予以很好的研究"。1991 年 Costanza 等又将生态经济学定义为"可持续性的科学和管理"。

Barbier 等认为，"生态经济学不是一门新的学科，而是解决单一学科不能胜任的经济—环境相互作用问题的一种新的分析方法或方法的综合"。Faber 等认为，"生态经济学研究生态系统与经济活动之间的相互作用"。Adjaye 认为，生态经济学和自然环境经济学都是环境经济学的分支学科，但生态经济学不是环境经济学或者自然资源经济学的同义语。自然资源经济学主要研究开发可再生资源和不可再生资源的最佳途径。生态经济学与自然资源经济学的主要区别是，生态经济学除了研究资源的开发外，还考虑社会和伦理问题，以及强调对生态过程的研究。

由以上诸多定义及研究领域可见，生态经济学是一门从最广泛的领域阐述经济系统和生态系统之间关系的学科，重点在于探讨人类社会的经济行为与其所引起资源和环境嬗变之间的关系，是一门由生态学和经济学相互渗透、有机结合成的具有边缘性质的学科。生态经济学的研究鼓励经济学和生态学等学科之间的交叉研究，倡导从新的视角分析生态系统和经济系统之间的关系。

（2）生态经济系统理论。

生态经济系统是指"社会—经济—自然"复合生态系统，它既包括物质代谢关系、能量转换关系及信息反馈关系，又包括结构、功能和过程的关系，具有生产、生活、供给、接纳、控制和缓冲功能。

生态系统与经济系统不能自动耦合，必须在劳动过程中通过技术中介才能相互耦合为

① 桑林，李文庚．生态经济学理论在现代城市绿化中的运用［J］．西南林学院学报，2008，（4）．

整体。生态经济系统的特性体现为三个方面：第一，融合性。生态系统是通过能流、物流的转化、循环、增值和积累过程与经济系统的价值、价格、利率、交换等软要素融合在一起的。第二，协调有序性。实质上是生态系统有序性与经济系统有序性的融合。还表现为生态系统的自然生长与经济目标的人工导向协调。第三，动态演替性。生态经济系统演替是社会经济系统演替与自然生态系统演替的统一，突出表现为社会经济主导下的急速多变的演替过程。

1）生态经济系统的结构。生态系统由非生物环境、生产者、消费者、还原者四个基本成分组成，构成了生态系统的形成结构和营养结构。技术系统由知识要素、社会、物质要素与信息要素组成，构成立体网络式结构。经济系统由经济部门、经济环节、经济体制三个部分组成，构成产业结构、经济体制结构和经济要素构成形式，即一维结构链、二维结构面和三维结构体。

2）生态经济系统内部基本矛盾。在生态经济系统内部存在着一个基本矛盾，即经济无限发展同生态系统顶级稳态之间的矛盾，主要体现在：①生态生产力更新的长周期与社会生产力更新的短周期之间的矛盾；②单纯适应经济增长的技术体系与恢复生态平衡的技术滞后之间的矛盾；③生态系统要素的自然有序与经济系统要素的社会有序之间的矛盾；④生态系统负反馈机制与经济系统正反馈机制之间的矛盾。

当今世界最重大的问题是能源不足、环境容量变小、人口剧增和生态系统失调。生态经济系统的基本矛盾是这些问题的集中反映，而其焦点是生态系统物质能量的更新和储量限制了经济增长的加速进行。

3）生态经济系统结构优化原理。要有效解决生态经济系统中存在的这些矛盾，就必须对生态经济系统的结构进行优化，使其能合理配置，促进生态经济协调发展。

生态经济系统的结构优化主要须遵循以下原理：一是要素择优原理。就是指选择对环境适应性强、能量转化率高的生物物种，以求最大限度地提高生态经济效益。二是限制性要素优化配置。就是指生态系统结构中，把稀缺的几个要素合理配置，达到最佳组合，从而达到最佳效益。三是长链利用原理。就是指通过增加某一个或某几个转化效率高的环节，提高生态资源的利用率，使它比原来生产的产品数量更多、品种更优、使用价值也更高，从而使利用链整体增值。四是相生相克原理。利用相生相克原理，可用生物防治病虫害及外来生物的侵害等，从而能达到保护生态环境、维护生态平衡的目的。五是立体配置原理。就是指在一定的区域范围内，利用各种植物、动物、微生物对环境要求的空间差、时间差和生物差，建立多物种共处、多层次配置、多级质能循环利用的新型农业生产结构，能最大限度地利用资源。六是结构复制原理。就是指对自然界已经存在的生态系统结构进行仿造，从而达到维持生态平衡，促进经济发展的目的。

（3）生态经济平衡理论。

生态经济平衡是指生态系统及其物质、能量供给与经济系统对这些物质、能量需求之间的协调关系。生态经济平衡，是保持生态平衡条件下的经济平衡，其特点决定了它既是符合自然生态系统进化发展目标的经济平衡，又是符合人类经济社会发展目标的生态平衡，是生态平衡与经济平衡的辩证统一。

要达到生态经济的平衡状态，必须遵循如下原则：第一，最小消耗原则。一定的生态经济系统结构，必然有一定的生态系统要素和经济系统要素相互组合的比例关系，在此前提下，经济要素必须坚持最小消耗的节约原则，并且能够保证生态经济系统以最佳效果持续输出产品。第二，全面发展、立体开发、多级生产、综合利用的原则。系统具有立体网络的复杂结构。工业生产与农业生产之间要相互配合、相互衔接，要综合、充分地利用自然与经济物质、能量。第三，取予平衡、养用结合原则。“三废”向环境的排放量绝不能超过环境容量和自然净化的能力；农田土壤必须养用结合，既要取得高产，又要不断培肥地力。第四，综合效益原则。要保持生态经济平衡必须做到生态效益、经济效益、社会效益的结合。第五，充分利用太阳能，开发新能源，并建立适量的物资、能源储备的生态经济库。生态经济系统是具有开放性质的耗散结构，这个系统的平衡是在自然物质、能量和经济物质、能量投入产出中，通过能量逐级耗散与不断补充维持的。经济发展不能超过生态供给阈值，如果破坏和超过生态阈值，就等于自毁其依存和发展的基础。

（4）生态经济效益理论。

生态经济效益是指生态要素与经济要素之间通过技术手段的强化、组合和开发作用所产生的投入产出效率。生态经济效益是经济效益与生态效益的综合统一。

1）生态效益与经济效益的关系。生态效益是经济效益的潜在基础。生态效益高，也就是指对环境资源转化率高的个体、种群，其自然生产力也高，当对其进行经济开发时，经济效益必然高，因为在这种条件下，花费等量劳动，可以比生态效益低的情况下得到更多的产品。

生态负反馈机制与经济、技术要素的因果耦合是生态效益和经济持续提高的条件。在同等生态效益和劳动消耗的条件下，技术手段合理、经济资源与生态资源组合得当，也就是说所有经济资源的投入符合生态系统反馈机制的需求，从两个方面有利于形成有序的生态经济系统结构的良性循环，生态可得到最大限度的发挥。生态效益的提高导致劳动所得增加，因而能提高经济效益。

经济效益的复利变动规律是导致短期行为和生态破坏的根源。它使人们有追逐短期和眼前利益的倾向，导致生态效益降低，使经济效益失去自然物质基础。

由于生态效益和经济效益各自遵循的运动规律不同，经济效益运动规律与生态效益运动规律相抵触。如在农业中，对农业生态系统物质、能量的低输入，即取得多补得少，或人工输入的物质能量相互组合比例不恰当，现农业生态经济系统的高输入、低产出现象，劳动消耗增加，经济效益下降。

“不可逆”过程是经济效益降低的自然根源。在整个生产过程中，循着不可逆过程，不可能再合成为矿物、能源或其他自然资源形态，需用资金和劳动来清除这些污染；这些投资又转化为环境成本、生物生产上其破坏生态系统结构的负作用，导致已经取得的经济效益又可能被抵消。

2）生态经济效益阈限原理。所谓生态经济效益阈限原理，是指在生态效益指标值的上限与下限内，随着经济效益的变动趋势，寻求生态效益与经济效益的最佳结合。这一原理是生态效益变动的有限性与经济效益变动的无限性之间的协调。

2. 生态经济学理论对本书的借鉴意义

本书将生态经济学理论运用到旅游业可持续发展系统环境子系统的社会环境和生态环境之间的相互作用的分析中，得出“社会经济的可持续发展是以良好的生态环境平衡为前提的，生态环境是人类生存和社会发展的物质基础”。

(七) 旅游环境承载力理论

1. 旅游环境承载力分析

旅游环境承载力(TEBC)是指在某一旅游地的环境现存状态结构组合不发生明显有害变化的前提下,在一定时期内旅游地承受的旅游活动的强度。它通常会表现为一个“阈值”,超出阈值则会影响旅游环境系统功能的正常发挥。旅游承载力是时间、空间的函数,是一个动态变化过程,对旅游承载力发展潜力的研究,应该根据旅游环境的变化,适时地测度其承载力,在不同的时空范围内以旅游环境负荷度为基础,通过对旅游环境利用强度变化的监测,用超前的眼光在对旅游环境评估的基础上,拟订合理的旅游规划,保护旅游环境,确保旅游业的可持续发展。

(1)资源空间承载力。资源空间承载力即传统意义上的旅游环境容量,主要适用的计量模型有两种,即总量模型和流量—流速模型。总量模型适用于面状、均质空间的风景区;流量—流速模型适用于游览线的游客总量测算。

总量模型:一个面状、均质空间的旅游区,景点均匀分布,有几个门可以出入,游客在景区内可以随意运动,无规则行走。

$D_m = S/D \quad D_a = D_m \times (T/t)$

式中,D_m 为瞬时客流容量(人);D_a 为日客流容量(人);S 为景区游览面积;d 为旅游者游览活动最佳密度(m^2/人);t 为旅游者游览一次平均所需时间(小时或分钟);T 为景区每日的开放时间(小时或分钟)。

流量—流速模型:旅游区以若干景点为节点,以既定的均匀游览线路为通道,连接成网络系统,游客按既定线路游览。

$D_m = L/d \quad D_a = L \times T/d \times t$

式中,D_m 为旅游区瞬时客流容量(人);D_a 为日客流容量;L 为游览区内游览线路总长度(米);d 为游览线路上的游客合理间距(米/人);T 为游览线每日开放时间(小时);t 为游人平均游览时间(小时)。

(2)生态环境承载力。生态环境承载力的测量立足于维持当地原有的自然生态质量。要逐渐消除这些消极影响和对旅游者所产生的污染物的完全吸收和净化,其大小主要取决于一定时间内每个游客所产生的污染物数量和自然生态环境净化和吸收污染物的能力。旅游的自然生态环境净化与吸收污染物的能力是有限的,因此旅游者在旅游活动中产生的大量污染物很容易导致环境污染和生态环境平衡的破坏。衡量旅游地的生态环境承载力的主要标准是人工净化能力。

(3)基础设施承载力。交通设施承载力瞬时值

$S_w = \sum M \times N \qquad S_w = T/t \sum M \times N$

式中,M 为风景区投放的各类交通工具总数;N 为该交通工具可乘人数;T 为平均工作服务时间;t 为往返所需时间。供电设施承载力

$S_e = (W/T)/E$

式中,W 为风景区年发电量;T 为旅游开放天数;E 为国家统计的人均用电量。

(4)服务设施承载力。住宿设施承载力瞬时值

$S_t = (B \times T)/t$

式中，B 为风景区所能提供的床位总数；T 为某时间段（通常为一年或一个月）；t 为游客平均住宿天数。

（5）居民心理承载力。

$PEBC = A_r \times P_a$

式中，A_r 为依托地的居民点面积（公顷），也可以是依托地的居民人口数量（百人）。P_a 为当地居民不产生反感的游客密度最大值（人/公顷或人/百名居民），若居民点在旅游区内，则 P_a 值较大；若居民点与旅游区分离但作为依托区，则 P_a 值较小，若居民点与旅游区不关联，则 PEBC 无穷大。

（6）民俗文化承载力。旅游业的快速发展必将导致民族文化的同化、商品化、庸俗化和民族文化价值观的退化与遗失。"汉化"现象应引起我们足够的重视。①

2. *旅游环境承载力对本书的借鉴意义*

本书在对旅游业可持续发展系统的条件分析上，考虑了旅游环境承载力等因素，通过对旅游承载力的分析，得出要控制旅游业发展速度的结论。

三、理论三：可持续旅游的支撑理论

（一）产权理论

1. *产权理论概述*

产权是经济行为主体之间对财产的权利，是指一组权利或者说是一束权利，包括所有权、占有权、使用权、收益权、处置权等。

（1）产权的定义。产权或财产权利，在经济学界是一个比较复杂的概念，不同的学者从不同角度赋予它不同的含义。即使在现代产权经济学的论著中，其定义也不尽相同。下面引出几例权威的产权定义。

著名的产权经济学家阿尔钦在《新帕尔格雷夫经济学大辞典》中把产权定义为："是一种通过社会强制而实现的对某种经济物品的多种用途进行选择的权利。"在这里，社会强制，可以是由国家的法律来实施，也可以是由通行的伦理道德规范或习俗来实施；经济物品，是指能给人带来效用或满足的任何东西。如果从狭义上说，财产只是有形的外在稀缺物；而从广义上讲，它还可以包括一切无形的稀缺物，如商誉、人力资源等。权利在这里是复数，不仅包括人们通常说的使用权、转让权、收益权等多种权利，而且在每一类权利中，财产的所有者在社会强制下还拥有多种可选择的权利，例如转让权，他既有权选择市场拍卖的方式转让财产，也有权选择赠与的方式转让他的财产。

科斯在现代产权理论的经典论文中把产权定义为财产所有者的行为权利，即可以做什么和不可以做什么的权利。他说："我们说某人拥有土地，并把它当作生产要素，但土地所有者实际上所拥有的是实施一定行为的权利。土地所有者的权利并不是无限的。"对他来说，通过挖掘将土地移到其他地方也是不可能的，虽然他可能阻止某人利用"他的"

---

① 胡乃意，李锦宏．黔东南州旅游环境承载力探讨［J］．中国高新技术企业，2008，（5）．

土地，但在其他方面就未必如此。科斯在这里是从外部性的角度来定义的，以便说明“行使一种权利（使用一种生产要素）的成本，正是该权利的行使使别人蒙受的损失——不能穿越、停车、盖房、观赏风景、享受安谧和呼吸新鲜空气”。所以，在科斯看来，外部性在本质上就是一个产权问题。

虽然另一位产权经济学家德姆塞茨也是从外部性的角度来定义产权的，但是，他更强调产权的功能和作用。他说：“产权是一种社会工具，其重要性来自以下事实：产权帮助人形成那些当他与他人打交道时能够合理持有的预期。这种预期通过法律、习俗以及社会道德等等表达出来。”因此，“产权具体规定了如何使人们受益，如何使之受损，以及为调整人们的行为，谁必须对谁支付费用”。所以，产权在这里是作为一种制度安排，以规范人们的行为，使外部性内部化。菲吕博腾和配杰威齐在综述现代产权理论时，对产权下了一个认为能为大多数人认可的定义，即“产权不是指人与物之间的关系，而是指由物的存在及关于它们的使用所引起的人们之间相互认可的行为关系”。他们认为，这一定义基本上符合罗马法、普通法和现行的法律，以及马克思主义经济学和现代经济学对产权的理解。

虽然上述有关产权定义的表述各不相同，但是本书认为，现代产权经济学对产权概念具有以下共识：第一，产权不再简单地被看作人与外界稀缺物之间的关系，而是被看作人在使用这一稀缺物时所发生的与他人之间的行为关系。第二，产权不只是所有权，而是一组权利束，它不仅包括产权行为主体可以行使的各种权利，而且还包括不可行使的权利。第三，产权作为一种人造的社会工具或制度安排，在协调和规范人们争夺稀缺资源行为的过程中必须得到社会的强制实施，否则，产权就是“一纸空文”，毫无意义可言。这三点共识是对产权概念基本性质的界定，其他一切分歧主要是源于研究的视角不同。

（2）产权的种类。产权可以分为私有产权和共有产权两个基本大类。私有产权，是指财产权利完全界定给个人行使，即个人完全拥有对经济物品多种用途进行选择的排他性权利，即完全受个人意志的支配。但是，私有产权并非是指各种权利永远不可分地完全掌握在个人手中，也就是说，私有产权具有可分割性、可分离性和可让渡性，正是由于这一特性，私有产权制度推动了市场经济的发展。共有产权或公共产权，是指财产的权利界定给公众行使，即任何人在行使对公共资源的某项选择权利时，并不排斥他人对该资源行使同样的权利。

纯粹的共有产权与私有产权的一个重要区别，就是共有产权不具有排他性，任何人都可以为使用共有的财产而没有障碍地进行竞争。因此，共有产权不具有可分割性、可分离性和可让渡性。换句话说，一旦财产可分割、可分离和可让渡，它就不再是共有产权了。正由于共有产权具有这一性质，因此，共有产权的必然趋势是，外部性问题的无限扩大，即资源的无限耗尽。纯粹的共有产权和私有产权是两个极端。除此之外，在它们的中间地带，还有其他各种形式的产权，例如社团产权、集体产权等。

需要指出的是，现代产权经济学主要是以私有产权为研究对象，因而，对其他产权的研究便主要是在参照私有产权的性质和特点的基础上进行的比较研究，

（3）产权的功能。第一，产权有助于人们在交易时形成合理的预期。在一个资源稀缺的外部世界，人们不仅为争夺资源而相互竞争，而且还相互合作。无论是竞争还是合作，作为一个有序的竞争与合作秩序的形成，是以人们有合理的预期为前提的。即使简单的以物易物交换活动，也离不开合理的预期，这就是只有通过双方一致的意志行为，才能

让渡自己的商品，占有别人的商品。换句话说，交易双方都相信任何一方不会使用超经济的力量将自己的物品掠走。人们之所以会形成这一合理预期，是因为产权界定了人们之间财产权利的边界。

第二，产权能够为人们的经济活动提供激励。由于产权明确地界定了人们在行使权利过程中的行为边界，以及如何承担其成本，如何从中受益的边界，也即明确界定了其行为主体的权、责、利关系，这样，人们在市场交易的活动中既有动力，又有压力，并有积极性去追求产权之利的最大化和成本的最小化。

第三，产权可以提高资源配置的效率。明确界定的产权，使公平、自由的市场交易成为可能。而产权内部的不同权利的可分割性和分离性，有利于人们实行专业化分工，提高经济效率，并可获得分工和交换的好处；产权的可让渡性，使资源能够十分容易地不断从利用效率和配置效率较低的地方，交换和流动到效率更高的地方，直至最优状态。

上述三个方面的产权功能是相互联系的。明确界定的产权，可使人形成合理的预期，这样人们在竞争与合作的产权交易过程中，就会有积极性追求自身利益的最大化，而产权主体的这一最大化自利行为过程，也就是产权的不断界定与资源的最优配置过程。

（4）产权与交易费用。谈到产权，不可避免地要涉及交易费用概念。尼汉斯在《新帕尔格雷夫经济学大辞典》里把交易费用看成是起因于产权的转移，即由于产权的分散和交易才导致交易费用的存在。这就是说，在一个人的世界里虽然存在生产费用，但由于没有产权，也不需要交易，从而也就不存在交易费用。从这个角度看，交易费用产生于产权主体之间的交易摩擦。正是在这种意义上，斯蒂格勒和威廉姆森都把交易费用形象地比喻为物理学中的摩擦力。

在传统的新古典主义经济学中是没有交易费用的，是科斯在1937年首先把交易费用因素引入经济学的分析框架，此后，人们运用交易费用分析方法，推动了经济学的许多新发展。但是，交易费用并没有取得一个一致的意见。在经典的交易费用论文中，科斯把交易费用主要概括为发现相对价格的成本和签订合约的成本。但是，后来的一些经济学家趋向于把交易费用作更宽泛的理解，认为交易费用就是一切制度运行的成本，是除生产费用以外的一切成本。马修斯认为，交易费用是事前发生的为达成一项合约而支付的成本和事后发生的监督、贯彻该项合约而支付的费用。从这一定义来理解，交易费用可以细分为以下六个方面的费用支出：①搜寻有关价格分布、产品质量和劳动投入的信息；②为寻找对己有利的价格或交易位置，买卖双方进行的讨价还价；③合约签订过程中的各项开支；④监督合约的执行，了解对方是否遵守合约的条款；⑤当发现对方违约时，强制合约执行，并发现所造成的损失；⑥保护产权，以防止第三者侵犯。

虽然交易费用起源于产权交易，但是，产权制度的不同安排，直接影响交易费用的大小。科斯定理指出，在交易为零时，产权作任何安排都是无所谓的；但在交易费用为正时，产权对资源配置的效率就起着至关重要的作用。所以，张五常把产权制度的不同安排及交易费用的大小看作是决定一国经济增长的关键因素。

2. 产权理论的借鉴意义

本书运用产权理论的核心思想分析贵州省旅游业可持续发展的制约条件。旅游业是关联性极强的行业，旅游业的发展涉及多个部门，由于体制、利益等多种原因，产权界定不清，存在旅游资源分割、力量分散、多头管理、相互扯皮等现象，没有统一协调的旅游开发机制。

（二）利益相关者理论

1. 利益相关者理论概述

"利益相关者"一词最早出现在1708年的《牛津辞典》中，表示人们在某项活动中所下的赌注（Stake）。利益相关者理论（Stakeholder Theory）是20世纪60年代左右在美国、英国等长期奉行外部控制型公司治理模式的国家中逐步发展起来的。与传统的股东至上的企业理论的主要区别在于，该理论认为任何一个公司的发展都离不开各种利益相关者的投入或参与，比如股东、债权人、雇员、消费者、供应商等，企业不仅要为股东利益服务，同时也要保护其他利益相关者的利益。

利益相关者理论是基于西方国家兴起的公司社会责任的观点而产生的，并受到了社会的关注。

利益相关者理论的发展主要经历了以下三个阶段：

（1）"影响企业生存"阶段。斯坦福研究所对利益相关者的定义是："对企业来说存在这样一些利益群体，如果没有他们的支持，企业就无法生存"，这个定义对利益相关者界定的依据是某一群体对于企业的生存是否具有重要影响。利益相关者是一个企业的参与者，他们为自己的利益或目标驱动，必须依靠企业，而企业为了生存，也必须依赖他们。

（2）"参与战略管理"阶段。把利益相关者方法应用于战略管理研究始于弗里德曼。1984年，他在其经典著作《战略管理——一个利益相关者方法》中首先提出了这个观点，他将利益相关者定义为"任何能够影响组织目标的实现或受这种实现影响的团体或个人"，这种观点强调利益相关者在企业战略分析、规划和实施中的作用，侧重于从相关利益主体对企业影响的角度定义利益相关者，强调企业战略管理中的利益相关者参与。

（3）"参与利益分配"阶段。该观点的核心问题是管理层到底应该向股东还是所有利益相关者负责，也就是说利益相关者是否可以分享企业的剩余索取权。利益相关者向公司注入了专有性资产，他们应当享有利益获取权。①

2. 利益相关者理论的借鉴意义

利益相关者理论强调社会责任、关注社会伦理问题的理念，正好与20世纪末旅游业所面临的种种困惑相呼应，旅游理论研究者和旅游企业管理者迅速认识到了该理论的实际价值。课题组也广泛应用了该理论，主要集中在两个方面：一方面，构建了地区旅游业发展利益相关者图谱，对旅游发展中的利益相关者进行了层次划分，从而充分挖掘各利益相关者与旅游开发关系的密切程度；另一方面，充分阐述了各利益相关者的属性和职能，使其在进行旅游规划的过程中各利益主体能够充分参与规划的调研、分析、决策等，保证他们作用的真正发挥，从而实现旅游地的协调发展及可持续性。

（三）博弈论

1. 博弈论概述

博弈论（Game Theory）也称对策论，是研究机智而又理性的决策者之间冲突及合作的理论。博弈论的基本概念主要包括三个要素：局中人（Player）、可供参与人选择的行

---

① 黄昆．利益相关者理论在旅游地可持续发展中的应用研究［J］．财贸经济，2004，（5）．

动（Action）或策略（Strategy）、在博弈的各种对局下各参与人的盈利或者说得益，即参与人的支付（Payoff）。博弈论最基本的分类方法有两种：一种是按局中博弈双方是否同时决策，可分为静态博弈和动态博弈，同时决策或者同时行动的博弈均属于静态博弈，先后、序贯决策行动的博弈均属于动态博弈；另一种是按照局中人是否都清楚各种对局情况下每个局中人的得益，可分为完全信息博弈和不完全信息博弈。博弈分析的目的是找出最优的问题解决方案。

博弈产生的前提是“经济人”从自身利益出发尽量追求收益最大化，并使成本最小化的过程。从某种角度上讲，博弈是在既定总收益下，局中人通过策略改革分配格局，扩大自身存量收益的过程。博弈过程是对现有制度规则的挑战，环境的宽松与否显示出管理制度约束的完善程度，这就是博弈的实质。

博弈论研究决策主体行为之间发生直接相互作用时的决策，以及这种决策的均衡问题。即：一个经济主体的选择受到其他经济主体选择的影响，而且反过来影响到其他局中经济主体选择时的决策和均衡问题。博弈论认为，个人效用函数不仅依赖于局中人自己的选择，而且依赖于其他局中人的选择，所以，博弈论也可以理解为研究存在相互外部经济条件下的个人选择问题。博弈有合作博弈和非合作博弈。合作博弈强调的是团体理性，即整体最优，参与博弈的局中人之间能达成一个具有约束力的协议。非合作博弈强调的是个人理性，个人决策最优，但非集体最优。博弈理论的基本出发点是具有个体理性的经济人追求自身利益的行为，主要研究行为和利益有相互依存性的经济个体的决策和相关的市场均衡问题，包括决策的原则、方式和效率意义等。因此，博弈论的思路和方法与承认个体利益和局部利益，掌握人们追求自身利益合法权利的市场经济相容性较强，特别适用于分析市场经济中人们的经济行为、经济关系和社会经济活动的效率。纳什均衡是博弈论中最重要的一个解释概念，指的是在没有外在的强制力约束时，当事人按照制度安排而各自进行最优化决策所构成的战略组合结果。这样自动构成的集体选择结果就是一个纳什均衡，同时这个能构成纳什均衡的制度安排是有效力的。即每个博弈方的策略都是针对其他博弈方策略或策略组合的最佳对策。纳什均衡具有稳定性和自我强制性。

博弈论可以解释经济中许多低效率现象的根源，找出导致低效率的制度性原因，从而帮助政府制定、修改政策，完善交易制度和提高经济效率。①

2. 博弈论对本书的借鉴意义

本书根据博弈论的相关理论，分析了贵州省旅游业中旅游者、旅游企业、农户、政府各个微观经济主体的不一致的利益目标，通过博弈分析得出各个利益主体的均衡策略，针对均衡策略对各个利益主体提供一些选择和建议。

（四）旅游地生命周期理论

1. 旅游地生命周期理论的基本内容

旅游地生命周期的概念最早由德国著名地理学家 Christaller 于 1963 年提出。Christaller 在研究地中海旅游乡村的发展与演化时得出这样的结论：旅游乡村生命周期分为三个阶段，即发掘阶段、增长阶段、衰落阶段。1973 年旅游营销专家 Plog 从市场营销学的角

① 张维迎. 博弈论与信息经济学［M］. 上海：上海人民出版社，2004.

度解释了旅游地生命周期理论。1978 年，美国学者 Standstield 在研究美国大西洋城旅游发展时也提出了类似的概念。目前，被学者公认并广泛应用的旅游地生命周期理论是由加拿大学者 Butler（1980）提出的。Butler 根据产品周期的概念，提出旅游地演化经过六个阶段：探索阶段、参与阶段、发展阶段、巩固阶段、停滞阶段、衰落或复苏阶段。

（1）探索阶段。这是旅游地发展的最初阶段，特点是旅游地只有少量的游客，他们受旅游地自然或文化吸引物的吸引，几乎没有用于旅游的专门设施，其自然和社会环境未因旅游的产生而发生变化。

（2）参与阶段。随着旅游者人数增多，旅游活动逐渐变得有规律，本地居民开始为旅游者提供一些简便的设施。随着这个阶段的到来，广告开始出现，旅游市场范围已基本可以被界定出来，旅游季节也逐渐形成，一些本地居民为适应旅游季节调整生活方式，有组织的旅游开始出现，迫使地方政府和旅行机构增加、改善旅游设施和交通状况。

（3）发展阶段。在大量广告和旅游者的宣传下，一个成熟的旅游市场已经形成，外来投资骤增，本地居民提供的简陋食宿设施逐渐被规模大、现代化的设施取代，旅游地自然面貌的改变已比较显著。

（4）巩固阶段。游客增长率将下降，但游客量将继续增加并超过常住居民数量。旅游地大部分经济活动与旅游业紧密联系在一起，为了扩大市场范围和延长旅游季节，广告无所不在。常住居民，特别是那些没有参与旅游业的常住居民对大量游客的到来和为游客服务而修建的设施会产生反感和不满意，因为这一切会限制他们的正常活动。旅游地在这一阶段有了界线分明的娱乐商业区，以前的设施有可能成为二级设施而满足不了需要。

（5）停滞阶段。在这个阶段，游客量达到最大，旅游环境容量已趋饱和或被超过，环境、社会和经济问题随之而至。旅游地在游客中建立起的良好形象已不再时兴，旅游市场很大程度上依赖于重游游客、会议游客等。接待设施过剩，保持游客规模需要付出大量的努力。自然和文化的吸引物或许被“人造”设施所取代。

（6）衰落或复苏阶段。在衰落阶段，旅游地市场衰落，无论是吸引范围还是游客量，已不能和新的旅游地相竞争。随着旅游业的衰退，房地产转卖率很高，旅游设施逐渐被其他设施取代，更多的旅游设施因旅游地对游客的吸引下降而成为问题。这个阶段本地居民能以相当低的价格购买旅游设施，因此本地居民介入旅游产业的程度大大增加。宾馆可能变为公寓、疗养院或退休住宅，因为旅游地良好设施无疑对常住居民有着吸引力，特别是对年老者。最终，原来的旅游地可能变为名副其实的“旅游贫民窟”或完全失去旅游功能。

另外，旅游地也可能进入复苏阶段，要进入复苏阶段，旅游地吸引力必须发生根本的变化，达到这个目标有两种途径：一是增加人造景观吸引力，例如美国大西洋赌城，但如果相邻有具竞争力的旅游地也如法炮制，这种效果就会降低；二是发挥未开发的自然旅游资源的优势，重新启动市场。

2. *旅游地生命周期理论的验证与质疑*

（1）旅游地生命周期理论存在的逻辑漏洞。

①地球上的空间是有限的，旅游地的数量也是有限的，假若今天已开发出来的著名旅游地都衰落了，那么世界旅游业将走向何方呢？特别是其中的观光地和度假地，几乎包括世界上质量最好、品位最高的旅游资源，若它们衰落了，我们将到哪里去开发新的旅游地和度假地来满足游客的观光度假需求呢？经验与常识告诉我们，任何一个旅游地发展旅游

业，其最基本的本钱就是具有垄断性的旅游资源，且垄断性越强，资源价值越高，旅游地的旅游业就越发达，越不可能衰落。

②帕洛格与克里斯特勒对于旅游地生命周期出现的原因的解释，乍看起来似乎很有道理，但若仔细推敲，就会发现其解释不能自圆其说。我们承认，在一个新旅游地的探索与参与阶段，探险者有着不可磨灭的功绩，但是，探险者就只去未开发的地方旅游吗？中间型旅游者就只去所谓发展与巩固阶段的旅游地旅游吗？按照帕氏与克氏的说法，假若全世界所有新旅游地都开发完了，探险型旅游者就无处可去了，接着而来的就是中间型旅游者和保守型旅游者，最后应该就是全世界所有旅游地生命周期的完结了。显然，帕氏与克氏的解释是与事实不符、与逻辑不合的。人类的繁衍是生生不息的，世界上旅游地数量与空间的有限性及新旅游者源源不断地产生，就是旅游地生命不息的源泉！

③旅游地生命周期理论如果成立，则旅游地存在生命周期是一种普遍现象，旅游地必然会沿着六个阶段的轨迹发展，也就是说，各旅游地都存有一个共同的、最本质的、不以人的意志为转移的因素推动着旅游地朝着既定的道路前进。这一因素究竟为何物？生命周期论者没有给出答案。

当然，生命周期论者也指出了一些影响旅游地发展轨迹的因素，如容量饱和与超载、社会问题、环境污染、垄断经营等。但这些因素的出现不是必然的，我们可以采取相应的措施来解决这些问题，特别是在当代社会，随着人们认识水平的提高，为了达到旅游可持续发展的目的，容量问题、环境问题、社会问题等都可以得到较好的解决。

④巴特勒的旅游地生命周期曲线应该是一条理想的曲线。但是，正如余书炜在《“旅游地生命周期理论”综论》中所论述的，当一旅游地完全不受外部环境异常因素影响时，决定旅游地生命周期的是旅游地吸引力的变化。只要自然与社会尚未发展到彻底消灭地区差异，旅游吸引力就不会必然衰退或消亡，从而只要人类存在，旅游地就不会必然衰落或消亡。因此，旅游地发展演进也不会有一条上述的既定轨迹。

（2）实践检验对旅游地生命周期的否定。

①作为一种理论，揭示的应是普遍规律，应具有普适性，大部分旅游地的发展轨迹与巴特勒描述的曲线应基本相符。而事实上，经过实证研究，人们发现各旅游地之间发展轨迹差异非常大，甚至没有一个旅游地的发展轨迹与巴特勒的曲线基本相符。通过研究，生命周期理论的预测意义、对旅游地演进过程进行描述的意义、对旅游地规划和营销的指导意义基本上都被否定。

②从表面上看，生命周期理论的“旅游地终将衰落”这一基础命题假设得到了学者们的支持。但这一基础命题本身，对于旅游地发展来说毫无实际意义，因为这一命题是一个哲学层面上的命题。按照唯物辩证法的观点，世界上一切事物都有一个从生到死的过程，那么旅游地也不例外。这种哲学层面的命题，与“地球最终消亡”命题一样，对于我们的学科发展与旅游实践毫无意义。

3. 对旅游地生命周期理论的评价

生命周期理论能够合理地解释旅游地发展规律，主要用于对旅游地发展过程和历史的分析；预测旅游地的发展走势，指导市场营销；诊断和分析旅游地存在的问题，指导旅游地的规划和对策的制定。但作为预测工具，该理论还处于一种宏观趋势的预测范畴，无法对旅游地的发展阶段作出准确的预测。因此，在指导旅游地规划和管理方面，该理论能够有效地为管理者提供战略性思想，解释旅游地生命周期各阶段不同的变化。但作为预测工具，该理论还没有得到更好的发展，需要运用更多的定量化手段去完善和发展这一模型。并且最初的旅游地生命周期理论是从单一产品旅游地得出的，且旅游地的产品是自然吸引物属性，更确切地说，它是单一旅游产品生命周期理论。①

4. 旅游地生命周期理论对本书的借鉴意义

本书运用旅游地生命周期理论结合贵州省旅游业的发展历史对贵州省旅游业的历史演化阶段进行了分析，划分为探索阶段、参与阶段、发展阶段。贵州省旅游业现在处于发展阶段。

四、理论四：其他相关理论

（一）社会表象理论

1. 对社会表象理论的描述

"社会表象"一词最早出现在法国实证主义社会学家涂尔干的一篇名为《个体表现和集体表现》的论文中。在20世纪60年代，法国社会心理学家墨斯科维奇引入了这一概念，并对其加以扩充，把"社会表象"定义为拥有资深的文化含义并且独立于个体经验之外而持续存在的各种预想、形象和价值所组成的知识体系。简单地说，社会表象就是人们用来对周围的事物、时间以及目标所作反应的一系列定义性的短语或形象，它们是人们用来了解周围世界的工具。

社会表象理论是围绕着"社会表象"这一概念发展起来的。墨斯科维奇在研究中发现这样三个事实：①很显然的事情，我们不一定看得见。②我们认为理所当然的事情，有时只是我们的错觉。③我们对于知觉对象的反应，有赖于自身所处社群对此物的定义。从这一角度来讲，我们所看到的事物，不论是其能见度、事实感还是对事实的定义，其实都受到了社会表象的影响，而这也成为社会表象理论的一个基本观点。社会表象理论的支持者们认为，人们就是利用自己以往的经验和知识作为参照物去了解和熟悉新鲜事物的。这些社会表象将人们有关的社会和政治态度具体化和形象化，同时也影响着个体和群体看待世界的方式。

作为一种新兴的学说，社会表象理论区别于传统社会心理学的其他各种理论，并具有如下特征：

（1）社会表象是有关日常知识的复杂的体系，包括价值观、信仰、态度和解释等要素。

（2）社会表象的内容和结构十分重要。

（3）社会表象能帮助定义和组织现实。

（4）社会表象将沟通和互动考虑其中。

（5）社会表象将不熟悉的事物转变为熟悉的事物。

（6）通过运用暗喻、类比以及与原型的比较，社会表象将新的和抽象的概念或事件整合入原有的框架体系之中。

---

① 阎友兵．旅游地生命周期理论辨析［J］．旅游学刊，2001，（6）．

（7）形象是社会表象的中心要素。

（8）抽象的概念被简化（通过使用形象和类比）和具体化（通过与原有的知识体系相联系）。

（9）社会表象一旦产生就会独立存在，这可以在社会或文化产物中得到印证。

（10）社会表象是群体和个体识别的关键组成部分。

（11）社会表象是群体间互动的重要特征，因而社会表象理论明确承认了社会冲突和在社会动态过程中权力的重要性。

（12）社会表象是说明性的，它们能对行为和思想加以指导。

（13）社会表象不是与生俱来或静态的，它们会随很多因素的变化而变化，包括对于它们达成共识的程度，它们的详细程度以及它们如何被交流等。个体可以影响、创造和改变社会表象。社会表象可以经由个体的影响、创造和改变社会表象。社会表象可以经由个体的影响、直接经验、劝说性的沟通以及群体间的互动而被改变。

（14）社会表象将个体与他们的社会、文化环境联系起来。

（15）社会表象受科学影响，同时也会影响到科学。因为社会表象理论强调社会群体意识反映的共性，而非群体成员之间的差异性，所以许多学者，尤其是社会学家，开始尝试利用社会表象方法来探察社会公众对一些社会现象所持的态度和观点。①

2. 社会表象理论为本书提供的借鉴

本书依据社会表象理论，在考虑对旅游业可持续发展环境系统的构建上，充分考虑了社会文化环境这一因素，将其归类为社会子系统与人文子系统。

（二）产业共生理论

1. 对共生理论的描述

“共生”一词的概念源于生物学，是德国生物学家德贝里（Anton de Bary）于1879年提出的，指不同种属的生物一起生活，即动植物互相利用对方的特性和自己的特性一同生活相依为命的现象。Hannan（1992）等人建立了组织生态学，根据 Jocl A. C.（1995）等人的研究，如果彼此不同但存在某种关系的两个种群中任何一个种群密度的增加致使另一个种群的进入率增加，则定义两个种群是互利共生种群，其演化为协同演化。如果彼此不同但存在某种关系的两个种群中总是一个种群密度的增加致使另一个种群的进入率增加，则两个种群是偏利共生种群。“共生理论”认为，共生是自然界、人类社会的普遍现象；共生的本质是协商与合作，协同是自然与人类社会发展的基本动力之一；互惠共生是自然与人类社会共生现象的必然趋势；等等。运用共生现象普遍性的观点来看待人类社会中的政治、经济、文化、教育等的关系，就会更加深刻地理解和把握这些关系存在的客观性，从而按照共生原理不断推进其向优化转变，从而实现社会的可持续发展。

袁纯清（2002）对共生理论做了深入研究，认为共生不仅是一种生物现象，也是一种社会现象；共生不仅是一种自然状态，也是一种可塑状态。共生理论可以作为对社会经济现象，特别是对机构之间的合作行为进行深入的分析，原因如下：①从系统形成与发展角度来看，共生现象是一种自组织现象，共生过程是一个自组织过程。机构之间交互作用

① 应天煜．浅议社会表现理论在旅游学研究中的应用［J］．旅游学刊，2004，（1）．

形成或合作也是共生关系建立的过程，是相关单元之间的相互吸引与合作，在不丧失自身状态与性状的同时与共生对象结成相互补充、相互依赖的关系。②共生过程是共生单元的共同进化过程，共生为相关单元提供了理想的进化路径。这种进化路径不同于单元独自的进化，而是在单元之间的相互激励中合作进化。这也正是区域创新体系建立的初衷。③共生反映了组织之间的相互依存关系，这种关系的产生和发展，能使组织向更具适应性和生命力的方向演化。在社会经济领域，共生关系将促进经济资源的有效配置，和竞争机制一样，是推动技术创新的重要力量，也是我们分析创新系统生成、根植性的一种基本方法工具。广泛兴起的合作浪潮正是实践对共生理论、意义的热烈回应。④共生关系反映了共生单元之间物质信息能量交换关系。生物共生单元之间共生关系体现为物质的供求关系，创新共生单元之间的共生关系体现为经济生产中知识要素的供求关系。通过共生形成新的共生能量，它来源于共生体系对物质、信息的更有效的配置与生产，来源于不同单元之间由于协同作用产生的创造力量。

根据共生理论，构成共生关系的一般条件包括：共生体必须具有内在性质的兼容以及某种时间或空间联系；在给定的时空条件下，共生体之间应存在某种确定的共生界面；共生单元之间按某种方式进行物质信息和能量的交流，通常由共生单元内在联系的亲近度、同质度或关联度所决定。共生稳定与否取决于共生的内部结构，即对称性分配和稳定匹配。前者指对称最优激励兼容状态，后者指亲近度最高的同类单元或关联度最大的异类单元之间共生最稳定；共生关系的选择和共生环境的培育对于共生关系的持续稳定发展具有重要意义。

共生理论认为：①合作是共生现象的本质特征之一。共生并不排除竞争，与一般意义上的竞争不同的是共生不是单元之间的相互排斥和厮杀，而是单元之间的相互吸引和相互合作；不是共生单元自身性质和状态的丧失，而是继承和保留；不是共生单元的相互替代，而是相互补充、相互促进。竞争型共生系统中共生单元之间是一种通过竞争获得共同发展的相互作用关系，这种竞争是通过共生单元内部结构和功能的创新促进其竞争能力的提高。尽管共生包含了竞争和冲突，但它强调了从竞争中产生的新的、创造性的合作关系。②共生强调了存在竞争的双方的相互理解和积极态度。③共生过程是共生单元的共同进化过程，也是特定时空条件下的必然进化。共同激活、共同适应、共同发展是共生的深刻本质。共生为共生单元提供理想的进化路径，这种进化路径使单元之间在相互激励中共同进化。共生强调了共生系统中的任何一方单个都不可能达到的一种高水平关系。④在共生进化过程中，共生单元具有充分的独立性和自主性，同时，共生进化过程可能产生新的共生形态，形成新的物质结构。共生是在较大的社会、经济和生态背景下，共生单元寻求自己定位的一种途径，进化是共生系统发展的总趋势和总方向。

2. 对旅游共生的描述

吴泓和顾朝林（2004）最早将共生理论运用于区域旅游“竞合”问题的研究，但并没有界定“旅游共生”及其相关概念。该文认为：“旅游共生”是指内在性质兼容以及存在时空联系的旅游地，在同一共生环境中通过交互式作用和谐发展，以便达到区域整体旅游业均衡发展的状态，它包括“旅游共生单元”、“旅游共生环境”和“旅游共生模式”。“旅游共生单元”是指旅游资源存在相似性或互补性，空间距离接近，联系便利，并且存在着资源、市场等方面联系的各个不同旅游地。“旅游共生环境”也称“共生条件”，它是指各个不同旅游地相互作用的媒介，即旅游业发展的外部市场环境和社会环境，它受社会经济背景、国家经济政策等影响。良好的共生环境可以促进旅游业健康发展。“旅游共生模式”是指各个不同的旅游地之间相互作用的方式或相互结合的形式，能反映各个不同的旅游地之间的物质、信息和能量关系。通过共生模式，各共生单元之间互相协作，自觉不自觉地将自身纳入互动的轨道和共生的相互协作，产生共生效益，形成一种类似于生物的相依生存和植物的竞向生长。优势互补、和谐共生是实现各个不同旅游地协作关系的前提。在旅游行业共生关系中，旅游共生单元是基础，旅游共生环境是重要的外部条件，旅游共生模式是关键。旅游行业的任何共生关系都是共生单元、共生模式、共生环境相互作用的水平、效果和共生系统的动态特征。正是由于旅游行业共生单元之间优势互补，相得益彰，才能提升区域整体的旅游竞争力。

旅游共生关系的构成条件为：①不同旅游地旅游资源的相似性或互补性以及空间的接近性或联系的便利性。②不同旅游地存在文化上或政治上的联系，或者资源、市场等要素上的联系，服务设施基本配套，旅游者对区域的认知程度较高（或区域内有若干知名度较高的旅游地）。③同类旅游地的相似程度或异类旅游地的互补程度决定共生方式，同类旅游地之间可以强化共同的优势，提高旅游产品层次，在合作基础上重新分工定位；异类旅游地之间可以取长补短，优势互补。这种共生既可以是区域内不同旅游地之间的横向共生，也可以是不同产业要素的纵向共生，或者是旅游地和产业要素的混合共生，既可以强强技术互补合作，也可以强弱资源与资金、技术合作或弱联合开发。④推进区域旅游合作，可以从较小区域和易融合单元合作入手，抓住有利时机，确定合作要点，明确共生单元利益的共享和义务的共担，培育共生机制，待取得初步成效后，逐步扩大合作领域，进而扩大到整个区域。

3. *产业关联理论对本书提供的借鉴*

根据产业共生理论，对旅游业可持续发展系统的协调性进行了分析。分别对旅游业与农业、旅游业与工业以及与其他产业协调发展进行了分析。得出旅游业的可持续发展与农业、工业的发展存在着很大的共生关系，它们之间是互惠互利、协同发展的。同时根据产业关联理论的相关知识，在基于社区参与的旅游业发展模式这一部分，从社区居民可以直接参与和间接参与的产业角度多摄取参与旅游的产业链进行了全面而深入的分析，以便使旅游业与其他产业形成紧密的链条关系，实现各产业的全面发展。通过上述理论的描述可以将其归纳在表2-1中。

表2-1　贵州省旅游业可持续发展理论体系

理论类别	理论描述	理论借鉴
基本理论	可持续发展理论：满足当代人的需要而不对后代人满足其需要的能力构成威胁，包括生态持续、经济持续和社会持续	贵州省旅游的经济、生态环境、资源环境、社会承载力
	系统论：系统是由相互作用和相互依赖的若干组成部分结合成的具有特定功能的有机整体，系统各单元间、系统间都存在物质、能量、信息等的流动	贵州省旅游业可持续发展系统的构建和运行机制
	协同学理论：不同事物共同特征及其协同机理	分析旅游业可持续发展子系统间相互作用

续表

理论类别	理论描述	理论借鉴
基本理论	社区参与理论：政府及非政府组织介入社区发展的过程、方式和手段，也指社区居民参加发展计划、项目等各类公共事务与公益活动的行为及其过程	社区参与旅游、贵州省旅游业社区利益协调
	人地关系理论：环境决定论、文化决定论、人地协调论	解决贵州省人地矛盾
	生态经济学理论：社会经济系统与自然生态系统二者之间相互制约、相互促进的关系	贵州省生态保护和经济发展问题
	旅游环境承载力理论：适时地测度其承载力，在不同的时空范围内以旅游环境负荷度为基础	分析旅游业可持续发展系统的条件
支撑理论	产权理论：产权是指由物（不仅仅指生产资料）的存在及关于它们的使用所引起的人们之间的相互认可的行为关系	贵州省旅游开发中的产权界定
	利益相关者理论：侧重于解释和预测处于特定环境下的某个单位群体在和周围的群体发生联系和相互影响时所表现出来的功能	确定贵州省旅游业四大利益主体的统一
	博弈论：研究互动决策的理论	分析旅游者各利益主体的均衡策略
	旅游地生命周期理论：旅游地演化经过探索阶段、参与阶段、发展阶段、巩固阶段、停滞阶段、衰落或复苏阶段共六个阶段	判断贵州省旅游业所处的阶段与历史演进过程
其他相关理论	社会表象理论：以经验与知识作为参照物去解释世界	构建旅游业可持续发展系统上充分考虑社会文化因素
	共生理论：协商与合作，互惠与共生	分析旅游业可持续发展系统的协调性、分析社区参与旅游业模式

五、本章小结

本章通过对旅游业可持续发展的相关理论的梳理和总结，阐明了贵州省旅游业可持续发展研究的理论基础。本章从旅游业可持续发展与可持续旅游两个方面进行了理论辨析，得出可持续旅游是旅游业可持续发展的核心和基本途径，只有走可持续旅游的道路，才能真正实现旅游业的可持续发展。并且为旅游业可持续发展系统、评价指标体系的构建提供了理论支持。

本研究认为，可持续发展理论、系统论、协同学理论、社区参与理论、人地关系理论、生态经济学理论、旅游环境承载力理论共同构成的可持续发展基础理论，为贵州省旅游业可持续发展提供了理论上的指导；可持续旅游的支撑理论由产权理论、利益相关者理论、博弈论、旅游地生命周期理论构成，辅助支撑了贵州省旅游业可持续发展理论体系，为对旅游业可持续发展的进一步分析如旅游业可持续发展系统协调性分析、可持续发展模式研究提供了分析思路。

第三章 贵州省旅游业可持续发展的现实判断

一、贵州省旅游业发展现状

（一）贵州省地理文脉分析

1. 区域自然地理背景

（1）地理背景。

贵州省简称“黔”或“贵”，位于中国西南的东南部，介于东经103°36′～109°35′、北纬24°37′～29°13′之间，东毗湖南省，南邻广西壮族自治区，西连云南省，北接四川省和重庆市。全省东西长约595千米，南北相距约509千米，总面积为176167平方千米，占全国国土面积的1.8%。

（2）地貌特点。

贵州地貌属于中国西部高原山地，通称贵州高原，地势西高东低，自中部向北、东、南三面倾斜，河流顺地势向北、东、南三面分流。西部海拔在1500～2800米，中部海拔在1000米左右，北、东、南三面各地带海拔在500米以下，海拔最高点在赫章、水城交界处的韭菜坪，为2900米；最低点在黎平水口河出省界处，为137米。全省地貌结构为东西三级阶梯，南北两面斜坡。

贵州地貌的显著特征：一是高原山地多，全省地貌可概括分为山地、丘陵和盆地三种类型。在全省总面积中，山地和丘陵面积占92.5%。二是喀斯特地貌发育得比较典型，是世界上喀斯特地貌发育最典型的地区之一，全省喀斯特地形面积约13万平方千米，是全省土地面积的73.6%。境内山峦起伏，层峦叠嶂，主要山脉有北部的大娄山脉、东北部的武陵山脉、西北部的乌蒙山脉、西南部的老王山脉、中部的苗岭山脉等。“地无三尺平”，是贵州地貌特征的形象反映。

（3）气候条件。

贵州的气候温暖湿润，类型复杂多样，属亚热带湿润季风气候类型。气候的地区差异和垂直差异比较明显，河谷低洼地带气温较高，地势较高的地方气温较低，形成“一山有四季”、“十里不同天”的气候特征，年气温变化幅度比较小，大部分地区年平均气温在15℃上下，最冷的1月平均气温在3℃～6℃之间，最热的7月平均气温在22℃～25℃之间。具有冬无严寒、夏无酷热，降水丰富、雨热同季的气候特点。年平均降水量1100～1300毫米，多年平均降水量1191毫米。但降水的时空分布不均，6～8月降水较多，一般在450～600毫米，占全年降水量的40%以上。在空间的分布上，西南部山区、苗岭山区和武陵山区年降水量在1500毫米以上，西部地区的威宁、赫章一带，年降水量在900毫米以下。其余地区在1100毫米左右。贵州阴雨天多，日照较少，全年日照时数约为1300小时，无霜期270天，阴天日数一般超过150天，常年相对湿度在70%以上。

（4）自然资源。

土地资源。全省土地总面积17615247公顷。其中，农用地15251925公顷，占土地总面积的86.58%；建设用地551847公顷，占土地总面积的3.13%；未利用土地1811448公顷，占土地总面积的10.28%。全省土地利用率89.7%。全省耕地面积4487455公顷，人均耕地面积1.7亩。

生物资源。全省有野生动物资源1000余种，其中黔金丝猴、黑叶猴、黑颈鹤等15种列为国家一级保护动物；二级国家保护动物有69种，主要有穿山甲、黑熊、水獭、大灵猫、小灵猫、林麝、红腹雨雉、白冠长尾雉、红腹锦鸡等。植物资源有森林、草地、农作物品种、药用植物、野生经济植物和珍稀植物等六类。银杉、珙桐、桫椤、贵州苏铁等15种列为国家一级保护植物。全省有药用植物资源3900余种，占全国中草药品种的80%，“夜郎无闲草，黔地多良药”，是全国四大中药材产区之一。

能源。水、电、煤等多种能源兼备，水能与煤炭优势并存，水火互济。水力理论蕴藏量为18140.3兆瓦，居全国第六位。贵州素以“西南煤海”著称，煤炭资源储量达527.98亿吨，居全国第五位。煤炭不仅储量大，且煤种齐全、煤质优良，为发展火电，实施“西电东送”奠定了坚实的基础，同时为煤化工、实施“煤变油”工程提供了资源条件。

矿产资源。贵州至今已发现矿种（含亚矿种）125种，发现矿床、矿点3000余处。其中，有76种（含亚矿种）不同程度的查明有资源储量，共计产地（矿区、矿段或井田）2553处。

（5）交通状况。

航空：1997年，贵阳4E级的现代化机场龙洞堡机场通航，此后，逐渐形成了以中型飞机为主、小型飞机配套、长短航线互补的航空运输结构，直飞航线遍及国内50个大中城市和我国香港、澳门特区，以及韩国、新加坡、泰国等地。2001年铜仁机场也已通航，成为梵净山旅游的主要出入口。2008年8月1日，荔波机场正式建成通航，为黔南州的经济发展特别是旅游业的发展提供了便捷的通道。

铁路：1997年，南宁——昆明电气化铁路开通，途经兴义，给当地旅游业带来勃勃生机。“九五”期间建设的株洲——六盘水电气化铁路复线、内江——昆明等工程，“十一五”规划的重点项目贵广高速铁路和公路，无疑将对贵州旅游业的发展起到巨大的推动作用，为贵州旅游业的发展打开了东南亚市场。

公路：贵阳——黄果树是贵州第一条高等级汽车专用公路。将红枫湖、龙宫、黄果树、天星桥四个国家级风景区连成一体，使这条西线成为贵州旅游的黄金路线。1998年，贵阳——遵义高等级公路的开通，给以革命历史彪炳史册的遵义为主的北线旅游增加了活力，贵阳——新寨、贵阳——毕节等高等级公路的建成，为保障贵州旅游的血脉畅通起到了关键性作用。

水路：截至2007年底，全省内河航道里程达到3322千米，其中五级航道543千米。运输完成客运量1084万人、旅客周转量22933万人千米，货运量665万吨、货物周转量94182万吨千米，比上年分别增长14.35%、19.02%、11.02%和7.27%。

2. 区域人文地理背景

（1）历史沿革。

贵州是我国古人类发祥地之一，早在若干万年前就有人类劳动、生息、繁衍在这块土地上，创造了贵州的远古文化。

春秋以前，贵州为荆州西南裔，属于“荆楚”或“南蛮”的一部分。战国后期，夜郎国逐步发展成为西南地区的大国之一（夜郎国大部分疆域在今贵州境内）。“贵州”名称始于宋代。宋开宝七年（公元974年）土著首领普贵以所领矩州归顺，土语“矩”与“贵”同音，朝廷敕书称“惟尔贵州远在要荒”，“贵州”名称始见于文献。宋宣和元年（公元1119年），朝廷为奉宁军承宣使知思州军事土著首领田佑恭加授贵州防御使，“贵州”才成为行政区划的名称，但当时的“贵州”仅限于今贵阳一带。

明代，贵州行省建立，这是贵州发展史上的一件大事，1949年11月15日，中国人民解放军解放了贵州省省会贵阳市，12月26日成立了贵州省人民政府。目前，贵州省有4个地级市、2个地区、3个自治州、10个市辖区、9个县级市、56个县、11个自治县、2个特区，详细如表3－1所示。

表3－1　贵州省行政区划

市（地级市、直辖市、自治州）	县（县级市、区、自治州）
贵阳市	乌当区、南明区、云岩区、花溪区、白云区、小河区、清镇市、开阳县、修文县、息烽县
六盘水市	钟山区、水城县、盘县、六枝特区
遵义市	红花岗区、汇川区、赤水市、仁怀市、遵义县、绥阳镇、桐梓县、习水县、凤冈县、正安县、余庆县、湄潭县、道真仡佬族苗族自治县、务川仡佬族苗族自治县
安顺市	西秀区、普定县、平坝县、镇宁布依族苗族自治县、紫云苗族布依族自治县、关岭布依族苗族自治县
铜仁地区	德江县、江口县、思南县、石阡县、玉屏侗族自治县、松桃苗族自治县、印江土家族苗族自治县、沿河土家族自治县、万山特区
毕节市	黔西县、大方县、织金县、金沙县、赫章县、纳雍县、威宁彝族回族苗族自治县
黔西南布依族苗族自治州	兴义市、望谟县、兴仁县、普安县、册亨县、晴隆县、贞丰县、安龙县
黔东南苗族侗族自治州	凯里市、施秉县、从江县、锦屏县、镇远县、麻江县、台江县、天柱县、黄平县、榕江县、剑河县、三穗县、雷山县、黎平县、岑巩县、丹寨县
黔南布依族苗族自治州	福泉市、贵定县、惠水县、罗甸县、瓮安县、荔波县、龙里县、平塘县、长顺县、独山县、三都水族自治县

（2）人口与民族。

2007年末常住总人口（常住一年及以上）达到3975.48万人，比2006年末增加20.18万人。其中，女性人口为1917.74万人，男性人口为2057.74万人，男女性别比为107.30:100。贵州是一个多民族的省份，有汉、苗、布依、侗、土家、彝等18个世居民族，少数民族人口占总人口的38.98%。少数民族人口比重居全国第三位，少数民族人口占全国少数民族人口数的比重为12.4%。

（3）社会经济状况。

改革开放以来，贵州按照国家产业政策的要求，从加强农业和优先发展轻工业着手进行国民经济调整，加快第三产业的发展，大力发展乡镇企业和非公有制经济，促进了全省经济协调发展和结构的不断优化，综合经济实力显著增强。2007 年全省生产总值为2741.90 亿元，按可比价格计算，比 2006 年增长 13.7%。2007 年全省人均生产总值为6915 元。2007 年，第一产业增加值为446.38 亿元，比2006 年增长3.3%；第二产业增加值为1148.27 亿元，比2006 年增长14.0%；第三产业增加值为1147.25 亿元，比2006 年增长18.0%。第一产业、第二产业、第三产业增加值占生产总值的比重分别为16.3%、41.9%和41.8%，产业结构进一步改善。

（二）贵州省的旅游资源类型、分布及其特征

1. 贵州省的旅游资源类型

贵州旅游资源主要由名山、秀水、奇峰、异洞等自然风光和文化遗址、古建筑、革命纪念地等名胜古迹构成。主要类型见表3－2。

表3－2 贵州省旅游资源的基本类型①

类型	典型代表	类型	典型代表
瀑布	黄果树瀑布、十丈洞瀑布	长征革命史迹	遵义会址、四渡赤水
溶洞	织金洞、龙宫、九洞天、九龙洞	峰林观	兴义万峰林
山	梵净山、云台山	高原人工湖泊	红枫湖、乌江渡库区
石林	泥凼石林、回水石林、竹林堡石林	珍稀动植物	黔金丝猴、华南虎、珙桐、桫椤
峡谷	舞阳河峡谷、乌江六广七峡	近代名人故居	王若飞故居
温泉	息烽温泉、剑河温泉	民族风情工艺品	苗、侗、布依、水族风情

（1）自然资源。

贵州地势起伏大，河流切割深，地貌类型复杂多样，岩溶地貌分布广泛，特殊的地质地理条件形成了贵州省以真山真水、原汁原味为特色的自然风光。

①地貌旅游资源。从旅游角度来划分，可将贵州地貌旅游资源划分为山、峰丛与峰林、峡谷、溶洞等。

山。矗立于印江的梵净山雄浑苍莽，自古享有盛名。大自然造物的神奇力量，使梵净山富集了令人陶醉的自然风光。山，或雄奇险峻，或秀美多姿，那引人入胜的是新金顶，在海拔2200 余米的崇山峻岭上，突兀而起冒出一尊石柱，高约100 米，如巨笋出土，似玉龙啸天，红云环绕，直指苍穹。大自然的神工鬼斧，又将山顶一劈为二。两个山顶上分别建有释迦殿、弥勒殿，两殿之间有天桥相连。还有那独立撑云的蘑菇石、依山望母的太子石、状若册籍的万卷书（山岩）等，形神兼备，令人叹绝！置身此山中，俨然画中行，恍若仙山游。另在黔东南州所辖内的雷公山山高林密，群峰耸峙。省会贵阳亦有古树参

① 于立群．贵州省旅游形象研究［D］．湖南：中南林学院，2001.

天、泉石奇特、湖山相衬的黔灵山，形似螺旋而著称的螺丝山，孤峰兀立、崖壁陡绝的东山，小巧玲珑、挺拔俊秀的花溪麟山等。

图3-1　梵净山

峰丛与峰林。喀斯特地貌出现密集丛聚状石峰成为峰丛；有的山地、山峰成群的分布成为峰林。峰丛峰林地貌有很高的游览价值，贵州是我国重要的峰丛与峰林地貌类型所在地。兴义的万峰林景区是典型的喀斯特盆谷峰林地貌，是国家级风景名胜区马岭河峡谷的重要组成部分。绵延数百公里，以气势宏大壮阔，整体造型完美，被不少专家和游人誉为“天下奇观”。分为东、西峰林，景观各异。东峰林以巍峨的喀斯特峰丛为特征，西峰林是高原喀斯特景观。分别被称为大自然的水画、天然大盆景。里面明河暗流沟壑纵横，溶洞峰林此起彼伏。在2004年，万峰林被评为“国家地质公园”。同年，万峰林荣获首批“全国农业旅游示范点”的称号。2005年，中国《国家地理》“选美中国”评定万峰林为“中国最美的五大峰林”之一。

图3-2　万峰林

石林。石林也是贵州高原常见的喀斯特景观。贵州石林有剑状、垛状、柱状、屏风状、墩状、锥状、塔状及笋状等多种类型，形态多姿多彩。其主要有以下四大特点：一是具有绿色植物的特点。石林的大多数石柱上生长有天然常绿植物，形成一个个大型天然盆景园。不少石柱上还有古藤缠绕，故称绿色石林。二是具有拟态动物公园的特点。不少石柱形态似人似兽，形态逼真，引人入胜，可称为一个大型的拟态动物园或大型的天然奇石园。三是具有林洞结合的特点，给人以幽静神秘之感。四是具有林泉结合的特点。其内多处有泉、有井、有龙洞。尤以黄果树瀑布群天星景区的水上石林为出名，景色秀丽，石形怪异，水石相映，曲折迂回，犹如石林盆景，“有水皆成瀑，是石都盘根”。其中关岭河咀濑的石牙礁林以及黄果树石牙山、雷打岩、牛角冲、天星桥、贞丰竹林堡等地的石林，也有一定的观赏意义。

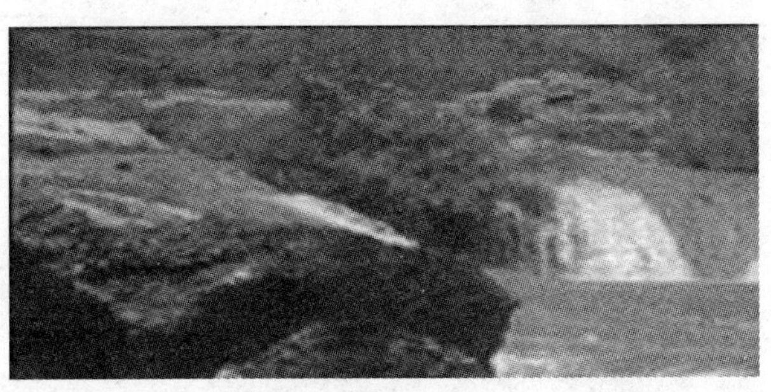

图3－3　水上石林

峡谷。贵州崇山峻岭之间，分布着许多峡谷。峡谷与江河并存，构成了神奇的贵州峡谷风光，其间峡谷漂流，更为惊心动魄。最为著名的兴义的马岭河峡谷风景名胜区是1994年1月国务院审批公布的国家重点风景名胜区。是一个集雄、奇、险、秀为一体的国家级景区。马岭河峡谷是一条在造山运动中剖削深切的大裂谷地缝，谷内群瀑飞流，翠竹倒挂，溶洞相连，钙化奇观，两岸古树名木千姿百态。东西峰林层峦叠嶂、点缀其间。由于“万峰环绕，千泉归壑，溪水溯蚀，江流击水”的作用，打造出多姿多彩的“百鱼、百瀑、百帘、百泉”的奇观，构成了马岭河峡谷风景名胜区“百画”——马岭河峡谷是从地面向下剖削深切的凹形河谷，河谷两壁浓墨重彩，形似一幅幅挂壁画，峡谷漂流更吸引了广大中外旅游者。另外，麻尾、安顺、贞丰及安龙等地的岩溶峰林，秀丽挺拔，具有“桂林山水”的特色。

图3－4　马岭河峡谷

溶洞。贵州素有“洞穴的世界”之称。岩溶洞穴处处可见，奇山异石比比皆是。最为著名的溶洞有安顺的龙宫，它与天生洞、犀牛洞、者斗洞、观音洞、仙人洞、蘑菇洞、青鱼洞、龙旗洞、新寨洞、天泉洞等十多个各有特色的岩溶洞穴，构成了绮丽壮观的地下宫殿群。其他还有：织金打鸡洞、樱桃洞，红枫湖周围的王霸洞、黄牛洞、水洞、白龙洞，铜仁九龙洞，大方九洞天，修文多宾洞，贵阳白龙洞（地下公园），瓮安水帘洞，都匀墨冲大洞，独山神仙洞，黄平飞云洞，镇远青龙洞，江口白水洞等。这些溶洞，岩溶发育良好，景致优美，不少洞穴厅堂宽大，内有地下河流湖泊，具有重要的观赏价值和科学价值。

其中九龙洞被批准为国家级重点风景名胜区。九龙洞洞长约2284米，宽100多米，洞内遍布钟乳石笋、石柱、石帘、石瀑、石幔、石花、石针等。位于景区中部，洞内空旷宽敞，气势磅礴，景物众多。有的似云海奔涌，有的似飞禽走兽，有的似奇花异石，千姿百态，巧夺天工，神奇瑰丽。

图3－5　九龙洞

②水景旅游资源。水是塑造自然景观的重要动力，同其他旅游资源配合，给旅游者以环境美、动态美、色彩美。山水相依才是好美景，山水环抱才是好风水。贵州水景旅游资源主要包括湖泊、瀑布、温泉等。

湖泊。贵州的湖泊，天然的主要淡水湖有威宁彝族苗族回族自治县的草海、安龙冲海湖，还有近年形成的织金八步天然湖。人工湖泊和天然小湖泊不计其数，其中清镇红枫湖和百花湖、贵阳阿哈湖水库，以及乌江水库、洪家渡、龙滩水库、三板溪水库等已辟为旅游区。尤以清镇市的红枫湖为出名，红枫湖是岛屿最多的高原岩溶湖泊，湖中有岛屿100多个，以岩溶地貌和湖光山色为特色，是国家级风景名胜区，被誉为贵州腹地的一颗明珠。湖边有座红枫岭，岭上及湖周多枫香树。深秋时节，枫叶红似火，红叶碧波，风景优美，故名“红枫湖”。

图3－6　红枫湖

瀑布。位于安顺市著名的黄果树大瀑布为中国第一大瀑布，也是世界最阔大壮观的瀑布之一。亚洲最大的瀑布——黄果树大瀑布的实际高度为77.8米，其中主瀑高67米，瀑布宽101米，其中主瀑顶宽83.3米。分布着雄、奇、险、秀风格各异的大小18个瀑布，形成一个庞大的瀑布“家族”，被世界吉尼斯总部评为世界上最大的瀑布群，列入世界吉尼斯纪录。黄果树大瀑布是黄果树瀑布群中最为壮观的瀑布，是世界上唯一可以从上、下、前、后、左、右六个方位观赏的瀑布，也是有水帘洞自然贯通且能从洞内外听、观、摸的瀑布。除此之外，还有关脚峡多级瀑布、滴水滩高滩多级瀑布群、银链滩落水洞瀑布等。遵义赤水的十丈洞瀑布、黔南州的瓮安穿洞瀑布、凯里的平良飞瀑、麻江水落滩瀑布、从江龙王潭瀑布、清镇羊皮洞瀑布、黄平间歇泉瀑布等，也都饶有观赏的价值。至于规模稍小的瀑布，则不计其数。

图 3－7　黄果树瀑布

温泉。除已开发利用的息烽县息烽温泉、黔东南州的剑河温泉和石阡温泉外（其中，剑河温泉自古享有“苗乡圣水”、“西部浴都”之美誉），还有遵义枫香温泉、关岭苗族布依族自治县的乐安温泉、织金热水田温泉、思南县的罗湾索温泉、黔西南的兴义车榔温泉、盘县乐民温泉、沿河高家温塘、开阳马岔河温泉、贵阳安井温泉、石阡地下热河等。到目前为止已发现的温泉达 80 多处，其中有不少正在开发之中。

③生物景观旅游资源。贵州的生物资源十分丰富，也吸引着国内外游客纷至沓来。分为植物旅游资源与动物旅游资源。

植物旅游资源。黔西、大方之间绵延百里的杜鹃林带也是省内一大自然景观。每当春夏之交，各种各样的杜鹃花竞相盛开，整个林带犹如花的海洋，极其壮观。

动物旅游资源。有野生动物资源 1000 余种，其中黔金丝猴、黑叶猴、黑颈鹤等 15 种列为国家一级保护动物。这些野生动物资源构成了丰富多彩的旅游资源，令人向往。

（2）人文旅游资源。

贵州是个多民族省份，有着悠久的发展历史，各族人民在长期共同发展的过程中创造出贵州灿烂的文化和许多富有民族特色的风土民情。

①远古文化遗迹。贵州还是古人类发祥地之一，已发现多处古人类遗址，它们为研究中华民族祖先发展的进程提供了翔实可靠的证据。有旧石器时代遗址水城硝灰洞和黔西观音洞，旧时器时代中期遗址桐梓人岩灰洞，旧石器时代晚期遗址普定穿洞古文化和兴义猫猫洞古文化，新石器时代遗址平坝飞虎山洞穴和松桃虎口。这些遗迹不仅为考古工作者提供了研究人类历史的场所，也成为旅游者向往的旅游胜地。

②古墓葬及历史人物墓。汉朝时期的有黔西甘棠墓，务川大坪墓，平坝汉墓群及母猪龙潭汉墓；三国时期的有赫章辅处古墓群；西晋时期的有松桃云落屯悬棺葬；六朝时期的有安

顺八番壁画墓；唐朝时期的有桐梓夜郎坝古墓；宋朝时期的有遵义理智村墓，桐梓周市石棺墓，赤水官渡宋墓群及崖刻，湄潭金桥墓，金沙后山古墓，德江煎茶溪古墓群；元朝时期的有遵义桃溪寺古墓、高坪古墓；明朝时期的有大方奢香墓，习水袁锦道墓及祠，遵义杨璨墓、杨烈墓、赵家坝墓、荔波水浦石板墓群，广顺交麻崖墓，安龙十八先生墓；清朝时期的有遵义郑珍墓、莫友芝墓、黎庶昌墓，黎平吴文彬墓、何腾蛟墓及读书楼遗址等。

③革命纪念地。老一辈革命家故居有黔南州荔波县的邓恩铭烈士故居、安顺市西秀区的王若飞烈士故居、铜仁市的周逸群烈士故居等。红军长征途经贵州，留下了不少遗迹，最著名的是列为国家级文物保护单位的“遵义会议”会址，另有位于遵义的毛泽东、周恩来等无产阶级革命家的住处和红军总政治部旧址，娄山关红军战斗遗址，四渡赤水遗址，“黎平会议”会址，“瓮安草塘会议”会址，湄潭天主教堂红军标语，榕江红七军“五一集会”旧址，印江红二、六军团会师纪念碑，德江湘鄂西分局“枫香会议”会址，毕节中华苏维埃川滇黔省革命委员会旧址，沿河黔东特区革命委员会旧址，盘县红二、六军团总指挥部旧址等革命纪念地。此外，还有中共党员领导的革命斗争遗址，如贵阳市地下党贵州省工委遗址、八路军贵阳办事处遗址、《新华日报》贵阳分销处遗址等。

④少数民族起义的遗址。重要的有：三都九阡水族起义遗址，黄平苗族张秀眉起义军全歼清军一万八千人的黄飘大捷遗址，天柱九龙山侗族反清起义遗址，瓮安玉华山咸同起义遗址，毕节猪拱箐苗族起义遗址，思南荆竹园咸同起义遗址等。

⑤古建筑及历史纪念建筑物。有三国时期的普安烽火台；明代的贵阳甲秀楼、文昌阁、君子亭、阳明祠，福泉古城垣和葛镜桥，黄平飞云崖，修文蜈蚣桥、阳明洞、铁索桥，息烽玄天洞，安顺文庙石刻，遵义桃溪寺，镇远青龙洞古建筑群；清代的有黄平岩门司城墙、重安江铁索桥，锦民间飞山庙，黎平地坪风雨桥、纪堂鼓楼、信地鼓楼，仁怀鹿鸣塔，毕节大屯土司庄园，贞丰马二元帅府，贵阳弘福寺等。摩崖石刻除关岭红崖碑无法辨认外，多为明清时代所成。有大方千岁碑衢，水西大渡河石桥碑，广顺写字崖，金沙石场敖家坟石刻，施秉华严洞摩崖石刻，晴隆“欲飞”石刻，贵定仰望茶叶碑，赤水石鹅嘴摩崖造像、葫市崖造像、花江崖壁画等。

⑥民风民俗与工艺美术品。贵州是一个多民族聚居省，包括汉族在内的各个民族在漫长的历史发展过程中，形成了各具特色的传统风俗和生活习惯。仅从民族节日来看，除了汉族的传统节日之外，还有代代相传的各民族的民间史诗、传说和神话等，万花纷呈，都显示出民族文化、传统风俗和习惯的奇光异彩。同以上各种资源相比，这是一种十分宝贵的无形的旅游资源。贵州是多民族之地，乡土风情各具特色，丰富多彩。如贵阳苗族的“四月八”，册享布依族的“三月三”，兴义的“查白场”歌节，安顺的“七月半”地戏，侗族的“三月三”歌堂，布依族的“六月六”歌节，苗族的爬山节、龙船节，贵阳的二月苗家“跳场”，布依族的“赶表”等。特色的民族建筑主要有贵州的黎平、从江、榕江、天柱侗寨鼓楼，苗、侗寨吊脚楼，布依族石板房。典型民族村寨有贵州黔东南青曼、郎德、翁项、麻塘、施洞等地具有古朴传统的苗、侗等少数民族村寨，贵州安顺地区的布依石板房村寨等。民族文化艺术的代表有贵州少数民族的芦笙舞、木鼓舞、翻鼓舞、铜鼓舞和苗侗地区广为流传的飞歌、大歌、情歌、酒歌、侗戏，以及特有的牛腿琴、土琵琶、木叶、芒筒、笛箫、芦笙等民族伴奏乐器。工艺美术品如安顺的蜡染、玉屏箫笛、大方漆器、布依地毯、贵州芦笙、苗族刺绣。

2. 贵州省的旅游资源分布

贵州省旅游资源丰富多彩，分布广泛。总体来说，全省各地区都有数量不等、风格迥异的旅游资源存在。景点分布归属如表 3－3 所示。

表 3－3　贵州省旅游资源分布

地区	旅游资源
贵阳市	南江大峡谷、六广河峡谷、息烽温泉、息烽集中营、南郊公园、生态园、天河潭、黔明寺、红枫湖、黔灵公园、甲秀楼、花溪公园
六盘水市	四格坡上草原景区、大洞古人类生活遗址、大洞风景名胜区、石桥镇妥乐古银杏、天生桥、阿勒河风景区、回龙溪景区、梭戛长角苗、牂牁江风景名胜区、六枝梭嘎、大山垭竹海风景片区、丹霞山、碧云溶洞、杜鹃林、龙凤地宫、北盘江峡谷、滴水滩瀑布、洗马河温泉
遵义市	茅台酒文化城、娄山关、丙安古镇、赤水丹霞胜景、四洞沟、桫椤自然保护区、十丈洞瀑布、凤凰山公园、石雕艺术的宝库——杨粲墓、红军烈士陵园、红军总政治部旧址、遵义会议会址
安顺市	格凸河风景名胜区、天龙屯、天台山、花江大峡谷、云山屯、滑石哨石屋瀑流、王若飞故居、普定穿洞、天星桥景区、黄果树大瀑布、龙宫风景区
铜仁地区	东山楼阁、梵净山、乌江山峡、思南乌江峡、石阡温泉、玉屏古迹与景点、夜郎谷、石阡古迹、苗疆王城——新寨、周逸群烈士故居、九龙洞、岑巩龙鳌河、十里锦江
毕节市	织金洞、吴王洞、敖家坟石刻、安底温泉、九洞天、奢香夫人墓、长征之路、法赛河、奢香谷、裸戛变人戏“撮泰吉”、大屯土司庄园
黔西南布依族苗族自治州	马岭河峡谷飞瀑、马岭河峡谷漂流、贞丰三岔湖、安龙招堤、瓦戛高台舞狮、泥凼石林、鲁布革风景名胜区、贞丰“马二元帅府”、马岭河景区、真武山公园、交乐汉墓群、马岭河峡谷
黔东南苗族侗族自治州	增冲鼓楼、舞阳河、五台山、云台山、雷公山、西江千户苗寨、平良古峡、青龙洞、台江苗县、诸葛城遗址、七十二寨、朗德上寨、响水岩、老山河峡谷风光、肇兴鼓楼群、黎平八舟河
黔南布依族苗族自治州	平塘、瑶人山、布仰摩崖、中和瀑布、斗篷山、长顺杜鹃湖、小七孔风景区、洛北河、玛格诺吉草原、神仙洞、仙桥山、江界河、都柳江风景区、猴子沟、大七孔

旅游资源空间分布如图 3－8 所示。

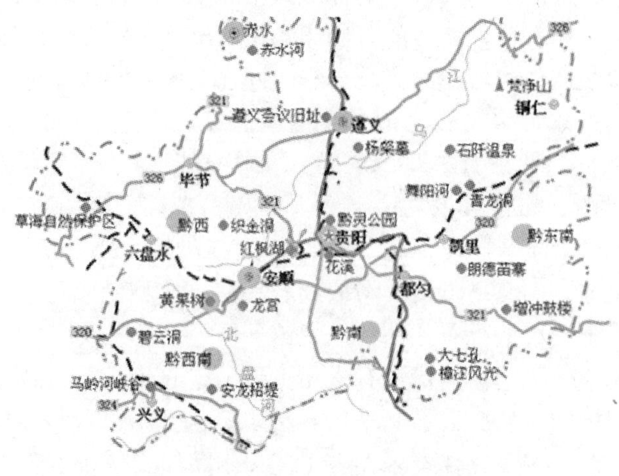

图 3－8　贵州省旅游资源分布

3. 贵州省的旅游资源类型特征

（1）数量特征。贵州省旅游资源种类繁多，包括瀑布、溶洞、峡谷、温泉、石林、长征革命史迹、民族风情等，在全国实属罕见。

（2）质量特征。贵州省旅游资源不仅种类数量繁多，而且一部分旅游资源在全国乃至世界都占有重要的地位。如织金洞是世界罕见的奇洞，是迄今为止世界上发现的溶洞保存最好、景观最完备、旅游和科研价值最高的溶洞。黄果树为全国最大的瀑布，是世界上著名的瀑布之一。2007 年，荔波被列为“中国南方喀斯特”世界自然遗产地。

（3）分布特征。贵州省旅游资源既分布广泛，又相对集中，为各级旅游区的形成提供了前提条件，如西线旅游区集中了黄果树瀑布、龙宫、织金洞、布依村寨等景点；东线旅游区在一个 200 公里的环线内集中了舞阳河、云台山、飞云崖、青龙洞古建筑群、剑河温泉、苗族风情等景点。另外，除了民族风情资源外，自然和人文资源大多也分布在少数民族地区，如黄果树瀑布、梵净山等。

二、贵州省旅游业发展的历史演化分析

根据巴特尔提出的旅游地生命周期理论，即其将旅游地演化划分为六个阶段：探索阶段、参与阶段、发展阶段、巩固阶段、停滞阶段、衰落或复苏阶段。与贵州省旅游业可持续发展的历史进程相结合进行分析，笔者得出贵州省旅游业经过了探索阶段、参与阶段，现在处于并且在很长一段时期内处于发展阶段。具体分析如下。

（一）探索阶段

新中国成立前，贵州经济十分落后，交通闭塞，大量的旅游资源基本没有开发。新中国成立初期，贵州旅游业也没有多大发展。“大跃进”和“文革”时期，贵州许多文物古迹、宗教建筑、民族建筑和森林等旅游资源遭到严重破坏。十一届三中全会以后，在改革开放政策的推动下，外事接待和国际民间交流活动日益增多，以接待型为特征的贵州旅游业开始起步。贵州的旅游地开始有少量的游客，几乎没有旅游相关设施，自然环境和社会环境也未被影响。

随着来黔探亲、经贸洽谈以及科技文化交流的华侨、港澳台同胞和外国人日益增多，1980 年，贵州成立了贵州省中国旅行社和贵州省外事旅游车队，1980 年 7 月，将花溪宾馆定为贵州外事旅游接待宾馆。1981 年，中国国际旅行社贵阳分社成立，在贵州省政府外事办公室的统一领导下开展国际旅游业务。1981 年 11 月，贵州省旅游局成立，与贵州省政府外事办公室合署办公，统一管理全省的旅游事业。从 1984 年开始，国内旅游业同时兴起，贵州与全国一样出现了多层次、多渠道经营旅游的局面。1988 年 9 月，贵州省旅游局与贵州省政府外事办公室正式分署办公，贵州旅游业从此自成体系。

（二）参与阶段

随着改革开放的不断深入，社会主义市场经济日益繁荣，贵州旅游业在“八五”以后进入了参与阶段，旅游人数逐渐增多，相关旅游设施也有所增加，政府开始重视旅游业的发展，在贵州的经济发展中占据了越来越重要的地位。在“九五”期间，贵州旅游行

业按照省委、省政府提出的“为逐步把贵州建成旅游大省打好基础”的要求，坚持在自身的发展中，服从和服务于全省国民经济总体发展的需要，遵循旅游发展规律，兼顾经济、社会、生态效益，实现旅游业的可持续发展，以自身较快的发展支持全省总体发展战略，使旅游经济的增长率始终明显高于全省经济增长的平均值。在扩大消费与有效需求、拉动服务业和其他产业发展等方面发挥了先导作用，在“富民兴黔”的实践中做出了积极的贡献。在“九五”期末的2000年，旅游业总收入达到了62.94亿元，相当于全省GDP的6.34%，高于全国5%的平均水平，已经成为贵州经济中发展最快的产业之一和新的经济增长点。

（三）发展阶段

从“十五”至今，贵州旅游业进入快速发展阶段，成熟的旅游市场已经形成，对旅游业的投资骤增，旅游设施形成规模。这一时期是贵州旅游业以加强旅游基础性工作、调整结构为重点，以旅游业的可持续发展为目标的高速发展阶段，全省旅游业生产力水平大幅度提高。在这一阶段旅游业发展的主要特征有以下几点：

第一，主要发展指标持续增长。从2000年到2008年，全省旅游总收入平均增长速度为37%，早在2002年就突破100亿元大关，提前三年实现了“十五”计划确定的目标。国内外旅游人数也不断增加。

第二，产业规模不断扩大。到2007年，全省拥有旅游星级饭店227家，其中房间数大于100间的饭店有50家，旅行社177家，旅行社职工人数2215人。

第三，旅游规划工作取得了重大进展。在省委、省政府的领导下和国家旅游局的帮助下，联合世界旅游组织编制完成了《贵州省旅游发展总体规划》，经过评审确定了安顺、荔波、黎（平）从（江）榕（江）为首批三个有限发展重点旅游区，进一步理清和明确了发展思路和发展重点。各地州、重点县（市）旅游发展规划的编制和修编全面启动，全省旅游规划体系初步形成。

第四，旅游扶贫工作成效显著。其间，通过实施旅游扶贫和旅游富民，一批贫困地区如荔波、施秉、赤水，以及一批旅游景区通过发展旅游业，促进了当地产业结构的优化，推动了经济的发展，扩大了就业，增加了收入，实现了旅游业可持续发展中的经济可持续性。

三、贵州省旅游业可持续发展条件分析

（一）贵州省旅游业可持续发展的有利条件

1. 旅游业资源具有独特吸引力

贵州省旅游业资源呈现出自然资源富集、生物资源环境丰富、民族文化资源深厚的特点，其特有的贵州省自然景观、人文景观和民族文化成为发展贵州省旅游业发展中的特有资源，具有极强的吸引力。

丰富的自然旅游资源。贵州境内，自然风光神秘旖旎，山、水、洞、林、石交相辉映，民族风情古朴浓郁，历史文化悠远凝重，国酒文化源远流长，红色旅游文化催人奋

进。拥有闻名世界的黄果树大瀑布、龙宫、织金大溶洞、马岭河峡谷等12个国家级风景名胜区，铜仁梵净山、茂兰喀斯特森林、赤水桫椤、威宁草海等7个国家级自然保护区，遵义会议会址等9处国家级文物保护单位和花溪等61个省级风景区。

丰富的文化旅游资源。以民族文化、屯堡文化、历史文化为代表的多元山地文化，以其古朴神秘、热情奔放、多姿多彩吸引着广大海内外游客。这里世代居住着汉族及苗、侗、布依、彝、水、仡佬等17个少数民族，古朴的习俗和灿烂的文化蔚为大观。

贵州属亚热带高原山地，气候温和，冬无严寒夏无酷暑，年平均气温15.6℃，为四季皆宜的观光、旅游、休闲、考察、探险之地。尤其在夏季，已经成为众多游客的避暑胜地。

2. 较大的国内外市场需求

随着经济不断发展和人民生活水平的不断提高，旅游已经成为我国一项大众化的消费活动。根据世界旅游组织预测，到2020年，中国有望成为世界最大的客源接纳国，世界上最大的旅游目的地国家，接待国际旅游者将达到1.37亿人次，占世界市场总份额的8%。同时，随着我国国民可支配收入和闲暇时间的增多，国内旅游需求日益扩大。这将为贵州省旅游业提供更大的市场需求空间。与此同时，旅游消费者对旅游产品的要求也越来越高，他们不再仅仅满足于原先那种观光型的旅游，旅游市场需求正向着生态性、文化性、多样性、地方性和参与性等全方位的方向发展。我国旅游具有从低消费普通观光到高消费特种旅游的多样性特征，形成种类多样的旅游活动。随着旅游需求不断增长，我国游客出游倾向表现出常规的观光旅游由传统历史文化胜地观光向自然风景、特色民俗观光转变；民俗风情旅游、休闲度假旅游等体验型旅游蓬勃发展。而贵州省特有的自然风光和民俗风情等旅游资源优势，适应上述旅游市场需求趋势，有巨大的市场潜力。

3. 良好的政策环境

西部大开发战略的实施，新阶段扶贫开发的展开，社会主义新农村的建设等为贵州省旅游业发展提供了良好的机遇。在一系列战略实施中，国家明确了对旅游业发展较为有利的各种优惠政策，如旅游国债、对外开放、财政税收、投融资、基础设施建设、生态环境政策等，为贵州省旅游业发展创造了良好的宏观政策环境；中国—东盟自由贸易区建设的启动，泛珠三角经济贸易圈，北部湾经济贸易区的形成将使部分贵州省逐渐从对外开放的末端走向对外开放的前沿，为贵州省旅游业发展区域合作带来新的机遇；贵州省各个地区也制定了一系列具体的旅游业政策，引导和鼓励旅游业的发展。从旅游业规划的制定、旅游业资源的整合、旅游服务机构的管理到具体的旅游业政策的实施，为贵州省旅游业发展创造了有利的微观政策环境。

4. 互动的区域旅游合作平台

随着区域经济一体化进程的加快，旅游区域合作已经成为当今旅游发展的主要潮流。互动的区域旅游合作，有利于充分发挥贵州省旅游业资源比较优势，形成特色互补、协调发展；有利于优化整合贵州省旅游业资源，提升整体实力和竞争力；有利于进行贵州省旅游业的危机管理，为应对挑战创造良好的条件。因而加快贵州省旅游业合作的交流与磋商，构建特色互补、协调发展的贵州省旅游业大格局，为贵州省旅游业的发展带来了新的发展机遇。贵州省省内构建的旅游资源合作圈成为连接省内各主要旅游景区景点、重要旅游城市之间的方便快捷、内容丰富的省内旅游环线；云南、西藏、四川、重庆、广西、贵州等省区市紧密联合的大西南旅游圈和与沿海发达省区市相连接的国内旅游圈；四川与云南、西藏联手打造的“中国香格里拉生态旅游区”项目；西藏、青海和甘肃敦煌地区开展的区域旅游合作等都极大地推动了贵州省旅游业的发展。西南贵州省旅游省区充分利用澜沧江—湄公河次区域旅游合作的优势，形成与新、马、泰及越、柬、缅、老等国十分紧密的东南亚国际旅游圈；大力发展与日本、韩国、欧美、非洲及大洋洲等区域连接的国际旅游圈；探索建立与印度、孟加拉等国相连接的南亚国际旅游圈。贵州省所形成的省内、省际以及国际的旅游合作互动平台，既整合了贵州省区内的旅游资源，又提升了该区域内旅游业的竞争力，成为贵州省旅游业发展的又一机遇。

5. 逐步完善的交通网络

目前正在修建的贵广高速铁路、公路为我国西南贵州省旅游业的发展提供了良好的机遇。贵阳至广州高速铁路连接贵州、广西、广东三省区，是西南地区和华南地区间的一条以客为主、客货兼顾、完善西部路网布局的区际快速铁路干线。建设贵广线对加快西南地区与珠三角地区的生产要素交流，促进沿线旅游业进一步发展尤为重要。贵广高速公路建成后，贵阳至广州的公路运输里程将从现在的 1350 千米缩至 887 千米，公路运输时间从 20 小时缩短为 8 小时，可彻底打破制约泛珠三角区域合作的物流“瓶颈”。这种时间尺度的缩小将使沿途贵州省区旅游业面临着巨大的市场机会，为该地区旅游业的发展带来更大的需求动力。

(二) 贵州省旅游业可持续发展的制约条件

(1) 旅游大产业意识不强，管理体制不顺，难以形成发展合力。旅游业关联性强、涉及面广。旅游资源的开发、旅游“八要素”的建设，涉及发改、建设、交通、国土、林业、文化、卫生、教育等多个部门和市州地县。尽管近年来贵州省上下对旅游业发展的重视程度越来越高，但由于体制、利益等多种原因，仍然存在旅游资源分割、力量分散、多头管理、相互扯皮等现象，没有统一协调的旅游开发机制，难以形成全省旅游业发展的强大合力，阻碍了旅游业的可持续发展。生态度假区开发建设没有一个强有力的工作机构，多头管理，职责不明，建设步伐不快；保护工作职责不明，职权分散，过度的商业化、大量的违章建筑和现代风格装修，使全省原生态古村落的资源特色和优势逐渐弱化。

(2) 旅游规划细化不够，与城市建设等相关规划衔接不紧。尽管贵州省先后编制了《贵州省旅游业发展规划（2002 ~ 2020 年）》、《贵州乡村旅游总体规划（2005 ~ 2020 年）》、《贵州红色旅游总体规划》以及重点景区景点的开发与保护规划，但规划的实施并没有完全到位。重点核心旅游区也尚未制定详细规定。全省旅游规划和城建、交通、环保等相关规划在相互衔接、统筹协调上有待进一步完善。特别是旅游与小城镇建设一定程度上存在脱节现象，不利于旅游业的可持续发展。

(3) 旅游投入严重不足，景区品位、档次不高，接待能力有待提高，基础设施建设滞后。贵州省旅游开发起步晚，投入少，政府安排导向性资金不足，仅仅依靠社会上的零散资金难以形成精品。大部分景区在进行初步开发后即对外开放，全省缺少高品位、上规模、深文化内涵、有鲜明特色的旅游精品，“小、散、弱、差”问题严重，缺乏竞争力和可持续发展的能力。突出表现在与旅游业发展息息相关的交通、电力、通信、医疗卫生等方面建设水平落后。比如，道路设施的不完善导致了旅游者因看不到路标而找不到目的地的情况时有发生，自驾车旅游者在乡村道路上行走艰难，游客苦于交通不便利放弃出游；

清新秀丽的乡野风光和恶劣的住宿条件带给游客心理上巨大的反差；乡村的客房卫生条件差，尤其是厨房和厕所的卫生条件与预期标准相差甚远；不卫生的饮食造成了疾病却没有配套的医疗救治；等等。即使贵州省本身的自然条件再优越、民俗文化再深邃，但是如果基础设施和环境建设等跟不上，将会严重影响旅游消费者的需求，将极大地制约贵州省旅游业的持续发展。

（4）旅游收入中各要素比例不够均衡。主要表现在旅游运行八要素之间缺乏整合，购物、娱乐的收入份额偏低，游客总体消费水平难以提高。主要原因是游客娱乐、购物等配套设施匮乏，贵州省旅游商品缺乏特色，没有形成符合游客需求的“购物、休闲集成”等特色区域。

（5）行业管理不尽规范，旅游促销缺乏合力。由于全省旅游线路缺少整合，各景区大多直接接团，折扣幅度不一，一定程度上影响了贵州旅游业的整体形象。缺少良好的运营环境导致本地旅行社开展地接业务的积极性不高。旅游促销各利益主体各自为战，使有限的资金更加分散，缺乏整体效应，有时甚至出现“相互拆台”的现象，直接制约了贵州旅游产品知名度的提高和旅游经济总量的增长。贵州旅游的产业性还没完全显现出来，仅仅是一个经济增长点，还没有真正成为支柱产业，对相关产业的带动作用还很小，因而发展旅游业的动力不足。①

在我国现行管理体制下，旅游资源分别隶属于农业、林业、水利等多个部门，而对旅游资源进行开发后所形成的成果作为旅游产品又是旅游管理部门管理的对象。由于法律规章的阙如，从中央到地方尚未建立起一元化的旅游行政管理体制。而目前喀斯特地区乡村旅游经营管理水平低，人才缺乏，旅游服务水平不高，还存在旅游资源乱开滥采、权属不清、随意开发等不良行为。但我国没有针对旅游业特殊的管理体系，也没有专门旅游资源的保护和管理法规。这种状况在很大程度上阻碍了贵州省旅游业的健康发展。

（6）劳动者文化素质与行为范围直接影响贵州省旅游业发展状况及实力。从龙宫、黄果树、织金洞、荔波樟江四大旅游地实地随机抽样调查看，经营管理者中小学文化以下人数占 18. 2%，初中以下占 56. 6%，大专以上只有 3%。而居民文盲人数 22%（龙宫高达 34%），小学文化人数占 48. 6%，劳动者文化素质的低下与旅游业共振的增幅小，扩大了人、地、旅游之间的相互摩擦，严重制约了旅游效应的增大及空间上的扩散，乃至区域经济社会的发展。

四、贵州省旅游业可持续发展效益分析

“十五”和“十一五”时期是贵州旅游发展较快的时期。境外旅游人数从 2000 年的 18. 39 万人次上升到 2008 年的 39. 54 万人次，提高了 2. 15 倍，年均增长 11%，其中台湾地区来黔旅游的游客增长最快；国内旅游人数从 1980 万人次增长到 8150. 69 万人次，提高了 4. 1 倍；国际旅游收入年均增长 10. 7%；国内旅游收入年均增长 33. 2%；旅行社营业收入增长 12. 5%。

① 贵州省人民政府研究室网站，http：//www. gzdrc. gov. cn/content. php？IndexID = 452.

（一）经济效益

1. 收入效应

贵州省旅游业的收入效应表现为旅游业收入增长与由旅游业带动的相关产业收入的增长两个方面内容。根据现代经济学理论，旅游收入通过初次分配和再分配，以及由旅游带动的生产性投资和生活消费的增加，最终形成乘数效应以促进国民收入总量的增长。具体而言，旅游者在旅游地区购买旅游商品或享受服务而形成的当地旅游收入为直接效益，而由旅游经济诱发形成的其他生产、生活投入的增加而形成的收入为间接效益。①

表3-4　贵州省旅游业发展概况（1）②

年份	GDP（亿元）	旅游业收入（亿元）	旅游业收入增长率（%）	旅游收入与GDP比率（%）
2000	993.32	62.98	30.10	6.34
2001	1082.19	81.94	30.80	7.57
2002	1180.00	106.43	30.70	9.01
2003	1344.31	116.75	9.60	8.68
2004	1591.90	167.59	43.50	10.52
2005	1942.00	251.14	49.90	12.93
2006	2267.43	387.05	54.10	17.07
2007	2710.28	512.28	32.40	18.90
2008	3333.40	643.82	27.50	19.31

从表3-4中可以明显看出，从2000年到2008年的9年间，贵州省旅游业总收入与贵州省生产总值的比重持续稳步增长，充分表明旅游业发展在贵州经济中的地位呈现出上升态势。由于2003年受“非典”疫情的影响，贵州旅游业发展大大受挫，旅游经济指数大幅下降。但“非典”疫情并未从根本上影响贵州旅游业快速发展的基础，到2004年，比重比2002年又有所增加。旅游业与GDP的比重逐年增加，2010年旅游业在国内生产总值中的比重达到了20%。

2. 创汇效应

旅游业不同于其他产业，它是一个综合性的开放式国际化产业，旅游经济的发展，不仅能够吸纳国际资本的投入，促进对外贸易发展，而且可以吸引各国游人入境旅游，从而形成国内收入的又一大来源——旅游外汇收入。旅游作为一种透明的出口贸易形式，它与有形的商品出口贸易相比更具有比较优势。由于旅游资源的垄断性以及旅游产品和消费的同一性，旅游目的国或地区基本上能完全获得入境旅游的外汇收入。旅游的外汇效应实质是通过提供无形的服务产品产生的，而旅游服务凭借的是人文、自然景观和服务设备的享受权，但这些景观和服务的所有权并未出售，而且损耗微乎其微。旅游创汇与其他贸易创汇相比，它更具有优势能力。旅游产品的核心是服务，相对于一般物质商品，单位旅游出

① 赵玉婷．旅游业对我国经济增长的效应分析［J］．黑龙江对外经贸，2008，（11）：103-119.

② 资料来源：历年贵州省国民经济和社会发展统计公报及历年贵州省统计年鉴．

口值所需的物质投入比单位物质商品生产的投入要小得多，加上旅游出口具有在产地成交的特点，因此旅游服务的出口减免了很多中间运输环节，而且基本上不受贸易壁垒、出口配额和国际市场价格波动的影响。

表3－5　贵州省旅游业发展概况（2）①

年份	入境旅游人数（万人次）	入境旅游人数年增长率（%）	旅游外汇收入（万美元）	旅游外汇收入年增长率（%）
2000	18.39	10.10	6092.23	10.80
2001	20.50	11.50	6900.00	12.80
2002	22.81	11.00	7950.63	15.23
2003	7.70	－66.20	2893.91	－63.60
2004	23.10	200.00	8020.27	177.14
2005	27.62	19.57	10141.36	26.45
2006	32.14	16.36	11515.66	13.55
2007	43.00	33.80	12917.56	12.20
2008	39.54	－8.10	11700.00	－9.50

从表3－5中可以看到，2000年来黔旅游人数仅18.39万人次，外汇收入为0.6亿美元，而2007年接待入境游客已达43万人次，实现创汇1.29亿美元，比2006年增长12%。2008年因为汶川地震，来黔旅游的外籍人士有所减少，但只是偶然情况。2009年入境过夜旅游人数达41万人次，比上年增长10%；而旅游外汇收入将增长20%，达到1.3亿美元。

表3－6　贵州旅游业创汇在贵州外贸出口中的比重及其与全国对照（单位：亿美元，%）

年份	贵州旅游创汇	贵州外贸出口总额	创汇/出口总额	中国旅游业创汇	中国外贸出口额	创汇/出口额
1996	0.3812	4.3554	8.75	102.00	1510.5	6.75
1997	0.4429	4.4558	9.94	120.70	1827.9	6.61
1998	0.4831	3.8794	12.45	126.00	1837.1	6.81
1999	0.5502	3.5780	15.38	141.00	1949.3	7.23
2000	0.6092	4.2060	14.48	162.20	2492.0	9.51
2001	0.6873	4.2170	16.30	177.92	2661.0	6.69
2002	0.7951	4.4181	17.80	203.85	3256.0	6.26
2003	0.2894	5.8834	4.92	174.06	4382.3	3.97
2004	0.8020	8.6709	9.25	257.43	5933.2	4.34
2005	1.0141	8.5925	11.80	292.96	7620.0	3.84
2006	1.1516	10.3874	11.09	339.49	9690.0	3.50
2007	1.2918	14.6513	8.82	419.19	12180.0	3.44

资料来源：根据《新中国五十五年统计资料汇编》以及《贵州统计年鉴》整理计算.

① 资料来源：历年贵州省国民经济和社会发展统计公报.

由表 3 - 6 可以看出：第一，在外贸出口方面，贵州省的增长速度远远低于全国平均水平。由于贵州省地处内陆，受时空距离及各种因素的制约，在外贸出口额方面，虽然在总量上增长较快，但与全国相比，贵州省的增长速度还没有跟上全国出口增长的速度。从表中我们可以看出，从 1996 年到 2007 年，虽然贵州省的贸易出口额从 4. 3554 亿美元增长到了 14. 6513 亿美元，共增长了 2 倍多，但同期全国的贸易出口总额却从 1510. 5 亿美元增长到了 12180 亿美元，增幅更是达到了 7 倍多。由于增长速度没有跟上全国的平均水平，贵州贸易出口总额由 1996 年占全国贸易出口总额的 0. 29%，降到了 2007 年占全国的 0. 12%，其比重减少了 1 倍多。

第二，贵州省旅游业创汇增长与我国旅游业创汇增长速度基本持平。从表中反映的情况我们可以看出一种特有的现象。自 1996 年以来，贵州省旅游业创汇从 0. 3812 亿美元增加到 2007 年的 1. 2918 亿美元，12 年增加了 3 倍多，而我国旅游业创汇在 1996 年是 102 亿美元，到 2007 年增加到了 419. 19 亿美元，12 年间也增加了 4 倍多。贵州省旅游业创汇的增长速度与我国旅游业创汇的增长速度基本一致，这与贵州贸易出口额占全国贸易出口额的比重下降情况形成了鲜明的对照。

第三，贵州旅游创汇在全国旅游创汇中比重较低。由表 3 - 6 我们可以看到，1996 ~ 2007 年，贵州旅游产业得到了一定的发展，但是占全国旅游创汇比重仍很低。

第四，从表中我们可以看出，贵州旅游创汇占贵州出口总额的比例基本保持不变。1996 年以来，经过 12 年的发展，贵州旅游创汇占贵州出口总额的比例基本维持在 10% 左右，虽然增长的速度较为平缓，但此已经大大超过了同年全国的平均水平。

从以上贵州旅游创汇与贵州出口创汇的分析中得知，贵州旅游创汇特别是在 1996 年以来的增长速度相对较快，基本与全国旅游创汇速度持平。虽然其绝对数值还较低，在全国旅游创汇中的比重也较低，但是贵州省旅游创汇在贵州外贸出口中占据着重要的位置，成为贵州贸易创汇不可缺少的重要组成部分。

3. *产业关联效应*

由于旅游业的依托性，使它成为关联带动功能最强的产业。旅游业发展在经济增长中有一定的产业优势。旅游业是第三产业中具有综合服务功能的产业。它涉及面广，对相关产业的渗透力极强。旅游业除根据直接效应阶段对旅游产业本身创造增值，还通过直接、间接、诱导三阶段作用，不断向第三产业的其他产业及第一、二产业的相关行业进行渗透，产生很强的经济效应，带动经济整体发展。根据旅游六要素理论，通常情况下，旅游者在旅游过程中会发生“吃、住、行、游、购、娱”等一系列活动，这些旅游行为不仅涉及交通业、商业、建筑业、通信业、金融业、外贸业、纺织业等相关产业，而且其所需消耗的物质产品又涉及工业、农业等物质产品生产行业，为第一、二产业的发展开发新的市场。同时也能促进文物古迹、园林建筑等部门的发展。据世界旅游理事会公布的资料统计显示，旅游部门收入每增加 1 个单位，相关行业就能带来 4 个单位的收入增长。因而，旅游业在带动多个行业发展，拉动国民经济增长上起着重要的作用。有关资料显示，随着贵州省旅游业的发展，2007 年与 2006 年相比，邮电通信行业收入增长 6. 4 倍，市内交通收入增长 101. 9%。

（二）社会效益

1. *就业效应*

旅游业就业效应是旅游业影响国民（区域）经济的重要方面，特别是在发展中国家和地区，它往往是取得旅游收入之外的最重要的目的。贵州省属于我国较为贫困的地区，农村人多地少及整体经济水平低下，城镇大量待业人口的存在及农村人口大量外出打工所形成的打工潮，成为就业压力的具体体现，而贵州省旅游业的发展能在某种程度上缓解这一压力。

就业问题一直是世界各国或地区经济增长的重大课题，安排劳动就业、追求低失业率、让人民安居乐业几乎是每个国家或地区的工作重点之一。贵州省目前约有3000万人口，就业问题显得尤为重要。与一般服务性行业不同，旅游业是一个为旅游者提供吃、住、行、游、购、娱等全方面服务的行业，在第三产业中是服务范围最为广泛的经济行业，具有以劳务为主的服务性质。这也是旅游产品的特殊性和旅游业是为旅游者提供人与人、面对面、感情交流的服务而决定的，因此比其他服务行业能提供更多的就业机会，从而带动区域性经济增长与发展，成为国家安排劳动力就业的重点发展产业。

就业效应即旅游业的发展能提供就业机会。与其他产业相比，旅游业在带动就业方面具有一定的优越性。因为旅游业是劳动密集型产业，所以旅游业的发展能够直接或间接地增加就业岗位。旅游业产生的就业机会有两种：一种是直接的就业机会，它是由旅游者的直接消费产生的，包括各种旅游企业中的就业人数；另一种是间接的就业机会，它是由于旅游业发展而引起的其他相关行业的发展而产生的就业机会。就贵州省而言，如果将城郊农家乐、农业观光游、古镇探秘游、民俗寻踪游、民族节庆游等乡村旅游算在一起，2005年，贵州省开发乡村旅游的村寨已达1000多个，直接和间接从业人员有15.53万人次，占全省旅游就业人数的39.76%，全省已有80多万人通过发展乡村旅游产业摆脱了贫困，走上了致富之路。

2. 文化效应

旅游业的发展保存和发扬了当地特有的文化，对本地文化的发展起到了积极作用；促进了各地区间的文化交流，相互学习，达到共同进步；当地居民的生活质量、精神文化生活水平得到了极大的提高和改善。

（三）生态效益

随着旅游业的发展，当地居民和政府的收入水平有了很大的提高，使政府部门有充足的资金宣传环保概念、建立环保设施、解决已经存在的环境问题。另外，随着外来文化的涌入，使得当地居民的环保意识也在不断地提高，使他们意识到，环境不仅是他们赖以生存的基础，更是他们致富必不可少的条件之一。

五、贵州省旅游业可持续发展的新趋势

（一）生态旅游将成为贵州旅游业的新主题

首先，贵州可持续发展战略的实施为生态旅游提供了坚实的社会基础，生态旅游的发展不可能脱离其整个可持续发展的进程而一枝独秀，它不仅包括旅游活动的生态化，也包括旅游所提供服务的生态化。因此，生态旅游产业应由生态旅游项目的建设与维持、旅游

提供的生态服务业构成。目前，可持续发展不仅是我国的基本国策，也是全人类追求的理想目标。全国可持续发展战略的实施必将为生态旅游的发展提供坚实的社会基础。

其次，环保意识和绿色消费潮流的兴起，为生态旅游提供了广阔的市场空间。目前在贵州省，环保意识不断增强，绿色消费也已初见端倪。人们开始更多地关注自然、热爱自然、走进自然、保护自然，提倡绿色消费，倾向于选择不受污染的生态产品。这种市场需求的转变为生态旅游提供了广阔的市场空间。

最后，环保技术的不断进步和革新，为生态旅游提供了良好的产业基础。随着贵州省环境产业的兴起，人们在保护环境的同时，也在致力于不断探索合理利用环境的新技术和新方法。环保新技术也将被应用到生态旅游的开发和经营过程中去，为生态旅游产品的生产者提供了生产上的可能性，为生态旅游的进一步发展提供了良好的产业基础。①

总之，生态旅游将成为贵州旅游业的新主题。

（二）乡村旅游将成为贵州旅游业的主要形式

贵州是一个多民族杂居的大省。贵州的乡村多是民族村，而且是不同民族的村寨。这些民族有着不同的风格的房屋等建筑、风俗民情。更值得一提的是，贵州的乡村保持着原生态的农耕经济形态，几乎看不到现代工业的浸染。美丽旖旎的自然风光、多彩的民族风情、神奇的古老传说与传统的民族建筑物，贵州乡村强烈地吸引着国内外的游客。据统计，到 2007 年全省开展乡村旅游的行政村寨共有 575 个，自然村寨 1000 多个。

而且，实践表明，贵州乡村旅游的发展已初步取得了一些效果，如促进了农村经济社会的发展，增加了农民收入；增加了农村剩余劳动力的就业机会；促进了乡风文明，并提升村容整洁的水平；促进了农民素质的提高和农村产业的调整。

由此可见，乡村旅游将成为贵州旅游业的主要形式。

（三）社区参与将成为贵州旅游业开发的新模式

社区参与旅游开发是保护贵州省脆弱的喀斯特生态系统和全方位治理环境毁损的成功方案，也是保护社会文化遗产和传承地方历史文化的重要途径。社区居民积极参与旅游开发，是经济不发达地区特别是偏远山区寻求旅游扶贫新路子的最有效方式。贵州山区农业现代化、工业化、城镇化，急需社区参与旅游打破山区地理生态环境屏障的不利因素。社区是旅游发展的载体，社区参与旅游能将当地居民的根本利益与旅游业经济利益捆绑起来，弥补了其他旅游模式的不足之处。

（四）网络化将成为贵州旅游业的新发展格局

旅游网络化发展，是借助交通、通信等有形无形的通道，使旅游业构成一个纵横交织、竞争与协作关系紧密的运行整体。

旅游资源的特点决定了旅游资源，尤其是自然资源，在一定的范围内具有普遍存在性和重复性，导致某些行政单元的旅游产品具有相似性和替代性。要延长旅游地的生命周

---

① 倪幸媛. 贵州旅游资源与发展生态旅游［J］. 贵阳师范高等专科学校学报（社会科学版）（季刊），2005，（4）：50-55.

期，实现旅游可持续发展，相邻地方必须相互协调，突破行政界限，走旅游合作发展之路，形成旅游网络化发展格局，丰富旅游内容，连点成线、连线成网，使旅游线路不断延长，不仅延长了游客旅游时间，避免旅游路线重复，增加旅游消费，提高旅游效益，更有利于旅游资源重组，促进各地在旅游开发、经营等方面取长补短，发挥整体优势，增强整体对外竞争力。

鉴于贵州旅游资源的分布特点，目前已经形成了依照地理位置分布的五条精品旅游线路，但如何将这五条或其中几条综合起来，将成为贵州旅游业的发展所要进一步研究的问题。

六、贵州省旅游业可持续发展面临的难题

（一）经济可持续方面的难题

旅游业的发展容易诱使旅游地经济结构失衡，危害旅游地的经济发展。由于贵州的旅游资源大都集中在比较偏远、工业不发达的地区、所以发展旅游业往往成了当地致富、增加经济收入、改善居民生活水平和质量的唯一的途径和其地区赖以发展的基础。从地方政府、企业到社区和普通居民，从旅游业中获取最大收益成为了主要的目的，不仅容易忽视保护环境和民族特色文化，而且向旅游业中投入过多的资金和土地，大批农业劳动力纷纷弃田、弃牧而从事旅游服务，其他行业的职工也希望到旅游企业中就业。这样不仅影响了其他行业的工资成本，在经济上造成通货膨胀的隐患；而且更重要的是诱使原有的产业结构失衡，形成一种恶性互动：一方面是由于大量投资、耕地、从业人员等生产要素的流失，致使本来就脆弱的农业遭受更严重的挫伤；另一方面是由于旅游业的突然飞速发展而对农副产品、土特产品的需求急剧增加，造成旅游地物价上涨，生活费用增加，增加当地居民的生活负担。长此以往，阻碍了旅游业的发展，使旅游业的可持续发展成为泡影。

（二）文化可持续方面的难题

随着西部开发力度的加大，贵州的特色文化受到商业行为的冲击而削弱甚至可能消失。贵州民族村寨的文化生态资源极其脆弱，一些民族村寨过速发展，已出现过度商业化和民族文化失真等现象。例如，旅游者涌入时，带来了外来的文化、意识形态、道德观念和生活方式，在不知不觉中冲击了当地传统文化和民族特色。旅游经营者出于利益的驱动可能会调整传统经营、生活方式，让服饰、歌舞、节庆和手工艺品等带上利益的色彩来迎合游客的需要，从而破坏了贵州古朴的原有文化。民族文化的弱化，其实就是贵州省旅游资源优势的弱化，这将严重影响旅游业的可持续发展。

（三）社会可持续方面的难题

随着旅游活动的开展，旅游者不可避免地把自己的生活方式和思想观念带到旅游目的地，对旅游地传统的价值观、社会观、道德观、宗教观和政治观产生深刻的影响。在贵州省的旅游地，人们长期处在封闭、落后的环境中，一般都较为简单、淳朴；在突然遭遇市

场经济及发达地区和国家的价值标准、道德观念、生活方式的冲击时，必然在思想观念和行为方式上产生混乱和失范，从而引起社会风气败坏和大量社会问题的产生。比如在价值观念上，当地居民已以羡慕的眼光观察外来人的生活方式，并开始怀疑自己的人生价值；在道德观念上，有些当地居民已开始怀疑传统的真善美与假丑恶的是非标准。受发展旅游业的影响，接待地卖淫、赌博、投机诈骗、走私贩私、贩毒吸毒、强买强卖、偷盗抢劫等社会病已初现端倪，且有日益蔓延之势。另外还有一个不可回避的事实是旅游者与当地居民的冲突及由此产生的社会问题①。由于旅游者的地位、经济收入、生活方式、消费观念与当地居民的落差太大，再加上某些旅游者高傲自大和对当地居民及其民俗、风情不屑一顾的藐视态度，难免会引起当地居民的怨恨并引发一系列的过激行为和社会问题。如果社会不和谐，旅游业的可持续发展也难以实现。

（四）生态可持续方面的难题

贵州省旅游业资源变异是指贵州省原生的旅游资源在旅游业开发中因自然与人为因素造成的资源质量退化、种类与数量减少、消失，风貌改变，生态环境负向演变的现象。贵州省自然环境的脆弱性与人类不合理利用是导致变异的根本原因。较为开放的开发利用态势，改变了原有、自然的喀斯特物理、化学与生物过程，诱发了脆弱生态资源环境的退化过程，特别是急功近利的掠夺式开发，更加快了退化速度、力度和层面，贵州旅游景观资源变异现象普遍发生。贵州省旅游业资源的变异现象严重影响了该地区旅游业资源的可持续利用与发展，因而迫切要求在旅游发展中寻求自然、文化、环境之间的平衡关系，使开发利用的旅游资源形态、内容及演变规律的变化，能最大限度地满足旅游业的发展；使旅游资源的演变呈良性化与特色化，既能满足当代人的需要，又不损害后代人开展旅游活动的需要。因而，控制贵州省旅游业资源变异，实现旅游资源可持续利用成为贵州省旅游区目前最艰巨的任务之一。

贵州省旅游业地区尤其是我国西南地区环境承载低，生态系统脆弱，经济也较落后，生态经济矛盾十分突出。如何对现有的贵州省自然条件、生态经济条件进行调整，实现生态与经济的协调发展，实现贵州省旅游业社区环境的优化与社区居民生活水平的提高，成为贵州省旅游业发展的突出问题。

贵州省环境异常脆弱，极易造成环境污染和破坏。贵州省的地表竖井、漏斗、落水洞、地下河、地下裂所构成的二元结构使得地表污水随时可以通过岩溶裂隙、落水洞等进入地下。加上贵州省含水层由溶隙和溶洞管道构成双重含水介质，被污染的喀斯特水源扩散迅速而且面积扩大，又因其自净能力差，导致治理困难。这样就加重了旅游业的环境污染。再加上人类不恰当的活动，导致了喀斯特水体污染、固体废弃物污染和大气污染。环境污染尤其是贵州省的环境污染严重制约了该地区旅游业的质量，严重地制约着该地区旅游业的发展。此外，一些由人为活动导致的喀斯特旅游资源的破坏、水土流失和石漠化现象严重；生物多样性受损、系统功能失衡，以及由于旅游资源开发和管理的不善等所带来的一系列问题，都制约了贵州省旅游业的发展。

旅游业已经不再是人们所说的“无烟产业”。旅游业作为一项经济产业，同传统工业

---

① 曾雪梅．对西部旅游发展热的冷思考［J］．西南民族大学学报（人文社科版），2004，（1）：51－52.

一样，对环境也有不同程度的污染和破坏。由于贵州旅游还处在不发达阶段，不论是管理者还是游客，他们中的一部分人对可持续旅游的认识还不够深入。当他们把旅游资源当作取之不尽、用之不竭的财富去消费和管理时，其认识上的差距和行为上的不当，就会造成旅游资源一定程度上的损坏和污染，加剧了旅游资源的破坏；不合理的开发，破坏性的建设，无规划的道路、餐馆、娱乐场所建设，游客的随意采摘等在一定程度上造成旅游地的植被破坏；由于管理不善和认识的不到位，游客遗弃的饮料瓶、食品袋，经营者遗留的生活垃圾，开发商抛弃的建筑垃圾等固体垃圾在乡村旅游区的水面、路边、河岸、田间到处可见，严重地影响了旅游地的环境卫生，影响了当地农民和游客的生活和健康。据统计，贵州全省石漠化面积比例占全省总面积的 7.6%，石漠化面积大于 10% 的县达 18 个；水土流失面积占全省总面积的 43.5%。

七、贵州省旅游业可持续发展应处理好的几个问题

（一）对旅游业可持续发展的认识问题

对于什么是旅游业可持续发展、为什么旅游业要实施可持续发展以及如何实施可持续发展战略等问题的认识，目前，贵州省政府和地区在认识上还存在很大的差距。对于旅游业的可持续发展的认识也是如此。思想认识上的不足，必然会导致行动上的怠慢和滞后。另外，对旅游业的可持续发展还存在认识上的误区，主要表现是很多业内人士认为旅游业的可持续发展就是旅游经济的持续增长，处理不好旅游业的发展与经济增长的关系。在片面追求旅游经济增长的短期行为引导下，就很难协调和处理好整体与局部、长远利益与眼前利益的关系。“竭泽而渔”的手法，换取眼前的短期利益，必然导致对旅游资源的摧残和对生态环境的破坏。这些认识上的不足应该说是影响贵州省旅游业可持续发展的主要制约因素，也是需要迫切解决的问题。

（二）旅游产品开发与旅游资源保护之间的问题

旅游资源的保护与旅游产品的开发是一种辩证关系。保护是开发的前提，开发是保护的必要体现，对旅游资源保护的目的是为了更好地开发，开发是在更高层次实现对旅游资源的保护。所以，应将保护的观念贯穿在开发的整个过程中，注意做到以下几点：第一，对新的旅游产品，开发前要进行深入的调查研究和科学的论证分析，变过去掠夺式的粗放型开发为集约化开发，以最大限度地减少开发过程中对资源造成的浪费和破坏。第二，实施精品开发。旅游产品要给人以美感并与周边的人文和自然环境相融合，切忌片面地以新产品迎合市场。同时，要尽可能实行开发一步到位，避免分期开发和循环开发给旅游资源和环境造成危害。第三，加强区域范围内旅游项目的统一规划，推进无障碍旅游区建设，以有效避免各自为政、重复建设、无序竞争，使区域内旅游产品形成合理分工、各具特色、优势互补的空间布局。第四，对不可再生性的旅游资源，在技术、资金条件不成熟或尚未科学规划之前，应先进行保护，待条件成熟后再行开发，切忌盲目行动。

（三）景区承载能力测定控制问题

要准确测定和控制已有旅游产品的承载能力，在游客数量接近旅游产品的承载能力时，及时通过各种有效途径予以疏导。例如，黔灵公园是贵阳地区游人最多的4A级旅游景区，为了扩大景区的旅游范围，近年来修建了不少新的旅游步道，因为黔灵山的林中生长着一些珍稀植物和特有植物，修筑旅游步道有可能造成对这些植物生态环境的破坏。另外，公园内放养的猕猴，是游人喜爱的一种观赏动物，给游人带来不少乐趣。但是，受到保护的猕猴繁殖较快，种群数量迅速增加，但公园里的阔叶树的芽和嫩叶以及少量的果实，已不能满足猴群的需要，并且它们大量采食芽和叶，将会造成森林群落的退化和对森林的破坏。要重视旅游资源尤其是自然旅游资源对生态环境的固有价值，降低旅游资源的开发对环境承载能力的影响，从而有效保护、提升旅游资源本身的承载能力。旅游景区周边合理范围内的土地开发和项目建设，必须经过严格的环境影响评价，确保尽可能减少由此带来的对旅游景区环境承载能力的影响。

（四）旅游资源的隶属问题

贵州省旅游资源极为丰富，但其所有权属不明，管理体制不顺，经营方式不合理，影响了景区的旅游投资和开发利用。由于旅游景区、旅游景点分属于文化、旅游、市政园林以及民营企业等多部门，它们往往各自为政，相互间缺少沟通与协调，还存在着交叉管理等现象。一方面，使得行业管理上出现了条块分割、多头管理等问题，加大了项目开发管理协调的难度，必然导致旅游效益低下，也不利于旅游资源的重组和深度开发以及旅游产品的整合和市场合理的形成，阻碍制约着旅游业快速发展。另一方面，不利于旅游的合理、统一规划；不利于增加投入，改善设施；不利于发挥优势，占领市场，扩大经营。由于体制的弊端导致服务水平的低劣，无法达到资源配置的最佳状态，收入与资源条件、资源优势不成比例，难以留住客人的同时也失去了自我发展的机会，不利于贵州省旅游业可持续发展目标的实现。

八、本章小结

本章通过对贵州省旅游业进行现实探索，以及贵州省旅游业的发展现状、历史演化分析、发展条件的再认识，对目前贵州省旅游业可持续发展中面临的难题和需处理好的问题进行了论述和总结。

本书认为贵州省旅游业发展经历了探索阶段、参与阶段、发展阶段。根据生命周期理论与贵州省旅游业发展的历史进程相结合进行历史演化分析，得出贵州省处于并将长期处于发展阶段。论述了贵州省旅游业可持续发展的新趋势与所面临的难题。从经济效应、社会效应、生态效应三个方面分析了旅游业可持续发展效益以及贵州省旅游业可持续发展应该处理好的几个问题。

第四章　旅游业可持续发展的理论解析

一、旅游业可持续发展系统的定义、特征

（一）旅游业可持续发展系统的定义

系统是由相互作用、相互依赖的若干组成部分结合成的、具有特定功能的有机整体。从系统的观点看，世界上任何事物都是一个复合的系统或是某个系统的组成部分。① 旅游业可持续发展系统是以可持续发展为目标，由经济、社会、生态与文化四个因素耦合而成。课题组将旅游业可持续发展系统定义为：旅游业可持续发展系统是由经济、社会、生态和文化四个子系统相互联系、相互作用而构成的具有特定结构、能够促进旅游业可持续、协调发展的有机整体。

（二）旅游业可持续发展系统的特征

1. 整体性

整体性是一切系统的本质特征，即贝塔朗菲所说的“整体大于它的各个孤立部分的总和”。这一特性主要体现在系统目标、规律和功能三个方面。旅游业可持续发展系统也不例外。首先，从系统目标来看，该系统是由社会、经济、生态与文化四个子系统组成，整个系统的协调与发展是它的主要目标，因此，它必然要求系统整体的最佳化。其次，从系统规律来看，旅游业可持续发展系统的整体与要素、要素与要素、系统与环境之间存在的有机联系和运动规律只有从整体上才能显示出来，而且组成系统各要素间的联系和作用都不能离开整体的协调去考虑。

2. 动态性和开放性

旅游业可持续发展系统内部要素之间、系统与环境之间不断地进行物质、能量和信息的交换，并且以社区参与贯穿其中，以“流”的形态形成一个动态的、系列的、层次的、自我调节和反馈的相对独立体系。正是通过“流”，系统才得以维持自身的生存与发展；也只有通过“流”，才能识别系统的动态特征和演化规律，才能评判、比较和推断不同系统的优劣。另外，系统与外部的自然环境、经济环境、社会环境等均存在着不同程度的物质、能量和信息交换。从而，旅游业可持续发展系统又是与外部环境之间相互作用、相互联系的开放系统。

---

① 秦士元．系统分析［M］．上海：上海交通大学出版社，1987.

3. 相关协调性

系统的整体性原则必须经过相关协调性原则而具体化，而系统的相关性又是多变量、多层次的联系。[①] 旅游业可持续发展系统的相关协调性主要是指环境系统、目标系统、政策保障系统、评价反馈系统各个子系统之间、子系统各个要素之间以及系统与环境之间的相互作用和相互协调。

4. 反馈性和可调控性

反馈是动态平衡系统的一种固有性质，并可作为调控点，在一定时期和一定科学技术条件下，目标、政策等要受一定条件的限制，当制定的政策偏离稳定发展状态时，负反馈将加速系统的崩溃。由于多利益主体的参与，旅游业可持续发展过程实际上是一个自组织过程，人们可以通过决策去选择不同的发展模式对系统发展过程进行干预。人类对整个系统的发展进程具有双向调控作用，一方面制定有效的政策可能促进系统的发展，相反也可能延缓或破坏系统的发展。

5. 区域特性

旅游业总是有一定的空间范围，也就是说，当我们讨论旅游业发展时，总是将它放在特定的空间上去考察。区域作为某种特定范围的地域综合体，有其特定的经济、社会、文化、自然生态环境等要素，也有其固有的形成、发展和演化机制，一个区域的社会经济活动必须遵循其固有的基本规律。因此，旅游可持续发展也必须考虑区域这一基本特征。

二、旅游业可持续发展系统的构成要素

旅游业可持续发展是一项技术化、复杂化和关联化程度很高的系统工程，因而需要我们用一种全面引导、综合发展的视野去关注。[②] 首先我们必须清楚旅游业可持续发展系统的构成情况，只有明晰了系统内部各种构成要素的重要意义及其相互关系，我们对旅游业发展的认识才可能深刻和完善，才能制定出更加正确的决策。课题组以可持续发展为目标，以系统论为视角，以社区参与为主线，以博弈论、利益相关者理论、产业共生理论、层次分析法为主要分析方法对旅游业可持续发展进行系统分析，将其要素分为四个部分：环境系统、目标系统、政策保障系统、评价反馈系统。

（一）环境系统

环境系统按照是否包括人的角度可以分为自然环境系统和社会环境系统两部分。不包含人的意识及其活动在内的系统，称为自然环境系统，包括资源环境子系统和生态环境子系统；包含人的因素的系统，称为社会环境系统，包括经济环境子系统、社会环境子系统、人文环境子系统和政策、法律环境子系统（如图 4 – 1 所示）。

1. 资源环境子系统

资源环境是旅游业可持续发展系统的物质基础。资源是指在一定条件下，能够为人类

---

① 杜瑞成，闫秀霞. 系统工程［M］. 北京：机械工业出版社，1999.

② 马勇，周霄. WTO 与中国旅游产业发展新论［M］. 北京：科学出版社，2003.

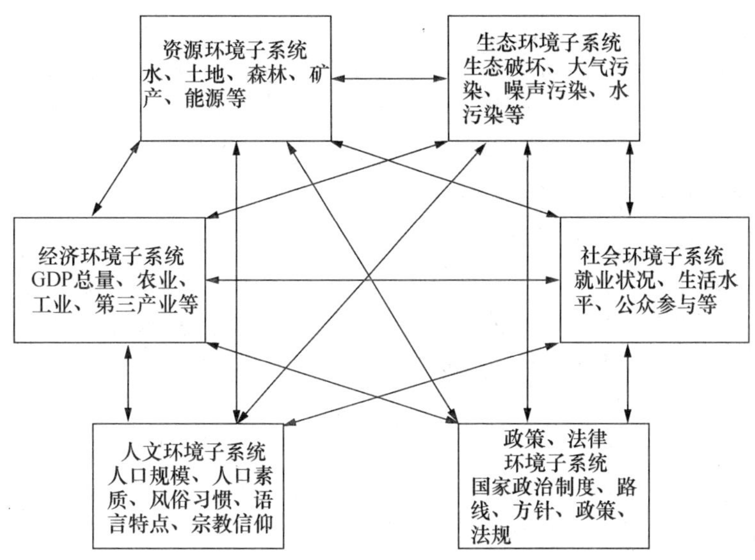

图4－1　旅游业可持续发展环境系统

利用的一切物质、能量和信息的总称。资源包括自然资源和人工资源（如电力资源等）。自然资源主要包括生物资源、森林资源、金属矿物、石油、天然气、太阳能、潮汐能、水资源、大气资源等。

2. 生态环境子系统

社会经济的可持续发展是以良好的生态环境平衡为前提的，生态环境是人类生存和社会发展的物质基础。环境是资源的载体，维护生态平衡，才能为可持续发展提供永续利用资源的可能。生态环境子系统又可分为人工环境子系统（如水污染治理系统、大气环境污染治理系统等）和自然环境子系统。自然环境子系统的主要特征是具有自净化能力（污染物处理能力），即自然环境在接纳了社会生产、生活中排放的各种污染物质后，能够通过自身复杂的物理化学和生物过程将污染物变成无害或低害物质，以减轻其对环境和人体健康的危害。生态环境子系统也是旅游业可持续发展系统的重要组成部分，生态环境质量是旅游业能否可持续发展的重要标志之一。

3. 经济环境子系统

经济环境是指旅游业可持续发展所处环境的经济形势及国家相关的经济政策，主要涉及国家的经济结构、经济水平、经济体制及其运行状态，市场规模的大小、增长潜力及开放程度、消费结构及其水平、经济政策等内容。一个国家的经济发展水平、农业生产力水平和其他产业、地区之间的经济势差是影响旅游业可持续发展的重要因素。研究旅游业可持续发展经济环境的目的主要是通过研究国家经济政策、国家经济发展速度、国民收入水平、市场消费能力等环境要素与旅游业可持续发展的相互作用，从而汇集有利因素、规避不利因素，一方面积极健康地为旅游业可持续发展整个系统提供物质保障；另一方面通过旅游业可持续发展促进经济环境的进一步繁荣和发展。

4. 人文环境子系统

人文环境可以包括整个社区居民的态度、观念、信仰、认知环境等。人文环境是一种无形环境，是由人口、文化等人文要素构成的集合，主要包括人口环境、文化环境等内容。人文环境是一种更高级的社会财富，人文环境的改善在根本上来源于人的智能素质、情感素质和意志素质的提高。研究旅游业可持续发展系统的人文环境，主要是了解所处环境的人口数量、人口结构、风俗习惯、语言特点、文化素质及宗教信仰等信息，增强社会的凝聚力，以便更好地为旅游业可持续发展服务。

5. 社会环境子系统

社会环境的质量是资源、环境、经济和人文子系统实现协调发展的关键，社会环境主要包括就业状况、科技水平、生活水平、生活福利及公众参与等。合理的政治体制、良好的社会伦理道德和历史文化沉淀以及稳定的社会环境等因素是实现旅游业可持续发展的保证。

6. 政治、法律环境子系统

政治环境是指决定、制约和影响旅游业可持续发展要素及其运行状态所形成的环境系统，主要包括国家的政治制度、政党制度、权力机构、国家方针政策、政治团体和政治形势等内容。研究政治环境主要是了解国家的路线、方针、政治形势及政策法规，分析国家政治局势及政策法规将会对旅游业可持续发展产生哪些制约或机会，以便为旅游业可持续发展提供正确的决策。法律环境是指影响旅游业可持续发展的社会法制系统，主要包括国家法律、法规、司法和执法机构等内容。在法制经济时代，研究法律环境可以培养旅游业的参与主体树立法律意识，学习相关的法律法规，并依靠法律手段维护自身合法权益。政治、法律环境为旅游业可持续发展提供制度保障。

（二）目标系统

要实现旅游的可持续发展，既要有战略思想，同时也必须制定一个战略目标体系。1990 年在加拿大温哥华举行的 Globe’90 全球可持续发展大会旅游组行动策划委员会会议上提出的可持续发展的目标是：

（1）增进人们对旅游所产生的环境效应与经济效应的理解，强化其生态意识；

（2）促进旅游业的公平发展；

（3）改善旅游接待地的生活质量；

（4）向旅游者提供高质量的旅游经历；

（5）保护未来旅游开发赖以生存的环境质量。

由此可见，旅游可持续发展是一个多层次、多元化的目标系统，该目标系统是其思想的重要组成和实际体现，其核心内容是要保证在从事旅游开发和旅游活动的同时，不损害后代为满足其旅游需求而进行旅游开发的可能性，将满足现代游客的需求和满足旅游区居民的需求相统一。[①] 具体地说，可持续发展的目标系统可概括为持续性目标、阶段性目标、公平性目标及多主体目标四个子系统（如图 4－2 所示）。

1. 持续性目标

根据可持续发展理论，可将旅游业可持续发展目标从内容上分为经济可持续、社会可持续、文化可持续及生态环境可持续（如图 4－3 所示）。

① 何文俊，段雪梅．旅游经济学［M］．北京：北京大学出版社，2008.

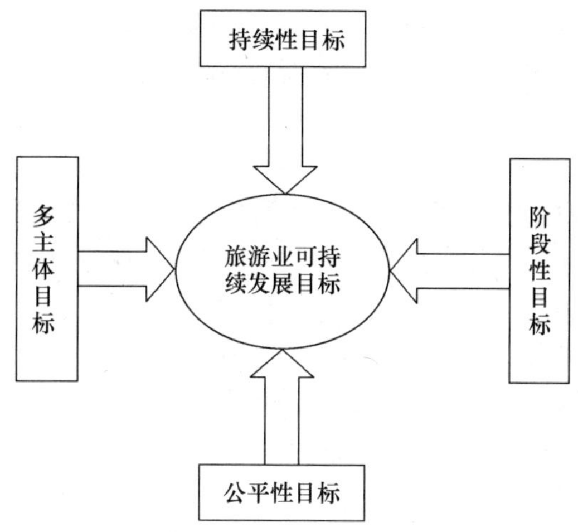

图4－2　旅游业可持续发展目标系统

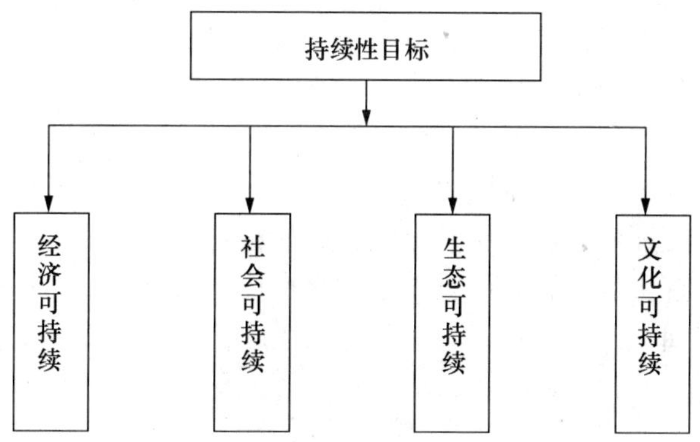

图4－3　旅游业可持续发展持续性目标

（1）经济可持续性。

经济发展的可持续性即用最小的资源成本和投资获得最大的经济、社会效益，以满足人们的需要。恢复和促进旅游地的经济增长，提高居民的生活质量，防止因贫困而对旅游资源掠夺式的开发。同时，改变增长质量，以实现人的全面发展，提高公众参与可持续发展的能力，提高人类社会的运行效率和效益，维持经济和社会的长期平稳发展。

（2）社会可持续性。

社会发展的可持续性是指一个旅游目的地在吸纳旅游者来访的同时，该地社会的各项职能能够维持正常运转，社会状况能够维持健康和稳定，不会因这些外来人口的输入和影响而造成当社会发展的不协调，或者说旅游目的地社会能够自动通过社会职能的发挥，将这些不协调问题控制在不影响当地社会健康发展的程度之内。

（3）文化可持续性。

文化发展的可持续性，主要是指旅游目的地社会能够保持自己的民族文化和地区文化，从而使自己具有不同于他人的文化特点和不被外来文化同化的能力。在多数情况下，旅游地的各种关系、人们之间的交往方式、生活方式、风俗习惯和文化传统等，都会由于旅游者带来的不同生活方式、风俗习惯和交往方式的影响而发生变化，为了避免一些不良后果的出现，同时也为了维护自己在文化方面的旅游吸引力，旅游接待地区自然有必要保护自己文化传统特色的持续存在。

（4）生态可持续性。

旅游活动的开展，对旅游地区的生态环境可能会产生各种不良影响。因此，要想实现旅游可持续发展，应当在开发和发展旅游业的同时，努力避免破坏其赖以生存的自然资源和环境资源，这也是为整个社会实现可持续发展承担义务和做出贡献。要做到这一点，最基本的方法便是根据旅游接待地区的环境和生态系统的特点，评价该地区的生态承受能力、经济技术承受能力及社会心理承受能力，并将旅游业开发的规模和旅游活动的程度控制在这些承载力的极限之内。

2. 阶段性目标

相对于旅游业发展的终极目标，阶段目标是较为细致和具体的目标。根据旅游地生命周期理论，本书把阶段性目标分为前期目标、中期目标和远期目标。前期目标通常是指旅游业发展的基本内容（如基础设施建设、旅游产品组合、行业队伍的形成等）和对当前急需要解决的问题做出规定，中期目标是在前期成果上对旅游产业的纵深发展（如旅游理念提升、旅游形象塑造、旅游精品开发、旅游市场推广等）提出要求，而远期目标则是实现经济、社会、文化和环境的可持续发展。① 在每一个时期，可以用概念性目标（目的）和数值性目标（指标）来共同阐明阶段目标，旅游业发展的概念性目标主要涉及旅游区的开发建设、旅游环境建设、旅游企业发展、旅游管理体制等多方面的内容；数值性目标就是要规定旅游者人数、旅游业收入等量化指标，由于数值目标存在不稳定性，通常可以给定一个数值区间，以基本目标为下限，以激励目标为上限（如图 4 – 4 所示）。

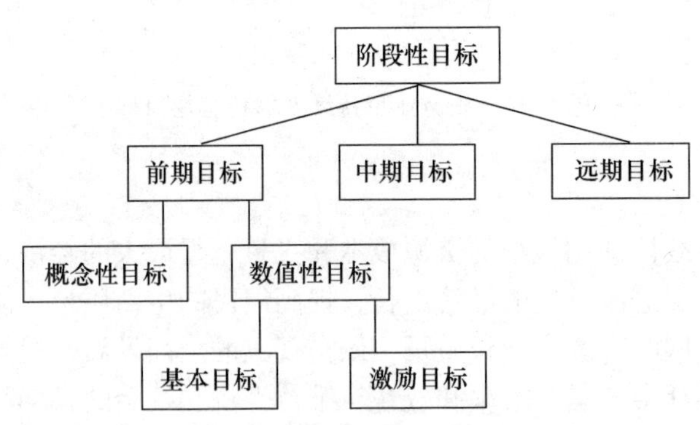

图 4 – 4　旅游业发展的阶段性目标

3. 多主体目标

旅游业的发展是一个多利益主体参与的有机整体，各个参与主体具有其特定的功能，它们之间相互作用、相互依赖。从系统论的角度，按照各个参与主体的不同利益，扮演的不同角色，可以分为四个主要的动力因子：需求动力、供给动力、营销动力、扶持动力。

① 马勇，周霄．WTO 与中国旅游产业发展新论［M］．北京：科学出版社，2003.

需求动力来自旅游者对旅游地各种旅游产品的追求，包括对旅游目的地的一些物质性的和非物质性的东西的吸引；供给动力来自社区居民对现代化的追求；营销动力来自旅游企业对利润的追求；扶持动力来自政府对城乡一体化的追求（如图4－5所示）。

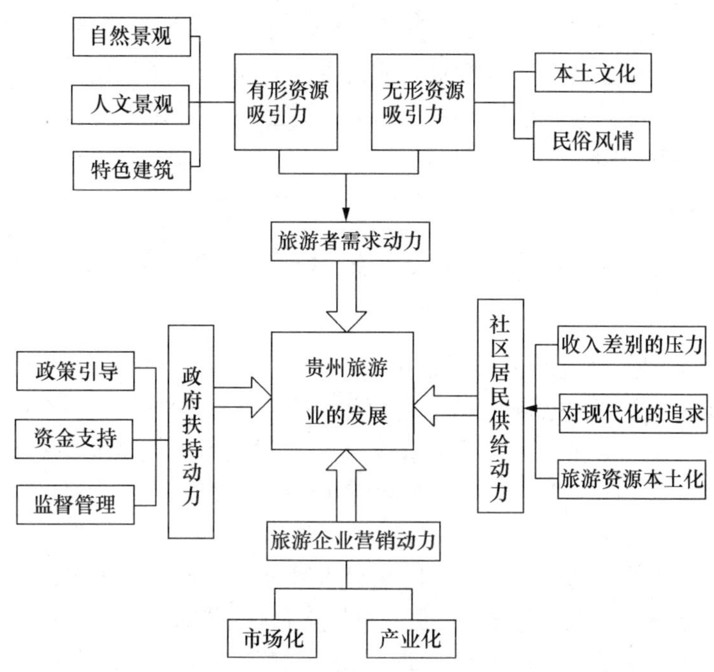

图4－5　旅游业发展的多主体目标

4. 公平性目标

公平性目标是可持续发展的基本目标。从可持续发展的观点来看，地球上的人类应该视为一个整体，其发展必须考虑整体的公平性和均衡性。所谓的公平性是指机会选择的平等性，它的内涵很丰富，在可持续发展中，主要包括两方面的含义：一是代内公平，即当代人之间的横向公平性。可持续发展要满足所有人的基本要求和给所有人机会以满足他们较好生活的愿望。二是代际公平，即当代人与后代人之间的纵向公平性。可持续发展要求人们认识到人类赖以生存的自然资源是有限的，当代人不能因为自己的发展与需求而损害人类世世代代满足需求的条件——自然资源与环境。

（三）政策保障系统

确定了旅游业可持续发展的目标系统之后，接下来的主要问题就是要如何开展旅游业的可持续发展，根据旅游地区的现实状况、发展前景及目标系统，应该构建一个什么样的发展模式，采取什么样的产业政策与保障措施。这里包括宏观政策的指导、制度安排、体制的设立，也包括微观层面的各个主体的参与、经营。在本书（第七、八章）中，主要从两个方面来分析：①贵州旅游业可持续发展社区参与模式的确立；②政策的管理与运行，包括宏观上政府的主导、微观上社区参与意识的提高等。总之，只有建立完善的旅游管理体制，制定切实可行的旅游保护方案，实行科学的旅游发展模式，才能真正促进旅游业的可持续发展。

(四) 评价反馈系统

评价体系就是考虑贵州旅游业可持续发展应该达到什么样的效果，即构建旅游业可持续发展评价指标体系，包括经济可持续指标、社会可持续指标、环境可持续指标和文化可持续指标。通过构建指标体系，分析贵州旅游业可持续发展所处的阶段（第五章）并进行个案分析（第六章），这些指标体系的评估、监控及对信息的反馈为我们提供了旅游业发展实际效果的事实证明。

三、旅游业可持续发展系统的运行框架

图 4-6 为旅游业的可持续发展提供了一个基本思路：为了实现旅游业可持续发展的规范化，各个地区都需要根据自身所处的环境，制定合理的目标和与本地区实际情况相适应的旅游政策，并建立一个全面的评价指标体系，对政策实施效果进行评估、监督、反馈，使政策进一步修正、完善，更好地为旅游业可持续发展服务。具体表现在了解本地区的实际资源、生态、经济、社会、人文及政策、法律环境系统，并预测本地区旅游业的发展前景，通过对这些信息的梳理，制定出希望达到的目标系统，明确需要哪些人参与，各个利益主体参与旅游的动机是什么，“谁”参与旅游政策的制定，如何规划和管理本地区的旅游业，应采用哪种发展模式，希望而且能够从旅游中获得什么结果等问题。只有在明确了这些基本问题的基础上，所制定的旅游政策才能够充分有效地发挥作用，才能够更好、更快地实现旅游业的经济、社会、生态和文化的可持续发展，从而也能更好地服务于资源的恢复和勘探，改善环境质量。

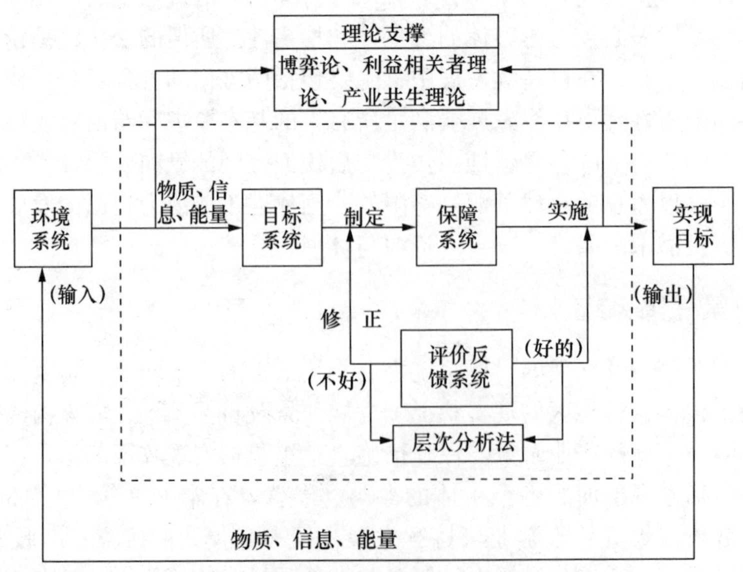

图 4-6　旅游业可持续发展系统运行框架

（一）旅游业可持续发展子系统之间的相互作用

根据协同学理论，千差万别的系统，尽管其属性不同，但在整个环境中，各个系统间存在着相互影响而又相互合作的关系，在旅游业可持续发展系统中，环境系统、目标系统、政策保障系统、评价反馈系统属性各不相同，但相互影响、相互合作。

（1）环境子系统是旅游业可持续发展整个系统的物质基础。环境是支持人类各种活动的基本原材料和各种投入的来源，是制定旅游业可持续发展目标系统的前提条件，也是制定旅游业可持续发展政策保障系统的客观依据。合理开发和利用自然资源是旅游业可持续发展的前提。众所周知，土地、水等资源是有限的，不合理利用资源会造成资源短缺和环境恶化，从而影响人类生活、经济发展和社会进步。如果没有环境资源子系统，繁荣的经济、社会、文化和生态可持续发展的目标就没有存在和发展的空间，会因为没有可利用的资源而成为空中楼阁。

（2）目标系统是旅游业可持续发展系统的主体。整个系统都是围绕实现旅游业可持续发展的目标展开的，在对旅游业的环境因素进行分析，确定了发展现状的基础上，通过对物质、信息、能量的搜集，制定目标，为了达到这些目标，要找到一个最有效的实现途径，一定的政策支持和保障措施，并要有专门的机制进行评价、监督、反馈，一直到实现目标。目标系统的确定及实现是整个系统的关键，正确合理的目标有利于整个系统的正常运转，相反则会导致系统功能的失效。

（3）政策保障系统是旅游业可持续发展系统的有力支持。政策保障系统是目标系统的有力支持，它是实现旅游业可持续发展目标的有力保障，它为旅游业可持续发展提供了发展所需要的制度空间和社会文明建设功能。如果没有政策保障系统，人与人、人与资源环境之间的关系得不到规范，其他子系统的发展将在一个杂乱无章的社会环境中进行，也就不能实现持续协调发展。

（4）评价反馈系统是旅游业可持续发展整个系统的重要组成部分，为旅游业可持续发展政策的实施效果评估提供了有力的证据，在评价的基础上进行信息反馈，才能更有针对性地修正、完善政策，更好地实现旅游业可持续发展的目标。

（二）旅游业可持续发展系统内部要素的相互作用

旅游业可持续发展系统的各个子系统的组成要素相互作用组成一个有机整体，但这个有机整体同时也是一个矛盾统一体，即要素之间的相互作用既统一又斗争，推动着系统有序而健康地发展。系统内部要素之间大体上可以分为合作与竞争两种关系，且都是系统产生自组织行为的动力，推动系统有序、健康地发展。在特定时间内，系统内各要素采取相互合作的方式，保持相互和谐的状态，按照有序状态运转，并施加作用力使子系统能够达到更高层次的有序状态，以促成整个系统的有序协调发展，即要达到以下状态：①平衡。包括人类开发利用自然资源各个环节的平衡；人类活动与自然承受能力之间的平衡等。②优化。协调的目的不仅使组成要素形成有比例的组合，关键达到一种理想的组合状态，即优化状态。优化是在综合平衡的基础上，使得系统某项指标达到最优或多个指标实现共同择优。可见，没有合作就无法强化系统内部凝聚力，就无法适应外部的竞争环境。同时，系统内要素又存在着竞争的关系，主要通过矛盾的方式反映。例如，社区居民的供给动力与旅游者的需求动力之间的矛盾，经济发展与环境保护之间的矛盾等。正是由于系统内部要素之间的矛盾，才需要对旅游业可持续发展的动力系统进行解析与优化。可见，系统各要素要保持适度竞争，通过优胜劣汰，使系统内部充满生机和活力。

（三）旅游业可持续发展系统的外部环境系统之间的相互作用

旅游业可持续发展系统的外部环境系统分为资源环境、生态环境、经济环境、社会环境、人文环境和政治、法律环境。

对资源子系统而言，经济发展可以扩大资源储备数量，提高资源供给能力，一方面，经济发展可以为资源的恢复和勘探提供充足的资金，增加工业储备；另一方面，经济发展可以提高城市居民的福利，使居民直接感受到资源开发带来的好处，从而增强居民保护资源、节约资源的积极性。相反，经济不发展，企业为了生存，被迫采取资源开发的短期行为，使资源遭到破坏并进一步加剧资源的稀缺程度。

对生态子系统而言，经济发展既可以加强环保力度，也可以投资改造生产工艺流程，进行清洁生产，使环境质量得到改善。

对于社会子系统而言，经济发展不仅可以为城市居民生活提供丰富、充足的物质保证，还可以改善居民的就业状况、受教育条件以及医疗条件等。

资源、生态、经济、社会、人文环境是政策、法律环境存在和发展的基础和前提，稳定、繁荣的经济环境、蓬勃发展的社会环境、和谐的人文环境必将促进政治、法律环境的合理制定和有效实施，后者为前者的发展完善提供保证。例如，中共中央制定关于国民经济和社会发展第十一个五年规划的建议中提出“推进现代农业建设”必将促进社会环境的发展，而提出的“大力发展农村公共事业”则有助于人文环境的进一步发展和完善，“千方百计增加农民收入”则会促进经济环境的稳定和繁荣，为旅游业可持续发展提供政策支持。

六个子系统包含有许多相关联的要素，这些要素直接或间接受到多个要素的作用，同时也对多个要素发挥作用，它们之间原因和结果不断变化位置，互为因果，形成一个因果循环。只有六个子系统相互协调，才能为旅游业可持续发展提供有力的外部支持。

（四）旅游业可持续发展系统与外界环境的相互作用

任何系统都是在一定的环境中产生，又在一定的环境中运行、延续、演化的，旅游业可持续发展系统也不例外。旅游业可持续发展系统与外界环境之间相互联系、相互作用、相互影响。

一方面，外界环境对该系统存在两种相反作用。一种是外界环境给系统提供了生存发展所需要的空间、资源、激励，是有利的输入，起着积极的作用。如有利的政治、法律环境从制度层面上保证了旅游业可持续发展系统的合理、有序运行。另一种是外界环境给系统施加约束、扰动、压力甚至危害系统的生存发展，是不利的输入，起着消极的作用。例如，对自然资源的掠夺，对生态环境的严重破坏就会影响旅游业可持续发展目标的实现。

另一方面，旅游业可持续发展系统对外界环境也有两种相反的作用或输出。内部系统给外部环境提供功能服务，是有利的输出，起着积极的作用。但如果系统自身只顾盲目地追求高产出高利润而以牺牲环境为代价，人类对资源的过度开发，造成了对环境的恶性破坏、与其他系统争夺资源而展开的恶性竞争等，这是不利的输出，起着消极的作用。

四、旅游业可持续发展系统的实现途径

社区参与是旅游业可持续发展当中的一个重要因素，是实现旅游业可持续发展的一个有效途径。社区参与旅游开发是保护脆弱生态系统和全方位治理环境的成功方案，也是保护社会文化遗产和传承地方历史文化的重要途径。共同参与方式意味着社区居民可以从旅游发展中受益，并且共同参与旅游的开发和商品的促销工作。如果公众不能从旅游发展中受益，那么他们就很可能对发展这项事业产生抵触情绪。一种由社区自下而上的旅游发展模式，相对于由行政部门向社区下达旅游开发行政命令的“自上而下”的发展模式而言，可能更少与社区居民发生利益冲突。世界上有很多可持续发展的旅游计划都采取的是由下而上的发展模式，因为旅游对社区居民来说是一种创造收入和提供就业机会的手段和方式。

（一）社区参与旅游业可持续发展的重要性

要实现旅游业的健康发展，必然离不开社区的参与。旅游社区参与的意义主要体现在三个方面。首先，由于社区居民既是旅游资源的缔造者和保持者，也是旅游资源的载体，离开了他们，资源也就无以存在。因此，社区居民是旅游发展必不可少的资源要素之一。其次，对于发展旅游业，社区居民具有共同的利益关系和认知水平，具有相对固定的人际网络，虽然人微言轻，但人多势众，所以他们对发展旅游业的态度直接成为旅游业发展的制约性因素之一。再次，旅游业只有通过社区居民的参与才能得到长足发展，而社区居民参与旅游业也可以获取许多利益，具体包括：①经济利益的双赢。社区参与旅游业可以获取经济利益，提高居民的生活水平；同时，旅游业有了居民的参与支持，更具有活力。②社会文化的延续与传承。在社区参与旅游业的过程中，居民的素质及社会意识都得到提高，使他们自觉或不自觉地发扬并继承了社区的社会文化。③生态环境的保护与改善。居民的直接参与、环境保护意识的提高，会改进当地的自然景观和生态环境，改善当地居民的生活环境，并为当地环境的保护提供更多的资金。

（二）旅游业可持续发展系统中社区参与的内容及方式

1. 社区参与环境问题分析

近年来，旅游业发展显示出了强劲的势头，除了因为静态的自然资源的强大吸引力外，还有旅游地文化的统率作用。而旅游业文化又离不开社区居民，他们既是本土文化的创造者和维持者，也是本土文化外现的重要载体。他们的生活与行为形成了特有的民族民俗、民族风情、乡土文化等，这些无形的精神资源才是民族旅游发展最重要和最有活力的部分。社区居民作为旅游业可持续发展一个重要组成部分，比较容易了解当地的环境现状，通过问卷调查等形式让社区居民参与环境现状问题的分析、评价，找出当前急需解决的问题，为制定旅游业发展目标奠定基础。

2. 社区参与目标及政策的决策

社区居民作为旅游发展中重要的利益相关者，必须对旅游的发展与管理拥有决策权，

让社区居民与政府和企业一道为旅游的发展出谋划策，并提出问题与意见。具体决策内容包括：参与旅游规划编制或对规划提出修改意见、参与决定旅游发展的方向与管理模式、参与决定旅游的经营方针及策略、参与决定旅游发展利益分配机制等。具体参与决策的方法采用“居民→居民代表→决策层”模式。针对居民有权决策的每一事项召开相关居民大会，由居民分别发表意见，然后由他们民主选举居民代表，由居民代表收集整理居民所有的信息与意见，然后由他们作为代表参与到决策层的决策中，并适时地与居民进行沟通，成为他们的代言人与“传话筒”。这种双向沟通式的决策方式一方面反映了相关居民的意见，另一方面能灵活地适应决策过程中的变化因素。

3. 社区参与旅游发展

考虑到社区居民切身利益，在发展经济、保护环境的基础上，促进社区全面进步和传统文化的继承发扬，当地居民参与旅游事业之后，他们将会在实践中意识到旅游业是与他们的长远利益休戚相关的事情，有利于管理目标的实现。社区参与旅游业发展的规划与决策、直接吸引社区居民参加旅游区的管理建设工作、制定有关政策让社区居民自发参与旅游服务接待工作，管理部门收取一定的管理费用，社区参与旅游业发展的经济收益分配等。社区全面参与旅游业开发，可以增加农民的直接收益，防止开发中的“返贫”现象。社区居民从产品的生产到销售、从开发到接待的全方位参与，从经济上保证了当地全体居民的旅游收益，从而保证居民能够从旅游业开发中直接获取收益，增加他们的直接收入，避免了“返贫”现象。社区居民直接参与旅游的各个环节，直接从旅游业中获益，保证了社区居民的根本收益，并且通过民主参与决策的方式，保证整个社区的持续健康发展。

4. 社区参与政策的监督、评价与反馈

在整个旅游业可持续发展系统中，社区参与作为一条主线贯穿始终。社区参与环境问题的分析、参与目标与政策的制定、参与政策的实施，同时社区居民作为一个利益主体也参与政策的监督、对政策的实施效果进行评价，如果政策实施有效，有利于社区的发展，有利于社区居民收益的增加，则是积极的政策，要进一步实施；相反，如果政策保障的经济增长是以损害社区居民的利益、有限的资源为代价，则该政策需要及时反馈，需要进一步的修正、完善。

社区发展理论和社会表象理论认为，旅游开发应该与当地的氛围和当地居民的需求保持一致，应尊重当地居民的居住地和生活质量，这样社区和旅游业就能够实现协调的发展。社区参与旅游的全过程能够使当地居民一直参与到旅游的过程中，并且能够和旅游的规划者、管理者相互交换信息和观点，为居民提供实时监控旅游开发和发展的方法，开发活动项目要和社区的传统生活方式互补，同时提供大量的商业机会和就业岗位。

五、旅游业可持续发展系统的条件分析

旅游业可持续发展系统的条件是指旅游业可持续发展系统能够维持正常运转和持续增长，不会因为环境资源的压力而被迫衰退的能力。像任何事物的发展一样，旅游业可持续发展也受到各种因素的影响，可分为两大类：一类是利导因子（环境承载力强、未被利用的丰富资源等），另一类是限制因子（环境污染严重、资源短缺等）。当利导因子起主

导作用时，系统的发展速度加快；随着利导因子的被利用，限制因子会逐渐突出，系统发展的速度受到限制，这时的发展过程表现为对限制因子的克服。

根据旅游环境承载力理论，旅游业可持续发展系统在以一定的速度发展的同时，不能超过环境的承载力，也就是要维持系统发展的持续性。要想处理好发展速度和环境承载力的关系，关键是要协调旅游业可持续发展系统内在的增长机制和环境机制之间的关系，使增长机制适当弱化，同时使环境机制适当强化。增长机制适当弱化主要是为了避免系统内在增长机制的过速运转，增长机制的弱化也不等于放慢发展速度，而是通过调整规模与发展速度，加速技术进步，减少污染物排放等，来建立一个适当、协调、持续稳定的旅游业增长机制，消除盲目高速增长和大起大落的失调性、非持续性；环境机制适当强化主要指在旅游业可持续发展过程中加强对环境的保护。通过采用新技术、加强管理等手段，使自然资源得到恢复和保护，增强旅游业环境系统的供给能力和净化还原能力。因此，通过协调旅游业可持续发展系统的两大发展机制，可使旅游业可持续发展与环境承载力相适应、相协调，有效地克服旅游业增长与约束之间的基本矛盾，形成旅游业可持续发展的良性循环，使旅游业可持续发展系统协调、持续和优化发展。

六、旅游业可持续发展系统的动力分析

（一）旅游业的系统与旅游业的动力系统

旅游业的系统。系统论认为，系统是由相互作用和相互依赖的若干组成部分结合而成的具有特定功能的有机整体，系统各单元间、系统间都存在物质、能量、信息等的流动。旅游活动本身就是一个由不同子系统构成的巨系统。本书把实现旅游业的可持续发展作为旅游业发展的目标，从而将旅游业系统分为四个子系统，包括环境子系统、社会子系统、文化子系统和经济子系统，各个不同属性的子系统相互交织、相互作用、相互渗透、相互协调。

旅游业的动力系统。理论界对旅游系统有多种划分，王德刚的“三体论”将旅游系统划分为旅游主体、旅游客体、旅游媒体三个部分，① 本书从系统动力源的角度，把旅游系统分为四个部分：旅游者、社区居民、旅游企业、政府，相应地产生了旅游业发展的需求动力、供给动力、营销动力和扶持动力，构成了旅游业发展的核心动力系统。反向性、自然性、本土性、市场性与一体化、现代化、产业化、小康化是旅游动力系统的八个驱动因子②（见图4－7）。

① 王德刚．试论旅游学的学科性质［J］．旅游学刊，2007，（8）．

② 杨军．中国乡村旅游驱动力因子及其系统优化研究［J］．旅游科学，2006，20（4）．

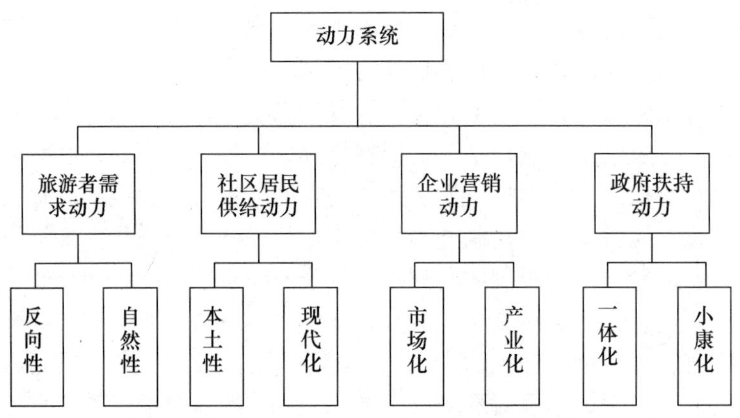

图 4－7　旅游动力系统分析

（二）旅游业驱动力因子分析

1. 需求动力来自旅游者对旅游地旅游产品的追求

旅游业得以产生和发展的基础是旅游客源地与目的地之间的差异，包括自然的差异、文化的差异、人们在不同的活动和经历中体验的差异与感悟的差异。追求差异化的旅游行为称为“反向旅游”，反向性是旅游活动的根本驱动力。[①] 同时，由于旅游目的地自然的人居环境、田园风光、生活方式、民俗风情和生产活动等具有很强的吸引力，从而使客源地旅游者走出家门去体验不同的生活，形成了旅游者的巨大的需求动力。因此，反向性与自然性是构成旅游需求动力的两个核心因子。

2. 供给动力来自社区居民对现代化的追求

社区居民作为旅游资源的缔造者和保持者，同时又是旅游资源的载体，是旅游业可持续发展中必不可少的组成部分。社区居民参与旅游业的发展，是想通过旅游业的发展来提高他们的经济收入，使他们在医疗卫生、文化教育、经济收入、社会保障等方面都能有所提高，具有强烈的现代化追求。同时，很多旅游资源也具有明显的本土性，非常适合社区居民自己经营，是广大社区居民脱贫致富、实现现代化梦想的最佳途径之一。因此，现代化与本土性是构成旅游供给动力的两个核心因子。

3. 营销动力来自旅游企业对利润的追求

旅游业作为一种产业具有市场性，遵循着市场经济的一般规律，市场性不仅意味着需求决定供给，而且讲求效率。当前，在市场驱动下，旅游的供给总量不断增加、供给效率不断提升、产业化和品牌化程度不断加深。旅游需求方面的不断增加与供给方面的产业化发展趋势，必然会促使以旅行社为主体的旅游业积极参与旅游产品的组合、包装、经营和促销，通过旅游的产业化发展来提高自身的营销效率和盈利水平。因此，市场性与产业化是构成旅游营销动力的两个核心因子。

4. 扶持动力来自政府对社区发展的追求

目前，旅游资源比较丰富的地区大多是经济比较落后的地区，旅游目的地的政府想通

① 吴殿廷，张艳，王欣．论反向旅游［J］．桂林旅游高等专科学校学报，2007，（5）．

过旅游业的发展提高当地经济、社会、文化、生态的发展，缩小与发达地方的差距，达到一体化，实现全面小康水平。大量的实证研究表明，旅游具有反贫困功能，能够带动社区经济发展。发展旅游业不仅可以有效开发利用旅游资源，促进产业升级和优化，引发乘数效应，扩大就业和拓展社区居民增收渠道；而且有助于保护目的地的文化和历史遗产，提高当地综合环境质量，促进社区多元化发展和人口素质提高，对重构经济社会系统具有特殊意义。因此，各级政府对旅游业给予了大力扶持，全面小康化和一体化构成旅游扶持动力的两个核心因子。

（三）旅游业动力系统的摩擦

反向性、自然性、本土性、市场性、一体化、现代化、产业化、小康化这八个驱动因子分别隶属于旅游者、社区居民、旅游企业、政府四个子系统。由于切入点不同，客观上存在一定的激励不相容现象，造成了动力系统内部因子间的摩擦。系统论认为，如果一个系统内诸要素相互离散、摩擦，不能有效协同，那么该系统便呈无序状态，不能很好地发挥整体功能，甚至要瓦解、崩溃。因此，必须有效地消除摩擦，否则将会造成旅游动力系统的功效耗散，影响社区与旅游的互动发展。

1. 反向性与一体化的摩擦

反向性是旅游发展的根本驱动力，要求旅游地与客源地保持一定的差异。旅游目的地保持与客源地旅游供给的互补性和差异性是旅游开发的基本原则。① 但现实中很多旅游资源丰富的地方经济比较落后，与经济发达的地区存在一定的差距，这严重影响着我国社会的发展与进步，只能通过尽快缩小差距、实现经济的一体化来解决。一体化与反向性都是旅游发展的驱动因子，却存在着此消彼长的矛盾。如何在一体化的过程中保持具有足够吸引力的反向性，是旅游业发展中面临的一个难题。

2. 自然性与现代化的摩擦

在经济发展的大潮中，旅游目的地想改善当地旅游的软、硬件设施，但又会对当地的旅游资源自然性带来一定的破坏，这是一对复杂的矛盾。旅游可持续发展的关键就是要保存自然性，减少人工制造的比率，但现实中，旅游发展所导致的商业化与现代化恰恰在摧毁这个基础。因此，如何在积极实施现代化的过程中保持自然性，是对旅游业发展的一个挑战。

3. 本土性与产业化的摩擦

旅游的开发、经营主体都应以社区居民为主，以社区参与为主线，社区居民的参与率、受益率是衡量旅游本土性的重要指标。失去了本土性，社区居民就失去了发展旅游的积极性。而市场经济规律却要求旅游业追求旅游的效率，强调集约经营，突出规模化与产业化。规模化与产业化的基础是丰富的市场知识、雄厚的资金实力和大量的专业人才，这些要素都是社区居民所匮乏的，必须依靠外界输入。外界资金、人才的大量介入，不仅会形成收入、就业机会的大量外漏现象，而且会削弱旅游的本土性，使社区居民在旅游发展中面临被边缘化的危险。同时，还会引起当地居民与游客从以往的社会性的主客关系转变为商业性的仆主关系。大多数社区居民不但不能从旅游发展中获取更多利润，相反还要承担旅游发展产生的环境污染、道德弱化、物价上涨、地位下降等负面影响。如何兼顾效率

① 谢彦君．以旅游城市作为客源市场的乡村旅游开发［J］．财经问题研究，1999，（10）．

与公平，在满足旅游产业化发展要求的同时，提高社区参与的份额，保持旅游的本土性，是旅游发展中面临的又一个难题。

4. 市场性与小康化的摩擦

实现地区的共同富裕和全面小康是政府扶持旅游的根本动力。旅游的市场性决定了它必须按照市场规律来运作，虽然它可以带动贫困地区在总量上脱贫致富，却无法解决旅游收入在个体间公平分配的问题。市场机制将大量游客自动配置给了那些接待设施和服务水平高的经营者，这一群体由于投资能力强、信息灵通而分享了更多的旅游发展成果。而处于贫困状态的弱势群体由于资金投入等方面的先天缺陷，无法按照市场机制参与、分享旅游发展成果。发展经济学理论也证明非均衡经济发展模式下，弱势群体的利益和整体经济利益并不能实现同步增长，弱势群体的利益不能自动实现。如何在尊重旅游的市场性的同时，克服其在微观上“帮富不帮贫”的缺陷，促进旅游地的全面小康化，这又是一个必须面对的问题。

（四）旅游业动力系统的优化

旅游业动力系统的优化，关键是要通过舞台化、利益化、共生化和组织化等途径，解决上述四种摩擦，提高旅游动力系统的效能（见图4－8），从而促使旅游业的经济、社会、文化与环境的可持续发展。

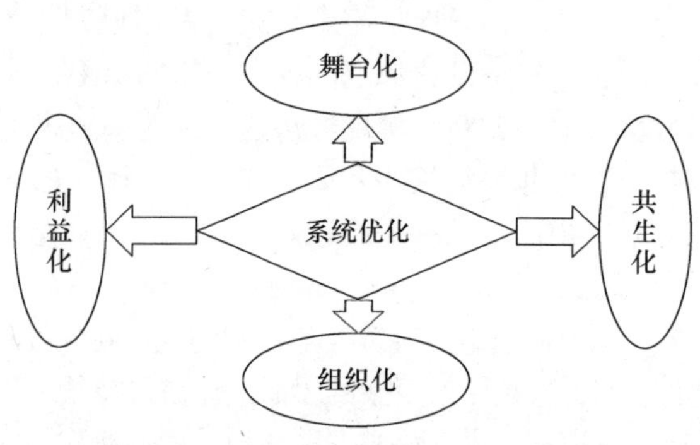

图4－8　旅游动力系统的优化

1. 舞台化

舞台化是在一体化过程中保持反向性的有效途径。所谓舞台化，就是按照游客实际需求，将旅游目的地生活划分为“前台”与“后台”。旅游开发中的舞台化操作，就是把当地居民生活中的一部分内容放到“前台”加以展示，对“后台”基本采取封闭的做法。实践表明，一般游客对旅游地的旅游景观及其原生态文化的要求具有两面性：一方面，游客希望体验真实的文化、饮食、风俗、景观等；另一方面，游客无法忍受一些旅游地基础设施、卫生状况、舒适程度等方面的落后。也就是说，游客追求的反向性是有限度的、相对的，甚至是表面的，是在居住环境、生活习俗、文化传承等方面的反向性，而不是维持落后面貌的反向性。因此，可以按照舞台化理论，在开发旅游时将游客所追求的要素置于“前台”，满足游客体验反向性的追求；同时，将社区居民所追求的要素置于“后台”，顺应居民对一体化的要求，并在前后台之间设立相应的“缓冲区”。

2. 利益化

利益化是在现代化进程中保持自然性的有效途径。在发展旅游的过程中，一方面要尊重旅游地现代化的内在要求，通过现代化的技术手段和理念来促进旅游地基础设施和环境质量的改善，提高居民的生活质量和文明程度，为其旅游发展创造良好的外部条件；另一方面要尽可能地使旅游地整体景观保持浓郁的自然性。要通过科学的规划和有力的引导，使广大社区居民在现代化与自然性之间找到自身利益的结合点，使他们认识到自然性是旅游的核心吸引物，是他们从事旅游的宝贵资源，从而使自然性得以传承和优化。

3. 共生化

保证社区居民受益的机制是旅游产业链的本土化与经营者的共生化，共生化是在产业化过程中保持本土性的有效途径。要清醒地认识到产业规模大并不一定等于居民收益高，发展旅游业既要满足产业化的需要，积极吸引外来资金、技术和人才，也要对外来要素进行科学引导和规范，在规划制定、项目设计、利益分配等方面充分照顾当地居民的福利，为社区创造更多的参与机会。同时，要通过政策的倾斜与扶持，加大对当地居民的技能培训、业务指导和金融支持等，提高旅游产业化发展所需要的各种要素在当地的自供能力。通过居民的自主经营、与外来经营者的共同经营、为外来经营者服务等途径，形成共生经济关系，实现共同发展。

4. 组织化

组织化是在尊重市场性的同时实现全面小康化的有效途径。旅游市场性形成的扶贫缺陷，要求我们在发展旅游业时，不能放任自流，既要尊重市场规律，又要通过积极干预来克服市场失灵，把帮助弱势群体广泛参与作为旅游工作的重要内容。通过科学的规划、合理的制度安排等给予扶持与引导，培育弱势群体的发展机会和发展能力，建立公平的利益分配机制，使旅游业发展不仅能带动贫困地区总体上的发展，而且能带动当地绝大多数居民脱贫致富。

七、旅游业可持续发展系统的协调性分析

（一）博弈论

1. 贵州旅游业微观经济主体的构成

系统论认为，系统是由相互作用和相互依赖的若干组成部分结合成的具有特定功能的有机整体，系统各单元间、系统间都存在物质、能量、信息等的流动。旅游活动本身就是一个由不同子系统构成的系统。旅游系统主要由旅游主体、旅游客体、旅游媒体和旅游支持体四个部分构成，而城市居民、农民、旅游业、政府是构成我国乡村旅游系统的四个子系统。即作为乡村旅游主要客源的城市居民是乡村旅游主体的代表；作为乡村旅游吸引物主要拥有者的农民是乡村旅游客体的代表；作为各种旅游要素整合者的旅游业是乡村旅游媒体的代表；作为乡村旅游规制者的各级政府组织是乡村旅游支持体的代表。由此，我们可把贵州旅游系统分为城市居民、农民、旅游企业、政府四个子系统。而各个子系统在乡村旅游中的基本诉求，就形成了乡村旅游的需求动力、供给动力、营销动力和扶持动力，

从而构成了乡村旅游发展的核心动力系统。

（1）旅游者。旅游者是指任何因休闲、娱乐、观光、度假、探亲访友、就医疗养、购物、参加会议或从事经济、文化、体育、宗教活动而离开长住地到我国境内其他地方访问，连续停留时间不超过6个月，并且访问的主要目的不是通过所从事的活动获取报酬的人。

（2）旅游企业。旅游企业指以旅游资源为依托，以旅游设施为条件，从事旅游产品买卖和旅游服务的以赢利为目的的单位或组织。主要包括旅行社、旅游饭店以及旅游运输企业。主要是从事交通、餐饮、娱乐、购物业等相关企业，它的主要职能是宣传招揽旅游者、生产销售旅游产品（服务）、组织协调旅游活动。

（3）农户。农户主要是旅游区当地的居民，他们是旅游区当地旅游吸引物的主要拥有者，由于赢利的目的，使他们成为旅游业发展的主要供给动力。因为农户具有充分的生产经营自主权，成为独立进行商品生产和经营的经济实体。

（4）政府。对政府的定位：是生态旅游以及社区参与的重要政策制定者、执行者和监督者，同时也是社区发展的推进者，为社区发展和保护区的生态旅游提供服务以及技术和资金支持，控制、引导、协调、规范、约束其他利益相关者的目标和行为。价值观的协调与冲突、权力的制衡、利益的分配、参与和决策机制的建立、目标的设定和标准的确定都需要政府的参与、监督。

2. 贵州微观经济主体利益定位

（1）旅游企业和农户：以赢利为目的。获取利润是企业存在的天然法则，缺乏经营的连续性、利润的持续性，旅游企业就无法生存下去。但现代旅游企业不仅需要具备获得经济收益的经营能力，更需要有环境保护意识和专业技能；它们既是旅游资源的使用者，更是其保护神；既是旅游者的服务者，更是教育者；既是当地人的雇佣者，更是合作者；既主动接受相关部门的管理，又积极参与当地社会的发展。利润的获取与社会责任的承担是现代旅游企业发展不可或缺的两个轮子。然而，实践中的操作往往要比理论上的认同困难很多。在成本、效率等市场原则所决定的高度竞争的环境中，要做到经济利润与社会责任的完全兼顾和良好平衡。旅行社的主要职能是提供与旅行有关的服务，其企业性质决定了旅行社以赢利为目的。在进行生态旅游产品开发中，旅行社既要考虑企业的赢利目的，也要考虑到生态旅游所追求的经济、社会、生态、文化四大效应的平衡。

（2）旅游者：以满足自身需求为目的。旅游成为形塑现代社会人类新的价值观的重要休闲形式。为了能深刻地理解这种意义的渊源，还需要对旅游者的旅游动机进行深入的分析。在某种程度上，对于社会个体来说，旅游是一种自我重构的行为。借助于这种行为，旅游者企图表达他们自身在心理上、社会意义上以及社会经济层面挣脱日常行为框架的束缚并进而重新认识和调整自我的努力。作为一种植根于旅游世界的空间、时间、社会和经济等多维框架中的旅游者经验过程，旅游是旅游者对自身潜在需要和内在价值的一种唤起和满足。

（3）政府：经济发展与环境保护并重。讲求和提高经济效益不仅是人们从事旅游经济活动的基本准则，发展社会主义旅游经济的根本目标，也是社会主义基本经济规律和人类社会发展的客观要求。① 旅游经济效益即从事旅游经济活动的投入与产出的比值。讲求

① 罗明义．旅游经济学原理［M］．上海：复旦大学出版社，2004.

和提高旅游经济效益，就是在从事旅游经济活动时，要以尽可能少的劳动占用和消耗，产出尽可能多的、符合社会需要的有用成果（产品、劳务和收益）。

3. 微观经济主体的博弈分析

旅游业主要的经济利益主体是地方政府、旅游企业、农户和旅游者。它们组成了一条具有发展优势的产业链条。而旅游企业成为这一链条的关键环节。政府是旅游政策的主导，享有自然和文化资源的所有权。政府把经营权委托给了旅游企业，从而依托企业与旅游者间接建立权责关系。同时旅游者在旅游地与农户建立一种交易关系，主要是关于特色商品的价格进行博弈。农户是贵州省旅游地区的特色所在，因为地形的原因，他们不可能形成庞大的经济组织，所以在旅游地区形成了单个农户单独进行经营的画面。所以在整个交易的过程中，形成了政府与旅游企业间、旅游企业间、旅游企业与旅游者间、旅游者与农户间的博弈。

（1）政府与旅游企业的博弈。

①模型假设。乡村旅游开发的过程涉及诸多的利益主体，为了简化分析，揭示主要问题，本模型中假设只存在两类利益博弈主体：一类是政府监管机构，另一类是经营单位，即旅游企业。

②模型建立。乡村旅游开发中政府监管机构与经营单位的博弈过程将对应于如下不同战略组合的支付矩阵（见图4－9）。

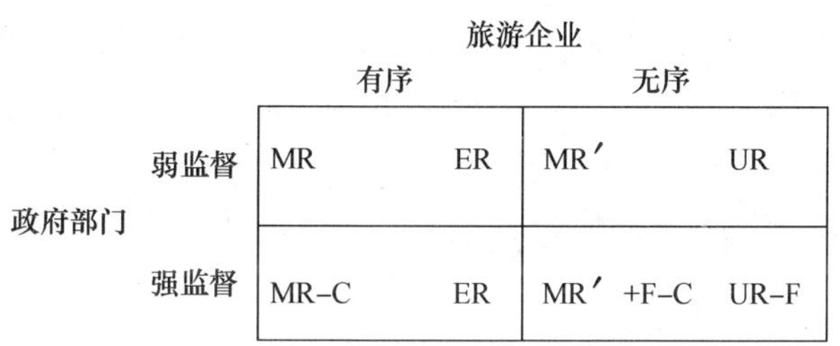

		旅游企业			
		有序		无序	
政府部门	弱监督	MR	ER	MR′	UR
	强监督	MR–C	ER	MR′ +F–C	UR–F

图4－9　政府与旅游企业之间的博弈分析

图4－9中MR表示当旅游企业选择有序开发时，政府监管机构获得的收益；MR′表示当旅游企业选择无序开发时，政府监管机构获得的收益；ER表示当旅游企业选择有序开发时所获得的收益；UR表示当旅游企业选择无序开发时所获得的收益；C为政府监管机构实施强监督时支付的监督成本；F为旅游企业选择无序开发时所交付的罚款。

③模型的分析。上述旅游开发博弈模型存在多种情况的纯战略纳什均衡和混合战略纳什均衡。对模型可分以下五种情形加以讨论：当$F<C$且$UR-ER<0$，纯战略纳什均衡就是有序开发，弱监督。当$F<C$且$UR-ER>0$，纯战略纳什均衡就是（无序开发，弱监督）。当$F>C$且$UR-ER<0$，纯战略纳什均衡就是（有序开发，弱监督）。当$F>C$且$UR-ER>F$时，纯战略纳什均衡就是（无序开发，强监督）。当$F>C$，且$0<UR-ER<F$时，存在混合战略纳什均衡。在此前提下，假定旅游企业选择有序开发的概率是0，政府监督机构选择强监督的概率是i。

a. 给定i　旅游企业选择有序开发（$\theta=1$）和无序开发（$\theta=0$）的期望收益分别为：

$$Eb(1i)=(ER)i+(ER)(1-i)=ER$$

$Eb(0i) = (UR - F)i + UR(1 - i) = UR - iF$

解 $Eb(1i) = Eb(0i)$，得：

当 $0 \leqslant \frac{UR - ER}{F} < 1$，旅游企业的最佳选择是 $\theta = 0$，即旅游企业选择无序开发。当 $\frac{UR - ER}{F} \leqslant 1$ 时，旅游企业的最佳选择是 $\theta = 1$，即旅游企业选择有序开发，当政府监管的概率等于1时，旅游企业可以随机地选择有序开发（$\theta = 1$）或无序开发（$\theta = 0$）。

b. 给定θ　政府监督机构选择强监督（$i = 1$）和弱监督（$i = 0$）的期望收益分别为

$Eg(0.1):(MR - C)\theta + (MR' + F - C)(1 - \theta)$

$Eg(0.0) = MR\theta + MR'(1 - \theta)$

解 $Eg(0.1) = Eg(0.0)$，得：

当 $0 \leqslant \theta \leqslant \frac{F - C}{F}$ 时，政府监管机构的最佳选择是 $i = 1$，即政府监管机构选择强监督。当 $\frac{F - C}{F} < \theta \leqslant 1$ 时，政府监管机构的最佳选择是 $i = 0$，即政府监管机构选择弱监督。当旅游企业的概率等于1时，政府监管机构可以随机地选择强监督（$i = 1$）或弱监督（$i = 0$）。上述博弈的混合战略纳什均衡点（θ'，i'），即（$\frac{F - C}{F}$，$\frac{UR - ER}{F}$）是旅游企业是否选择有序开发的关键。该点上旅游企业有序开发的 θ' 与罚款 F 成正向变动关系，这说明当罚款 F 增大时，θ' 也随之增大，即旅游企业有序开发的概率随之增加。该点上 θ' 的大小与监督成本 C 成反向变动关系，C 越大，θ' 随之减小，也就是说，监督成本的增大降低了旅游企业有序开发的概率。同时该点上 i' 的大小与罚款（F）成反向变动关系，这说明罚款（F）越高，政府监管机构实施强监督的概率越低，罚款（F）越低，政府监管机构实施弱监督的概率越高。该点上 i' 的大小与 $UR - ER$ 成正向变动关系，这说明 $UR - ER$ 越大，i' 越大；$UR - ER$ 越小，i' 越小。

（2）旅游企业间的博弈。假设有 A、B 两家旅游开发商，它们的规模相同，向市场提供的产品也相同，并且旅游企业 A、B 都是理性的；在旅游开发中，要考虑环境成本，旅游企业 A、B 对当地环境均有两种选择：保护和不保护。现做如下假设：

当它们都选择不保护环境时的收益为 I_1 和 I_2；

当它们都选择保护环境时的收益为 R_1 和 R_2。

由于环境改善的长期性和正的外部性，使得对环保投资往往大于从其中得到的短期的直接收益，即 $I_1 > R_1$，$I_2 > R_2$。我们可以得到如下的支付矩阵，见图4-10。

		企业A			
		保护		不保护	
企业B	保护	2	2	1	5
	不保护	5	1	3	3

图4-10　旅游企业之间的博弈分析

首先，我们来看 A 的决策情况，假定旅游企业 B 选择保护，那么旅游企业 A 选择保护时的收益为 2，不保护时的收益为 3，由于 3 >2，所以 E 的最优策略为不保护时获取的收益要大于保护时的收益；当 B 选择不保护时，A 的最优决策仍是不保护。同理，无论 A 选择哪种决策，B 的最优决策均为不保护（3 >1），因此不保护成为旅游企业 A、B 的最优选择，（不保护，不保护）成为旅游企业 A、B 的最优策略，形成了博弈的一个纳什均衡，战略组合（3，3）也就是相应的均衡收益，也就是典型的“囚徒困境”。

（3）旅游企业与旅游者的博弈。

①模型假设。一是假设局中博弈双方都是以各自利益最大化为目标，具有准确的判断选择能力，即理性经济人假设。二是投诉偏好存在以下三种可能：投诉趋向型：即以自己增加的利益加上惩罚对方后心理愉悦的效用为自己的得益；投诉中性型：以自己增加的利益为自己的得益；投诉趋避型：以自己增加的利益加上自己惩罚对方过程中付出的心力的负效用为自己的得益。显而易见，投诉趋向型的游客更愿意投诉。

②博弈过程分析。如果旅游企业进行非法经营时，游客选择不投诉，旅游企业将取得不正当利益，记效用为 2；游客因利益受损，记负效用为 -1。如果消费者选择投诉，旅游企业会受到旅游行业有关政府管理部门的惩罚，记负效用为 -1，游客则因为得到的补偿和付出投诉成本的负效用相抵，总效用为 0。如果旅游企业进行合法经营而游客不投诉，那么，旅游企业既没有超额得益也没有损失，记效用为 1；游客则因为不用支付投诉成本，记效用为 2。如果投诉，游客付出预算中的投诉成本，记负效用为 -1；旅游企业也不会被误惩，记效用为 0。博弈局中，旅游企业用 M 表示，游客用 N 来表示。根据上述假设，局中双方博弈结果如图 4 -11 所示。

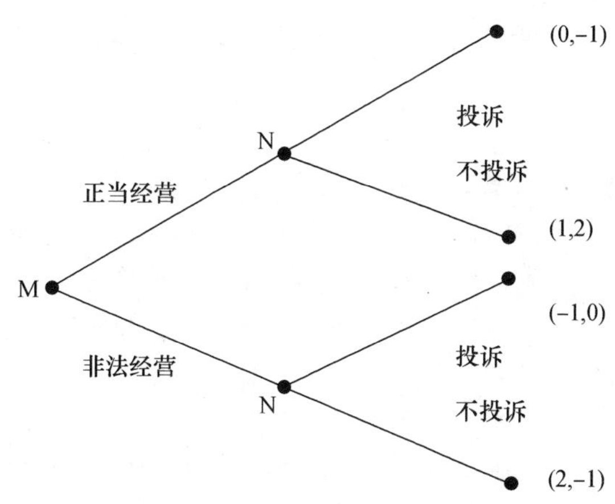

图 4 -11 旅游企业与旅游者之间的博弈分析

在图 4 -11 的得益树型博弈图中，得益数组的第一个数字是旅游企业的效用得益，第二个数字是游客的效用得益。从图中可以看出，这个博弈不存在纯策略纳什均衡，但仍然存在相对优势纳什均衡。从概率分布在策略空间中随机选择图上分析，他们的总体得益仍然大于零，即期望得益值为正。同时，旅游企业选择的策略也是符合一定概率分布的，最后局中博弈双方都会按一定的概率分布来决定采取的策略即采用混合均衡策略。

（4）旅游者与农户的博弈。

当地政府选择了通过旅游业发展经济、保护环境时，不同的策略会产生不同的结果，即游客会有满意与不满意两种可能。旅游区，泛指当地整个地区。即农户的利益会有获利与不获利两种可能，组合之后会有四种可能情形出现（见图4－12）。

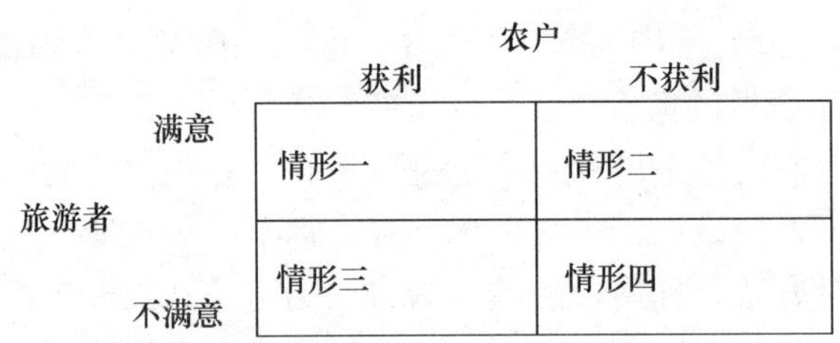

农户
获利
不获利
满意
旅游者
不满意
情形一
情形二
情形三
情形四

图4－12　旅游者与农户之间的博弈分析

从以上情形可见，情形一与情形三两种情况中，农户都有获利。但情形一中游客感到满意，满意的游客将有可能再度前来旅游，或者告诉他人此旅游区的优点以促使他们前来旅游，这有利于旅游区的经济发展和农户的收入。情形三则相反，因此情形一好于情形三。

情形二与情形四两种情况中，农户都不获利，但情形二中游客感到满意，从游客角度考虑，情形二好于情形四。经过上述分析，我们确定出较有利的情形是情形一与情形二这两种情形，游客都感到满意。但是，情形二中农户不获利。不获利的旅游区是不可能长久发展下去的，因为当地政府与人民将会缺少动力去发展旅游业，从而当地的经济将无法得到发展。情形一则是最理想的结果，所以，旅游区所采取的策略应是有利于情形一出现的。所以，最终要解决的问题就回到如何使游客满意，旅游区的农户获利，而且又不破坏旅游区的环境。

4. 旅游业微观经济主体策略选择

基于上面各经济利益主体的博弈分析，各个经济主体都在理性假设的前提下选择自己的最优策略，而这一策略并不一定是整体的最优策略。所以，我们要提出可以促进整体和个体经济利益最大化的策略。政府需防范委托—代理关系中出现的问题，而微观主体旅游企业、旅游者和农户需从大处着眼，小处着手，促进旅游业的发展。

（1）政府的策略选择——监督、协调。

政府是旅游开发活动的监督者和协调者，对旅游开发的顺利进行起着一定的“调抓”作用。地方政府代表着社会整体的利益，它追求的是社会公共利益的最大化。因此，政府要加强对旅游企业的监督与管理的力度。监督主要是对旅游企业执行旅游政策的过程即决策的合法性、执行的及时和有效性、信息反馈的真实性进行督察，使得旅游企业可以积极、快速、有效执行政府的政策。监督过程要有适当而且客观的衡量标准，以防止旅游企业的寻租行为和政府官员的腐败行为。监督必须使旅游企业明确各自的职、权、利。政府还要促进旅游企业的现代企业制度的建立，规范其行为。

（2）旅游企业的策略选择——获利、服务。

旅游企业以实现自身利益最大化为最终目标，要达到目标就必须强化服务质量，提高服务水平。从保护旅游地自然、社会文化资源的角度，要求旅游企业既有责任感又有专业能力；既懂旅游经营又真正保护环境；既具备获得经济收益的经营能力，更需要有环境保护意识和专业技能；既是游客的服务者，更是其教育者；既是当地社区居民的雇用者，更是其合作者。要使旅游企业做到这些，可以通过积极的激励（如提供认证服务、税收优惠等）使其获得成本和品牌方面的优势，通过强制性要求（如保护合约、特许经营资格、对违规行为的惩罚等）使其做到经营和管理上的规范。另外，有必要创建社区旅游行业协会或合作性网络，帮助解决社区旅游培训、市场营销和产品开发等方面的问题。

（3）旅游者的策略选择——体验。

旅游者作为一类特殊的消费群体，也表现出更明显的体验偏好。如果景区生态环境遭到严重破坏，旅游者便无法达到“购买”其产品的目的。为了取得最佳旅游效果，旅游者必须要尊重旅游地的文化，通过与旅游地社区的接触，促进不同文化间的了解和欣赏；不对旅游地自然环境造成不良影响；积极参与各种保护活动，通过自身的行为保持并改善旅游地的社区环境。在旅游活动结束后，能够将环境保护和文化尊重的意识融入其现实生活之中，通过自主的行为来推动自然社区和文化社区多样性的保护，推动可持续旅游的发展。当前需要通过宣传教育和活动、行为、数量方面的限制来培养合格的生态旅游者。

（4）农户的策略选择——自身完善。

我们上面分析的是农户与旅游者的博弈关系，其实政府与农户、企业与农户都存在一定的联系。开发旅游资源也是政府为当地农户开辟的一条致富的道路。从农户自身来讲，应做到以下两个方面：

①建立有效的组织体系。单个分散的农户经营使得他们处于相对的弱势地位。因此，农户可以通过一定的规则（风俗习惯、血缘关系、信仰等）建立一支规模小、相对高效的组织，进一步发展成为“农户+协会”、“农户+企业”等形式的联合组织，打出自己的民族特色品牌，从而获取更大的经济利益。如贵州民族地区的传统乐器、手工织品、蜡染等。

②制定营销策略。我们贵州省各旅游地的农户离这一点还很远，但我们要加强农户的市场经济意识。他们可以从“干中学”，得到一定的经验和知识，有效地改善他们自己的经营方式，同时培养他们旅游产品创新的意识和能力。

（二）利益相关者分析

1. 构建地区旅游业发展利益相关者图谱

“利益相关者（Stakeholder）是一个来自管理学的概念，最早出现于20世纪60年代，确立于20世纪80年代。”① 根据Freeman的定义，利益相关者是指“那些能影响企业目标的实现或被企业目标的实现所影响的个人或群体”。对于旅游业而言，该理论有两个核心问题：一是对利益相关者的认定，即谁是旅游业的利益相关者；二是利益相关者的属性或职能。旅游业的发展必然牵涉到社会的许多领域和经济的众多部门，也必将关联到社会、经济各方面的利益相关者及其利益，利益关系也错综复杂。课题组用定性的方法，基于各利益相关者与旅游开发关系的密切程度，对地方旅游业发展中的利益相关者进行了层次划分，详见图4-13。

① 贾生华，陈宏辉．利益相关者的界定方法述评［J］．外国经济与管理，2002，24（5）：13-18.

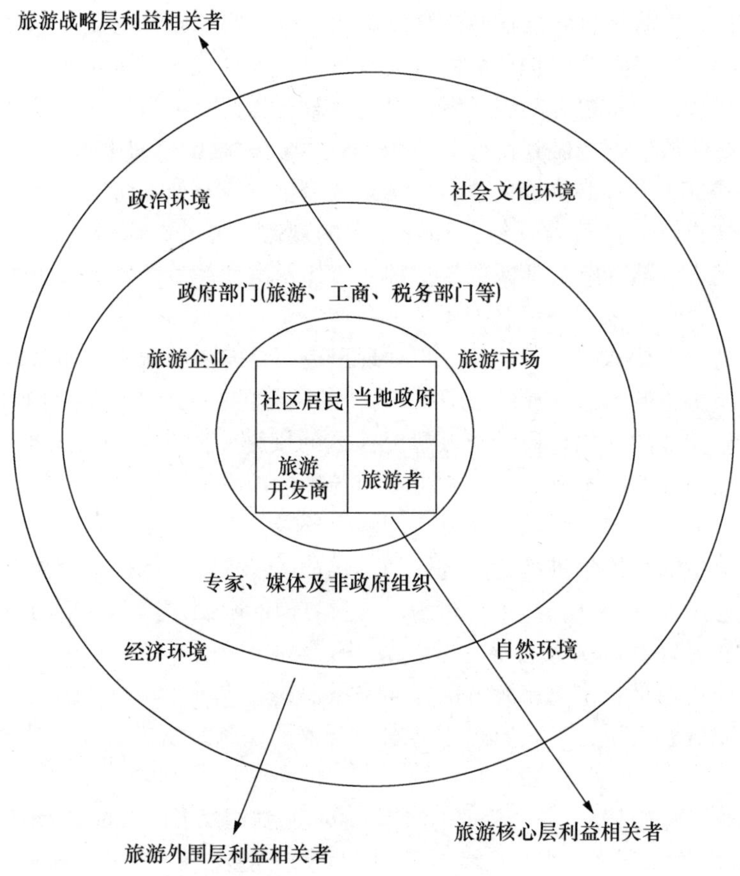

图 4－13　旅游利益相关者图谱①

旅游核心层利益相关者：指与旅游发展关系最为密切，处于关键地位，在旅游发展中直接拥有经济利益、社会利益和道德利益的个人和群体，包括旅游开发商、社区居民、当地政府和旅游者。他们通过参与，与旅游活动发生直接联系，对旅游发展产生直接影响，影响着旅游开发的进行。他们其中任何一方利益不均都会对旅游的发展产生负面影响，所以在旅游业发展的各阶段都必须考虑到他们的利益。

旅游战略层利益相关者：指那些在某一特定的时间和空间能给旅游业发展带来机会和威胁的群体，主要包括政府部门、旅游企业、旅游市场、专家、媒体以及非政府部门等。他们并不是时时刻刻都与旅游活动密切相关，但是对旅游开发的进行也有很大的影响。战略层利益相关者之外是旅游外围层利益相关者，是指更广泛的政治、经济、社会文化和自然环境。

2. 各利益相关者的属性或职能

（1）当地政府——旅游活动的调控者。地区旅游活动需要一个总体利益和目标的代言人来控制、引导、协调、规范其他利益相关者的目标和行为，能够担当此任的只有政

① 夏赞才．利益相关者理论及旅行社利益相关者基本图谱［J］．湖南师范大学社会科学报，2003，（3）：72－77.

府。实际上，旅游是一个具有内在政治性的事物，价值观的协调与冲突、权力的制衡、利益的分配、参与和决策机制的建立、目标的设定和标准的确定等都具有鲜明的政治色彩。因此，正如 Wearing 和 Neil（1999）所指出的，政府拥有有力的工具来影响旅游的发展：立法、规范（包括获取收入和分配收入）、协调政策和项目与基础设施、提供激励、规划和促销等。①

（2）社区居民——旅游活动的参与者和受益者。社区居民与当地自然历史和文化资源关系最为密切，最了解当地旅游资源的现状，他们的参与对于旅游发展的成败具有决定性的作用。为了真正使社区居民成为我国旅游发展中的核心，需要真正将其纳入旅游的决策、管理、利益分配体系中来，从而实现经济、政治、心理和社会四个方面的赋权——获得持久、公平的经济收益。

（3）旅游企业——旅游活动的执行者。Swarbrooke 曾指出："很多研究者都将旅游企业看成是可持续旅游中的'坏蛋'，旅游企业常常被描述成仅仅关心其利润的家伙——鼠目寸光而利欲熏心。但是，如果他们是旅游产生负面影响的一个主要原因，那就说明他们在任何试图建立更加可持续的旅游形式的努力中举足轻重。"② 从保护当地自然、社会文化资源的角度，旅游企业既有责任感又有专业能力，在为社区居民提供就业机会、进行旅游经营、获得经济利益的同时，又真正担负起保护环境、资源的重任。

（4）旅游者——旅游活动的实践者。可持续旅游对旅游者提出了更高的要求，要求他们在旅游前应详细了解有关目的地的自然和文化历史，了解当地的宗教信仰、传统习俗；在旅游过程中，要尊重当地的文化，通过与当地社区的接触，促进不同文化间的了解和欣赏；积极参与各种保护活动，通过自身的行为保持并改善当地的生态环境；在旅游活动结束后，能够将环境保护和文化尊重的意识融入其现实生活之中，通过自主的行为来推动自然生态和文化生态多样性的保护，推动可持续旅游的发展。

（5）非政府组织——旅游活动的协助者之一。非政府组织在旅游活动中的主要职能是：从事或者支持旅游方面的研究；确定最佳实践；为旅游者和业内人士举办教育项目；协助政府与私人部门之间合作关系的形成；与政府和其他非政府部门一道参与政策制定，帮助建立旅游发展规划；为社区发展和自然资源保护提供资金；向旅游目的地、社区组织、当地企业提供技术、财力、教育、能力建设和其他方面的支持；建立利益相关者网络等。

（6）专家——旅游活动的研究指导者。专家的作用应该体现在两个方面：一方面，要通过理论倡导和学术成果影响政府的政策选择和社会公众的价值观、行为方式；另一方面，专家所拥有的自然科学知识和社会科学知识也应该对旅游活动的运行和管理起到一定的促进作用。

（7）媒体——旅游活动的宣传者和监督者。媒体对旅游活动具有宣传和监督作用：一方面，通过各种方式向消费者提供更多的旅游信息，使其了解更多的旅游知识，树立旅游者良好形象；另一方面，要对旅游发展的各个环节予以监督，及时反映旅游活动过程中出现的各种问题，监督旅游经营者和旅游者的行为，监督旅游活动对自然资源和当地社会的影响。

---

① S. Wearing, J. Neil. Political perspective of ecotourism [J]. Leisure and Recreation, 1999, 37 (4): 31-36.

② J. Swarbrook. Sustainable Tourism Management [M]. D. C: CABI, 1999.

（三）产业共生

根据产业共生理论，旅游业的可持续发展与农业、工业的发展存在着很大的共生关系，它们之间是互惠互利、协同发展的。

1. 旅游业与工业的关联

从某种程度上讲，旅游业是工业经济时代的产物，工业越发达的国家，旅游业就越繁荣。旅游业及其他相关产业的发展都直接或间接依赖于工业经济的发展，它在国民经济中占有最为重要的位置。工业旅游作为一种现代的旅游形式，不但满足了广大游客对现代工业知识的需求，而且通过工业旅游带来的社会经济效益，为工业生产环境的保护和工业产品的市场销售都将大有裨益。

2. 旅游业与农业的关联

农业不但在国民经济中占有举足轻重的作用，为其他产业提供原材料、为提高人民生活水平提供基本能源，而且也为旅游业的发展提供了丰富多彩的人文景观，还为特色旅游产品的开发提供了大量的素材。多数旅游资源丰富的省份也都是农业大省，田园风光独特，自然环境优美，再加上封闭环境下的特色建筑和农村少数民族风情，为开发旅游创造了得天独厚的条件。旅游业的开发已成为许多地区脱贫致富的有效途径，旅游开发对当地居民社会经济意识也产生了较大影响，从而改变了单一的产业结构，实现了多种农产品生产方式，推动了当地农业的发展。

3. 旅游产业与相关产业协调发展

旅游产业综合性的特征决定了它和其他相关产业有着较强的关联性，旅游产业的发展会促进相关产业的发展，而旅游业的发展又依赖于相关产业。如部分旅游目的地推出的工业旅游和农业旅游，就体现了旅游业同第一产业、第二产业乃至第三产业的结合，这样的结合既促进了其他产业结构的调整，又培育了旅游产业新的经济增长点。通过开展旅游业，增强了农民收入，提高了农产品附加值，为农村脱贫致富开辟了新的途径。从旅游业与相关产业的关联度来看，旅游业的发展不仅要重视旅游业内部要素的发展，而且还要充分认识到相关产业对旅游业发展的制约作用，只有通过对相关产业的扶持和培育，才能实现旅游与相关产业的协调发展。

八、本章小结

本章以系统论为基础，用系统分析方法，定义了贵州省旅游业可持续发展系统及特征，分析了贵州省旅游业可持续发展系统的组成、构建了贵州省旅游业可持续发展的系统运行框架。主要包括以下四个方面的具体内容：

贵州省旅游业可持续发展系统的构成要素由环境系统、目标系统、政策保障系统、评价反馈系统四个子系统构成。重点阐述了旅游业可持续发展系统的相互作用机理，包括以下几个方面：①子系统之间的相互作用；②内部要素之间的相互作用；③外部环境要素之间的相互作用；④系统与外界环境之间的相互作用。指出了旅游业可持续发展系统的实现途径是以社区参与为形式。阐明了贵州省旅游业可持续发展系统的条件分析、动力分析及协调性分析。

第五章　贵州省旅游业可持续发展评价指标体系构建

贵州省旅游业可持续发展评价指标体系构建以旅游可持续发展的基本理论为基础，结合贵州省旅游业发展的特点，借鉴国内外已有的研究成果，运用社会调查法、系统论、层次分析法、归纳法及实证分析等分析方法和手段，构建贵州省旅游可持续发展评价指标体系进行具体评价。评价指标体系构建的基本技术路线如图 5－1 所示。

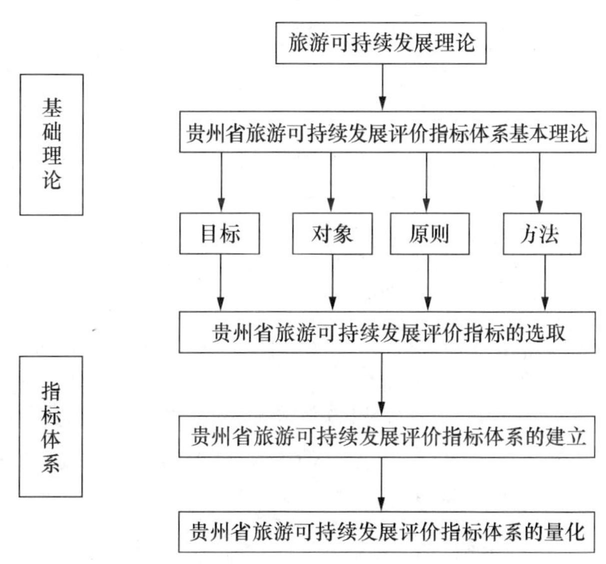

图 5－1　旅游业可持续发展指标体系构建的基本技术路线

一、贵州省旅游业可持续发展评价

贵州省旅游可持续发展评价是为了实现旅游可持续发展的目标，选择一定的因子，运用科学的方法和手段来评价贵州省旅游运行状况、实现程度和发展效果的一种评估方法，也是指导贵州省旅游可持续发展的技术手段。对贵州省旅游可持续发展的评价，是贵州省旅游业可持续发展从理论阶段到可操作性阶段的前提。贵州省旅游可持续发展评价旨在寻求可操作的、定量化的方法和手段，用以分析可持续发展战略实施的进展和效果，以便更好地指导可持续发展战略的实施。贵州省旅游可持续发展评价在时间上反映旅游可持续发展的速度和趋向，在空间上反映旅游可持续发展的整体布局和结构。同时，利用可持续发展评价指标体系，还可以在数量上反映旅游可持续发展规模，在质量上反映旅游可持续发展结构，在层次上反映旅游可持续发展的功能和水平，并兼有描述、评价、解释、预警和决策等多方面的功能和价值。

（一）贵州省旅游业可持续发展评价的目标

贵州省旅游可持续发展指标体系以贵州省旅游可持续发展的整体目标为基本标准，全面衡量旅游可持续发展水平。其综合目标是：

1. 加深对贵州省旅游业发展的总体认识

通过贵州省旅游可持续发展指标体系所提供的基本数据和资料，加深对贵州省旅游资源、环境、经济、社会、文化各个领域中不同部分之间的认识，为制定旅游规划和旅游政策服务。

2. 监测贵州省旅游业可持续发展的现状

监测项目实施效果，检查旅游规划的实现情况，观察贵州省旅游可持续发展的现状和趋向，了解旅游区域内各地区、各部门在生态、社会、经济发展过程中可能出现的各种问题。

3. 评价、分析并控制贵州省旅游业可持续发展

估测和评价贵州省旅游一定时期的奋斗目标正在实现和达到的进展状况，结合贵州省旅游可持续发展规划和年度计划的执行情况，定期提出贵州省旅游可持续发展综合分析报告，加速贵州省旅游可持续发展的步伐。

（二）贵州省旅游业可持续发展评价的对象

对于特定区域——贵州省而言，贵州省旅游业可持续发展的评价是对贵州省旅游系统的评价，也可以说是对贵州省旅游业开发价值的综合评价。评价是全方位的、多维的，从系统论的角度可以概括为以下两个方面：

1. 贵州省旅游业可持续发展要素评价

贵州省旅游业可持续发展系统由贵州省旅游业可持续发展要素构成，贵州省旅游业可持续发展要素作为旅游业可持续发展系统的子系统在整个系统功能实现上发挥着重要作用。一方面，作为子系统的旅游业可持续发展要素受贵州省旅游业可持续发展要素及其环境的制约与支配；另一方面，旅游业可持续发展要素又具有相对独立性。无论哪种组合，也不论其所处环境和开发条件优劣，这种独立性都不会改变。因此，贵州省旅游业可持续发展评价首先存在着旅游业可持续发展要素的分析与评估问题，其内容主要包括贵州省旅游业可持续发展各要素的性质、状态、形成、演化、旅游价值等。

2. 贵州省旅游业可持续发展组合评价

贵州省旅游业可持续发展系统作为由可持续发展要素构成的整体具有各要素在独立状态下不具备的新的属性，即旅游业可持续发展系统的整体性。任何区域内众多的旅游业可持续发展要素都不是独立存在的，它们是整体区域乃至更大范围的旅游业可持续系统的构成部分或称子系统。它们同其他旅游业可持续发展要素之间相互联系、相互依存、相互制约，共同构成贵州省旅游业可持续发展整体。以旅游资源为凭借的旅游业不能孤立存在，旅游资源的开发利用同样不能搞各自为政、重复建设或者是搞大而全、小而全的发展模

式，而必须将本地区旅游资源放在更加广阔的时空上去认识和把握。作为对开发利用服务的旅游业可持续发展评价，仅仅把握其要素是不够的，还应考察各旅游要素在整个区域内的组合关系，即进行旅游业可持续发展的组合评价。

（三）贵州省旅游业可持续发展评价的原则

1. 当前利益与长远利益相结合

当前利益就是近期内能获得或实现的利益；长远利益指将来才能获得的利益。在旅游可持续发展评价中要求重视长远利益，一个十分重要的问题就是对旅游资源的合理利用和对旅游环境的保护，当代人不能因为自己的发展与需求，只顾眼前利益而损害后代人满足其需求的条件——旅游资源与旅游环境；另一方面，也不能一味地追求长远利益而忽视和不顾当前利益，要强调在发展中保护资源与环境。

2. 生态效益、经济效益和社会效益相结合

生态效益是指自然生态环境系统获得物质和能量交换的效率，以保持生态平衡和改善生态环境。生态效益是形成经济效益的客观自然基础，而经济效益则是生态效益得以改善的重要的社会环境和外部条件。在通常情况下，当二者发生矛盾时，绝不能以牺牲生态效益去换取暂时的、局部的经济效益。否则，长此下去必将造成生态环境的严重破坏，使得暂时的、局部的经济效益也丧失殆尽，甚至彻底摧毁人类赖以生存和发展的自然条件和生态环境。社会效益与经济效益、生态效益也是相互制约的。因此，进行旅游可持续发展评价必须高度重视经济效益、生态效益和社会效益的统一，正确处理三种效益之间的关系。

3. 区域性原则

由于区域的自然条件、发展历史、文化背景和地理位置等方面的差异，区域间社会经济发展的水平差别很大，造成贵州省各区域间的发展的不平衡性，即地域差异性。各区域在实施旅游可持续发展过程中遇到的问题不一样，从而使贵州省可持续发展主要目标、评价的重点也不一样，评价的方法或指标体系以及指标的权重也由于区域差异而不同。所以在旅游可持续发展评价时应遵循区域性原则，以便客观、准确地对可持续发展状况进行评价。

4. 静态评价与动态评价相结合的原则

静态评价是指现状评价，主要剖析目前系统结构状况，衡量整个系统所达到的功能和效益水平，静态评价能够反映系统的现实生产能力和水平。动态评价主要是提示系统的结构、功能及效益诸方面的演替规律，考察系统发展趋势，分析系统结构的稳定性及缓冲能力和应变能力，以掌握贵州省旅游可持续发展系统的运行规律，进行系统的有效控制。静态评价和动态评价相结合，能从纵横两方面综合反映贵州省旅游业可持续发展系统的全貌。

5. “保护第一、开发第二”的原则

作为社会发展的重要组成部分，旅游业是实现国家可持续发展不可缺少的因素。而且，无论是从旅游业对自然禀赋和社会馈赠的依据，还是从旅游与环境的辩证关系来看，旅游业都是最需要实现可持续发展的领域之一。旅游业可持续发展指标体系选择及权重的确定应将旅游资源及环境保护能力放在首位，兼顾旅游经济效益、社会效益、旅游软硬环境建设及旅游客源市场的开拓能力等指标，这种思想应贯彻到贵州省旅游业可持续发展指

标体系的建立和评估工作之中。

（四）贵州省旅游业可持续发展评价的方法

可持续发展评价方法是指依据可持续发展理论和可持续发展评价理论所确定的对可持续发展状态或程度进行衡量的具体方法，包括评判方式、步骤或模型等。由于人们对可持续发展理论认识的重点不一，加上不同的评价目的，实际上存在着不同的可持续发展评价的思路和方法。主要包括绿色 GNP、指标综合评价方法、ECCO 模型（Evaluation of Capital Creation Options）、生态足迹法等。[①] 而现代区域旅游可持续发展评价方法主要采用的有以下几种方法：

1. *系统分析方法*

区域旅游可持续发展评价系统是一个由诸多互相关联、互相制约、互相作用的因素组成的集合体。为了确定区域旅游可持续发展评价系统的结构和功能，必须运用系统工程的有关方法对其进行系统分析。区域旅游可持续发展评价系统分析方法是由系统分析、系统模拟、系统设计和系统管理等环节组成的过程。

2. *层次分析法（AHP）*

层次分析法（The Analytic Hierarchy Process，AHP）是美国著名运筹学家、匹兹堡大学教授 T. L. Saaty 于 20 世纪 70 年代中期提出的一种系统分析方法。该方法能够将定量与定性相结合，将人们的主观判断用数量形式表达和处理。层次分析法的实质是把复杂的系统问题分解为各个组成因素，把这些因素按支配关系分组形成有序的递阶层次结构，通过两两比较的方式确定层次中诸因素的相对重要性，得出比较判断矩阵，通过求解判断矩阵的最大特征根及其对应的特征向量，即可得到这些因素对目标影响的程度——权值，根据权值大小进行排序。层次分析法解决实际问题为四个基本步骤。[②]

（1）建立层次结构模型。将问题所包含的因素按属性和支配关系不同而分层，可以将决策问题分成三个层次：最上层为目标层，通常只有一个元素，它是问题的预定目标，表示解决问题的目的；最底层为方层 P；中间层为准则层 C（准则层又可以分成若干个子层）。各层次之间的联系用相连的直线表示。同一层次元素作为准则，对下一层次的某些元素起支配作用，同时它又受上一层次元素的支配。

（2）构造判断矩阵。通过相互比较确定各层次中的因素对于上一层次中每一因素的所有判断矩阵。假定评价目标为 A，评价指标集 $F=\{f_1, f_2, \cdots, f_n\}$，构造判断矩阵 P（A－F）为：

$$P=\begin{bmatrix} f_{11} & f_{12} & \cdots & f_{1n} \\ f_{21} & f_{22} & \cdots & f_{2n} \\ \vdots & \vdots & \vdots & \vdots \\ f_{n1} & f_{n2} & \cdots & f_{nn} \end{bmatrix}$$

f_{ij}是表示因素的相对重要性数值（$i=1, 2, \cdots, n$；$j=1, 2, \cdots, n$），f_{ij}的取值见表 5－1：

---

① 尹漩，倪晋仁，毛小苓，等．生态足迹研究述评［J］．中国人口·资源与环境，2004（5）．

② 陈东彦，李冬梅，王树忠．数学建模［M］．北京：科学出版社，2003.

表5-1 1~9尺度 f_{ij} 的含义

尺度 f_{ij}	含义（定性结果）	定量结果
1	指标 f_i 与指标 f_j 的影响相同	$f_i : f_j = 1:1$
3	指标 f_i 与指标 f_j 的影响稍强	$f_i : f_j = 3:1$
5	指标 f_i 与指标 f_j 的影响强	$f_i : f_j = 5:1$
7	指标 f_i 与指标 f_j 的影响明显强	$f_i : f_j = 7:1$
9	指标 f_i 与指标 f_j 的影响绝对强	$f_i : f_j = 9:1$
2、4、6、8	介于两个指标之间	$f_i : f_j = 2，4，6，8:1$

（3）层次单排序——计算矩阵结果。通过判断矩阵求出各层次中的因素对于上一层次中每一因素的权重向量。层次单排序是根据判断矩阵计算对于上一层次某因素而言本层次与之有联系的因素重要性次序的权重值。其实质是计算判断矩阵的最大特征根及其对应的特征向量。即对于判断矩阵F，计算满足 $Fw = \lambda_{max} w$ 的特征根及特征向量。其中，λ_{max} 为F的最大特征根；w为对应于 w_i 的正规化特征向量；w的分量 w_i 作为对应因素单排序的权重值。

$$Fw = \lambda_{max} w \Rightarrow \begin{bmatrix} f_{11} & f_{12} & \cdots & f_{1n} \\ f_{21} & f_{22} & \cdots & f_{2n} \\ \vdots & \vdots & \vdots & \vdots \\ f_{n1} & f_{n2} & \cdots & f_{nn} \end{bmatrix} \begin{bmatrix} w_1 \\ w_2 \\ \vdots \\ w_n \end{bmatrix} = \lambda_{max} \begin{bmatrix} w_1 \\ w_2 \\ \vdots \\ w_n \end{bmatrix}$$

F是一个正互反矩阵，它的元素满足：$f_{ij} > 0$，$f_{ij} = 1/f_{ji}$。

下面用和积法计算矩阵的最大特征根及其对应的特征向量：

①将判断矩阵每一列归一化：$f_{ij} = f_{ji} / \sum_{k=1}^{n} f_{kj} (i,j = 1,2,\cdots,n)$。

②对按列归一化的判断矩阵，再按行求和：$\overline{w_i} = \sum_{j=1}^{n} f_{ij} (i,j = 1,2,\cdots,n)$。

③将向量 $\overline{w_i}$ $[w_1, w_2, \cdots, w_n]^T$ 归一化，$\overline{w_i} = \dfrac{\overline{w_i}}{\sum_{j=1}^{n} \overline{w_j}}$ （$i = 1, 2, \cdots, n$），则 $\overline{w_i}[w_1, w_2, \cdots, w_n]^T$ 所求的特征向量 $w_1, w_2, \cdots, w_n$ 就是所求的权重。

（4）层次总排序及一致性检验。将层次中的因素对于上一层次的权重向量及上一层对于总目标的权重向量综合，确定该层次对于总目标的权重向量，并对总排序进行一致性检验。为了保证层次分析法得出的结论具有合理性，有必要对判断矩阵进行检验。层次单排序检验

$$CI = \frac{\lambda_{max} - n}{n - 1}$$

式中，CI表示层次单排序一致性检验指标；n表示判断矩阵阶数。若 $CI = 0$ 则表示判断矩阵满足完全一致性；若 $CI \neq 0$ 且 $CR = CI/RI < 0.1$，认为判断矩阵有满意一致性。否则应调整判断矩阵的标度值。RI是随机一致性指标，按表5-2取值。

表 5－2　随机一致性指标 RI 的值①

n	1	2	3	4	5	6	7	8	9
RI	0	0	0.58	0.90	1.12	1.24	1.32	1.41	1.45

二、贵州省旅游业可持续发展评价指标的构建

“指标体系”一词，从字面意思上理解，它有“指示”、“表征”的含义，贵州省旅游业可持续发展的指标体系应当具有以下三个方面的功能：首先，它应能描述和表征任一时刻贵州省发展的各方面（包括环境、社会、经济、文化）的现状；其次，它应能描述和表征任一时刻贵州省发展的各个方面的变化趋势及变化率；最后，它还应能体现出贵州省发展各方面的协调程度，即可持续发展的指标体系应当作为一个贵州省可持续发展与否、可持续发展程度如何的参照系。

（一）指标体系选取的原则

（1）能够描述现阶段贵州省旅游业发展的现状水平：反映贵州省旅游业以及相应的社会、经济和环境状况，包括旅游经济、社区现状、旅游环境现状、旅游资源和旅游文化现状。

（2）能够描述和分析贵州省可持续旅游的变化趋势和变化率：反映旅游业和相应要素在时序方面的变化规律，并能按照一定的预测模型对未来变化趋势进行预测。

（3）能够评估贵州省可持续旅游要素的协调程度：包括环境治理能力、管理调控能力、资金保障能力和法律保障能力等。

（4）可以定义贵州省可持续旅游的目标值：也即达到可持续发展要求时，贵州省要素所要实现的目标值。

综合起来可归纳为科学性、数据可获得性、简明性、整体性、层次性、可比性、代表性七大具体原则。指标体系的选择尽可能选取最能反映旅游经济、旅游环境、旅游文化、旅游社会之间关系和最能体现旅游资源、旅游经济、旅游环境与社会系统之间制约关系的指标变量。

（二）指标体系设计框架

按“总体目标层—系统层—状态层—要素层”的概念模型建立贵州省旅游可持续发展指标体系。将环境、经济、社会、文化、资源作为基本要素单元，并结合外部介入因素对贵州省旅游业可持续发展进行评价，力求反映贵州省旅游业综合的、动态的、真实的发展情况。

指标体系按递阶层次结构设计可以分为四层：第一层为总目标层，是指标体系的最上层，通过总体目标指标的设置，反映贵州省旅游业可持续发展的总体评价；第二层为系统层，主要以基础层、协调层和潜力层作为评定贵州省旅游业可持续发展的子系统；第三层

① 陈东彦，李冬梅，王树忠．数学建模［M］．北京：科学出版社，2003.

为状态层，是要素层指标的上一层次，表达系统层的各子系统行为的关系结构；第四层为要素层，为整个指标体系的基础层，设置原始数据指标，对表现资源、环境、社会经济和旅游文化等状态层的各方面的变量要素进行描述，其具体指标的选取上选择可测的、可比的、具有代表性，对区域旅游可持续发展起着重要作用，并且独立性较大的变量作为评价指标。具体指标参照了可持续发展国际工作组（International Working Group on Indicators of Sustainable Tourism，1993）就国家性和地方性两种情况所建议使用的指标。①

具体如图 5－2 所示：

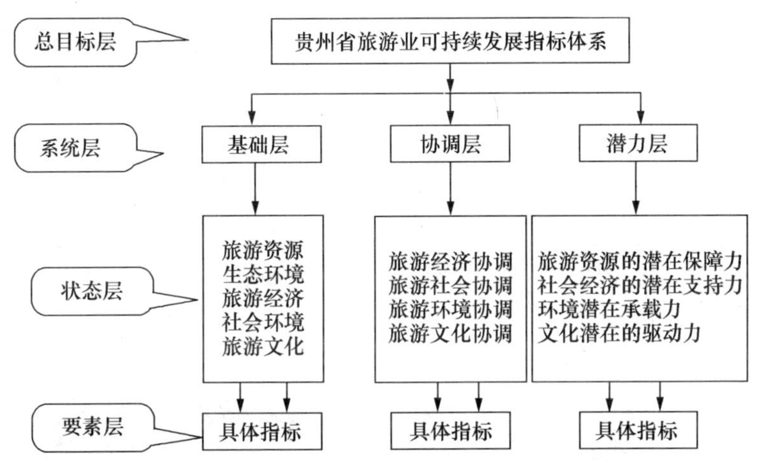

图 5－2　贵州省旅游业可持续发展指标体系设计思路

1. 基础层指标的选取

基础层指标必须能够反映目前旅游业发展的现实水平，以及与旅游业相关的社会环境、资源环境、文化要素的发展状态。所以基础层指标体系包括旅游资源指标、生态环境指标、旅游经济指标、社会环境指标以及旅游文化指标，共 35 个指标，如表 5－3 所示。

旅游资源指标：支撑贵州省旅游业发展的基础资源包括两个方面：第一是维持旅游业运行的最基本物质资源条件；第二是形成旅游吸引的资源基础条件，也即旅游资源条件。旅游资源条件是影响旅游业可持续发展的关键因素，尤其在前期开发的可行性论证中，对旅游资源开发潜力必须有一个正确的评价，由此确定开发规模和开发方向，保证形成足够的旅游吸引力。旅游资源指标包括主要旅游资源点的数量、旅游资源的类型、旅游资源的等级及景区（点）的保护程度。

生态环境指标：生态环境是贵州省旅游业发展的必要条件，生态环境评价指标包括反映旅游生态系统状态的旅游生态环境指标和反映旅游环境质量水平的环境质量等级指标。

旅游经济指标：包括描述行业规模的绝对指标和描述行业地位的相对指标。相对指标更能反映旅游业可持续发展能力。旅游经济指标包括六大部分：规模指标、结构指标、设施指标、投入指标、就业指标、税收指标。

① Stephen L. J. Smith. 李天元，徐虹，黄晶，译. 旅游决策分析方法［M］. 天津：南开大学出版社，2005.

表 5－3　贵州省旅游业可持续发展评价基础层指标

指标类型	基础指标	描述的状态
旅游资源	主要旅游资源点的数量、旅游资源类型	旅游资源数
	旅游资源的等级、景区（点）保护程度	旅游资源质量
生态环境	大气 SO_2 浓度、大气 TSP 浓度	空气质量
	污水处理率	水环境质量
	垃圾处理率	地面清洁状态
	噪声水平、景点（区）森林覆盖率	旅游环境质量
旅游经济	旅游总收入、旅游总人数	规模指标
	旅游收入占贵州省 GDP 比例	结构指标
	旅行社数量	设施指标
旅游经济	星级宾馆数量	设施指标
	单位旅游收入的劳动力投入、单位旅游收入的资金投入	投入指标
	旅游就业人员比例	就业指标
	旅游业各营业部门的营业额和所得税	税收指标
社会环境	教育经费总支出占贵州省 GDP 比例、旅游从业人员基本素质	国民素质指标
	拥有科技人员比例、科技进步对国民经济贡献率	科技发展水平指标
	区域犯罪率	社会治安
	景区景点通达条件	交通（游览的方便性和成本）
	通信信号覆盖率	通信指标
旅游文化	贵州省旅游景区民族文化特色体现程度、景区景点宣传力度	影响指标
	贵州省民族建筑的保护程度、民族特色饮食的保存程度、居民日常生活中穿本民族服装的频率	物质文化
	本民族使用自己语言文字的频度、本民族遵守村规民约的程度、风俗习惯的保留程度、本民族宗教活动自发组织的频度	非物质文化

社会环境指标：通过旅游业改善社区生活水平，增强社区的未来发展能力是可持续旅游的重要目标，同时社区发展现状又与旅游业未来发展能力密切相关。选取的社会经济指标必须具有联系社区发展和旅游发展之间关系的功能。

旅游文化指标：旅游文化的可持续发展是贵州省旅游可持续发展的灵魂。对旅游文化指标的选取是基于以下三个关于旅游文化的主要特征：一是关于旅游文化的影响指标；二是物质文化指标；三是非物质文化指标。

2. 协调层指标的选取

协调层指标从贵州省协调发展目标出发，评价社会、经济、资源和环境等子系统的协调发展程度，与可持续发展的距离，诊断制约可持续发展的限制因子。指标类型包括 4 个方面、13 个指标，如表 5－4 所示。

表 5－4　贵州省旅游业可持续发展评价协调层指标

指标类型	协调度指标	表述的内容
旅游经济协调	非刚性费用在旅游消费中所占的比率、旅游收入增长速度与客源增长速度的比率关系、旅游总收入增长速率与 GDP 增长速率的比值	旅游经济与区域经济相关程度
旅游社会协调	当地居民对旅游者的态度（友好程度）、当地社区对旅游环境保护的态度、社区居民在旅游发展中的参与程度、游客满意度	旅游业规模与当地社会协调发展程度
旅游环境协调	旅游人数发展规模与理论旅游生态环境容量的比率、旅游污染物处理能力、旅游环境安全程度	旅游业规模与旅游环境容量的协调程度、旅游环境的可持续性
旅游文化协调	旅游从业人员平均受教育程度、旅游对当地传统文化的影响、旅游对当地信仰崇拜的影响	贵州省少数民族地区多元文化

旅游经济协调：反映旅游业在贵州省经济可持续性方面的协调程度。旅游业与贵州省就业、经济发展关联度越大，经济的可持续程度越高。旅游经济的可持续程度用实际程度与可持续目标的比率来衡量。

旅游社会协调：反映旅游业与贵州省社会发展的相适应程度，主要指标包括当地居民对旅游者的态度（友好程度）、当地社区对旅游环境保护的态度、社区居民在旅游发展中的参与程度、游客在旅游活动中的参与程度及区域旅游直接就业占总就业变化率。

旅游环境协调：评估旅游业与环境变化方面的协调关系，以旅游业规模与旅游环境容量的比率，以及旅游环境治理潜力来衡量。当旅游业规模超出旅游环境容量，或旅游污染物治理能力和环境自我恢复和自净能力之和小于旅游污染物生产量时，旅游业具有环境的不可持续性。

旅游文化协调：反映旅游业与不同文化之间的整合关系，是旅游目的地文化和旅游者外来文化两种力量的妥协或矛盾的统一。主要从旅游从业人员的平均受教育程度、旅游对当地传统文化的影响、旅游对当地信仰崇拜的影响三个指标来衡量贵州省旅游文化协调。

3. 潜力层指标的选取

贵州省旅游可持续发展着眼于贵州旅游资源的开发利用和区域经济结构的协调优化，谋求贵州省社会、经济、生态、文化四个方面的最佳综合效益。贵州省旅游业持续发展潜力是解决这个问题的核心。这里所说的潜力，实际上包含两方面的含义：一是说明这种潜力受哪些因素的影响；二是指出这种潜力如何影响贵州省旅游业持续发展。这样就有必要根据影响因素的相关性和规律性建立贵州省旅游业持续发展潜力的综合研究体系。由于旅游业持续发展是受多种因素影响的，影响潜力的因素也应是多方面的。按照潜力的影响因素类型，可以把贵州省旅游业持续发展潜力分解为贵州省旅游资源的潜在保障力、贵州省社会经济的潜在支持力、贵州省环境容量的潜在承载力和贵州省少数民族文化的潜在传承力等 4 个主要方面、12 个指标，如表 5－5 所示。

贵州省旅游资源的潜在保障力：主要从旅游资源对旅游发展的作用方向上反映了贵州省旅游业持续发展潜力。一般可用该区域对客源市场的吸引力来表示。

贵州省社会经济的潜在支持力：主要从社会经济对旅游发展的作用方向上反映了贵州省旅游业持续发展潜力。

表5-5　贵州省旅游业可持续发展评价潜力层指标

指标类型	潜力指标	表述的内容
旅游资源的潜在保障力	旅游资源的规模度、旅游资源的稀缺性、旅游资源的组合度	旅游资源的发展潜力
社会经济的潜在支持力	旅游业的产业地位、区域投资环境、旅游品牌知名度、近年来旅游收入增长速度	社会经济对旅游可持续发展的保障
旅游环境的潜在承载力	旅游区的能源供给能力、旅游管理者基本素质、区域森林覆盖率年均变化率	旅游业发展的基础
旅游文化的潜在驱动力	贵州省民族文化保护程度、贵州省民族地区观念意识形态	贵州省少数民族的风俗习惯

环境的潜在承载力：主要从自然环境和人造环境对旅游发展的作用方向上反映了贵州省旅游持续发展潜力。旅游对环境的潜在影响效应决定了环境的潜在承载力，这种潜在承载力就是在不对旅游资源产生永久性破坏的前提下所能容纳的旅游活动的最高限量。

旅游文化潜在的驱动力：主要从文脉传承对旅游发展的作用方向上反映了贵州省旅游文化持续发展潜力。旅游文化的潜在驱动力将贵州省浓厚的文化积淀显现出强大的文化吸引力。丰厚的旅游文化内涵，使贵州省旅游优势得以凸显。

三、贵州省旅游业可持续发展评价模型

（一）贵州省旅游业可持续发展评价指标系统

综上所述，贵州省旅游业可持续发展评价指标系统可归纳如下，见表5-6。

表5-6　贵州省旅游业可持续发展评价指标系统

目标层	系统层	指标类型	基础指标（要素层）
贵州省旅游业可持续发展指标评价体系	A基础层	AA旅游资源	AAA主要旅游资源点的数量（景观多样性）
			AAB旅游资源类型
			AAC旅游资源的等级
			AAD景区（点）保护程度
		AB生态环境	ABA大气 SO_2 浓度
			ABB大气TSP浓度
			ABC污水处理率
			ABD垃圾处理率
			ABE噪声水平
			ABF景区（点）森林覆盖率

续表

目标层	系统层	指标类型	基础指标（要素层）
贵州省旅游业可持续发展指标评价体系	A 基础层	AC 旅游经济效益、社会效益	ACA 旅游总收入
			ACB 旅游总人数
			ACC 旅游收入占贵州省 GDP 比率
			ACD 旅行社数量
			ACE 星级宾馆数量
			ACF 单位旅游收入的劳动力投入
			ACG 单位旅游收入的资金投入
			ACH 旅游就业人员比例
			ACI 旅游业各营业部门的营业额和所得税
		AD 社会环境	ADA 教育经费总支出占贵州省 GDP 比例
			ADB 旅游从业人员基本素质
			ADC 拥有科技人员比例
			ADD 科技进步对国民经济贡献率
			ADE 区域犯罪率
			ADF 景区（点）通达条件
			ADG 通信信号覆盖率
		AE 旅游文化	AEA 贵州省旅游景区民族文化特色体现程度
			AEB 景区（点）宣传力度
			AEC 贵州省民族建筑的保护程度
			AED 民族特色饮食的保存程度
			AEE 居民日常生活中穿本民族服装的频率
			AEF 本民族使用自己语言文字的频度
			AEG 本民族遵守村规民约的程度
			AEH 风俗习惯的保留程度
			AEI 本民族宗教活动自发组织的频度
	B 协调层	BA 旅游经济协调	BAA 非刚性费用在旅游消费中所占的比率
			BAB 旅游收入增长速度与客源增长速度的比率关系
			BAC 旅游总收入增长速率与 GDP 增长速率的比值
		BB 旅游社会协调	BBA 当地居民对旅游者的态度（友好程度）
			BBB 当地社区对旅游环境保护的态度
			BBC 社区居民在旅游发展中的参与程度
			BBD 游客满意度
		BC 旅游环境协调	BCA 旅游人数发展规模与理论旅游生态环境容量的比率
			BCB 旅游污染物处理能力
			BCC 旅游环境安全程度
		BD 旅游文化协调	BDA 旅游从业人员平均受教育程度

续表

目标层	系统层	指标类型	基础指标（要素层）
贵州省旅游业可持续发展指标评价体系	B 协调层	BD 旅游文化协调	BDB 旅游对当地传统文化的影响
			BDC 旅游对当地信仰崇拜的影响
	C 潜力层	CA 旅游资源的潜在保障力	CAA 旅游资源的规模度
			CAB 旅游资源的稀缺性
			CAC 旅游资源的组合度
		CB 社会经济的潜在支持力	CBA 旅游业的产业地位
			CBB 贵州省投资环境
			CBC 旅游品牌知名度
			CBD 近年来旅游收入增长速度
		CC 环境的潜在承载力	CCA 旅游区的能源供给能力
			CCB 旅游管理者基本素质
			CCC 贵州省森林覆盖率年均变化率
		CD 文化的潜在传承力	CDA 贵州省民族文化保护
			CDB 贵州省少数民族的风俗习惯

（二）贵州省旅游业可持续发展量化函数

贵州省旅游可持续发展可以看作是在一定的条件下，各种投入要素的协调组合转化而成的产出。本书将用“贵州省旅游业可持续发展量化函数”来描述这一过程。所谓旅游可持续发展量化函数，就是指在旅游可持续发展的演变过程中，反映其影响要素投入量的协调组合与实际产出之间的相互关系的数学表达式，参照投入产出数学模型。①

根据这个定义，假设区域旅游可持续发展的多个构成要素分别为 X_1，X_2，X_3，…，X_n，以这些要素的投入协调组合转化为产出，用 Y_t 表示第 t 时刻的产出量，则区域旅游可持续发展函数的一般形式为：$Y_t = F$（K；X_1，X_2，X_3，…，X_n），其中，t 表示时间变量；X_1，X_2，X_3，…，X_n 均为 t 的函数。贵州省旅游业可持续发展量化函数关系可以表示为：

$RTSD = F_{RTSD}$（K_{RTSD}，A，B，C）

$A_t = F_A$（AA，AB，…，AE）

$AA = F_{AA}$（AAA，AAB，AAC，AAD）

$AB = F_{AB}$（ABA，ABB，ABC，…，ABF）

$AC = F_{AC}$（ACA，ACB，ACC，…，ACI）

$AD = F_{AD}$（ADA，ADB，ADC，…，ADG）

$AE = F_{AE}$（AEA，AEB，AEC，…，AEI）

$B_t = F_B$（BA，BB，BC，BD）

① 赵树嫄．线性代数（第三版）［M］．北京：中国人民大学出版社，1997.

$BA = F_{BA}$（BAA，BAB，BAC）

$BB = F_{BB}$（BBA，BBB，BBC，BBD）

$BC = F_{BC}$（BCA，BCB，BCC）

$BD = F_{BD}$（BDA，BDB，BDC）

$C_t = F_C$（CA，CB，CC，CD）

$CA = F_{CA}$（CAA，CAB，CAC）

$CB = F_{CB}$（CBA，CBB，CCC，CBD）

$CC = F_{CC}$（CCA，CCB，CCC）

$CD = F_{CD}$（CDA，CDB）

其中，F 表示函数关系；K 表示控制参量。

（三）贵州省旅游业可持续发展指标的量化

按照贵州省旅游业可持续发展量化函数的设计思路，并应用上文方法分析平台中介绍过的层次分析法，来建立区域旅游业可持续发展量化模型。

1. 基本原理

将表示量化系统各方面性能的多变量因素指标，转化为无量纲化的相对评价值，综合计算评价值，从而得出贵州旅游业可持续发展的量化模型。

2. 建立模型公式

建立模型时，将贵州省旅游业可持续发展评价的总评价指标 RTSD 分别作目标层（顶层），再对总评价指标按照属性与层次不同分为分指标（A、B、C、D）作为准层（第二层），以此类推，直到分解到基本的项目指标（AAA，AAB，…，CDB）为止，并将它们作为基本指标层（底层）。在模型中的各个层次中，各个影响因素之间相互独立关系明显，各指标可线性补偿，权重系数的作用较为明显，因此贵州省旅游业可持续发展模型的各层均适用加法模型。

$RTSD = e_1 A + e_2 B + e_3 C$；其中，$e_1$，$e_2$，$e_3$ 是权重，且 $e_1 + e_2 + e_3 = 1$

$e_1 = \sum_{I=A}^{E} e_{AI} \times AI$；其中，$e_{AI}$ 是权重，$\sum_{I=A}^{E} e_{AI} = 1$

$AA = \sum_{I=A}^{D} e_{AAI} \times AAI$；其中，$e_{AAI}$ 是权重，$\sum_{I=A}^{D} e_{AAI} = 1$

$AB = \sum_{I=A}^{G} e_{ABI} \times ABI$；其中，$e_{ABI}$ 是权重，$\sum_{I=A}^{G} e_{ABI} = 1$

$AC = \sum_{I=A}^{M} e_{ACI} \times ACI$；其中，$e_{ACI}$ 是权重，$\sum_{I=A}^{M} e_{ACI} = 1$

$AD = \sum_{I=A}^{F} e_{ADI} \times ADI$；其中，$e_{ADI}$ 是权重，$\sum_{I=A}^{F} e_{ADI} = 1$

$AE = \sum_{I=A}^{I} e_{AEI} \times AEI$；其中，$e_{AEI}$ 是权重，$\sum_{I=A}^{I} e_{AEI} = 1$

$e_2 = \sum_{I=A}^{E} e_{BI} \times BI$；其中，$e_{BI}$ 是权重，$\sum_{I=A}^{E} e_{BI} = 1$

$BA = \sum_{I=A}^{C} e_{BAI} \times BAI$；其中，$e_{BAI}$是权重，$\sum_{I=A}^{C} e_{BAI} = 1$

$BB = \sum_{I=A}^{D} e_{BBI} \times BBI$；其中，$e_{BBI}$是权重，$\sum_{I=A}^{D} e_{BBI} = 1$

$BC = \sum_{I=A}^{C} e_{BCI} \times BCI$；其中，$e_{BCI}$是权重，$\sum_{I=A}^{C} e_{BCI} = 1$

$BD = \sum_{I=A}^{B} e_{BDI} \times BDI$；其中，$e_{BDI}$是权重，$\sum_{I=A}^{B} e_{BDI} = 1$

$e_3 = \sum_{I=A}^{D} e_{CI} \times CI$；其中，$e_{CI}$是权重，$\sum_{I=A}^{D} e_{CI} = 1$

$CA = \sum_{I=A}^{C} e_{CAI} \times CAI$；其中，$e_{CAI}$是权重，$\sum_{I=A}^{C} e_{CAI} = 1$

$CB = \sum_{I=A}^{D} e_{CBI} \times CBI$；其中，$e_{CBI}$是权重，$\sum_{I=A}^{D} e_{CBI} = 1$

$CC = \sum_{I=A}^{C} e_{CCI} \times CCI$；其中，$e_{CCI}$是权重，$\sum_{I=A}^{C} e_{CCI} = 1$

$CD = \sum_{I=A}^{B} e_{CDI} \times CDI$；其中，$e_{CDI}$是权重，$\sum_{I=A}^{B} e_{CDI} = 1$

3. 确定权重

采用层次分析法确定权重。主要通过网络调查，而判断矩阵数据获得对象为旅游专家、旅游专业学生和旅游相关部门人员，本次共发出问卷 83 份，回收 78 份，回收率 94%；并且向旅游专业硕士研究生发放问卷 150 份，回收 150 份，回收率 100%。由于模型中涉及较多因素权重的计算，在此只给出判断矩阵和计算结果（以基础系统 A 为例）。

（1）建立层次结构模型。

递阶层次结构模型已经由图 5－1 给出，它的最高层是 RTSD，即贵州省旅游可持续发展评价系统；A、B、C 是它的中间层；AAA 至 CDB 是底层。

（2）构造两两比较判断矩阵。

判断矩阵表示针对上一层次某因素（如总目标层）对本层次有关因素之间相对重要性的状况。例如，A 基础层、B 协调层、C 潜力层，构造总目标层（RTSD）判断矩阵（见表 5－7）。

表 5－7　矩阵一：总目标层（RTSD）判断矩阵及权重

RTSD	A	B	C
A	1	3	5
B	1/3	1	2
C	1/5	1/2	1

（3）计算判断矩阵的最大特征根及其特征向量。

求解各矩阵的最大特征根和特征向量，进行归一化处理。[①] 计算过程如下：

① 赵树嫄．线性代数（第三版）［M］．中国人民大学出版社，1997.

$$\begin{bmatrix}1 & 3 & 5\\ 1/3 & 1 & 2\\ 1/5 & 1/2 & 1\end{bmatrix}\xrightarrow{\text{列向量归一化}}\begin{bmatrix}0.652 & 0.667 & 0.625\\ 0.217 & 0.222 & 0.25\\ 0.131 & 0.111 & 0.125\end{bmatrix}\xrightarrow{\text{行向量求和}}\begin{bmatrix}1.944\\ 0.690\\ 0.367\end{bmatrix}$$

$$\xrightarrow{\text{归一化}}\begin{bmatrix}0.648\\ 0.230\\ 0.122\end{bmatrix}=W；且\ Aw=\begin{bmatrix}1.944\\ 0.689\\ 0.367\end{bmatrix}$$

于是求得：$\lambda_{max}=\frac{1}{3}\times\left(\frac{1.944}{0.648}+\frac{0.690}{0.230}+\frac{0.367}{0.122}\right)=3.003$

（4）矩阵的一致性检验。

为了保证层次分析法得出的结论具有合理性，有必要对判断矩阵进行检验。

求 CI：$CI=\frac{\lambda_{max}-n}{n-1}=\frac{3.003-3}{3-1}=0.0015$

求 CR：$CR=CI/RI=0.0015/0.58=0.0026<0.1$，矩阵判断满足一致性（$n=3$ 时，RI 值参照表 5－2）。

把所求权重代入 $RTSD=e_{1A}+e_{2B}+e_{3C}$ 中，可得：

$RTSD=0.648A+0.230B+0.122C$

以同样的方法可以求出其他层次的权重，计算结果如下：

矩阵二：基础层指标（A）

$$\lambda_{max}=5.2071；特征向量\ W=\begin{bmatrix}0.75379\\ 0.61133\\ 0.14753\\ 0.089774\\ 0.16809\end{bmatrix}\xrightarrow{\text{归一化}}\begin{bmatrix}0.4258\\ 0.3453\\ 0.0833\\ 0.0507\\ 0.0949\end{bmatrix}$$

$CI=\frac{\lambda_{max}-n}{n-1}=0.0518$；$CR=CI/RI=0.0518/1.12=0.0462<0.1$

矩阵三：协调层指标（B）

$$\lambda_{max}=4.2072；特征向量\ W=\begin{bmatrix}0.2999\\ 0.3788\\ 0.6863\\ 0.5437\end{bmatrix}\xrightarrow{\text{归一化}}\begin{bmatrix}0.1571\\ 0.1985\\ 0.3596\\ 0.2848\end{bmatrix}$$

$CI=\frac{\lambda_{max}-n}{n-1}=0.0691$；$CR=CI/RI=0.0691/0.90=0.0768<0.1$

矩阵四：潜力层指标（C）

$$\lambda_{max}=4.004；特征向量\ W=\begin{bmatrix}1.5151\\ 0.3258\\ 1.5985\\ 0.5606\end{bmatrix}\xrightarrow{\text{归一化}}\begin{bmatrix}0.3788\\ 0.0815\\ 0.3996\\ 0.1401\end{bmatrix}$$

$CI=\frac{\lambda_{max}-n}{n-1}=0.013$；$CR=CI/RI=0.013/0.9=0.0015<0.1$

矩阵五：旅游资源层指标（AA）

$$\lambda_{max}=4.1431；特征向量\ W=\begin{bmatrix}0.2707\\0.5159\\0.7856\\0.2084\end{bmatrix}\xrightarrow{归一化}\begin{bmatrix}0.1520\\0.2897\\0.4412\\0.1171\end{bmatrix}$$

$$CI=\frac{\lambda_{max}-n}{n-1}=0.0477；CR=CI/RI=0.0477/0.9=0.053<0.1$$

矩阵六：生态环境层指标（AB）

$$\lambda_{max}=6.0679；特征向量\ W=\begin{bmatrix}0.3350\\0.3350\\0.1884\\0.1884\\0.3559\\0.7602\end{bmatrix}\xrightarrow{归一化}\begin{bmatrix}0.1549\\0.1549\\0.0871\\0.0871\\0.1645\\0.3515\end{bmatrix}$$

$$CI=\frac{\lambda_{max}-n}{n-1}=0.0136；CR=CI/RI=0.0136/1.24=0.011<0.1$$

矩阵七：旅游经济层指标（AC）

$$\lambda_{max}=9；特征向量\ W=\begin{bmatrix}2.83921\\1.86619\\1.10842\\0.42833\\0.43923\\0.62454\\0.62454\\0.59175\\0.46580\end{bmatrix}\xrightarrow{归一化}\begin{bmatrix}0.3159\\0.2077\\0.1233\\0.0476\\0.0489\\0.0695\\0.0695\\0.0658\\0.0518\end{bmatrix}$$

$$CI=\frac{\lambda_{max}-n}{n-1}=0；CR=CI/RI=0<0.1$$

矩阵八：社会环境层指标（AD）

$$\lambda_{max}=7.2360；特征向量\ W=\begin{bmatrix}0.2793\\0.6897\\0.1129\\0.1228\\0.3597\\0.1906\\0.5028\end{bmatrix}\xrightarrow{归一化}\begin{bmatrix}0.1237\\0.3055\\0.0500\\0.0544\\0.1593\\0.0844\\0.2227\end{bmatrix}$$

$$CI=\frac{\lambda_{max}-n}{n-1}=0.0393；CR=CI/RI=0.0393/1.32=0.0298<0.1$$

矩阵九：旅游文化层指标（AE）

$$\lambda_{max}=9.2611;\ 特征向量\ W=\begin{bmatrix}0.6787\\0.4771\\0.2755\\0.2394\\0.1857\\0.1642\\0.1543\\0.2669\\0.1483\end{bmatrix}\xrightarrow{归一化}\begin{bmatrix}0.2620\\0.1842\\0.1064\\0.0924\\0.0717\\0.0634\\0.0596\\0.1030\\0.0573\end{bmatrix}$$

$$CI=\frac{\lambda_{max}-n}{n-1}=0.0326;\ CR=CI/RI=0.0326/1.45=0.0225<0.1$$

矩阵十：旅游经济协调层指标（BA）

$$\lambda_{max}=3.0000;\ 特征向量\ W=\begin{bmatrix}0.2182\\0.4364\\0.8729\end{bmatrix}\xrightarrow{归一化}\begin{bmatrix}0.1428\\0.2857\\0.5715\end{bmatrix}$$

$$CI=\frac{\lambda_{max}-n}{n-1}=0;\ CR=CI/RI=0<0.1$$

矩阵十一：旅游社会协调层指标（BB）

$$\lambda_{max}=4.1707;\ 特征向量\ W=\begin{bmatrix}0.5640\\0.1980\\0.6780\\0.4277\end{bmatrix}\xrightarrow{归一化}\begin{bmatrix}0.3020\\0.1060\\0.3630\\0.2290\end{bmatrix}$$

$$CI=\frac{\lambda_{max}-n}{n-1}=0.0569;\ CR=CI/RI=0.0569/0.90=0.0632<0.1$$

矩阵十二：旅游环境协调层指标（BC）

$$\lambda_{max}=3.0092;\ 特征向量\ W=\begin{bmatrix}0.8468\\0.4660\\0.2565\end{bmatrix}\xrightarrow{归一化}\begin{bmatrix}0.5396\\0.2969\\0.1635\end{bmatrix}$$

$$CI=\frac{\lambda_{max}-n}{n-1}=0.0046;\ CR=CI/RI=0.0046/0.58=0.079<0.1$$

矩阵十三：旅游文化协调层指标（BD）

$$\lambda_{max}=3.1999;\ 特征向量\ W=\begin{bmatrix}1.7214\\0.9304\\0.5482\end{bmatrix}\xrightarrow{归一化}\begin{bmatrix}0.5379\\0.2908\\0.1713\end{bmatrix}$$

$$CI=\frac{\lambda_{max}-n}{n-1}=0.01;\ CR=CI/RI=0.01/0.58=0.0172<0.1$$

矩阵十四：旅游资源潜在保障力指标（CA）

$$\lambda_{max}=3.0183;\ 特征向量\ W=\begin{bmatrix}0.4881\\0.8527\\0.1862\end{bmatrix}\xrightarrow{归一化}\begin{bmatrix}0.3197\\0.5584\\0.1219\end{bmatrix}$$

$CI = \frac{\lambda_{max} - n}{n - 1} = 0.0092$；$CR = CI/RI = 0.0092/0.58 = 0.0159 < 0.1$

矩阵十五：社会经济的潜在支持力指标（CB）

$$\lambda_{max} = 4.1712；特征向量\ W = \begin{bmatrix} 0.7350 \\ 0.2364 \\ 0.6217 \\ 0.1318 \end{bmatrix} \xrightarrow{归一化} \begin{bmatrix} 0.4261 \\ 0.1371 \\ 0.3604 \\ 0.0764 \end{bmatrix}$$

$CI = \frac{\lambda_{max} - n}{n - 1} = 0.0571$；$CR = CI/RI = 0.0571/0.90 = 0.0634 < 0.1$

矩阵十六：环境的潜在承载力指标（CC）

$$\lambda_{max} = 3.0536；特征向量\ W = \begin{bmatrix} 0.9152 \\ 0.3844 \\ 0.1211 \end{bmatrix} \xrightarrow{归一化} \begin{bmatrix} 0.6442 \\ 0.2706 \\ 0.0852 \end{bmatrix}$$

$CI = \frac{\lambda_{max} - n}{n - 1} = 0.0268$；$CR = CI/RI = 0.0268/0.58 = 0.0462 < 0.1$

矩阵十七：文化的潜在传承力指标（CD）

$$\lambda_{max} = 2；特征向量\ W = \begin{bmatrix} 0.4472 \\ 0.8944 \end{bmatrix} \xrightarrow{归一化} \begin{bmatrix} 0.3333 \\ 0.6667 \end{bmatrix}$$

$CI = \frac{\lambda_{max} - n}{n - 1} = 0$；$CR = CI/RI = 0 < 0.1$

综合以上结果，贵州省旅游业可持续发展指标权重及一致性检验具体如表 5－8 ~ 表 5－24 所示。

表 5－8　总目标层（RTSD）判断矩阵及权重

RTSD	A	B	C	权重
A	1	3	5	$e_A = 0.648$
B	1/3	1	2	$e_B = 0.230$
C	1/5	1/2	1	$e_C = 0.122$
$\lambda_{max} = 3.003$				
CI = 0.0015		CR = 0.0026 < 0.1		

表 5－9　基础层（A）判断矩阵及权重

A	AA	AB	AC	AD	AE	权重
AA	1	2	5	6	4	$e_{AA} = 0.4258$
AB	1/2	1	5	5	6	$e_{AB} = 0.3453$
AC	1/5	1/5	1	2	1	$e_{AC} = 0.0833$
AD	1/6	1/5	1/2	1	1/3	$e_{AD} = 0.0507$
AE	1/4	1/6	1	3	1	$e_{AE} = 0.0949$
$\lambda_{max} = 5.2071$						
CI = 0.0518			CR = 0.0463 < 0.1			

表 5-10　协调层（B）判断矩阵及权重

B	BA	BB	BC	BD	权重
BA	1	1/2	1/3	1	$e_{BA}=0.1571$
BB	2	1	1/2	1/2	$e_{BB}=0.1985$
BC	3	2	1	1	$e_{BC}=0.3596$
BD	1	2	1	1	$e_{BD}=0.2848$
$\lambda_{max}=4.2071$					
CI = 0.0691			CR = 0.0768 < 0.1		

表 5-11　潜力层（C）判断矩阵及权重

C	CA	CB	CC	CD	权重
CA	1	4	1	3	$e_{CA}=0.3788$
CB	1/4	1	1/5	1/2	$e_{CB}=0.0815$
CC	1	5	1	3	$e_{CC}=0.3396$
CD	1/3	2	1/3	1	$e_{CD}=0.1401$
$\lambda_{max}=4.0040$					
CI = 0.0013			CR = 0.0015 < 0.1		

表 5-12　旅游资源层（AA）判断矩阵及权重

AA	AAA	AAB	AAC	AAD	权重
AAA	1	1/3	1/3	2	$e_{AAA}=0.1520$
AAB	3	1	1/2	2	$e_{AAB}=0.2897$
AAC	3	2	1	3	$e_{AAC}=0.4412$
AAD	1/2	1/2	1/3	1	$e_{AAD}=0.1171$
$\lambda_{max}=4.1431$					
CI = 0.0477			CR = 0.053 < 0.1		

表 5-13　生态环境层（AB）判断矩阵及权重

AB	ABA	ABB	ABC	ABD	ABE	ABF	权重
ABA	1	1	2	2	1	1/3	$e_{ABA}=0.1549$
ABB	1	1	2	2	1	1/3	$e_{ABB}=0.1549$
ABC	1/2	1/2	1	1	1/2	1/3	$e_{ABC}=0.0871$
ABD	1/2	1/2	1	1	1/2	1/3	$e_{ABD}=0.0871$
ABE	1	1	2	2	1	1/2	$e_{ABE}=0.1645$
ABF	3	3	3	3	2	1	$e_{ABF}=0.3515$
$\lambda_{max}=6.0679$							
CI = 0.0136				CR = 0.011 < 0.1			

表 5-14　旅游经济层（AC）判断矩阵及权重

AC	ACA	ACB	ACC	ACD	ACE	ACF	ACG	ACH	ACI	权重
ACA	1	2	3	6	7	4	4	5	8	$e_{ACA}=0.3159$
ACB	1/2	1	2	4	5	3	3	4	5	$e_{ACB}=0.2077$
ACC	1/3	1	2	3	2	2	2	4	5	$e_{ACC}=0.1233$
ACD	1/6	1/4	1/2	1	1	1/2	1/2	1/2	2	$e_{ACD}=0.0476$
ACE	1/7	1/5	1/3	1	1	1/2	1/2	1/2	2	$e_{ACE}=0.0489$
ACF	1/4	1/3	1/2	2	2	1	1	1	2	$e_{ACF}=0.0695$
ACG	1/4	1/3	1/2	2	2	1	1	1	2	$e_{ACG}=0.0695$
ACH	1/5	1/4	1/2	2	2	1	1	1	2	$e_{ACH}=0.0658$
ACI	1/8	1/5	1/4	1/2	1/2	1/2	1/2	1/2	1	$e_{ACI}=0.5180$
$\lambda_{max}=9$										
CI=0					CR=0<1					

表 5-15　社会环境层（AD）判断矩阵及权重

AD	ADA	ADB	ADC	ADD	ADE	ADF	ADG	权重
ADA	1	1/2	3	2	1/2	2	1/2	$e_{ADA}=0.1237$
ADB	2	1	4	4	2	3	3	$e_{ADB}=0.3055$
ADC	1/3	1/4	1	1	1/3	1/2	1/5	$e_{ADC}=0.0500$
ADD	1/3	1/4	1	1	1/3	1/2	1/4	$e_{ADD}=0.0544$
ADE	2	1/2	3	3	1	2	1/2	$e_{ADE}=0.1593$
ADF	1/2	1/3	2	2	1/2	1	1/3	$e_{ADF}=0.0844$
ADG	2	1/3	5	4	2	3	1	$e_{ADG}=0.2227$
$\lambda_{max}=7.2360$								
CI=0.0393				CR=0.0298<0.1				

表 5-16　旅游文化层（AE）判断矩阵及权重

AE	AEA	AEB	AEC	AED	AEE	AEF	AEG	AEH	AEI	权重
AEA	1	2	3	3	4	4	3	3	3	$e_{AEA}=0.2620$
AEB	1/2	1	2	2	2	3	3	3	3	$e_{AEB}=0.1842$
AEC	1/3	1/2	1	1	2	2	2	1	2	$e_{AEC}=0.1064$
AED	1/3	1/2	1	1	1	2	2	1	1	$e_{AED}=0.0924$
AEE	1/4	1/2	1/2	1	1	1	1	1/2	2	$e_{AEE}=0.0717$
AEF	1/4	1/3	1/2	1	1	1	1	1/2	2	$e_{AEF}=0.0634$
AEG	1/3	1/3	1/2	1/2	1	1	1	1/2	1	$e_{AEG}=0.0596$
AEH	1/3	1/3	1	1	2	2	2	1	2	$e_{AEH}=0.1030$
AEI	1/3	1/3	1/2	1	1/2	1/2	1	1/2	1	$e_{AEI}=0.0573$
$\lambda_{max}=9.2611$										
CI=0.0326					CR=0.0225<0.1					

表 5－17　旅游经济协调层（BA）判断矩阵及权重

BA	BAA	BAB	BAC	权重
BAA	1	1/2	1/4	$e_{BAA}=0.1428$
BAB	2	1	1/2	$e_{BAB}=0.2857$
BAC	4	2	1	$e_{BAC}=0.5715$
$\lambda_{max}=3.0000$				
CI＝0		CR＝0＜0.1		

表 5－18　旅游社会协调层（BB）判断矩阵及权重

BB	BBA	BBB	BBC	BBD	权重
BBA	1	3	1/2	2	$e_{BBA}=0.3020$
BBB	1/3	1	1/3	1/2	$e_{BBB}=0.1060$
BBC	2	3	1	1	$e_{BBC}=0.3630$
BBD	1/2	2	1	1	$e_{BBD}=0.2290$
$\lambda_{max}=4.1707$					
CI＝0.0569			CR＝0.0632＜0.1		

表 5－19　旅游环境协调（BC）判断矩阵及权重

BC	BCA	BCB	BCC	权重
BCA	1	2	3	$e_{BCA}=0.5396$
BCB	1/2	1	2	$e_{BCB}=0.2969$
BCC	1/3	1/2	1	$e_{BCC}=0.1635$
$\lambda_{max}=3.003$				
CI＝0.046		CR＝0.0079＜0.1		

表 5－20　旅游文化协调（BD）判断矩阵及权重

BD	BDA	BDB	BDC	权重
BDA	1	4	2	$e_{BDA}=0.5379$
BDB	1/4	1	3	$e_{BDB}=0.2908$
BDC	1/2	1/3	1	$e_{BDC}=0.1713$
$\lambda_{max}=3.1999$				
CI＝0.001		CR＝0.0172＜0.1		

表5-21 旅游资源潜在保障力（CA）判断矩阵及权重

CA	CAA	CAB	CAC	权重
CAA	1	1/2	3	$e_{CAA}=0.3197$
CAB	2	1	4	$e_{CAB}=0.5584$
CAC	1/3	1/4	1	$e_{CAC}=0.1219$
$\lambda_{max}=3.0183$				
CI=0.0092		CR=0.0159<0.1		

表5-22 社会经济的潜在支持力（CB）判断矩阵及权重

CB	CBA	CBB	CBC	CBD	权重
CBA	1	5	1	4	$e_{CBA}=0.4261$
CBB	1/5	1	1/3	3	$e_{CBB}=0.1371$
CBC	1	3	1	4	$e_{CBC}=0.3604$
CBD	1/4	1/3	1/4	1	$e_{CBD}=0.0764$
$\lambda_{max}=4.1712$					
CI=0.0571			CR=0.0634<0.1		

表5-23 环境潜在的承载力（CC）判断矩阵及权重

CC	CCA	CCB	CCC	权重
CCA	1	3	6	$e_{CCA}=0.6442$
CCB	1/3	1	4	$e_{CCB}=0.2706$
CCC	1/6	1/4	1	$e_{CCC}=0.0852$
$\lambda_{max}=3.0536$				
CI=0.0268		CR=0.0462<0.1		

表5-24 文化潜在的传承力（CD）判断矩阵及权重

CD	CDA	CDB	权重
CDA	1	1/3	$e_{CDA}=0.2500$
CDB	3	1	$e_{CDB}=0.7500$
$\lambda_{max}=2$			
CI=0		CR=0<0.1	

（5）层次总排序。利用下一层次各因素对于上一层次各因素的单排序权值的计算结果，用上一层次各因素的组合权值加权，即可得到下一层次各因素对最顶层的组合权值。依次沿递阶层次结构由上而下逐层计算，可以算出最底层因素相对最顶层因素的相对重要性的排序权值。结合上面各层次的单排序权值，可以得出层次总排序，见表5-25。

表 5－25　贵州省旅游业可持续发展评价层次权重总排序参考

目标层	代码	权重	评价层	代码	权重	评价项目层	代码	权重	基础指标（要素层）
贵州省旅游业可持续发展指标评价体系	A	0.648	基础层	AA	0.2759	旅游资源	AAA	0.0345	主要旅游资源点的数量（景观多样性）
							AAB	0.0799	旅游资源类型
							AAC	0.1217	旅游资源的等级
							AAD	0.0323	景区（点）保护程度
				AB	0.2238	生态环境	ABA	0.0347	大气 SO_2 浓度
							ABB	0.0347	大气 TSP 浓度
							ABC	0.0195	污水处理率
							ABD	0.0195	垃圾处理率
							ABE	0.0368	噪声水平
							ABF	0.0786	景区（点）森林覆盖率
				AC	0.0539	旅游经济效益、社会效益	ACA	0.0170	旅游总收入
							ACB	0.0112	旅游总人数
							ACC	0.0066	旅游收入占贵州省 GDP 比率
							ACD	0.0026	旅行社数量
							ACE	0.0026	星级宾馆数量
							ACF	0.0037	单位旅游收入的劳动力投入
							ACG	0.0037	单位旅游收入的资金投入
							ACH	0.0036	旅游就业人员比例
							ACI	0.0029	旅游业各营业部门的营业额和所得税
				AD	0.0329	社会环境	ADA	0.0041	教育经费总支出占贵州省 GDP 比例
							ADB	0.0101	旅游从业人员基本素质
							ADC	0.0016	拥有科技人员的比例
							ADD	0.0018	科技进步对国民经济贡献率
							ADE	0.0052	区域犯罪率
							ADF	0.0028	景区景点通达条件
							ADG	0.0073	通信信号覆盖率
				AE	0.0615	旅游文化	AEA	0.0161	贵州省旅游景区民族文化特色体现程度
							AEB	0.0113	景区景点宣传力度
							AEC	0.0065	贵州省民族建筑的保护程度
							AED	0.0057	民族特色饮食的保存程度
							AEE	0.0044	居民日常生活中穿本民族服装的频率
							AEF	0.0039	本民族使用自己语言文字的频度
							AEG	0.0037	本民族遵守村规民约程度
							AEH	0.0063	风俗习惯的保留程度
							AEI	0.0035	本民族宗教活动自发组织的频度

续表

目标层	代码	权重	评价层	代码	权重	评价项目层	代码	权重	基础指标（要素层）
贵州省旅游业可持续发展指标评价体系	B	0.230	协调层	BA	0.0361	旅游经济协调	BAA	0.0052	非刚性费用在旅游消费中所占的比率
							BAB	0.0103	旅游收入增长速度与客源增长速度的比率关系
							BAC	0.0206	旅游总收入增长速率与 GDP 增长速率的比值
				BB	0.0457	旅游社会协调	BBA	0.0138	当地居民对旅游者的态度（友好程度）
							BBB	0.0048	当地社区对旅游环境保护的态度
							BBC	0.0166	社区居民在旅游发展中的参与程度
							BBD	0.0105	游客满意度
				BC	0.0827	旅游环境协调	BCA	0.0446	旅游人数发展规模与理论旅游生态环境容量的比率
							BCB	0.0246	旅游污染物处理能力
							BCC	0.0135	旅游环境安全程度
				BD	0.0655	旅游文化协调	BDA	0.0366	旅游从业人员平均受教育程度
							BDB	0.0080	旅游对当地传统文化的影响
							BDC	0.0209	旅游对当地信仰崇拜的影响
	C	0.122	潜力层	CA	0.0462	旅游资源的潜在保障力	CAA	0.0148	旅游资源的规模度
							CAB	0.0258	旅游资源的稀缺性
							CAC	0.0056	旅游资源的组合度
				CB	0.0099	社会经济潜在支持力	CBA	0.0042	旅游业的产业地位
							CBB	0.0014	贵州省投资环境
							CBC	0.0036	旅游品牌知名度
							CBD	0.0007	近年来旅游收入增长速度
				CC	0.0488	环境潜在承载力	CCA	0.0314	旅游区的能源供给能力
							CCB	0.0132	旅游管理者基本素质
							CCC	0.0042	贵州省森林覆盖率年均变化率
				CD	0.0171	文化潜在传承力	CDA	0.0171	贵州省民族文化保护
							CDB	0.6667	贵州省少数民族风俗习惯

4. 评价指标的量化与标准化处理

根据各因素、因子的作用性质及表现形式，采取以下几种方法对各评价指标进行量化及标准化处理：

（1）对于旅游资源及环境保护能力方面评价因子的标准值确定严格执行国家一级环境质量标准，即自然景区森林覆盖率达 90% 以上，景点（含人文）的保护度达 100%，大气 SO_2 浓度低于 0.02 毫克/立方米，TSP 浓度低于 0.15 毫克/立方米，区域环境噪声低于 45 分贝，水处理率、垃圾处理率及工业废气处理率均达 100%，以上数据即为评价的标准值。① 对于单项指标的评分值计算，即用该指标的实际调查值除以该指标的标准值，对于逆向单项指标（即该指标取值越小越好时），则用该指标的标准值减去该指标的实际调查值即得到该指标的实际评分值。实际评分值进而转化成可度量的指标，可度量的指标需要进行量化和标准化处理。

（2）对于可度量指标量化及标准化处理，采用下式计算：

$I_{ij} = a_{ij}/\max\{a_{ij}\}$

式中，I_{ij}为 i 旅游区 j 因子的评分值；a_{ij}为 i 旅游区 j 因子的实际调查值；i 为旅游区个数；j 为评价因子个数。若是评价某一特定的旅游区，即以贵州省该类型旅游区某指标的最大值即 $\max\{a_{ij}\}$作为评价的标准值。

（3）对于定性评价指标如旅游品牌知名度及旅游从业人员基本素质与旅游管理者基本素质等指标按评分法来确定。首先将每项指标都分为优（A）、良（B）、中（C）、低（D）、差（E）5 个等级，每个等级系数分别为 1.0、0.8、0.6、0.4、0.2，然后由评估组（至少 5 人以上）按照评价指标所考核的内容，进行打分，最后根据下式计算该评价指标的评分值：

定性指标评分值 = ∑每位评议选定等级系数/评议人数

5. 综合评价

旅游可持续发展评价指标体系中的每一个单项指标，都是从不同侧面来反映贵州省旅游业可持续发展的情况，本次研究采用多目标线性加权评价函数即常用的综合评分法。其函数表达式为：

$$Y = \sum_{i=1}^{m}\left[\sum_{j=1}^{n} I_j R_j\right] \times W_j$$

式中，Y 为总得分（即综合评价值）；I_j 为某项指标的评分值（计算方法同前）；R_j 为某单项指标在该层次下的权重；W_j 为因素的权重。

6. 阶段划分②

根据事物的不断发展和发展阶段论，将旅游可持续发展划分为旅游可持续发展的准备阶段、初步可持续发展阶段、基本可持续发展阶段和旅游可持续发展阶段四个阶段（见表 5－26）。这样就把实现旅游可持续发展这一远大目标分割成可操作的阶段性目标，有助于旅游可持续发展的分段实施和重点突破。

表 5－26 贵州省旅游业可持续发展评价阶段划分

综合评价值 Y（%）	<50	50～70	70～85	>85
评判标准	旅游业可持续发展准备阶段	旅游业初步可持续发展阶段	旅游业基本可持续发展阶段	旅游业可持续发展阶段

① 王良健. 旅游可持续发展评价指标体系及评价方法研究［J］. 旅游学刊，2001，（1）：67－70.

② 本节所涉及的评价指标的量化与标准化处理、综合评价及阶段划分三个问题引自王良健. 旅游可持续发展评价指标体系及评价方法研究［J］. 旅游学刊，2001，（1）：67－70. 对于旅游业可持续发展评价阶段的划分，目前的研究表明将其分为旅游业可持续发展准备阶段、初步可持续发展阶段、基本可持续发展阶段及旅游业可持续发展阶段四个阶段是一种普遍被学者认可的划分方式，在王良健《旅游可持续发展评价指标体系及评价方法研究》一文中已详细阐述阶段划分的依据，本书不做具体的阐述.

四、本章小结

本章根据区域旅游业可持续发展评价量化研究的理论构建，按照影响并制约贵州省旅游业可持续发展因素的层次关系，构建了贵州省旅游业可持续发展量化研究的概念分析平台和方法分析平台，对贵州省旅游业可持续发展的约束条件和决定因素做了具体分析，并尝试构建一个可以普遍适用于各种类型、各个层次的区域旅游可持续发展评价量化模型，主要研究内容如下。

旅游业可持续发展评价量化研究的理论构建：课题组尝试构建贵州省旅游业可持续发展评价的理论体系，包括贵州省旅游业可持续发展评价概念、评价内容、评价对象、评价原则、评价方法。通过对贵州省旅游业可持续发展的理论分析，明确贵州省旅游业可持续发展的约束条件和关键因素，并依据因素之间的相互关系对其进行层次划分，运用层次分析法为贵州省旅游业可持续发展评价量化研究模型提供技术支持。

贵州省旅游业可持续发展指标体系的构建：按照影响并约束贵州省旅游业可持续发展因素的层次关系，将贵州省旅游业可持续发展评价指标分为三个体系：基础体系、协调体系、潜力体系。并逐层对影响因素、影响机制与影响途径做具体分析，明确了贵州省旅游业可持续发展评价体系影响因素提炼的可靠性与有效性。最后推导出贵州省旅游业可持续发展评价量化函数，建立了贵州省旅游业可持续发展评价量化模型，并对这一量化系统进行了分析。

第六章　贵州省旅游业可持续发展的实证研究

一、选择民族地区旅游业作为案例的依据

（一）贵州是一个多民族聚集的省份

贵州是个多民族省份，系全国8个民族省区之一。2004年全国人口第五次普查时，贵州省有56个民族成分。其中汉族、苗族、布依族、侗族、土家族、彝族、仡佬族、水族、白族、回族、壮族、蒙古族、畲族、瑶族、毛南族、仫佬族、满族、羌族等18个民族是世居贵州的民族。少数民族成分之多居全国第三位，民族人口在总人口的比重居全国第五位。少数民族人口占全国少数民族人口数的比重为12.4%。其中，苗族人口占全国苗族人口的49.8%，布依族人口占全国布依族总人口的97.3%，侗族人口占全国侗族总人口的55.7%，水族人口占全国水族总人口的93.2%。全省有3个民族自治州，11个民族自治县，民族区域自治的县级行政区46个，254个民族乡，民族乡数量居全国第一位，少数民族自治地方面积占全省总面积的55.5%。贵州的苗族、布依族、侗族、仡佬族、水族人口均占全国同一民族总人口的50%以上。民族自治地方有黔东南苗族侗族自治州、黔南布依族苗族自治州、黔西南布依族苗族自治州和威宁彝族回族苗族自治县、松桃苗族自治县、三都水族自治县、镇宁布依族苗族自治县、紫云苗族布依族自治县、关岭布依族苗族自治县、玉屏侗族自治县、印江土家族苗族自治县、沿河土家族自治县、务川仡佬族苗族自治县、道真仡佬族苗族自治县。民族自治地方土地面积为9.78万平方千米，占全省总面积的55.5%。实行区域自治的民族有苗、布依、侗、土家、彝、仡佬、水、回8个民族。此外，还建有253个民族乡。

（二）丰富的民族民俗文化旅游资源

贵州民族地区旅游资源富集度高，具有种类多、富集度高、原生态性好、开发前景广阔等特点。表现在由于贵州特殊环境的封闭性，形成并保留了众多独具魅力的自然风光、丹霞地貌景观和浓郁古朴、多姿多彩的少数民族文化，以及神秘悠远、积淀厚重的历史文化，构成了贵州特有的“文化千岛”现象，成为了贵州发展旅游业不可多得的文化旅游资源宝藏。

1. 民族节日丰富多彩

据不完全统计，贵州省少数民族的传统节日有400多个，集会地点1000多个。著名的有苗族的“姊妹节”、“三月三”、“四月八”、“龙舟节”、“芦笙节”；布依族的“查白

歌节”；侗族的“歌酒节”；瑶族的“盘古王节”；彝族的“赛马节”、“火把节”、“根今节”、“地戏节”、“六月六”；土家族和仡佬族的“吃新节”；水族的“端节”、“爷节”等。

2. 民族歌舞绚丽多姿

贵州是一个歌舞的海洋。苗族群众有高亢激昂、热情奔放的“飞歌”，有低回委婉、优美抒情的“游方歌”和质朴庄重的“古歌”、“酒歌”；有芦笙舞、木鼓舞、踩鼓舞等，动作潇洒，风格淳朴，感情细腻，舞姿活泼。侗族“大歌”的歌声洪亮，气势磅礴，曲调庄严，音域宽阔，反映了侗族人民坚强、豪迈的性格。黔南、黔西南的布依族舞蹈有几十种，歌有大调、小调、大歌、小歌等，且注意押韵，有“有歌都有韵，无韵不成歌”之说。水族的铜鼓舞、斗牛舞、狮子舞、龙舞等亦颇有特色。黔东北的土家族喜爱唱歌，有哭嫁歌、伴嫁歌、酒歌、情歌、劳动歌、祝福歌等。民族戏曲是民族风情的精华，主要有苗族高台戏、侗戏、布依戏、地戏、傩戏等。地戏和傩剧被誉为“古代戏剧的活化石”。

3. 民族建筑特色鲜明

贵州少数民族的民间建筑，式样繁多，风格迥异，各具千秋。较突出的黔东南和黔西南苗族、侗族、布依族的“干栏”式住房；瑶族的禾榔、禾晾，白族的寺院建筑等。尤其侗族鼓楼、风雨桥，布依族石头房，苗族吊脚楼最具特色，被国内外专家誉为“建筑艺术的精华”、“民族文化的瑰宝”。

4. 文物精华荟萃

贵州历史源远流长，文物古迹遍及全省，如普定穿洞遗址、镇远青龙洞、从江增冲鼓楼、毕节大屯土司庄园、遵义的杨粲墓、大方奢香墓、黔西观音洞、桐梓岸灰洞、水城硝灰洞、兴义猫猫洞、盘县大洞古人类遗址等。据统计，全省具有一定价值的文物古迹400多处，其中列为全国重点文物保护单位的9处，列为省级文物保护单位的240多处。

5. 民间工艺美术精湛繁多

常为人们津津乐道的工艺美术产品有蜡染、刺绣、挑花、漆器、陶器械、箫笛等。

（三）贵州精品旅游区分布在民族地区

目前，整个贵州省已形成了以贵阳为中心的五条各具特色的旅游线路：

（1）黔中旅游线是以都市风情为主的旅游线。可游览市区的黔灵公园、花溪公园、天河潭等景点。

（2）黔西南旅游线是以观赏喀斯特地貌和领略布依族、苗族民俗风情为主的旅游线。主要线路是贵阳市→红枫湖→安顺市→龙宫→黄果树瀑布→天星桥→马岭河峡谷，一直延伸到云南的石林景区。

（3）黔东南旅游线也是以体验苗族、侗族民俗风情，欣赏苗岭风光为主的旅游线。主要线路是贵阳市→凯里苗寨→榕江→从江→黎平侗寨，一直延伸到广西三江侗族自治县。

（4）黔南旅游线是以喀斯特原始森林以及领略布依族、水族、瑶族民俗风情为主的旅游线。主要线路是贵阳市→都匀→三都水族自治县→荔波樟江，一直延伸到广西。

（5）黔北旅游线这是以中国革命历史文化以及名酒文化为特色的旅游线。主要线路是贵阳市→息烽→遵义会址→仁怀茅台→赤水，一直延伸到川南。

由此可见，五条精品旅游线路其中有三条是民族风情游，可见贵州省的精品旅游景点分布在民族地区。

（四）贵州旅游收入以民族地区收入为主

由于贵州省的精品旅游线路集中在民族地区，因此，可以得出贵州省旅游收入来源以民族地区收入为主。仅 2007 年“十一黄金周”，镇宁黄果树旅游区旅游收入 9565.11 万元，旅游收入为全省景区旅游收入的第一名，占全省旅游收入的 4%，接待游客 190573 人次，游客接待人次排第四位；黔东南州的荔波樟江旅游区旅游收入 7773.7 万元，旅游收入排第二位，接待游客 230710 人次，游客接待人次排第三位；赤水旅游区旅游收入 5207.3 万元，旅游收入排第三位，接待游客 92285 人次，游客接待人次排第六位。

（五）发展民族地区旅游具有重大意义

1. 发展民族地区旅游有利于发挥当地的资源优势，促进经济的发展

首先，旅游业是一种投资少、见效快，创汇多、收益高，劳动密集型产业。贵州少数民族地区发展旅游产业，不仅可以为建设积累资金、支持地区经济发展，而且可以促进和加强当地生态资源的保护，提高人民群众的物质生活水平，最终达到各民族的共同繁荣。其次，旅游业是一项关联度较高、带动性较强的龙头产业，开发旅游业，可以带动当地的交通运输、邮电通信、对外贸易、城市建设、景观修建、环境保护、医疗卫生、工艺特产、文化娱乐、生活服务、广播宣传等行业迅速发展，从而促进当地经济的全面发展。再者，国际客源流向遵循着一定的规律，即游客从发达地区流向欠发达地区，从高收入地区流向低开发地区。贵州少数民族分布的大多数地区经济都较为落后，开发旅游业，可以从国际国内经济发达的高收入地区的游客身上获取一部分收入，并将这些收入向生产投资和生活消费形态转化，从而通过国民经济各部门的“连锁反应”作用，促进区域经济水平的提高。

2. 发展民族地区旅游业有利于促进民族地区的产业调整

旅游业是一项综合性的产业，旅游业所依托的食、住、行、游、购、娱六大要素，要相互协调配套才能发挥其作用。由于贵州少数民族地区经济发展水平落后，缺乏新的经济增长点，大力发展旅游产业，使其成为当地的主导产业，促进和带动与旅游业相关的其他产业的配套发展，使原来聚集程度很小的第三产业及第二产业相对增长。因此，发展民族地区旅游业，不仅可以扩大就业，而且还可以促使民族地区人口直接从第一产业向第三产业转化，从而促进产业结构的调整。

3. 发展民族地区旅游业有利于促进当地人文资源的传承和保护

贵州发展少数民族民俗旅游业，具有得天独厚的优越条件。利用现有的旅游资源，开发和发掘新的旅游资源，从客观上要求保护自然环境、恢复和修葺原有人文旅游资源，使其发挥应有的作用。为此，不仅要大力开发与民俗文化旅游资源相配套的自然旅游资源，充分利用自然风光、野生动物资源，建立和开放相应的自然保护区；而且更为重要的是发掘、整理和提炼那些最具民族特色的风俗习惯、历史典故、神话传说、民间艺术、舞蹈戏曲、音乐美术、民间技艺、服饰饮食、接待礼仪等民族旅游资源，使这些民族文化的瑰宝得以永世流芳。发展旅游业，要求旅游环境质量要优于一般环境质量，因此，必然要求旅

游区维护和恢复文物古迹，保护和改善生态环境，整理和发掘人文风情，而这些对民族地区的社会文化和自然环境，可以起到积极的保护和促进作用。

4. 发展民族地区旅游业有利于促进当地文化交流，加强民族和谐团结进步

发展贵州少数民族民俗文化旅游业，不但可以推动当地经济社会的发展，而且也为贵州少数民族与其他各民族之间的友好和谐交往提供了条件，特别是现代旅游，实质是一种地区间的文化交流。随着民俗文化旅游的兴起，可以有效地改变贵州少数民族地区长期所处的文化封闭状态，使之经常性地与现代文明和外来文化相互交流，这种交流不仅不会使当地的民俗文化发生变化，反而会更加有效地保护当地文化的传承。通过与外界的经济文化交流，加强和促进各民族之间的和谐、团结、进步①。

二、贵州省民族地区典型区域社会经济发展概况

（一）区位总体概况

1. 黔东南州

黔东南苗族侗族自治州位于贵州省东南部，东邻湖南省怀化地区，南接广西壮族自治区柳州、河池地区，西连黔南布依族苗族自治州，北抵遵义、铜仁两地区。地势西高东低，自西部向北、东、南三面倾斜，海拔最高 2178 米，最低 137 米，素有“九山半水半分田”之说。

黔东南苗族侗族自治州拥有在全省、全国和世界上最具比较优势的苗族侗族原生态文化、原始自然生态和原貌历史遗存的“三原”结构旅游资源，全国最大的苗寨——雷山西江，全国最大的侗寨——黎平肇兴，有世界上最古老的情人节——台江苗族姊妹节，有世界上独木龙舟的发祥地——台江施洞，有粗犷奔放的苗族祭祀狂欢舞蹈——反排木鼓舞，有“行云流水”的苗族飞歌，有“天籁之音”的侗族大歌，有由杉树演变而来的凝固于空间的历史，有守望千百年的侗家鼓楼，有记载镌刻历史的精美而斑斓的苗族服饰。有着独特性、丰富性、垄断性、参与性和互补性五大优势，被世界旅游组织界定为“是人类苗族侗族文化遗产核心保留地”。黔东南的独具特色、原汁原味的民族建筑文化、民族民间节日文化、民族服饰文化、民族饮食文化、民族婚俗文化、民族歌舞文化、民族洗浴文化，被国内外游客赞誉为“世界上最大的原生态民族博物馆”、“人类疲惫心灵的栖息的家园”、“人类保存的最古老的歌谣”。②

——被世界乡土文化保护基金会列为全球 18 个生态文化保护圈之一，在亚洲，只有西藏和它榜上有名；③

——是联合国教科文组织推荐的世界十大“返璞归真，回归自然”旅游目的地首选

① 刘俊岭．论贵州少数民族民俗文化旅游发展［J］．商场现代化，2008，（7）：239－240.

② 张远卿．黔东南苗族侗族自治州旅游工作手册（内部资料）［R］．凯里：黔东南苗族侗族自治州旅游局，2003，（2）.

③ 杨东升．黔东南州旅游业发展的制约因素分析［J］．黔东南民族师范高等专科学校化学系，2004，（12）.

地之一；

——被世界旅游组织秘书长弗朗西斯科·弗朗加利先生称为“歌舞之州、森林之州、神奇之州，将成为世界上最具吸引力的旅游胜地”；

——世界旅游组织用“旅游资源品位最高、质量最好、最集中、最具多样性、最具吸引力”评价黔东南州。①

2. 黔南州

黔南布依族苗族自治州位于贵州省中南部，东与黔东南州相连，南与广西壮族自治区毗邻，西与安顺市、黔西南州接址，北靠省会贵阳市。地处贵州高原向广西丘陵盆地过渡的斜坡地带，地势西北高，东南低，平均海拔 997 米。苗岭横亘中部，是长江流域与珠江流域的分水岭，主峰斗篷山，海拔 1961 米，为全区最高点。山地高原为主，苗岭横贯。红水河、都柳江流经，多峰林、溶洞及伏流。

黔南州历史悠久，山川多姿，气候宜人，旅游资源丰富。其特点是：名胜古迹多，自然山水清秀，山高地险，云雾缭绕，气候温和；地下岩溶发育，地上峰丛、峰林普遍，其形态类型及发育程度都居贵州省之冠。

（二）社会经济概况

从旅游区位来说，黔东南州和黔南州是贵州省最大的侗族、苗族、布依族聚集地。有着浓郁的原生态文化，其中黔东南苗族侗族自治州辖 1 个市、15 个县和 1 个经济开发区。黔南布依族苗族自治州辖 2 个市、10 个县（见表 6 – 1），黔东南州和黔南州的土地面积分别为 30337 平方千米、26197 平方千米，占贵州省总面积的 17. 22% 和 14. 87% 。

表 6 – 1 贵州省黔东南州、黔南州行政区划

市、县、区	黔东南苗族侗族自治州	黔南布依族苗族自治州
市	凯里市	都匀市、福泉市
县	麻江县、雷山县、丹寨县、黄平县、施秉县、镇远县、三穗县、岑巩县、天柱县、锦屏县、黎平县、从江县、榕江县、台江县、剑河县	瓮安县、贵定县、龙里县、惠水县、长顺县、罗甸县、平塘县、独山县、荔波县、三都县
经济开发区	凯里经济开发区	

黔东南州、黔南州的人口发展状况见表 6 – 2。黔东南州、黔南州的旅游发展状况见表 6 – 3。

表 6 – 2 贵州省黔东南州、黔南州人口发展状况（2007 年）

区域名称	年末总人口数（万人）	少数民族人口数（万人）	土地面积(平方千米)	人口密度(人/平方千米)
贵州省	3975. 48	1549. 64	176167	225. 67
黔东南州	439. 38	366. 00	30337	144. 83
黔南州	391. 49	215. 71	26197	149. 44

资料来源：贵州省人民政府办公厅 . 贵州年鉴 2008. 贵州：贵州年鉴社，2008.

① 体验生态博物馆——黔东南乡村旅游发展模式探析［J］. 当代贵州，2008，(18)：12 – 14.

从表6－2的人口密度指标可以看出，黔东南州和黔南州的人口密度较低，都处于贵州省人均密度水平之下。数据表明，黔东南州和黔南州的人口压力处在正常水平。

表6－3　贵州省黔东南州、黔南州旅游业发展状况（2007年）

区域名称	GDP（亿元）	旅游收入（亿元）	旅游收入增长率（%）	旅游收入与GDP比重（%）	旅游人数（万人）
贵州省	2741.9	504.04	13.6	18.38	6219.89
黔东南州	195.68	60.7	33.4	31	845
黔南州	219.51	62.53	32.1	28.49	1143.1

资料来源：贵州省人民政府办公厅．贵州年鉴2008．贵州：贵州年鉴社，2008.

与贵州省的收入平均增长率相比，要高于贵州省的平均水平，黔东南州、黔南州的旅游收入占GDP的百分比也要明显高于贵州省的平均水平；其在2007年全年接待游客的数量分别占贵州省的13.5%和18.38%。这充分显现出黔东南州、黔南州的旅游资源优势。近些年来，为了凸显黔东南州和黔南州的旅游资源优势，采取一系列的措施，经济结构的不断优化、基础设施不断改善，同时值得提出来的是黔东南州和黔南州的交通网正在得到逐步的完善。黔桂铁路、湘黔铁路、320与321国道、贵新（贵阳——新寨）高等级公路从境内经过黔东南州和黔南州，有从北京和上海等大城市到昆明等地的列车经过。株六（湖南株洲——贵州六盘水）铁路复线已建成通车，黎平机场已建成通航，初步形成了以公路为主，铁路、航空相配套的现代立体交通网络。凯三高速公路、荔波机场正在建设，黔桂铁路将实施改造，交通条件大大改善，构成四通八达的交通网，对加快黔东南州、黔南州的交通和经济的发展将起到积极的推动作用。为黔东南州、黔南州旅游可持续发展评价指标体系的社会经济的潜在支持力奠定了基础。

（三）自然资源状况

黔东南州有世界闻名的台江奇昌寒武纪化石；有古韵悠远的全国历史文化名城镇远；有闻名遐迩的舞阳河国家级风景名胜区；有只惊无险的施秉杉木河漂流；有生态秀丽神秘奇特的云台山；有刺激有趣的黄平"野洞河"漂流和飞云崖大峡谷冲浪漂流及野洞河溶洞、百米瀑布神奇壮丽景观；有16座小岛和原始森林编织一体的美丽的舞阳湖；有清澈涓流的剑河温泉；有"动植物王国"雷公山和月亮山自然保护区；有天下第一的西江千户苗寨；有世界最大的黎平天生桥；有巧夺天工的肇兴侗族鼓楼建筑群；有中共中央政治局"黎平会议"会址……碧绿自然的原始乡土，婀娜多姿、神奇古朴的文化积淀，孕育着世世代代苗侗民族的文明，酝酿出一杯杯纯净的美酒圣水，成为中国贵州东部的"三江两山一座园"，即舞阳河—清水江—都柳江—雷公山—月亮山—苗侗民族风情园，人们可享受山山水水之景，体味原始生态自然之旅。

黔南州有被誉为"地球腰带上的绿宝石"的茂兰喀斯特原始森林；有被称为丧葬文化中活化石的瑶族崖洞葬；有冲击激流险滩、动人心魄的荔波水春河漂流；有高原桥城都匀剑江的迷人景色；有别具一格的瑶族民居；有世界单孔跨径最长的瓮安江界河大桥；有红军强渡乌江遗址……有着得天独厚的民族文化，其后发优势在于以民族文化作为其内核的民族文化生态旅游上，是黔南地区的宝贵财富和重要旅游资源。感受生命之美、充实生命之旅成为黔南旅游首选旅游目的地。

黔东南州、黔南州的旅游资源丰富、资源类型多样化。按照王建军、李朝阳（2006）提出的生态旅游资源的景观—环境分类方案：大类，按照人们的审美和感知，分为景观与环境两个大类；主类，按照旅游资源的基础属性分类，分为自然、人文两个主类；亚类、基本类型分类则参考了国家标准。根据生态旅游资源内涵的理解和定义，生态旅游资源大类的分类方法为：按照旅游资源禀赋特征分为自然旅游资源、人文旅游资源、社会生态旅游资源。黔东南州、黔南州的旅游资源按照上述方法可以归纳如表6－4。

表6－4　黔东南州、黔南州旅游资源基本类型统计

大类	亚类	基本类型	典型类型	所在区域	备注
自然旅游资源	地文景观	名山风光	都匀斗篷山	（黔南州）都柳江	国家级风景名胜区
		峰林	云台山		奇峰秀水
		峡谷	平良峡谷	（黔东南州）凯里市	十里古峡急滩险
		森林、自然保护区	月亮山原始森林	（黔东南州）都柳江	省级自然保护区
			三都揽林场	（黔南州）都柳江	国家级森林公园
			榕江古榕树群	（黔东南州）都柳江	
			雷公山自然保护区	（黔东南州）雷山县	省级自然保护区秃杉等珍稀生物
			东风林场		国家级植物基因库
		化石	剑河古生物化石群	（黔东南州）剑河县	省级重点文物保护单位
			台江八郎古生物化石群	（黔东南州）台江县	世界寒武纪生命大爆炸的三大遗址之一
		溶洞	尧林溶洞	（黔南州）都柳江	
			惠水燕子洞	（黔南州）都柳江	
		漂流	杉木河漂流	（黔东南州）施秉县	“中国第一漂”
		温泉	剑河温泉	（黔东南州）剑河	苗乡圣水
		森林公园	雷山国家森林公园	（黔东南州）雷山县	国家级森林公园
			黎平国家森林公园	（黔东南州）黎平县	国家级森林公园
			舞阳湖国家森林公园	（黔东南州）黄平县	国家级森林公园
	水域风光	湖泊河流	舞阳河风景名胜区	（黔东南州）镇远县	国家级风景名胜区
			荔波漳江	（黔南州）都柳江	国家级风景名胜区
		瀑布	穿洞瀑布	（黔南州）南盘江	
	生物景观	珍贵动物	草鹗、麝羊、彪豹、毛冠鹿、娃娃鱼、中华鲟、华南虎、云豹、麝	黔东南州、黔南州	国家重点保护一、二级动物
原生的历史文化	历史风情	摩崖石刻	王阳明、林则徐、何绍基	（黔南州）飞云悬崖	贵州省重点文物保护单位
		石窟	青龙洞古建筑群	（黔东南州）镇远县	国家级重点文物保护单位
		古文化遗迹	陈圆圆墓	（黔东南州）岑巩	省级文物保护单位
			清水江宗祠文化	（黔东南州）天柱三门塘	

续表

大类	亚类	基本类型	典型类型	所在区域	备注
原生的历史文化	历史风情	军事遗迹	黎平会议会址	（黔东南州）黎平县	国家级重点文物保护单位名单
			“红七军司令部”、“五一广场旧址”、“红军墓”、“红军纪念碑”、“和平村”、凯里“烈士陵园”	黔东南州	红色旅游品牌
		民族村寨	西江苗寨	（黔东南州）雷山县	全国最大的苗族村寨
			肇兴侗寨	（黔东南州）黎平县	贵州省拥有鼓楼最多的侗寨；国家级风景名胜区
			车寨古楼	（黔东南州）都柳江	贵州省最大的古榕树群
			郎德上寨	（黔东南州）雷山县	“中国民间歌舞艺术之乡”
		民族建筑	地坪风雨桥	（黔东南州）黎平县	世界建筑艺术瑰宝
			增冲鼓楼	（黔东南州）从江县	国家重点文物保护单位
			郎德上寨古建筑群	（黔东南州）雷山县	国家重点文物保护单位
			西江吊脚楼	（黔东南州）雷山县	国家级非物质文化遗产
			福泉城墙	（黔南州）福泉市	贵州省重点文物保护单位
		名人故居	邓恩铭故居	（黔南州）南盘江	中共一大代表故居
			杨至成、孙应鳌	（黔东南州）凯里市	三穗侗族上将、明朝万历三年右侍郎
	民族风情类景观	博物馆	堂安侗族生态博物馆	（黔东南州）黎平县	中挪文化合作项目、“天人合一的天堂”
		民族艺术	歌曲类：“飞歌”、“酒歌”、“大歌”等70多种类型	黔东南州、黔南州	
			舞蹈类：木鼓舞、踩鼓舞、芦笙舞、反排木鼓舞等30多种类别	黔东南州、黔南州	
			绘画艺术：苗族蜡染和侗族的侗锦以及苗族侗族的刺绣	黔东南州、黔南州	
		民族服饰	苗族银饰；苗族39种、侗族25种不同服饰	黔东南州、黔南州	
		民族节庆活动	芦笙节、爬坡节、姊妹节、龙舟节、苗年、侗年、萨玛节、民族狂欢节等共391种不同节日	黔东南州、黔南州	
		民族文书	水族的《水书》	（黔南州）三都县	被誉为“不可知的天书”
			契约文书	（黔东南州）锦屏	黔学的一门显学
		传统体育活动	“划龙船”和武术，被誉为“东方橄榄球”的抢花炮、杉木河漂流节、凯里斗牛节等	黔东南州	民俗文化

1. 黔东南州

黔东南的气候属亚热带湿润气候，冬无严寒，夏无酷暑，年均气温在14~19摄氏度之间，雨季明显，降水较多，年降雨量在1000~1600毫米，日照年均约1200小时。

这座天然民族旅游区已开发的有国家级风景名胜区2处（舞阳河、黎平侗乡风景名胜区）。以黎平、从江、榕江为代表的侗族风情，独特的建筑艺术令人赏心悦目。黎平高屯天然石拱桥和述洞侗族独柱鼓楼、榕江车江八宝寨古楼等世界之最已列入吉尼斯纪录。以舞阳河和云台山为代表的山水名胜，自然风光迤逦多姿；国家级历史文化名城1座（镇远），至今已有2200多年历史，城内古迹比比皆是，各级重点文物保护单位70余种，其中古建筑群青龙洞更是久负盛名，声震四海，它集佛教、道教文化于一体，依山傍水，贴崖修筑，古老悠久，独具特色；1个国家级森林公园（雷公山），联合国专家曾向世界宣布：雷公山是当今人类保存最完好的一块生态文化净地，是世界十大森林旅游区之一；1个巴拉河流域全国农业旅游示范区。2个中国与挪威共同建立的国家级生态博物馆（黎平堂安和锦屏隆里）；东风林场是国家级植物基因库；黎—从—榕生态示范区是国家级生态示范区。

另有4个国家重点文物保护单位（青龙洞古建筑群、增冲鼓楼），5个文化部命名的中国现代民间绘画艺术之乡（黄平、剑河、麻江3个现代民间绘画乡，从江县小黄乡和雷山县郎德乡2个民族歌舞艺术之乡），9个省级风景名胜区：岑巩龙鳌河风景区、剑河清水江风景区、麻江下司风景区、镇远高过河风景区、榕江车江古榕树群风景区、雷山风景名胜区、锦屏三板溪—隆里古城风景名胜区、丹寨龙泉山—岔河风景名胜区、从江风景名胜区。省级历史文化古镇3座（黄平旧州镇、黎平德凤镇、雷山西江镇），1个省级森林公园，5个省级自然保护区，32个省级重点文物保护单位。省级艺术之乡9个。“唐朝发型、宋代服饰、明清建筑、魏晋遗风”的民族风情，奇特古朴的自然之美，独具魅力，构成黔东南多姿多彩的旅游景观，遮天蔽日的亚热带森林，夏无酷暑的宜人气候，又使其成为理想的避暑胜地。这些丰富的旅游资源和浓郁底蕴原生态文化构成黔东南州旅游资源潜在保障力。黔东南州旅游资源的分布见图6－1。

（1）森林资源。

黔东南州森林资源丰富，全州原始森林总面积达165550公顷，活立木蓄积量10959.7万立方米，覆盖率为62.78%。是全国的八大林区之一，是贵州省公园中的“园中园”，被国家授予“国家植物基因库”和“林海杉乡”。[①] 贵州省10个林业县中，黔东南州就占8个。全州除雷公山国家级自然保护区外，还有月亮山、弄相山、上塘、龙头岩、乌嘎冲、佛顶山等原始性较强且生态系统发育较好的原始森林。榕江古榕奇观对北方游客具有较大吸引力。有雷公山和黎平侗乡2个国家森林公园；另有5个省级森林公园。丰富的森林资源使黔东南州成为“天然氧吧”，适合度假休闲、野外生存、森林沐浴等活动。

（2）山水资源。

由于是喀斯特地形，黔东南州境内沟壑纵横，山峦延绵，重崖叠嶂，以其或雄、或险、或峻、或幽、或秀、或奇，矗立于州境各地。有雷公山、云台山、香炉山、月亮山、孔明山、佛顶山、弄相山等。其中雷公山山势巍峨，雄伟壮阔，为黔东南州群峰之首，现列为贵州省级自然保护区。西北部的施秉云台山，怪石崛起，奇峰鼎立，古木苍翠，沟壑幽深，为国家级风景名胜区、舞阳河重要景点。西部的凯里香炉山，壁立千仞，巍然耸立，挺拔险峻，雄奇壮观，是爬山节游览胜地。南部的从江月亮山、孔明山，峻峰高耸，岗峦起伏，林海浩瀚，人迹罕至，神秘莫测。

① 蒋焕洲．黔东南民族地区乡村旅游的可持续开发研究［J］．安徽农业科学，2008，（23）．

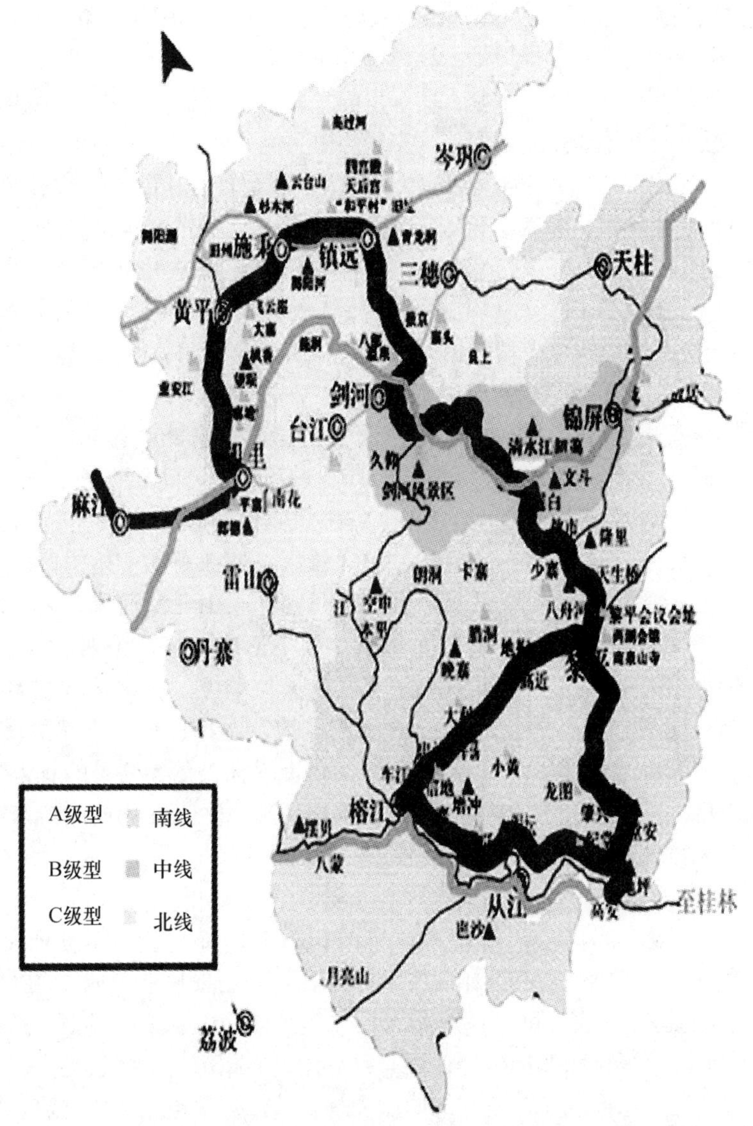

图 6－1　黔东南州旅游资源分布

在崇山峻岭之间有 2900 条河流，清水江、舞阳河、都柳江纵贯全境。神奇的山光水色、奇石异洞、飞瀑流泉使游客感到赏心悦目，流连忘返。舞阳河风景区以舞阳河水系为纽带；以峡谷奇峰、云景水色为韵；以“雄、奇、秀、幽”为特色而名扬天下。由喀斯特岩溶地貌奇观，平湖瀑泉、幽谷林海景观，山岳云岫、幽壑深涧景观，古刹人文、天象生物等景观构成舞阳河风景区神奇迷离、令人神往的绝色风光。龙鳌河有“人间藏秀”的美称，沿江石笋、石柱、石幔高悬两岸石壁，或杂陈岸旁，或矗立于溶洞口边，各呈异态。到雷公山、云台山登高，到杉木河漂流（施秉被公认为“中国漂城”）。到舞阳河观光，到剑河温泉沐浴，是许多游客向往的旅游项目。①

① 杨龙．贵州生态旅游［M］．贵阳：贵州科技出版社，2003.

（3）生物资源。

黔东南生物资源品种多，有野生动物518种，其中国家重点保护的一级动物3种，二级动物23种，占贵州省的56%，被誉为祖国南方的绿色宝库、动物王国，其中草鹗、麝羊、彪豹、毛冠鹿、娃娃鱼、中华鲟等10多种被列为国家重点保护动物。

黔东南有各类植物2009种，草本植物360种，蕨类植物249种。在野生植物中，珍稀植物有43种，其中一类保护植物有4种（不含银杏），占全国一类保护植物的9.8%；二类保护植物有38种，占全国二类保护植物的19.2%。[①] 其中野生植物资源150余科，400多属，1000余种，在种子植物中，有中国特有属24属，占全国特有属的11.7%；有秃杉、篱子三尖杉、银杏、鹅掌楸等重点保护树种37种，占全国重点保护树种的10.5%，占贵州省保护树种的90.2%。药用野生植物400余种，盛产的太子参、松茯苓、五倍子、天麻、杜仲等名贵药材驰名全国。野生真菌资源：大型真菌有204种，野生食用菌55种。[②]

2. 黔南州

黔南州属典型的亚热带湿润季风气候，平均气温13.6～19.6℃。平均降雨量1100～1400毫米。冬无严寒、夏无酷暑、雨热同季，气候温暖湿润，有利于各种动植物的繁衍生息，是发展热带性和亚热带性植物和水果的基地。黔南的高原旅游风光，这一特色是东部平原地区所没有的，它已成为黔南资源中的一大优势。全州现已探明有开发利用价值的旅游景点达60多个。黔南山青峰奇、风光绚丽，名胜古迹众多，民族文化悠久，民俗风情浓郁，旅游资源十分丰富。国家级风景名胜区——荔波樟江风景名胜区与荔波茂兰喀斯特原始森林自然保护区相依相连。在层峦叠嶂的喀斯特地貌上，覆盖着莽莽苍苍的原始森林，河湖溪瀑纵横交织。樟江风景名胜区由大七孔、小七孔和水春河峡谷三个景区组成。其中，荔波茂兰喀斯特森林占地面积为21.85公顷，是典型的喀斯特森林生态系统。涵盖了所有的天然岩溶地貌，包括浑圆状的喀斯特山峰、瀑布洞穴、暗河。有典型的喀斯特植被森林中生活着许多珍贵的飞禽鸟兽。联合国世界遗产专家这样评价：荔波遗产地是世界上同类喀斯特的模式地，满足世界遗产的第Ⅶ和Ⅷ条评价标准，即具有超乎寻常的自然现象或非同寻常的自然美和美学价值；是反映地球演化历史主要阶段的杰出范例，包括生命的记录，重要的、正在进行的地貌演化，重要的地貌形态或自然地理特征……荔波茂兰喀斯特原始森林作为国家自然保护区已加入联合国教科文组织人与生物圈项目，是世界上保护最好的喀斯特森林。[③]

"荔波茂兰国家级自然保护区"集山、水、洞、林、湖和瀑布为一体，熔旅游、观光、科研考察于一炉，享有"地球上喀斯特地区独一无二的绿色宝库"的盛誉。

另有10个省级风景名胜区，分别是龙里猴子沟、福泉洒金谷风景名胜区、瓮安江界河风景名胜区、长顺杜鹃湖—白云山风景名胜区、平塘风景名胜区、惠水涟江—燕子洞风景名胜区、三都都柳江风景名胜区、贵定洛北河风景名胜区、独山深河桥风景名胜区、罗甸大小井风景名胜区（新增）。[④] 它们共同组成的贵州南线丰富多彩的旅游景观，让人一

① 贵州省环境保护局．贵州珍稀濒危植物［M］．北京：中国环境科学出版社，1989.

② 贵州省林业厅．贵州野生珍贵植物资源［M］．北京：中国林业出版社，2000.

③ 贵州省人民政府办公厅．贵州年鉴2004［M］．贵州：贵州年鉴社，2004.

④ 贵州省人民政府办公厅．贵州年鉴2008［M］．贵州：贵州年鉴社，2008.

游难忘。黔南州旅游资源的分布见图 6－2。

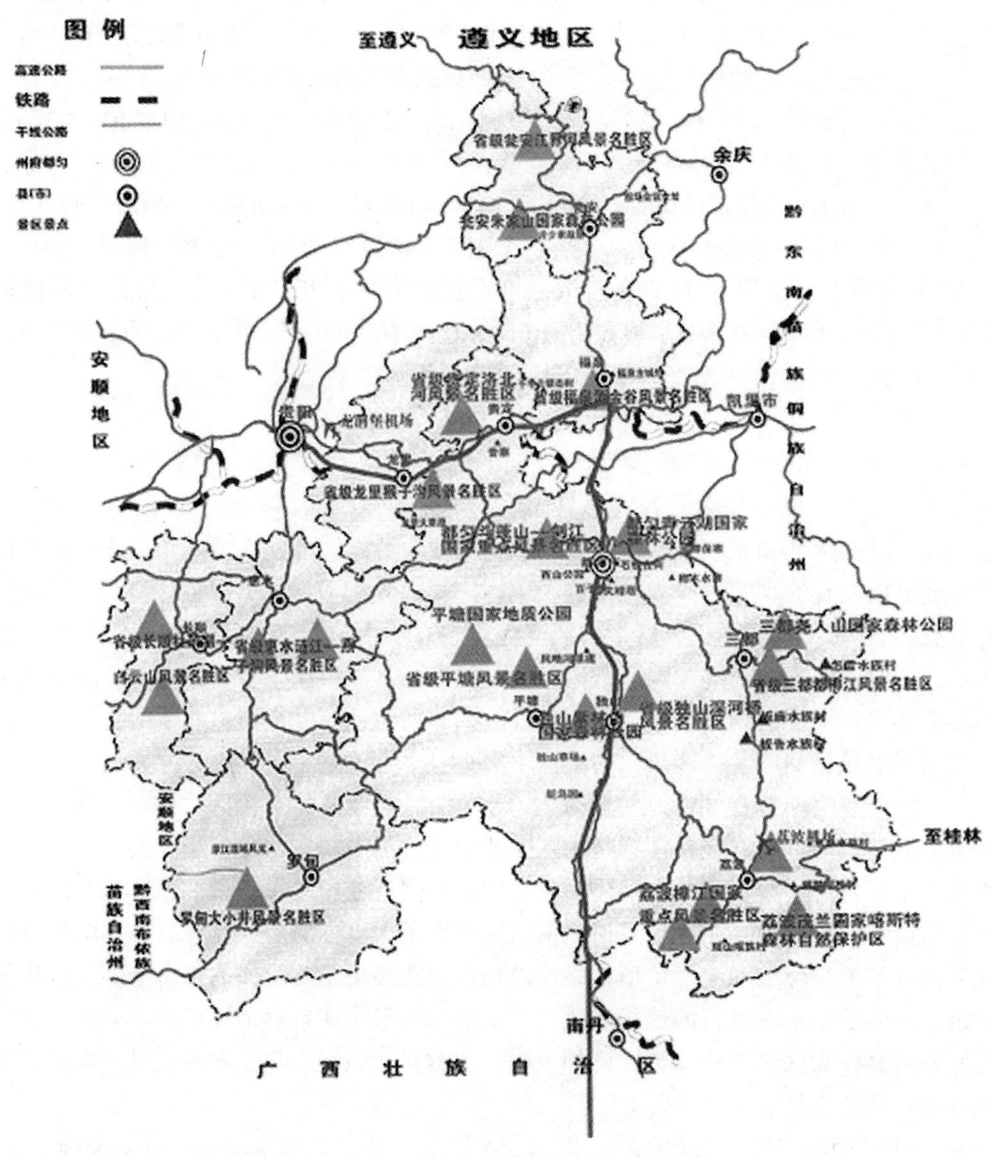

图 6－2　黔南州旅游资源分布

（1）森林资源。黔南州森林面积有 1182 万亩，宜林荒山 321 万亩，森林覆盖率为 47.56%，在天然植被中，黔南有针叶林、阔叶林、竹林、灌丛和灌草丛四种植被共 30 个品种的植物，其中针叶林是黔南州主要材林，经济意义较大。其中斗篷山水源涵养林自然保护区面积为 61.8 平方千米，是州内 5 条河流的源头，保护区内森林覆盖面积 10000hm^2 左右。

（2）山水资源。黔南州主要旅游资源是荔波樟江风景名胜区，为国家级重点风景名胜区，现正在申报世界自然遗产。该区域峡谷、瀑布、湖泊、奇山、异水等也是美不胜收，由小七孔鸳鸯湖景区、大七孔地域宫景区、水春河峡谷景区及樟江沿江风光带构成，景区以喀斯特地貌上樟江水系的水景和浩瀚苍茫的森林为主体。水有形态各异、气象万千的瀑布群，有翠绿的湖泊，有湍流翻飞的急滩、长浪，有涓涓如练的小溪，整个水景呈现出动静相间、刚柔相济的特色。樟江国家级风景名胜区和茂兰喀斯特森林一带，构成了地球同纬度完美如画的人间奇景。其林以原始性强、集中连片的喀斯特森林为主，有漏斗、洼地、盆地和举世罕见的喀斯特水上森林，随着季节的变换呈现出色彩绚丽、动人心魄的景象。

（3）生物资源。黔东南适宜的气候为野生动物的生长提供了较为优越的自然环境，属国家一、二、三类珍稀动物的有华南虎、云豹、猕猴、麝、大鲵（娃娃鱼）、穿山甲等共30余种。野生动物400多种，其中药用脊椎动物112种。州内野生植物1700余种，其中药用植物1000多种。在这块生态环境里，潜藏着丰富的野生植物、天然植被资源，其中野生植物中的食用植物、药用植物、工业用植物和护境美境植物的资源共有1384种，珍稀植物国家重点保护的25种，具有重要开发价值的有天麻、杜仲、三七、艾纳香、龙胆草、金银花、刺梨等58种。丰富的生物资源是医药工业发展的原料基地。以“贵州神奇制药有限公司”为首的数十家制药厂先后在黔南落户，取得良好的经济和社会效益。坐落在黔南州龙里县谷脚镇的“医药工业园区”已初具规模。这些植物构成了黔南州的经济植物资源，黔南州的生态环境，有着植被面积宽、植物种类多、生态藏量大、持续发展性强等特点。

（四）原生历史文化

1. 黔东南州

在贵州省的民族文化旅游发展战略中，黔东南苗族侗族自治州无疑是非常重要的一环，在省内所有民族地区中的地位和作用非常突出，十分引人注目。浓郁的民族风情是黔东南的核心旅游资源。黔东南州是全国苗族侗族原生文化的中心，由于历史及地域的原因，长期以来处于相对封闭状态，原生民族人文生态系统保存比较完整。跟黔南布依族苗族自治州和黔西南布依族苗族自治州等其他民族地区相比，黔东南的民族文化资源更丰富——“有16项非物质文化遗产被列入国家公布的非物质文化遗产中，在全国地州市级中排名第一；有119项列入省级非物质文化遗产，占全省非物质文化遗产总量293项的41%”。

（1）民族节日。黔东南州的民族节日每年有396万人以上的节日有122个。凯里是有名的百节之乡，有芦笙会、苗年、吃新节、爬坡节、姊妹节、木鼓节、斗牛节、牯藏节等节日。节日期间开展跳芦笙、斗牛、赛马、吹芒筒、跳木鼓、踩铜鼓、对歌、斗鸟等活动。民族节日是展现贵州民族风情和灿烂文化的百花园，这些成为少数民族文化中独具特色亮丽风景。难以穷究的多元文化使得黔东南苗族侗族自治州被世界乡土文化基金会列为世界18个少数民族文化保护圈之一。

（2）民族歌舞。苗族的歌高亢昂扬、热情奔放，被称为“飞歌”。苗族舞蹈动作潇洒，风格淳朴，热情奔放。侗族大歌低回委婉，优美抒情，他们天生的多声部无伴奏合唱“侗族大歌”如天籁之音。“中国民间艺术之乡”和“侗歌之乡”的称号。舞蹈方面有芦笙舞、板凳舞、锦鸡舞、木鼓舞、铜鼓舞、琵琶舞等。丹寨县反排木鼓舞粗犷奔放，遒劲飘逸，节奏鲜明，被誉为“东方迪斯科”。

（3）民族建筑。民族村寨是承载历史文化、民族文化的物质基础。如苗寨的曲栏回廊、吊脚楼、亭阁式的谷仓和木架禾晾，侗村的六檐、八檐鼓楼和长廊风雨桥等都是苗侗民族的建筑瑰宝。抢手部落岜沙苗寨、最古朴的侗寨堂安、从江银坛侗寨、苗族古建筑博物馆郎德苗寨、西江千户苗寨、肇兴千户侗寨、苗族农民画乡铜鼓村、木鼓舞之乡反排村等民族村寨被世界旅游组织评选为世界级乡村旅游村寨。如侗族村寨，以鼓楼、花桥为特色。鼓楼是侗族的标志性建筑，鼓楼都安有葫芦宝顶，檐板施以彩绘，工艺精巧，充分体现了侗族古建筑的艺术特色。花桥也称风雨桥，桥上建桥楼，覆以青瓦，建筑别致美观。鼓楼、风雨桥让侗族人精湛的建筑技艺蜚声世界。增冲鼓楼因其历史悠久、造型美观、气势雄伟、工艺精良而被视为侗族建筑艺术的明珠。风雨桥不仅提供人们便利的交通，还具有风水文化意义，地坪风雨桥是侗族地区最大的风雨桥之一，简支梁的现代桥梁建筑力学原理几百年前在此得到运用，整体结构不费一钉一铆，全系穿榫逗扣衔接拼合，经百年不松动，令人叹为观止。

（4）民族体育。黔东南州民族传统体育丰富多彩，自成一体。影响较大的有斗牛、独木龙舟、苗族武术、摔跤、登山、抢花炮、射弩等。黔东南州具有鲜明的东方斗牛风格，场面惊心动魄，观者如潮，胜负结果关系到家庭、村寨、片区、民族的荣誉、尊严和地位。黔东南州的独木龙舟，世界绝无仅有。现存长达 15 米的古老独木龙舟 5 只。龙舟竞渡时，河面“百舸争流，千帆竞发”，两岸人山人海，锣鼓喧天，鞭炮齐鸣。

（5）民族服饰。苗族拥有 39 种不同服饰；侗族拥有 25 种不同服饰。黔东南天柱地区目前还保留有春秋战国时期的发式，宋、唐时期的发型在黔东南某些村寨中还可找到。黔东南地区各民族有各民族的服饰，服饰艳丽多彩，共 80 余种。同民族在不同的地区服饰也不相同，如同是苗族服饰，雷山的、高溪的、黄平的、施秉的……地区不同，人们的服饰也各异，各具特点。

2. 黔南州

（1）民族文字。黔南州有全国唯一的水族自治县——三都县。水族居住在黔南境内有 29. 11 万人，占全国水族人口的 90% 以上，水族有自己的语言和文字，其他民族都有自己的语言，没有自己的文字。水族的古名文字“水书”的创制与古代的甲骨文、金文有一定关联，被专家们誉为“不可知的天书”。

（2）民族歌舞。黔南各民族能歌善舞，民族风情古朴典雅，婚丧习俗各具特色，民族文化多姿多彩。民族音乐有布依族的山歌、情歌和双声部大歌，苗族的史歌、情歌、飞歌、丧歌、祭祀歌、芦笙曲调，水族有大歌和小歌等；民族乐器有布依族的铜鼓、唢呐、姊妹箫，苗族的芦笙、唢呐、芒筒、箫笛、古瓢琴，水族的牛角皮鼓、铜鼓、锣、芦笙等；民族舞蹈有布依族的刷巴舞、响篙舞、花包舞，苗族的芦笙舞、长鼓舞、板凳舞、锦鸡舞、铜鼓舞，水族的“铜鼓舞”和“斗角舞”等；民族节日有布依族的“三月三”、“四月八”、“六月六”和“赶秋坡”等，苗族的“苗年”、“吃新节”、“米花节”、“三月三”、“四月八”，水族的“端节”（也是年节）、“卯节”（也是歌节、情人节）等。

（3）民族婚礼。黔南各民族婚礼是最隆重的庆典仪式，婚俗习惯独特、纷繁而古朴。布依族青年婚姻主要通过“玩表”、“浪哨”、“对歌”等活动进行，在恋爱过程中，互赠信物；苗族青年婚姻主要是通过“跳月”、“跳场”、“坐月场”、“跳花场”等活动互相结识；水族传统婚姻则通过“放口风”，请媒人上门提亲，然后举行婚礼，自由恋爱主要是通过卯节对歌、赶场或走亲访友结识；瑶族婚姻的缔结最为独特，是通过自由恋爱即通过“闹门墙”进行，又称“凿壁谈婚”，就是指瑶族姑娘进入婚龄后，便单独住进大门背后的一个小房间（谈婚房），并在房间临街面楼梯边的木板上凿一个小孔，小孔对着姑娘床头，孔的直径大约二厘米，这个孔，瑶语称“开的”，意即“谈婚洞”、“恋爱洞”，看中姑娘的小伙子，夜间便到“谈婚洞”前，用木棒将姑娘捅醒，若姑娘有意，便起身坐于床上与洞外小伙子细语轻歌，倾吐情思，建立感情，直至缔结婚约，所有恋人都经历过“凿壁谈婚”，这种良好美俗，瑶族人民引以为傲，世代相传，长盛不衰。

（4）民族花灯。独山花灯是黔南特有的地方戏曲，以鲜明的地域民族文化特色、优美的音乐曲调、婉转动听的唱腔、浓郁的乡土气息，成为中国民族民间文化中的一朵奇葩，入选国家级非物质文化遗产名录。已有200多年历史，深受广大群众喜爱。它的发源地——独山基长，还被评为全国民间花灯艺术之乡，独山县1996年被贵州省文化厅授予“花灯之乡”，1998年被文化部授予“全国文化先进县”，后又被誉为“中国民族艺术之乡”。先后在2008“多彩贵州”歌唱大赛中获铜鼓奖，在首届中国民歌合唱汇演中荣获银奖，向世人展示了贵州独山花灯的艺术魅力。独山花灯合唱团的不俗表现引起了2009年维也纳金色大厅春季世界音乐节组委会的关注，成为贵州被维也纳金色大厅邀请参加演唱的几支合唱团之一。

（5）民族服饰。黔南各民族有自己独特的服饰，苗族服饰最丰富多彩，样式色调繁多，集中了各种特征的服饰艺术，被人们称为“中国苗族服饰的画廊”。苗族服饰在一定程度上反映了苗族的历史、苗族个性、苗族情感、苗族的审美观及贵州自然环境等多方面的文化内容。服饰的发展过程体现了人类文明的过程，贵州苗族服饰作为中华民族服饰家族中重要的一项内容，是实用文化与审美文化的集中体现。贵州苗族服饰，特别是苗族盛装，其审美文化得到强化和放大，贵州苗族服饰形象化的语言在苗族服饰这一历史媒体上，传达和展现出众多的符号语言，为传达审美情感和文化的视觉信息符号，这是超凡的艺术概括，是一种独特的抒情描景，达到了以有限展无限的目的，使苗族服饰有强烈的感染力和吸引力，这是苗族服饰的意境之所在。贵州苗族服饰是贵州民族文化中一颗灿烂夺目的明珠，映照出少数民族服饰独具魅力的文化色彩。

三、旅游业可持续发展评价系统的运用

（一）黔东南州、黔南州旅游可持续发展评价评分

进入21世纪，贵州旅游业也进入了新的发展时期，形成了一大批各具特色的旅游景区，特别是乡村旅游、文化旅游这些精品旅游景点，黔东南州根据建设民族文化与生态旅游大州的目标定位，吸引了众多中外游客。与此同时，旅游发展中出现的问题也越来越突出和明显，如何在发展好贵州旅游业的同时促进旅游业的协调发展，使贵州省旅游业做到可持续发展，已经成为贵州经济发展中必须解决的问题。实证部分选取了贵州省具有代表性的两个旅游目的地：黔东南州和黔南州。根据第五章建立起的贵州生旅游可持续发展指标评价体系，通过若干指标来反映贵州省旅游业可持续性发展水平，从而达到对贵州省旅游业可持续发展度量的目的。本次调查通过发送调查表，向专家发出问卷45份，回收45份，回收率100%，以及在统计年鉴上查阅相关的数据的形式，并对原始数据进行综合整理得出表6-5的结果。

表 6-5　黔东南州、黔南州旅游目的地旅游可持续发展评价指标得分①

指标类型		权重	权重	指标	调查值		标准值	标准化处理		得分	
					黔南州	黔东南州		黔南州	黔东南州	Y_1	Y_2
基础系统	旅游资源	0.2759	0.0345	主要旅游资源点的数量：风景名胜区（省级以上）	12	11	12（黔南州）	1	0.9167	0.0345	0.031626
			0.0799	旅游资源类型	87.5%	100%	100%	0.875	1	0.069913	0.079900
			0.1217	旅游资源的等级	83%	100%	国家旅游资源认定标准	0.83	1	0.101011	0.121700
			0.0323	景区（点）保护程度	0.79	0.83	问卷调查	0.79	0.83	0.025517	0.026809
	生态环境	0.2238	0.0347	大气 SO_2 浓度（逆向指标）	0.06	0.056	0.05 毫克/米^3（国家标准）	-0.2	-0.12	-0.00694	-0.004164
			0.0347	大气 TSP 浓度（逆向指标）	0.096	0.078	0.15 毫克/米^3（国家标准）	0.36	0.48	0.012492	0.016656
			0.0195	污水处理率	72.1%	75%	100%（国家标准）	0.7210	0.7500	0.014060	0.014625
			0.0195	垃圾处理率	68%	65%	100%（国家标准）	0.68	0.6500	0.013260	0.012675
			0.0368	噪音水平（逆向指标）	43 分贝	41 分贝	45 分贝（国家标准）	0.0444	0.0889	-0.001634	0.003272
			0.0786	森林覆盖率	47.56%	62.78%	90%（国家标准）	0.5284	0.6976	0.041536	0.054831
	旅游经济	0.0539	0.0170	旅游总收入（亿元）	62.53	60.7	120	0.5211	0.5058	0.008900	0.008600
			0.0112	旅游总人数（万人）	1143.1	845	2325	0.4917	0.3635	0.005500	0.004100
			0.0066	旅游收入占黔南（东南）州 GDP 比率	62.53/219.51 = 0.2849	60.7/195.68 = 0.31	统计局	0.2849	0.3100	0.00188	0.002046
			0.0026	旅行社数量	18	14	贵阳共 91 家	0.1978	0.1539	0.000514	0.000400
			0.0026	星级宾馆数量	9	8	贵阳共 25 家	0.36	0.32	0.000936	0.000832
			0.0037	单位旅游收入的劳动力投入	61%	67%	调研	0.6100	0.6700	0.002257	0.002479
	社会环境	0.0329	0.0037	单位旅游收入的资金投入	41%	44%	调研	0.4100	0.4400	0.001517	0.001628
			0.0036	旅游就业人员比例	43%	41%	调研	0.4300	0.4100	0.001548	0.001476
			0.0029	客房开房率	87%	83%	统计年鉴 65.5%	1.3282	1.2672	0.003852	0.003675

① 黔东南州、黔南州 2007 年国民经济和社会发展统计公报；黔东南州，黔南州统计局，贵州省人民政府办公厅. 贵州年鉴 2008. 贵州：贵州年鉴社，2008.

续表

指标类型		权重	权重	指标	调查值		标准值	标准化处理		得分	
					黔南州	黔东南州		黔南州	黔东南州	Y₁	Y₂
基础系统	社会环境	0.0329	0.0041	教育经费总支出占贵州省 GDP 比例	4.316%	4.711%	统计年鉴（贵阳5.101%）	0.8461	0.9235	0.003469	0.003786
			0.0101	旅游从业人员基本素质	0.83	0.81	调研	0.8300	0.81	0.008383	0.008181
			0.0016	拥有科技人员的比例	1.41%	1.67%	统计局（贵阳2.02%）	0.6980	0.8267	0.001117	0.001323
			0.0018	科技进步对国民经济贡献率	45.6%	45.6%	统计局	0.456	0.456	0.000821	0.000821
			0.0052	区域犯罪率	0.51	0.55	统计局	0.51	0.55	0.002652	0.00286
			0.0028	景区景点通达条件	0.56	0.53	问卷调查（贵阳0.67）	0.8358	0.791	0.004346	0.002215
			0.0073	通信信号覆盖率	77%	83%	100%	0.77	0.83	0.005621	0.006059
	旅游文化	0.0615	0.0161	旅游景区民族文化特色体现程度	81%	93%	问卷调查(黔东南州93%)	0.8710	1	0.014023	0.0161
			0.0113	旅游景区景点宣传力度	80%	88%	问卷调查(黄果树94%)	0.8511	0.9362	0.009617	0.010579
			0.0065	民族建筑的保护程度	0.71	0.81	问卷调查(黔东南州0.81)	0.8765	1	0.005697	0.0065
			0.0057	民族特色饮食的保存程度	0.41	0.61	问卷调查(黔东南州0.61)	0.6721	1	0.003831	0.0057
			0.0044	居民日常生活中穿本民族服装的频率	0.27	0.35	调研（黔东南州0.35）	0.7714	1	0.003394	0.0044
			0.0039	本民族使用自己语言文字的频度	0.11	0.07	调研（黔南－三都县0.11）	1	0.6364	0.0039	0.002482
			0.0037	本民族遵守村规民约的程度	0.61	0.77	问卷调查	0.61	0.77	0.002257	0.002849
			0.0063	风俗习惯的保留程度	0.66	0.85	调研（黔东南州0.85）	0.7765	1	0.004892	0.0063
			0.0035	本民族宗教活动自发组织的频度	0.53	0.61	调研（黔东南州0.61）	0.8689	1	0.003041	0.0035
协调系统	旅游经济协调	0.0361	0.0052	非刚性费用在旅游消费中所占的比率	23%	25%	统计局（贵阳31%）	0.7419	0.8065	0.003859	0.004194
			0.0103	旅游收入增长速度与客源增长速度的比率关系	32.1%/40.7% = 0.7887	33.4%/24.2% = 1.38	统计局	0.7887	1.38	0.008124	0.014214
			0.0206	旅游总收入增长速率与 GDP 增长速率的比值	32.1%/13.5% = 2.3778	33.4%/13.7% = 2.438	统计局	2.3778	2.438	0.048982	0.050223

续表

指标类型		权重	权重	指标	调查值		标准值	标准化处理		得分	
					黔南州	黔东南州		黔南州	黔东南州	Y_1	Y_2
协调系统	旅游社会协调	0.0457	0.0138	当地居民对旅游者的态度（友好程度）	0.64	0.71	问卷调查	0.64	0.71	0.008832	0.009798
			0.0048	当地社区对旅游环境保护的态度	0.46	0.53	问卷调查	0.46	0.53	0.002208	0.002541
			0.0166	社区居民在旅游发展中的参与程度	0.56	0.61	问卷调查	0.56	0.61	0.009296	0.010126
			0.0105	游客满意度	0.71	0.74	问卷调查	0.71	0.74	0.007455	0.00777
	旅游环境协调	0.0827	0.0446	旅游人数发展规模与理论旅游生态环境容量的比率	0.43	0.47	统计局	0.43	0.47	0.019178	0.020962
			0.0246	旅游污染物处理能力	0.29	0.29	统计年鉴	0.29	0.29	0.007134	0.007134
	旅游文化协调	0.0655	0.0135	旅游环境安全程度	0.77	0.79	调研	0.77	0.79	0.010395	0.010665
			0.0366	旅游从业人员平均受教育程度	0.69	0.63	调研（贵阳0.71）	0.9718	0.8873	0.03557	0.032475
			0.0080	旅游对当地传统文化的影响	0.33	0.37	调研（黔东南州0.37）	0.8919	1	0.007135	0.0080
			0.0209	旅游对当地信仰崇拜的影响	0.11	0.27	调研（0.31）	0.3548	0.871	0.007415	0.018204
潜力系统	旅游资源潜在保障力	0.0462	0.0148	旅游资源的规模度	0.21	0.33	调研（贵阳0.45）	0.4667	0.733	0.006907	0.010848
			0.0258	旅游资源的稀缺性	0.63	0.71	调研（黔东南州0.71）	0.8873	1	0.022892	0.0258
			0.0056	旅游资源的组合度	0.21	0.34	调研	0.21	0.34	0.001176	0.001904
	社会经济潜在支持力	0.0099	0.0042	旅游业的产业地位	0.11	0.11	统计年鉴	0.11	0.11	0.000462	0.000462
			0.0014	黔(东)南州投资环境	0.31	0.37	调研	0.31	0.37	0.000434	0.000518
			0.0036	旅游品牌知名度	0.63	0.71	调研（黄果树100%）	0.63	0.71	0.002268	0.002556
			0.0007	近年来旅游收入增长速度	32.1%	33.4%	统计年鉴	0.321	0.334	0.000225	0.000234
	环境潜在承载力	0.0488	0.0314	旅游区的能源供给能力	0.67	0.63	调研	0.67	0.63	0.021038	0.019782
			0.0132	旅游管理者基本素质	0.57	0.53	问卷调查	0.57	0.53	0.007524	0.006996
			0.0042	森林覆盖率年均变化率	持平	持平	统计年鉴	0	0	0	0
	文化潜在传承力	0.0171	0.0043	民族文化保护程度	0.53	0.66	调研	0.53	0.66	0.002279	0.002838
			0.0128	少数民族的风俗习惯	0.77	0.83	调研（黔东南州0.83）	0.9277	1	0.011875	0.0128

运用量化方法进行计算得到黔东南州和黔南州旅游可持续发展评价指标得分，如表6－6所示。

表6－6 黔东南州、黔南州旅游可持续发展评价指标得分

系统层指标	黔东南州评价综合指标分数	黔南州评价综合指标分数	状态层指标	黔东南州评价具体指标分数	黔南州评价具体指标分数
基础指标	0.466821	0.40768	旅游资源	0.260035	0.230941
			生态环境	0.097895	0.072774
			旅游经济	0.025236	0.026904
			社会环境	0.025245	0.026409
			旅游文化	0.05841	0.050652
协调指标	0.196306	0.17559	旅游经济协调	0.068631	0.060965
			旅游社会协调	0.030235	0.027791
			旅游环境协调	0.038761	0.036707
			旅游文化协调	0.058679	0.050127
潜力指标	0.083586	0.07708	旅游资源的潜在保障力	0.038552	0.030975
			社会经济的潜在支持力	0.003770	0.003389
			环境潜在的承载力	0.026778	0.028562
			文化潜在的传承力	0.014486	0.014154
总计	黔东南州评价综合指标分数		0.746713		
	黔南州评价综合指标分数		0.66035		

（二）黔东南州、黔南州旅游可持续发展评价的意义

根据贵州省旅游可持续发展的评价模型，把黔东南州和黔南州旅游可持续发展分为几个阶段，分割成可操作的阶段性目标，有助于旅游可持续发展的分段实施和重点突破。通过对黔东南州、黔南州旅游可持续发展评价得分的计算，参照贵州省旅游可持续发展评价得分的划分，能够有效地得出黔东南州和黔南州在旅游业可持续发展中所处的阶段。从评分可以明显地看出，在黔东南州和黔南州这两个主要旅游目的地中，黔南州处于初步旅游可持续发展阶段，得分是66.04%，处于50%～70%这一阶段内；而黔东南州则处于旅游可持续发展的基本可持续发展阶段，得分是74.67%，处在70%～85%这一阶段内。由于旅游可持续发展这个阶段的分值要大于85%，分值太高，可以看出黔东南州和黔南州旅游的可持续发展程度不够，不能达到这个相对来说比较协调的阶段。贵州省部分地州旅游可持续发展评价状态识别如表6－7所示。

表6－7 贵州省部分地州旅游可持续发展评价状态识别

综合评价值Y（%）	<50	50～70	70～85	>85
评判标准	旅游可持续发展准备阶段	旅游初步可持续发展阶段	旅游基本可持续发展阶段	旅游可持续发展阶段
阶段划分		黔南州（66.04%）	黔东南州（74.67%）	

（三）　黔东南州、黔南州计算评估得分对比分析

1. 旅游区域总体对比评价

从表6－7可以看出，在所构建的贵州省旅游可持续发展评价体系基础上反映了贵州省旅游可持续发展的现状，即黔东南州可持续发展程度较高，得分74.67%；处于贵州省旅游基本可持续发展阶段，而黔南州得分是66.04%，处在贵州省旅游初步可持续发展阶段。

实证部分选取贵州省的主要目的地黔东南州和黔南州是贵州省发展时间较久、基础较好、旅游资源丰富的旅游目的地。如果引用巴特勒（Butler）提出的旅游地生命周期理论对这三个旅游目的地作一个阶段划分的话，那么黔南州则处在成长期，黔东南州处于成熟期。成长期的黔南州在大量广告和旅游者的宣传下，一个成熟的旅游市场已经形成，外来投资的增加，本地居民提供的膳食设施逐渐被规模化，旅游地自然面貌的改变已比较显著。成熟期的黔东南州旅游地大部分经济活动与旅游业联系到一起，旅游区目前正充分借助民族文化、民族风情、古城民居的吸引力，注重专项旅游产品的开发，吸引广大回头客及新兴的大众旅游者，使旅游业持续地发展。旅游业的发展，依赖于具备很强吸引力的自然景观和民族文化，更得益于恰到好处的宣传促销。① 这点黔东南州旅游目的地能够有效地结合，使得黔东南州旅游发展具有成为基本可持续发展阶段的潜质。所以，从黔东南州、黔南州旅游可持续发展的评价所得的分值与旅游地所处的发展阶段来看，两者有异曲同工之处：黔东南州有诸多旅游资源优势处于基本可持续发展阶段，而黔南州旅游发展相对较弱，处于初级可持续发展阶段。

2. 基础指标对比评价

从基础层来看，总分是0.648，黔东南州得分是0.466821，占总分值的72.04%；黔南州为0.40768，占总分值的62.91%。黔东南州、黔南州得分均过半，但是两者还存在着一定的差距。从具体指标来看，黔东南州、黔南州的旅游资源这个指标的具体得分分别是0.260035、0.230941。贵州省旅游可持续发展指标体系的旅游资源的总得分是0.2759，分别占总分值的94.42%和83.70%。这说明黔东南州、黔南州的旅游资源等级高、组合好。并且黔东南州的旅游资源要比黔南州好。生态环境这一指标的得分两个旅游目的地都不是很可观。构成贵州省生态环境质量的约束条件，其具体得分值为0.097895、0.072774。两者的得分都偏低，与我国其他旅游可持续发展的区域相比存在一定的差距。其主要原因是过于盲目地开发，没有注重生态环境的保护。从旅游经济的具体指标来说，黔东南州的旅游人数要少于黔南州，但黔东南州和黔南州的旅游收入相差不大，说明黔东南州旅游业的发展呈现一种质量逐步提高的发展趋势。并且黔东南州的旅游收入占该州GDP总收入的31%；黔南州为28.49%。从这些可以表明黔东南州旅游的可持续发展程度较高。社会环境的评分与旅游经济相类似，黔东南州和黔南州的得分比较相近，分别是0.025245、0.026409。占总分的76.71%和80.27%。旅游文化这一层指标是反映贵州旅游文化的可持续问题。其评价结果相当可观，两者的得分均比较高，分别是0.05841、

① 普国安，白延斌．滇西北旅游产品的替代竞争与开发策略［J］．云南经济管理干部学院学报，2000，（3）：16－19.

0.050652。其中总分值为0.0615，占总分值的94.98%、81.5%。其旅游文化能够达到可持续发展阶段。

3. 协调指标对比评价

从协调层来看，总分是0.230，黔东南州得分是0.196306，占总分值的85.35%；黔南州得分为0.17559，占总分值的76.34%。得分值都超过一半，旅游经济协调、社会协调、环境协调、文化协调的状态层指标得分结果都相当可观。仔细分析协调层的各因子，旅游环境协调的总分是0.0827，黔东南州得分0.038761，占总分值的46.87%；黔南州得分0.036707，占总分值的44.39%。这说明环境可持续发展协调方面存在一定的问题，需要制定相应的政策法规来进行完善。使得黔东南州和黔南州的旅游可持续发展达到一个新的高度。旅游文化协调的总分是0.0655，黔东南州得分是0.058679，占总分值的89.59%；黔南州得分是0.050127，占总分值的76.53%。说明在文化可持续发展协调方面没有问题。旅游社会协调的总分是0.0457，黔东南州的得分是0.030235，占总分值的66.16%；黔南州得分是0.027791，占总分值的60.81%。得分都不是很高，这说明游客和当地居民的协调方面，这两个旅游目的地不同程度上存在着一些问题。如当地居民对发展旅游业的态度转变以及对旅游可态度转变等问题，如果不及时解决，将会引起更多的负面影响。最后一个也是最关键的一个指标是经济协调问题。黔东南州的得分是0.068631，黔南州的得分是0.060965。在经济协调诸因子里面，非刚性消费得分颇低，这说明游客在购物、娱乐这两项的消费额普遍偏低，黔南地区得分较黔东南地区低，主要原因：一是黔南的旅游质量不高，游客的收入少。目前除荔波樟江国家重点名胜区推出了小七孔、大七孔、水春河漂流等旅游产品，其余各市县的旅游规模均比较小。二是基础设施落后。通往各市、县的风景区公路路况差，道路窄、弯道多。在旅游文化协调指标方面，与基础层旅游文化方面得分相似，得分都颇高，分别是0.058679、0.050127，占旅游文化协调指标总分值的89.59%和76.53%。这表明黔东南州和黔南州的旅游文化潜在驱动力很强，对原生态的旅游文化有着直接的影响。

4. 潜力指标对比评价

从潜力层来看，总分是0.122，黔东南州得分是0.083586，占总分值的68.51%；黔南州为0.07708，占总分值的63.18%。黔东南州、黔南州的得分均在60%以上，说明这两个州的发展旅游业都有很大的潜力。再仔细分析个中因子，旅游资源的潜在保障力的总得分是0.0462，黔东南州的得分是0.038552，占总分值的83.45%；黔南州的得分是0.030975，占总分值的67.05%，可以看出得分相对来说已经很高，这说明黔东南州和黔南州的旅游资源丰厚，旅游资源对贵州省旅游业可持续发展潜在的保障力很高。在社会经济潜在的支持力方面，黔东南州和黔南州的具体指标得分分别是0.003770、0.003389，占总分值的38.08%、34.23%。得分值偏低，主要原因是其缺乏资金的投入。其在一定程度是潜在的支持力。应该加大对黔东南州和黔南州旅游的投入。文化潜在的传承力的总得分是0.0171，黔东南州的得分是0.014486，占总分值的84.71%；黔南州的得分是0.014154，占总分值的82.77%。两者的得分值均已很高，体现着文化旅游是黔东南州和黔南州旅游目的地的主要旅游特色。

四、促进贵州省民族地区旅游业可持续发展应处理好的几个问题

从入境游客抽样调查资料中查得数据，2006 年入境游客感兴趣的旅游资源中全国水平的山水风光的总平均数为 51.7%，民俗风情的总平均数为 35.9%。而贵州省这两项的调查数据山水风光占 74.0%，民俗风情占 58.5%。①

可以看出贵州省有着丰厚的旅游资源，游客所感兴趣的自然风光和民族风情明显高于全国的水平。但是从黔东南州、黔南州计算评估得分对比分析得出，黔东南州和黔南州两个区域在旅游可持续发展过程中存在着一定的问题，优美的自然风光和浓郁的民族文化水乳交融，具有自然景观奇特、民族文化丰富、历史积淀深厚三大突出特色的民族地区文化如何得到很好的可持续发展呢？那如何规避并约束在贵州省旅游可持续发展中的限制因素呢？可以从以下几点着手。

（一）处理好保护与开发之间的问题

黔东南州、黔南州作为贵州省旅游开发的主要对象，自然生态环境是贵州旅游业发展的基础，其质量的好坏和发展趋势将决定贵州的旅游业是否能够可持续发展。贵州的自然生态环境不仅是旅游资源的背景和衬托，典型而特异的原生态民族文化本身就是吸引旅游者的旅游资源。因此要正确处理好民族文化保护和开发的最佳模式。

在保护与发展民族文化上主要有两种途径。一是只开发不保护，追求产业利益最大化的舞台化模式。这种模式虽然会效益速显，却迅速地透支了本来就以稀为贵的贵州乡土文化资源，致使重在体验的乡村旅游品位下降，甚至“空壳化”，可持续性发展令人堪忧。二是静态的传统院墙式模式。这种模式远离乡土文化所依存的活生生环境，孤立静止地收藏文化标本，压抑文化影响、降低文化价值，对于如何动态保护诸多尚处在生命态的珍稀文化基因却束手无策，只能在院墙之外任其自生自灭，同样不能实现可持续发展。体验生态博物馆的乡村旅游模式，内外相连，主客互动，在保护基础上发展文化，在发展过程中保护文化，正确处理了保护与发展的关系，找到发展和保护的平衡点，具有既重视“保护”又不失“发展”的优势。

（二）注重地域文化的可持续发展问题

从黔东南州、黔南州可持续指标评价体系中的得分可以看出，其民族地区文化可持续三层指标得分均很高。文化的可持续是发展旅游的依托和底蕴，强调和维护文化是必须的。如何正确认识并处理好旅游开发中的文化均衡问题是贵州民族地区原生态民俗旅游开发成败的关键，也是贵州省旅游业可持续发展的灵魂所在。

黔东南州、黔南州得天独厚的文化资源，是在漫长的历史演变过程中形成和发展起来

① 国家旅游局政策法规司，国家统计局城市社会经济调查司．入境游客抽样调查资料 2007［M］．北京：中国旅游出版社，2007.

的，是在不断地与异质文化的冲突和整合过程中积淀和传承下来的，是民族地区旅游资源的内在属性。兼容了具备浓郁土著气息的各少数民族文化，有着布依族文化典型性、苗族文化多样性、水族文化唯一性、瑶族文化神秘性等等。将不同要素的文化系统、不同来源的文化包容、不同区域的文化圈、不同民族的文化融为一体、集于一身，形成了绿色生态文化、喀斯特地质科普文化、民族特色文化、历史文化。使黔东南州和黔南州民族文化不仅在中国的大文化系统中占有一席之地，而且在世界文化的大系统中也占有特殊的地位。

在旅游文化指标类型选取中包括了物质文化和非物质文化的内容。物质文化这一层面指的是民族文化的物质形态，是民族文化的一般物化表现。它将民族文化生活化、具体化，是民族文化的直接表现形式，可以首先为人们认识与了解。具体来说，它可以包括民族历史遗存遗迹、民居建筑、服饰、饮食、生产生活用具及工艺品等物质形态。在非物质文化方面，属于认知层面，是一个民族“原本精神”所在，是民族文化的内在运转机制，保证了民族文化的历史传承与延续。它包括民族精神理念、价值观念、心理素质和宗教信仰等精神形态，是民族文化的源头与灵魂。精神文化层面的东西可以通过物质文化形态，特别是文学艺术形态表现出来。

民族地区旅游开发在增进不同文化间的交流，繁荣地区社会、经济和文化的同时，也给自然环境和文化传统等方面带来了诸多消极影响。相对于自然资源的维护而言，人们对民族文化生态系统的脆弱性还没有清楚的认识，对民族文化的保护意识还比较淡薄。对经济利益的盲目追逐，有可能使民族文化受到较大破坏，不利于区域的长远发展。作为民族文化旅游的重要内容，旅游文化的开发必须建立在对其内涵的清醒认识上。只有找到民族文化的真正魅力所在，这就要求必须做好文化的保护，保护好物质文化遗产和非物质文化遗产，两者的保护缺一不可。

（三）协调旅游业与相关产业发展的问题

旅游产业综合性的特征决定了它和其他相关产业有着较强的关联性，旅游产业的发展会促进相关产业的发展，而旅游业的发展又依赖于相关产业。旅游业作为贵州省经济发展十分重要的产业之一，要充分发挥其作用，就更应该考虑到旅游产业与其他产业协调发展的问题。从旅游业与相关产业的关联度来看，贵州省旅游业的可持续发展不仅要重视旅游业内部要素的发展，而且还要充分认识到相关产业对旅游业发展的制约作用，只有通过对相关产业的扶持和培育，才能实现贵州省旅游业的可持续发展。

（四）重视旅游业中利益分配问题

获取利益是旅游业最直接的目的之一，而旅游业中利益分配问题关系到贵州省旅游业各参与者的主动性和积极性。在贵州省旅游业可持续发展系统中，利益相关者众多，形成了一个多主体的体系，各利益主体在旅游业发展中扮演了不同的角色，并发挥了各自不同的作用。政府、企业、社区农民、旅游消费者等利益相关者所追求和达到的目标存在着某种程度上的反向性，其所要求的利益分配也就存在很大程度上的矛盾性。因而要实现贵州省旅游业的可持续发展，就应关注旅游收益的分配问题，建立科学的利益分配机制，兼顾各方的相关利益者，保障主要参与者的收益，减少各利益相关者之间的摩擦。

五、本章小结

本章主要研究的是对贵州省旅游业可持续发展评价系统量化的运用。选取民族地区典型区域以黔东南州和黔南州作为案例，介绍了黔东南州和黔南州的旅游资源优势，应用贵州省旅游业可持续发展评价量化模型进行量化评估分析，从因素结构和发展阶段两个方面剖析了黔东南州和黔南州主要旅游目的地的旅游业可持续发展状态和所处的阶段，通过实证分析得出黔东南州旅游业处于基本可持续发展阶段、黔南州处于初步可持续发展阶段。

本章以民族地区典型区域作为代表做实证分析，得出的结论在一定程度上反映了贵州省旅游业可持续发展的情况，课题组得出贵州省旅游业发展至少应处在初步可持续阶段，并且贵州省旅游业发展具有可持续性。

第七章　贵州省旅游业可持续发展的模式研究

一、基于社区参与的旅游业发展模式

（一）构建社区参与旅游模式的基本思路

1. 社区参与的概念

社区参与是社会学的概念，社会学家威尔・保罗给“社区参与”下了一个被普遍接受的概念，“社区参与是一种积极主动的参与过程，通过受益者对发展计划的实施方向和执行情况施加影响，而不是仅仅得益于参与本身”。① 中国的社会学家结合中国的实际，认为社区参与是指社区居民自觉、自愿地参加社区各种公益活动或公共事务的行为，它是一种公众参与，意味着社区居民对社区责任的分担和成果共享，它使每个居民都有机会为谋取社区共同利益而施展自己的才能。

2. 社区参与旅游发展的概念

1975 年墨菲首度把社区参与的概念引入旅游业，开始尝试从社区的角度研究和把握旅游。社区旅游发展是一种不同于以往的旅游发展模式，它的独特之处在于旅游发展过程中加入了以社区为中心的理念，并贯穿于实践操作过程中。国外对社区参与旅游发展的理论研究起步较早，但对社区参与旅游发展的概念却没有具体界定。国内学者对此理论研究较少。课题组认为，社区参与旅游发展是指在旅游目的地社区，采取政府主导、市场基础、社区参与的旅游发展模式，合理利用社区现有资源和外来援助，从社区的共同意识、利益和需要出发，有计划地推动和引导社区居民共同参与旅游发展，并为促进当地社会经济发展、社会文化的维护和环境的保护做出贡献，最终使社区政治、经济、文化和环境得到全面协调发展。

3. 指导思想

旅游活动与旅游目的地社区密切有关，所以构建社区参与旅游模式必须要考虑社区的发展，但同时又要考虑保护生态环境与资源。因此，构建这一模式的指导思想就是追求旅游目的地的生态建设和社区建设的协调统一。通过社区参与旅游活动，一方面实现旅游目的地社区生态环境和资源的保护；另一方面通过社区居民的参与，充分发挥社区居民的积极性，同时，政府要加强与社区居民的联系，满足社区居民对物质、精神的需要，提高居民的生活水平，保证旅游目的地社区获得可持续发展。

---

① 奚从清．社区研究——社区建设与社区发展［M］．北京：华夏出版社，1996.

4. 基本原则

（1）互利多赢原则。社区参与旅游模式，需要当地社区、旅游企业、政府和旅游者四大主体的共同努力。社区的参与要注意协调好四者之间的关系。对旅游社区来说，社区参与可以大大提高社区的发育程度，实现社区的可持续发展；社区参与可以有效地降低投资企业的经营成本，提升获利空间；政府为社区参与提供政策支持和制度保障，保证社区居民全面参与旅游发展，通过社区最大限度地保护环境和旅游资源，为旅游者提供一个良好的旅游空间，提高旅游者的精神享受。这样，构建社区参与旅游模式，一方面满足了旅游者多方面的旅游需求，给旅游企业带来巨大的经济效益，通过向政府纳税，增加了政府的财政收入；另一方面在旅游发展中注入社区参与的内容，通过沟通来让旅游目的地社区居民认识到发展旅游业带来的机会与收益，在一定程度上会适当满足社区致富的需要，从而形成旅游与社区发展互动的局面，实现四大发展主体的互利和多赢局面。

（2）全面参与原则。全面参与包括两层含义：一方面，旅游业不仅涉及各旅游部门，而且还涉及社区的各个方面，既包括与游客的食、住、行、游、娱、购等活动直接相关的产业，也包括为当地社区服务的基础设施，如交通通信系统、医疗卫生系统、供水供电系统、教育等基础设施，各经济部门积极全面参与旅游业发展。另一方面，在旅游业的发展过程中，社区参与会形成一个从参与、决策、培训、生产到分配的完备的体系，居民的参与贯穿旅游发展的全过程，吸取社区代表参与制定旅游地开发规划，规划方案要有反映社区居民意愿的内容，从而调动社区居民全面参与的积极性，以便保证社区居民在为旅游经济发展做出贡献的同时，积极主动地参与到旅游地环境保护和社会文化维护等多方面的工作中来，有力地促进旅游业可持续发展的实现，即社区全面参与旅游发展。

（3）注重过程，以人为本原则。构建社区参与旅游模式，更应注重过程的重要性。社区居民的参与程度应贯穿于旅游发展的全过程，包括旅游产品的研发、旅游市场的开拓和旅游远景的规划等各层面，凭借社区现有的资源，充分发挥其聪明才智。这个过程是社区居民在旅游发展中逐渐学习—认识—实践—提高的发展过程。只有注重这一客观规律，增强人的主观能力，社区旅游业的可持续发展才有保障。反过来，旅游发展的目的在于发展社区居民，当地人通过发展旅游业，不仅发展旅游业的能力得到提高，其他方面的能力也得以提高，从而促进社会发展。对于欠发达的旅游目的地来说，坚持以人为本的原则可以保障当地社区从旅游中受益，在发展经济、保护环境的基础上，促进社会全面进步和传统文化的继承发扬。

（4）赋权原则。传统的赋权形式还停留在自上而下的层次上，即在政策指令下，仅靠政府的引导、专家和企业的努力。事实证明，仅靠专家和企业的努力是不够的，必须赋权给社区居民。课题组主张采用混合型赋权，强调在分析旅游问题并提出旅游方案时以社区居民为主、外来力量为辅，政府在制度上通过相关规定给予一定的支持或限制。因为社区居民最了解他们的生长环境，他们是旅游发展最近距离的观察者，对旅游发展具有创造性的新认识。因此要求在政府指导下，在外来力量的帮助或援助下，将部分旅游发展的决策权赋予当地居民，由他们来决定旅游的形式、手段和策略等，从而实现社区发展权在社区的建立，促进社区的发展。

（5）整合原则。社区内各单位与个人都有各自的利益、各自的优势，可以通过旅游开发使各具特色的旅游主体结合成有机整体，其中的各主体既保持各自优势和专业特色，又形成互惠互利的关系。因此在旅游开发中，应增强旅游地与周边社区双方的开放性、互动性，发扬协作精神，合理分工。①

（6）专家参与及多渠道筹资原则。旅游是涉及许多部门的综合型产业，由此这种合作更为重要。一方面，由于各种主客观条件的限制，单纯强调社区居民在发展旅游业中的主体性地位，完全由他们筹集资金并完成旅游的开发规划及具体的运营工作是不利于旅游业发展的；另一方面，专家具有一定的专业技能，熟知旅游地的资源状况、社会经济发展现状、市场情况等，善于把握当地旅游业发展的纵向走势和横向关联，因此，社区参与在以居民为主体的情况下吸纳各方面的专家参与，吸纳各种渠道的资金，会使旅游规划成果具有很强的操作性。

（二）构建社区参与旅游模式的主体、目标和实施范围

1. 社区参与旅游模式的主体

旅游业作为一个包含食、住、行、游、购、娱六大方面的综合体，涉及的相关利益主体有许多。在所有的利益主体中，有四个是比较重要的：当地社区、旅游企业、政府机构和旅游者。具体内容如下：

（1）当地社区。当地社区面临着发展经济和保护环境的双重任务，是联系保护资源环境、带来经济收益与社会收益的重要纽带，因此成为旅游活动中最核心的利益相关者，同时也成为了旅游参与的主体。一方面，当地社区对作为旅游吸引物的社区内自然和人文资源有着由来已久的认同感和归属感，也有着对其保护的责任感；另一方面，旅游开发直接影响当地社区的生存环境的变化，当地社区理应作为旅游开发活动的利益主体之一，参与旅游收益分享。从旅游业角度看，社区可分为社区居民和社区组织。社区组织代表社区居民的利益。社区居民可分为从事旅游业的社区居民和非从事旅游业的社区居民。社区居民是否在社区参与中发挥了作用有三个衡量标准：一是参与者的数量以及参与的深入程度；二是参与的公平性，即社区居民是否公平地分享经济利益；三是社区居民的意见是否影响到了旅游模式的确定。对于影响社区传统和价值观的重大决定要征求社区居民的意见，大多数社区居民同意才能实施。

（2）旅游企业。旅游企业指以旅游资源为依托，以旅游设施为条件，从事旅游产品买卖和旅游服务的、以赢利为目的的单位或组织，其中包括旅行社、旅游饭店、旅游运输企业以及从事交通、餐饮、娱乐、购物业等相关企业，它的主要职能组织客源市场，为旅游目的地引进客源和接待旅游者，组织协调旅游活动，并生产销售旅游产品（服务）。旅游企业作为市场经济运行机制的代表，在社区参与旅游模式中扮演着比较重要的角色，旅游企业的正常运行是旅游业可持续发展的重要条件。社区参与旅游模式的实行是对企业和社区关系的一次重新认识，两者的和谐配合可确保社区参与旅游模式的实现，并促进旅游业可持续发展。

（3）政府机构。政府在社区参与旅游模式中处于主导地位，是旅游社区参与的重要政策制定者、执行者和监督者，同时也是社区发展的推进者，为社区发展和保护区的旅游提供服务以及技术和资金支持，并协调、规范、约束各方行为。因此，政府成为社区参与

① 佟敏．基于社区参与的我国生态旅游研究［D］．哈尔滨：东北林业大学，2005.

模式成败、社区旅游业能否可持续发展的重要因素。

（4）旅游者。旅游者就是暂时离开常住地（最少 24 小时，最多 1 年），在异国他乡吃、住、行、游、购、娱，从而达到物质上和精神上满足的人。旅游者是构成旅游的主体，是旅游三大要素的基本要素，要实现旅游业的发展，没有旅游者的参与是不行的，没有旅游者，旅游就无法实现，旅游业也就没有存在的意义。旅游规划的编制是为了促进旅游业的发展，而只有旅游者到当地去旅游、购买了当地的旅游产品，才会使当地的旅游活动得以实现。从这种意义上来说，抓住了旅游者的需求并将其运用于旅游开发中就产生了消费卖点，才能给旅游地带来经济效益、社会效益和环境效益。

为了更好地理解社区参与旅游模式中各个主体的职能，将各职能归结如下，详见表 7 – 1。

表 7 – 1　社区参与旅游模式中各个主体的职能

社区参与旅游模式的主体	职能
社区	决策、监督、配合工作、建设社区
旅游者	从事旅游活动，消费旅游产品，带动地区经济发展
旅游企业	帮助社区创办小型旅游企业或创造工作机会
	旅游培训和相关技术转让
政府	观念引导
	创造民主言论平台
	提供技术和资金支持
	协调、规范和约束各方行为
	提供政策支持、法律和制度保障
	招商引资
	改善基础设施

此外，从现实情况看，社区参与旅游模式的主体除了以上四个部分外，参与主体的外延可扩大到所有实际的或潜在的关注、影响旅游发展的组织和个人，主要包括社区居民、当地营利机构和非营利机构、相关利益群体、旅游开发和规划单位以及政府有关部门（工商、税务部门）等。从这个意义上讲，参与主体的角色和身份更复杂、层次更多，所有这些方面的差异都会影响到其参与旅游的具体方式。

2. 社区参与旅游模式的目标

社区参与旅游模式构建的目标就是要为社区赋权。简单来讲，赋权就是赋予社区全面参与旅游发展的权利。在社区参与旅游活动中，赋权是指根据国家的法律法规、相关政策以及社区的村规民约等，通过一定的形式赋予社区在旅游活动中的各种权利。其目的是让社区拥有多种权力，保障社区在旅游活动中的主体地位，充分调动社区参与的积极性与主动性，最终实现旅游业的可持续发展。

社区参与旅游的目的实际上就是要实现对社区的赋权。Scheyvends （1999）[①] 曾从经

① Scheyvends R. Ecotourism and the Empowerment of Local Communities [J]. Tourism Management, 1999, (20).

济、政治、心理和社会四个角度对旅游活动中社区赋权问题进行了分析，并且提出赋权的核心是对参与和决策全过程的权利进行再分配和共享，也是不同利益相关者提供在发展活动中的发言权和决策权。应当赋权（包括旅游活动中的决策权、利益分配权、生态保护权、保障权和评估权的赋权）给当地社区，以此把开发利用生态资源与社区的利益紧密结合在一起，调动社区居民的积极性，使他们成为社区参与旅游模式规划与管理有意义的参与者。

3. 社区参与旅游模式的实施范围

（1）人文旅游景观。可以划分为历史遗产景类、现代人文吸引物景类、抽象人文吸引物景类和其他人文景类。人文旅游景观是人类有意识活动留下来的，往往与社区相联，可以充分调动社区居民参与的积极性与主动性，他们愿意为人文资源的保护做出贡献。根据研究表明，越来越多的旅游者希望深入社会文化氛围中享受旅游的乐趣，从而为当地社区提供了好的商机。

（2）文化社区和民族社区。文化社区是指那些有着悠久、丰富的传统习俗和文化，具有旅游参考价值和开发价值的社区。民族社区是指那些少数民族聚居区，他们有着悠久的传统习俗、传统的手工艺品和音乐、舞蹈、戏剧等丰富的历史遗产。文化社区和民族社区开展旅游活动的实质就是把传统民族文化包装成具有商业价值的、能够满足旅游者消费需要的旅游产品，极为需要社区居民的积极参与，如居民可以通过开设农家乐、农家旅馆，组织特色民俗风情表演等，参与地区旅游发展。通过提供就业或商业活动使社区居民真切感受到旅游给他们带来的好处，从而积极参与到旅游发展和旅游资源、环境的保护中来。

（三）构建社区参与旅游的运行机制

1. 构建社区参与的决策机制

（1）居民参与决策系统。居民参与决策系统应包含以下两个方面：

①创造一个保证居民参与的决策机制，包括旅游发展的方向、目标等战略问题的决策。建立社区与旅游经营单位之间良好的沟通渠道，成立当地各阶层都能参加的旅游行业组织，形成旅游发展与规划重大事宜的通报制度、协商制度，做到任何旅游决策方案都要经各方论证、研究，并对一些旅游区重大决策实行否决制度。

②建立一个有效的协商机制。在产权的约束下，某些旅游项目的开发，应该倾听社区居民的意见和与居民协商，并根据这些意见及时调整旅游中某些措施，使各方都满意，实现利益最大化的目标。

（2）社区参与决策的核心内容。

①参与旅游开发与规划。社区居民作为旅游目的地的主人，理应知道旅游开发对本地经济、文化等方面的影响，因此，他们有权对当地的旅游开发和规划提出自己的主张和建议。

②参与旅游重大项目的设计。事实表明，旅游决策不仅与旅游规划人员和开发商有关，而且与社区居民的利益息息相关，并且社区居民有能力参与旅游重大项目的设计。

③参与旅游开发的利益分配方案。这是社区参与旅游规划决策的关键问题。社区居民积极参与旅游的开发和规划，因此，有权参与旅游开发的利益分配方案，得到属于自己的

那部分收益。因此，在利益分配方案策划和制定中，应把居民的利益计划其中，做到利益分配公平而有效率。

2. 构建社区参与的利益分配机制

在旅游活动中，社区参与的一个重要内容就是参与利益分配。因为，旅游目的地社区所追求的并不是社区内某一个居民、个别集团的利益，而是社区居民的共同利益。可以按照社区居民的参与愿望和能力组织他们从事不同的旅游活动，设立不同的利益分配机制，以满足全体社区居民的利益分配要求。为此，可以设计如下的利益分配形式：

（1）对那些获利能力较强的社区居民可以鼓励他们直接从事各种旅游服务活动，并直接参与利益分配。

（2）对那些经营能力差，获利能力弱的社区居民可以间接参与旅游利益的分配。具体有以下几种：

①以在旅游企业就业的方式参与旅游利益分配。在许多旅游景区，社区居民的利益分配形式其中一部分是通过直接就业，获取劳务收入的形式出现的。

②以补偿机制让社区居民全体受益。在旅游开发中，难免破坏居民的生存环境，在旅游开发过程中不可避免地会涉及对居民土地、山林的征用，在征用范围内将禁耕、禁伐、禁猎、禁牧等。当这些基本利益被“剥夺”时，居民势必会提出利益诉求，保障和补偿其利益损失是开发商和政府不可推卸的责任。政府为补偿居民受到的损失，设立生态补偿机制使社区居民从旅游中受益。

③以股东身份参与旅游利益的分配。建立股份合作制被认为是加强社区参与程度、保证收益合理分配的有效途径。为保障社区居民的利益，可以让当地居民在自愿的基础上在这些旅游开发公司投资入股，作为资本的所有者定期获得股息收入，把各利益主体的权、责、利有机地结合起来，带动他们脱贫致富。

总的来说，合理的利益分配机制是为保证参与旅游交换的社区居民获得均衡的利益回报，以提高居民参与旅游业的热情。

3. 建立有效的社区参与保障机制

保障机制主要是通过制定相关的法律法规、政策条款等，保障当地居民旅游就业、开发和销售当地特色旅游产品的优先权，规范社区内居民的经营行为。通过社区保障机制的建立，增强社区居民对社区文化的认同感，提高社区的凝聚力，激发社区居民自觉维护和传承社区传统文化的内在积极性。社区参与的保障机制主要包括以下几方面：

（1）法律保障。社区参与的层面很多，迫切需要增加相关的条款，以法律的形式对社区居民的参与权利和合理利益加以保障，对社区参与的目标、权限方式和途径等做出明确的规定，保障社区居民参与旅游、参与社区发展的权利，将社区参与的权利合法化、制度化。

（2）体制保障。理顺旅游管理体制。确立地方各级主管部门，并划分各自的权责，做到权责明确。

（3）技术保障。发展旅游业，加强环境保护知识的宣传和培训，让社区居民了解有关环境、经济、文化、市场等各方面的信息。它一方面可以提高居民的参与意识；另一方面可以提高他们参与旅游的专业技能及竞争能力。

4. 建立社区居民参与的约束机制

社区旅游的发展还必须有相应的约束机制做后盾，约束机制可以从正式约束机制和非正式约束机制两个方面着手建立。正式约束机制主要包括：①政府关于旅游资源开发利用的相关法律、法规，如严格禁止对民居进行随意改造；②旅游行政管理部门对社区居民从事接待服务的规模、服务质量标准做出严格规定，对不能达到旅游接待服务质量要求和卫生标准的农户坚决禁止从事旅游接待服务，防止因接待规模扩大而造成建筑风格改变、环境污染加剧等一系列负面影响；③制定导游和民居接待户的规章制度，规范导游和民居接待行为，严禁拉客、宰客等现象发生；④制定社区旅游发展规划的实施细则，使社区旅游的发展必须在社区旅游发展规划的框架内进行。

民族社区旅游的发展，除了发挥正式约束机制的作用外，还必须重视非正式约束机制的作用。非正式约束机制包括道德观念、习俗、宗教以及村民自发制定的乡规民约、村规民俗等。这些非正式的约束机制，对规范和引导居民的行为具有不可忽略的作用。因此，在社区管理和建设过程中，应大力宣传正确的观念，树立传统的道德观念。

5. 建立有效的社区参与评估体系

在社区参与的旅游模式的构建中，在整个机制的运行过程中还必须有对社区参与旅游发展的结果监督和效果评价，测度旅游活动中的社区参与程度和效果，并以此为依据，制定与实施更加有效的参与方法与手段，以最大程度的社区参与促进旅游目的地的可持续发展。在旅游活动中开展对社区参与的评估和监测，可以更切实地了解社区在旅游活动中的地位、作用及社区参与的程度，以及这种参与程度的影响，并提出调整方案，可以更好地保证社区参与权利的实现，以促进社区向更良性的方向发展。

二、社区参与旅游发展模式系统分析

（一）社区参与旅游评价因子体系

为促进旅游业的可持续发展，实现社区的经济、社会、生态和文化的协同发展，就要充分考虑社区居民参与旅游的程度、获利情况等因素，建立系统的旅游评价因子体系，从经济效益、生态效益、社会效益、宏观和微观角度科学判断。课题组着重从核心指标、扩展指标、附加指标和参考指标四个方面建立旅游评价因子体系，具体内容见图 7－1。

（二）社区参与功能及渠道分析

社区参与旅游发展思想的核心在于强调旅游发展的目的是人的发展，人是发展过程的主体。[①] 社区参与旅游主要具有以下功能：

第一，促进地区旅游业可持续发展。可持续发展所追求的目标是既要满足当代人类的各种需求，个人价值得到充分实现，又要保护生态环境与资源，不对后代的生存与发展构成威胁。如果没有社区居民的积极参与，就会出现政府盲目追求政绩，追求短期利益最大

① 黄芳. 传统民居旅游开发中居民参与问题思考［J］. 旅游学刊，2002，(5)：54－57.

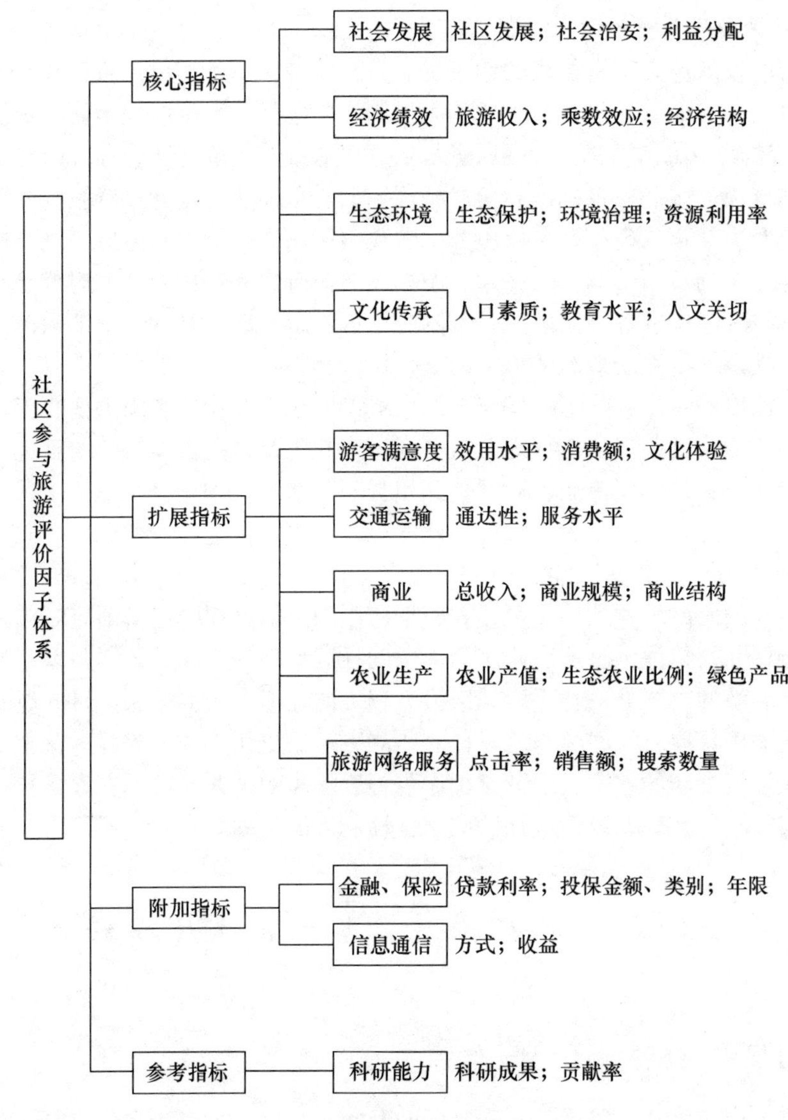

图 7－1　社区参与旅游标准体系树状图①

化，或者一些旅游企业只顾眼前的经济利益，不惜以牺牲环境和浪费资源为代价的问题。Woodley（1993）认为，“以社区为基础的旅游发展方式是旅游可持续发展的先决条件（Tosun，2000）”。②

第二，促进自然资源与生态环境保护。随着旅游业的可持续发展，社区居民逐渐认识到存在于自己周围的各种旅游资源和生态环境所具有的价值，也就自觉地加入到保护旅游资源与环境的行列之中，在带动旅游发展的同时，提高资源生产能力和环境自净能力，从而保证资源的持续利用。

① 根据王茂强《贵州喀斯特山区农村社区参与乡村旅游开发模式研究》一文修改.

② 蒋艳．欠发达地区社区参与旅游发展研究［D］．华侨大学，2003.

第三，促进传统社会文化的发展与创新。在旅游开发中不仅使居民提高了对自身文化的认识，自觉步入参与保护的行列，而且还会对本民族文化发展进行深层次挖掘和科学的扬弃，以推动民族文化不断发展、创新。

第四，促进社区经济发展。社区居民参与旅游发展的各个环节，强调在保护自然的基础上的经济持续增长，可以帮助社区居民带来丰厚的经济收入，提升居民的经济地位，从根本上解决贫困问题。

第五，提高旅游产品质量。社区旅游服务的主要对象绝大部分是城市居民。由于可持续旅游产品总是与当地的环境、社区文化联系在一起的，因此，只要是高质量的旅游产品就能满足城市游客放松身心、感悟自然和陶冶情操的旅游目的，因此说为城市游客提供高质量的旅游产品是社区参与旅游发展的关键所在。社区居民是与当地自然历史和社区文化关系最密切的人，在旅游过程中扮演了主体角色，失去了社区参与，就失去了提高旅游产品质量的动力。

社区参与旅游的渠道可以简要概括为以下几点：

（1）参与旅游活动带来的利益分配。社区居民在旅游开发中发挥着重要作用，在进行利益分配时，要将所得的一部分给予居民，以提高社区凝聚力和参与旅游发展的积极性。

（2）参与旅游发展决策。旅游开发过程中，在探讨关系居民利益问题时，要通过居民的积极参与来了解居民的意愿和要求，不能不顾民意强制开发，而要争取居民的配合。

（3）参与旅游经济与管理。首先是参与旅游市场调查、旅游产品规划，并看到客源市场的需求，推出符合市场潜势的旅游产品，并参与旅游社区营销。其次是参与旅游服务。在旅游服务中要认真观察，及时发现和排除事故潜在的隐患，保证社区旅游安全。

（4）参与政府组织的各种旅游活动宣传培训。通过宣传培训使社区居民意识到参与旅游发展对提高旅游产品质量、保护旅游区生态环境的重要意义，同时，规范居民的旅游服务活动，使之尽量标准化、规范化，以满足游客的需要。

（5）参与旅游资源、环境的保护以及社区参与文化的继承和创新。社区参与生态环境的保护就是要将各种对资源、环境的损害，控制在生态环境能够自净的能力限度之内，使生态系统能保持稳定的状态。在一些民俗旅游开发中，社区居民必须提高自己对民族文化的认识，自己决定文化传承和发展的途径，实现文化旅游资源的合理开发和创新。

（三）社区参与旅游的产业链分析

产业链也叫价值链，是指围绕一个关键的最终产品，从形成到最终消费所涉及的各个不同产业部门之间的动态关系。① 旅游产业链是指为满足旅游者的旅游需求，以产业中具有竞争力或竞争潜力的企业为链核，与相关产业的企业以产品、技术、资本等为纽带结合起来，通过包价或零售方式将旅游产品间接或直接销售给旅游者，以助其完成客源地与目的地之间的旅行和游览，从而在旅行社、饭店、餐饮、旅游景区、旅游交通、旅游商店等行业之间形成的链条关系。旅游产业链的形成，是基于社区的全面发展，为了满足旅游者多方面的需要，本课题将从社区居民可以直接参与的产业和社区居民间接参与的产业两方

---

① 李万立．转型时期中国旅游产业链建设浅析［J］．社会科学家，2005（1）：139－141.

面对社区参与旅游的产业链进行分析。

1. 社区居民可以直接参与的产业

（1）旅游餐饮业和食品加工业。旅游餐饮业主要是农家乐。贵州的少数民族一般都生活在偏远的乡村，还依然保存着传统的饮食习惯和民族饮食文化，菜肴具有乡村性的特点，与城市饮食差异很大。开设农家乐，对城市游客具有极大的吸引力。如黔东南州苗寨的拦路酒、布依族的糯米食品。食品加工业主要以地方原料为主，便于居民经营和加工，不仅解决了农村剩余劳动力问题，农产品转变为工业品，还增加了附加值，带动相关产业的发展，如食品包装业、花溪青岩的玫瑰糖作坊就是一个典型的例子。

（2）旅游住宿业。农村的建筑风格和民间习俗极大地显示了农村风格和地方特色，社区居民可以通过开设农家旅馆，接待外来游客居住，获取额外的经济收益。如：修筑吊脚楼，形成有特色的农村品牌。

（3）旅游娱乐业。一方面，在少数民族地区，社区居民可以加入到当地民俗风情表演活动的编排与创作中来，安排大型的专项旅游表演，进行民族文艺展示，如竹竿舞、唱山歌等；另一方面，可以在农家乐中安排娱乐项目，如花溪水库旁边的农家乐，除了安排地方饮食外，还有麻将、钓鱼、卡拉 OK 和射击等其他娱乐形式。

（4）旅游交通业。在旅游区内，社区居民可以参与的交通运输主要是具有当地特色的交通形式，主要有马车、自行车、摩托车、手推车和游船等，如花溪平桥附近的马车，为游客提供新的、不同于以往的交通工具。

（5）旅游商品销售：社区居民可以有组织地进行当地特色旅游商品的开发、设计与生产，如民族服饰、民族手工艺品和民族药材等，直接参与旅游商品销售平台，拓展商品的范围和品种，努力提高商品的质量与档次，从而将旅游区的购物推向标准化、专业化和产业化经营模式，如青岩古镇的银饰一条街、苗族服饰和蜡染等。

2. 社区居民可以间接参与的产业

旅游产业链是以旅游产品为纽带实现连接的。从整个旅游过程来看，提供旅游产品的不同行业组成了一个链状结构，游客从旅游过程的始端到终端，需要众多的产业部门向其提供产品和服务来满足其各种需求。旅游业是能提供最多就业机会的产业，据世界旅游理事会在北京公布的中国旅游及旅游行业的研究报告指出，旅游业在提供 1 个直接就业岗位的同时可以提供 5 个间接就业岗位，在贵州省这个比例也可以达到 4 个。① 其中，社区居民可以参与的不仅包括交通、餐饮、酒店住宿、旅游商品销售、旅游车船以及休闲娱乐设施等旅游核心产业，还可以间接参与关联到农业、园林、建筑、保险、通信、广告媒体以及政府和协会组织等辅助产业和部门。前者构成了产业链的链上要素，后者为产业链的动态链接与正常运营提供必要的保障和支持。

（四）社区参与旅游的社会系统工程分析

社区作为一个社会学概念，它是建立在两个以上单位之间社会关系基础之上的。社区参与旅游的社会系统工程内容主要包括社会参与社会工程、社区社会建设工程、社区社会系统规划工程、社区参与发展工程、社区参与社会影响工程等。社区参与旅游社会系统工

① 该数据来自中国劳动力市场新闻中心（www. lm. gov. cn）.

程不是独立存在的，它和旅游规划过程、旅游影响评估过程之间是相互联系的。其中，社区参与社会系统建设的重要特征就是社区能否参与旅游发展决策和旅游规划的制定，以及能否集中体现社区居民的意愿和利益（见图7－2）。因此，社区参与旅游社会系统工程建设的前提要求该过程应该给旅游目的地带来积极影响和结果，并最终满足社区居民社会物质需求和相关利益渴望。①

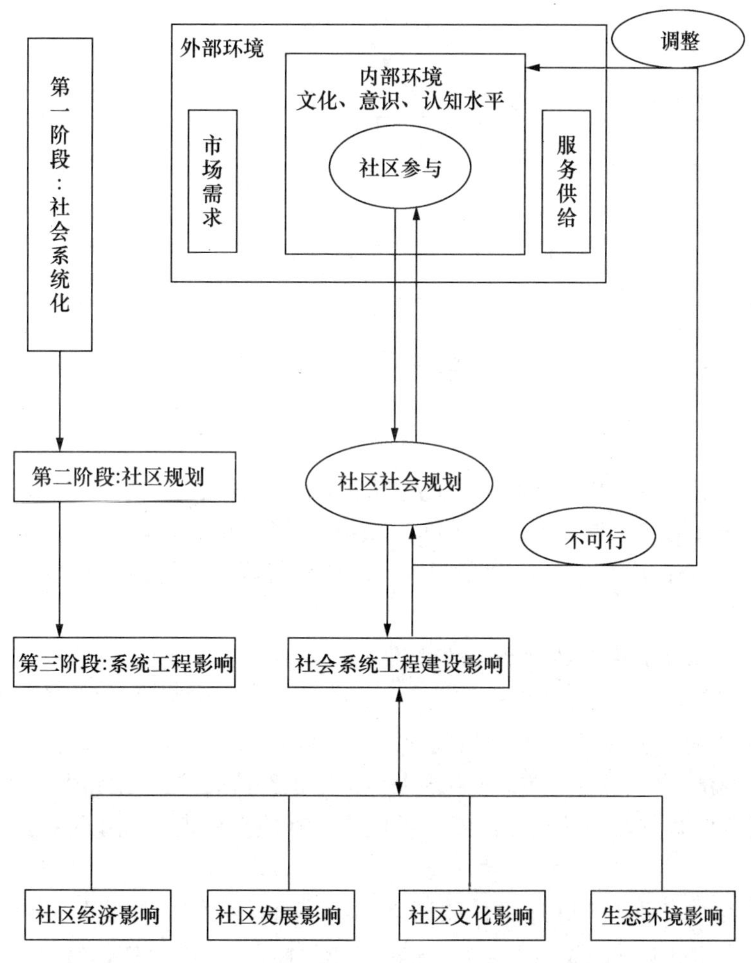

图7－2　社区参与旅游的社会系统工程②

（五）社区参与旅游生态环境系统工程分析

1. 旅游生态环境系统的构成和特征分析

旅游生态环境系统是一个新的特殊生态系统，它由自然生态系统、社区人文系统和旅游经济系统构成。旅游活动是生态系统运动的核心，人流的输入和输出是系统运动的主要

---

① 王茂强．贵州喀斯特山区农村社区参与乡村旅游开发模式研究［D］．贵州：贵州师范大学，2003.

② 根据王茂强《贵州喀斯特山区农村社区参与乡村旅游开发模式研究》一文修改．

形式。除一般生态旅游功能外，旅游功能是旅游生态系统的主要功能，其功能是依靠旅游网络体系来实现的。详见图 7－3：

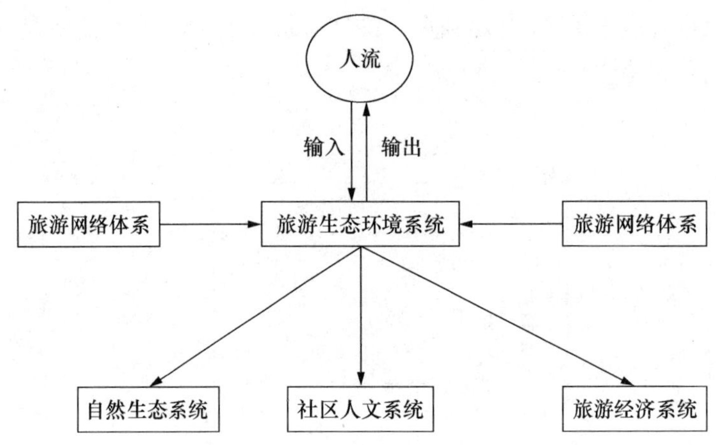

图 7－3　社区参与旅游生态环境系统工程

旅游生态环境是在原有生态系统上叠加旅游要素后形成的，其特征表现在：生态环境的多样性；区域结构的特殊性（包括新的生物群落及特殊的用地结构）；具有独特的网络层次结构（旅游交通网、通信网、管理网）；具有强烈的能量流动（高度流动性的人流和物流）；具有多中心镶嵌结构（旅游景观区、旅游接待区、当地社区构成旅游区的镶嵌结构）等。①

2. 社区参与在旅游生态环境系统的作用

Murphy（1975）曾指出："要在社区内开展旅游业，传统产业的东道主必须成为自愿的合作者。"社区参与旅游模式就是强调社区在旅游业发展中的核心地位，将旅游地的资源优势转化为经济优势，以维护生态系统平衡，增加经济收益，因此说，社区居民的参与程度是衡量社区旅游业发展的重要因素。社区参与在旅游生态环境系统中的作用主要表现在以下几个方面：

（1）社区参与有助于更好地维护旅游地的生态环境系统。社区开发旅游资源后，会造成环境的破坏和资源的浪费。社区居民参与生态环境系统的保护，接受良好的旅游知识教育，能够使生态环境控制在自净的能力限度之内，使生态系统能保持稳定的状态。

（2）社区参与有利于进一步地保护和巩固传统文化，促使文化在旅游资源开发中的继承和创新。作为旅游资源的社区文化常常是具有特色的民俗文化，在一些民俗旅游开发中，社区居民积极参与，激发他们的主人翁意识，有利于他们加强对本民族文化的认识，保护和巩固传统文化，自己决定文化传承和发展的途径，在当地政府应宏观引导及调控下，建立合理的开发机制，实现文化旅游资源的合理开发和创新。

（3）社区参与有益于完善旅游区的旅游经济系统，增加旅游地和社区居民的经济收

① 何玲姬，明庆忠，李庆雷．试析西部地区社区参与旅游生态环境系统维护的实现途径［J］．云南地理环境研究，2007，（1）：118.

入。社区居民积极参与旅游资源的开发与管理，让当地居民直接从事各种各样旅游经营活动和管理工作，可以使居民从中直接获利，尽可能地发挥旅游收入的乘数效应，使人民的生活水平不断得到改善，实现真正意义上的旅游扶贫。

三、社区参与旅游发展模式的可持续性分析

（一）构建社区参与的理论模型

（1）假设条件：

①旅游开发程度和发展规模不得超出社区的旅游容量，并且旅游收入在经济门槛值之上；②旅游社区的规模和居民规模均在可控范围之内，居民人数、定居情况比较稳定，且所进行的预测科学、客观、准确；③政府政策与制度长期有效，保证旅游的开发资金和科技支撑能力建设。

（2）理想化的社区参与的旅游理论模型：

①模型框架（见图7－4）。

②模型解释。

基于社区参与的旅游模型框架是理论性的，它建立在多学科理论有机组合基础上，如系统论、黏合理论、社区理论、环境科学理论和可持续论等。模型充分强调了社区居民在旅游中的地位与作用，体现的是一种社区参与的整体、系统与协调的观念，这种关系对社区旅游业的可持续发展有着不可忽视的作用。现实生活中，这一模型对旅游发展模式的选择具有宏观指导和控制功能。

理想化的社区参与的旅游理论模型，一方面，集合了旅游可持续发展的目标模式、评价因子体系、产业链模式、系统工程、黏合系统模式及其发展模式，将社区居民、目标群体和旅游社区内旅游产业及其他产业作为旅游社区的三个节点有机结合，有利于旅游业可持续的协调发展；另一方面，充分强调在四大系统工程作用下所形成的复杂的社区参与旅游黏合系统，这对旅游建设的内聚力有很大的增强功能。

这一理论模型完全符合国家的产业政策的规定和范围。模型框架强调多元型旅游发展模式、循环型旅游发展模式、点轴型旅游发展模式与牵引型层次推进的旅游发展模式之间可以相互组合、贯通，并能够从实际中找到模板，但由于旅游在实际发展过程中，客观上会受到社区居民的行为制约，因而旅游的发展决策还应结合当地的实际情况，积极创新观念，并整合新的发展模式。

值得注意的是，目标系统也是旅游发展模型中一个不可或缺的部分，它与社区之间的关系突出表现为价值、效益、可持续。[①]

---

① 王茂强．贵州喀斯特山区农村社区参与乡村旅游开发模式研究［D］．贵州：贵州师范大学，2003.

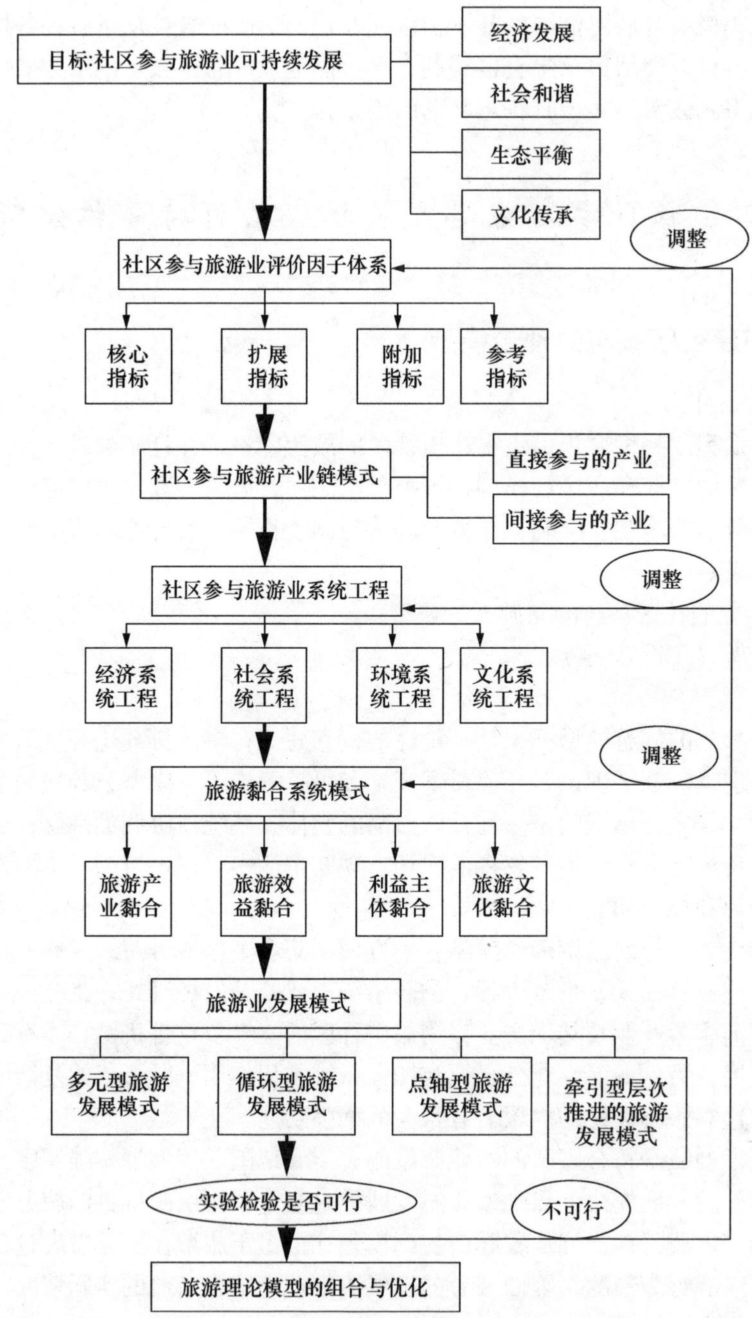

图 7－4　社区参与旅游理论模型

（二）社区参与旅游发展模式的可持续性分析

现在人们普遍认同的旅游业可持续发展目标是：第一，旅游业发展要以不破坏其赖以生存的自然资源、文化资源及其他资源为前提，并能对生态环境保护给予资金支持，使其得到可持续利用；第二，旅游资源应能承载日益增长的旅游者数量，动态满足旅游者日益增加的多样化需求，并能保持对未来旅游者的吸引力；第三，旅游业必须能满足当地居民长期发展经济、提高生活水平的需要。[①] 简言之，可持续旅游发展的目标和实质，就是要求旅游与经济、社会、文化和生态协调发展。旅游业的可持续性，主要是体现在旅游活动与自然生态的相互冲突与矛盾关系上，一要公平分配有限的旅游资源；二要强调旅游资源开发与旅游业的发展应在生态系统的承载能力内。我们应按照这个目标来审视社区参与旅游发展模式的可持续性。

旅游业的持续发展实质上就是在旅游环境容量没有超载的情况下旅游经济、社会、生态和文化效益的统一。而社区参与旅游发展模式，在解决旅游活动与自然生态的相互冲突和矛盾关系上发挥了重要作用。在这里，课题组将综合考虑将支持人们旅游的环境容量的变化趋势，同游客增长趋势的匹配程度加以分析，科学有效地利用资源空间的生产函数，去判断一个景区的可持续发展能力。

用 N 表示以旅游者数量为单位的环境容量；用 t 表示时间，F（N）表示容量自然增长率的一个给定函数，那么我们就可以将某景区环境容量的增长表示为

$$dN/dt = r(1 - N/K)N$$

式中 K 表示容纳最大游客量的环境容量，r 为一常数，表示“内部增长率”。当景区旅游资源利用水平较低即旅游者较少时，相对的环境容量的增量大，随着旅游者增多，环境容量的增量达到最大，净增长率下降，直至 N 增到 K 时，F（N）为零，达到极限容量。严格服从于不超过环境容量的阈值，才能被认为是可持续发展的范围。

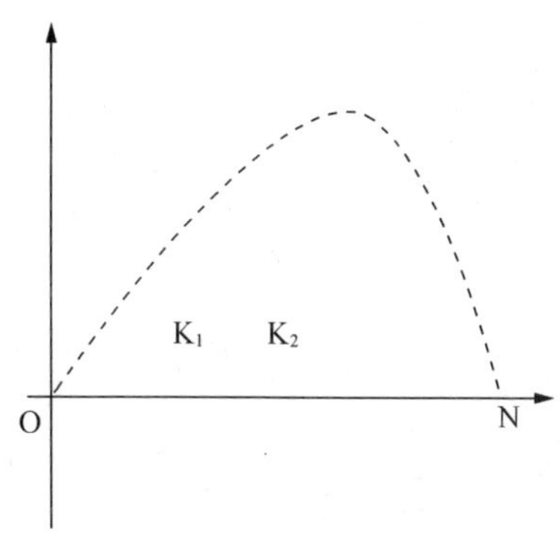

图 7－5　旅游业可持续发展状况的基本模型[②]

四、贵州省旅游业发展的模式选择

旅游发展模式是指一个国家或地区旅游发展的形式，它包括旅游发展在各个方面所表现出来的外在特征，是一系列特征的总和，而这些特征的形成是由各种因素系统运动所决定的。[③]

---

① 中国旅游业可持续发展研究组．中国旅游业可持续发展研究［M］．石家庄：河北科学技术出版社，1999.

② 刘勇．山西省绵山风景区旅游系统模型与旅游可持续发展研究［D］．山西大学，2003.

③ 宋振春．当代中国旅游发展研究［M］．北京：经济管理出版社，2006.

从可持续发展的定义，我们可以知道：可持续发展是以人为主体，协调好人与自然关系为核心的社会、经济、生态和文化四维结构为一体的可持续发展。构建旅游业的发展模式不仅要协调好人—地关系，满足旅游者需要和当地居民经济发展需要，而且还要实现旅游可持续发展的四维目标：在进行贵州旅游业发展模式的选择时，必须以社区参与为主线，把社区居民的参与贯穿其中，从而实现旅游业的可持续发展。

（一）多元型旅游业发展模式

多元化格局的发展模式，即管理监控—资源环境—社区参与—经济发展模式。该模式是在政府管理体系的监控、协调下，以保护资源与生态环境为中心，以经济发展为重点，由社区居民全面参与旅游的开发与建设，监督旅游规划的执行情况，负责旅游目的地的环境保护，以达到提高当地人口素质和文化水平，改善生活质量，促进当地社会发展的目标，实现旅游经济与社区经济互动持续发展（模型见图7－6）。总的来说，这种发展模式是通过经济—社会—生态—文化四者的组合，形成一个政府主导、市场运作、社区参与的旅游经济运行机制和多元化投资格局的可持续发展模式，达到经济—社会—生态—文化四者的协调发展。模型分析如下：

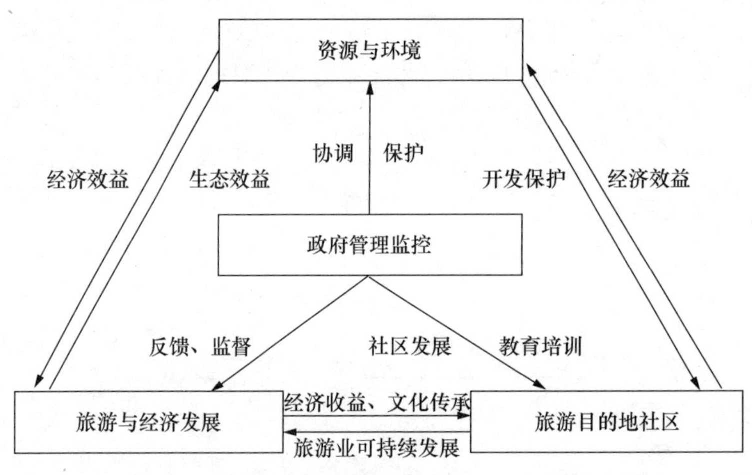

图7－6　管理监控—资源环境—社区参与—经济发展模式

在该模型中，政府的主要职能是负责管理和监控。一方面，协调人与自然之间的关系及其价值观之间的利益冲突，约束和规范社区居民的行为，保护资源与环境；另一方面，在旅游开发的过程中，监督政策与项目的执行情况，并及时反馈旅游发展中遇到的问题，重新调整旅游发展决策。另外，为社区居民接受正规的教育培训提供机会和便利条件，调动他们参与旅游发展的积极性与主动性，从而促进社区发展。

旅游目的地具有丰富的旅游资源和优美的环境，为旅游的发展创造了良好的条件，为旅游企业和政府创造了巨大的经济效益。但旅游业的发展也必须以不损害旅游目的地的资源与环境为前提，生态效益不能被破坏，保证旅游业的可持续发展。

在政府的管理监控下，旅游目的地社区居民参与旅游的开发与决策，担当起保护当地的资源与环境的重任，同时开发当地旅游资源也会为旅游目的地带来一定的经济效益。

旅游业的发展通过对旅游目的地社区的旅游资源进行开发，为社区居民创造众多的就业机会和商业机会，增加居民的收入，直接获得旅游收益。同时开发当地有特色的文化，保证文化的传承与发展。同时，旅游目的地社区居民会全面参与旅游发展的全过程，为实现旅游业的可持续发展贡献力量。

贵州省的黄果树风景名胜区在采用该模式后，黄果树村的村民逐步走出了贫困。景区开发前，1972 年全村人均粮食不足 200 斤，人均年收入 130 元，处于极度贫困状态。如今，随着黄果树景区旅游业的发展，发生了巨大变化。全村从事饮食业、照相业、旅馆业、建筑业和运输业的就有 734 户，占全村总农户的 71.9%，有 700 多人在景区内从事旅游服务，占全村总人口的 55.6%。目前，全村人均年收入在 2000 元以上，已安装上了闭路电视，用上电冰箱等高档日用消费品（见附件四）。①

（二）循环型旅游业发展模式

1. 循环型旅游业的含义

循环型旅游业是将循环经济的理念运用到旅游业中，从而实现旅游资源的循环利用和旅游环境的可持续发展。从旅游产业这个角度来看，循环型旅游业是指根据执行服务来创造价值的第三产业的特点，从旅游服务产品与设施的设计与开发到整个旅游过程，都要考虑消除或尽可能地减少旅游企业、旅游者对旅游环境的直接与间接的负面影响，从而实现旅游业的可持续发展。

循环经济是一种“三赢”经济，能够把经济、生态和社会三者的发展有机结合起来，注重经济效益、生态效益和社会效益的结合；可以使资源得到可持续利用，从而解决环境问题；使社会生产从数量性的物质增长转变为质量性的服务增长，从而促进经济发展、还可以拉长生产链，增加就业机会，从而有利于社会发展。②

循环型旅游业是旅游业可持续发展的一种新的理念和发展模式，是循环经济发展理念与可持续发展思想在旅游业中的具体体现，是一种促进“人与自然、人与人、人自身身心和谐”的旅游活动，把“生态—经济—社会”看作是一个不可分割的有机整体系统。不仅给旅游者带来高品位的精神享受，促进当地经济发展和人民生活水平的提高，同时在保护环境的前提下使旅游目的地资源环境贡献消耗比达到最优。

2. 构建循环型旅游业发展模式应遵循的原则

（1）“3R”原则。循环型旅游业发展模式的构建首先要遵循“3R”原则，即“减量化、再使用、再循环原则”，减量化原则旨在减少进入生产和消费流程的物质流和能量流，换句话说，在经济活动的源头就做到节约资源和减少污染。再利用原则要求产品和包装能以初始的形式被多次使用。再循环原则要求生产出来的产品在完成其使用功能后，能够重新变成可以利用的资源，而不是无用的垃圾。“3R”原则是循环经济发展的核心原则，也突出了循环经济的本质。循环型旅游业模式的选取要充分体现旅游资源的减量化投入、资源的再利用和资源的回收利用状况和由此产生的效益。

---

① 蔡雄，程道品．安顺地区旅游扶贫的功能与模式［J］．理论与当代，1999，（4）：34.

② 仲丽丽．关于运用循环经济理念促进旅游资源可持续利用的研究［D］．青岛大学，2005.

（2）系统协同进化、良性循环原则。循环型旅游业的发展要根据生态经济原理，把“经济—生态—社会”看作一个不可分割的有机整体生态经济系统。区域的发展必须着眼于系统的整体的互利互动和协调一致，根据系统内在结构和相互关系，把旅游经济的发展和环境保护有机地结合起来。在旅游经济发展中，以生态环境保护为前提，以可持续发展为目标，促使旅游的人流、物质流、能量流、资金流、信息流循环顺畅，使旅游生态经济系统达到协同进化、良性循环，从而实现旅游业的可持续发展。

（3）社区居民参与原则。社区居民是旅游发展影响的主要承担者，包括要承担旅游业发展带来的正面和负面的影响，构建循环型旅游业发展模式就要求旅游地的社区必须参与到旅游业的发展中来，全面监督在旅游规划和决策的执行过程中，是否以保护资源和环境为前提，实现旅游业的可持续发展。如贵州雷山郎德苗寨是社区参与取得成功的一个范例。该地区具有丰富的旅游资源：民风民俗、村寨环境、特色建筑，采取拦门敬酒、歌舞表演、工艺品出售和办农家饭。社区村民采用全民参与的形式，他们在实践中摸索了一套社区参与型发展模式，如利用社区自由组织对居民进行管理，创造多渠道社区居民就业和参与管理的途径，建立公平的利益分配机制等，对整个民族地区具有普遍的借鉴意义（见附录四）。

3. 构建循环型旅游业的发展模式

循环型旅游业考虑到旅游目的地的资源和环境容量，实现旅游业经济发展生态化与绿色化，以保护旅游环境为目的，并最大限度地在增加旅游者享受到的旅游乐趣以及给当地带来经济效益的同时，将旅游开发对当地造成的各种消极影响减小到最低程度，以达到人类和自然在健康、可支撑、多样性和可持续的条件下共存，保证自然系统和人类共生的权利。

循环型旅游业的一般发展模式如图 7 －7 所示。

4. 贵州旅游业发展循环经济的必要性

贵州旅游业存在着诸如环境承载力负荷过重、旅游资源开发不当、生态环境破坏严重等种种问题，因此应当发展循环型旅游业。循环型旅游业有助于促进人与自然、人与人、人自身身心和谐，在保护环境的前提下实现旅游业的可持续发展。

（1）提高旅游业经营管理水平的需要。通过调查发现，目前贵州很多旅游景区对管理不够重视，管理体系混乱，管理水平不高。循环型旅游业的实施，必然要求改变现在的管理模式，建立科学先进的管理模式，对不规范的开发及管理行为进行系统化、规范化、程序化的管理，将生态环境保护与可持续发展的观念融于企业的经营管理中。同时，它对管理人员和服务人员的环境意识、参与管理意识、服务水平等各方面素质都提出了更高的要求，从而提高环境质量，同时也提高内部的环境管理水平，适应循环型旅游业发展的需要。

（2）提升旅游业的整体形象。企业形象是影响消费者对企业产品价值衡量的重要因素之一，旅游企业推行循环经济可以削弱或避免对环境的负面影响，营造优美的景区环境，企业自然会得到大大的提升，从而为企业带来新的发展契机，而旅游企业形象的提升最终带动整个旅游业形象的提升。循环型旅游发展的进行必须达到人与自然的和谐、人与人的和谐，以及人自身的和谐，这不仅是贵州旅游业发展循环经济的一种模式，也完全符合我国正在倡导的“和谐社会”的理念。

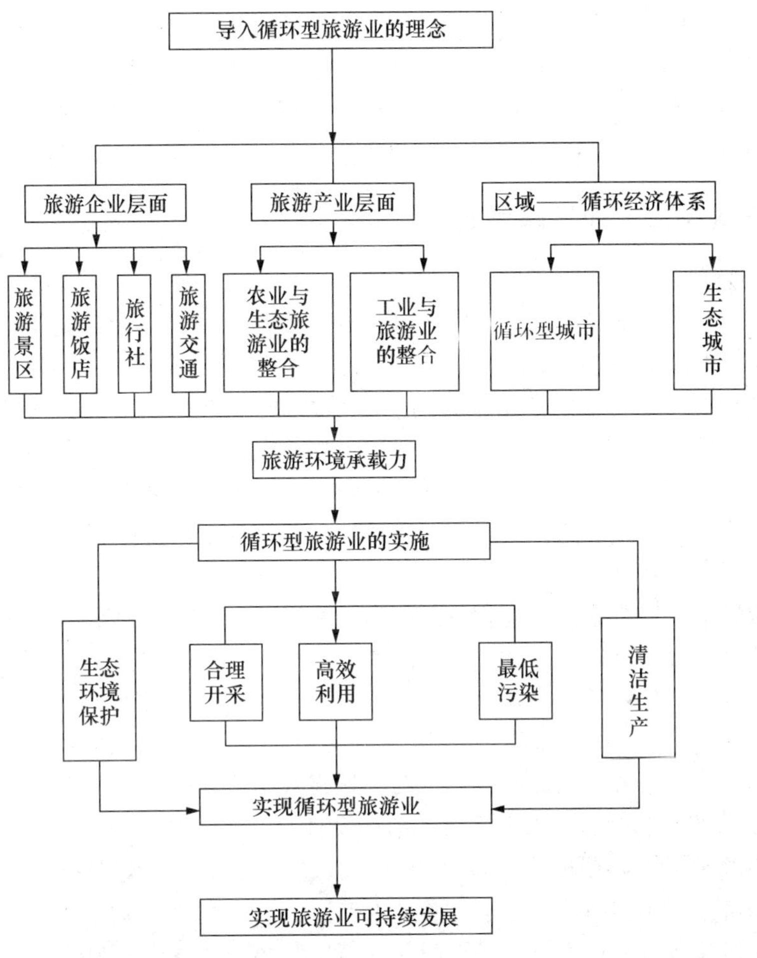

图7－7　循环型旅游业的发展模式①

（3）降低旅游业成本的需要。循环型旅游业以“3R”原则为其核心思想，在旅游资源开发和旅游活动中实现“资源—产品—再生资源”的闭环反馈式循环过程，以达到“合理开采、高效利用、最低污染”的目的，把旅游业清洁生产、旅游资源综合利用、旅游产品的生态设计和旅游者的可持续消费融为一体，从而使旅游经济系统和谐纳入到旅游系统的物质循环过程中。其中又以“减量化”为首，强调能源和资源消耗量，同时实现旅游资源利用的最大化，因而通常可降低旅游企业运行费用，从而降低旅游业的成本，获得最大利润。

（4）促进贵州旅游业的可持续发展的需要。旅游业是资源依托型产业，景区环境质量的高低直接影响旅游业的发展。循环型旅游业的实现是可持续思想的体现，本质是生态经济，是一种尊重生态原理和经济规律的经济。贵州旅游业实现可持续发展，遵循生态理论发展，可以减少旅游投入及垃圾产出量，避免环境污染以及资源的浪费，可以通过循环经济实行对旅游企业清洁模式生产以及旅游资源的循环开发、旅游者的绿色消费宣传教育活

① 颜庭干．基于循环经济的江苏沿江地区旅游业可持续发展模式研究［D］．南京师范大学，2005.

动等措施，全面预防对环境的消极影响，通过对旅游资源的严格管理，使人们保持文化的完整性，保持良好的生态环境和生物的多样性，增强旅游景区的生命力，进而使经济、社会和生态的有机结合，可以在增强未来发展机会的同时，满足游客和旅游地居民的需求，从而既取得经济效益、社会效益，又获得环境效益，最终实现旅游业可持续发展的目标。

（三）点轴型旅游业发展模式

1. 点轴型旅游业发展模式的含义

贵州省在发展旅游业的过程中要吸取其他发达省份发展旅游业过程中的经验和教训，力求发展旅游业时避免旅游产品规模小、服务设施不配套、缺乏特色、不重视品牌等问题。旅游目的地要一个一个地推出，利用经济学的概念——“增长极”来带动全省旅游业的发展。“增长极”指的是经济在某个地方首先高速发展起来，然后通过集聚效应和扩散效应带动整个地区和社会的经济发展。在旅游经济学中，点轴型旅游业发展模式是普遍存在的，特别是对像贵州省这样的经济不发达地区，点轴型旅游业发展模式更具有重要的意义，具有广泛的实用性。

点轴型旅游业发展模式就是在全省范围内，确定若干具有有利发展条件的大旅游经济地带间的线状基础设施轴线，对轴线地带的若干点予以重点建设和开发，随着这些地区的旅游经济实力和品牌效应的不断增强，旅游业的重点逐渐转移到较低级别的发展轴和发展中心上。与此同时，发展轴逐渐向较不发达地区延伸，将以往不作为发展重点的“点”作为较低级别的发展中心，以此类推，带动全省旅游业的发展。

2. 贵州省采用点轴型旅游业发展模式的必要性

（1）点轴型旅游业发展模式符合生产力地域过程演化的基本规律。由于区域差异的客观存在，经济发展落实在地域上也必然产生差异，那些发展较快的地区构成地区经济发展的中心。在极化效应的作用下，各种产业（特别是第三产业中的旅游业）不断在“点”上集聚，随着各种生产要素的向心运动，“点”不断增长。当集聚发展到集聚不经济阶段后，中心城市将逐步通过扩散效应带动周围地区发展。作为旅游资源大省的贵州省是西部不发达省份之一，经济发展的不均衡性和旅游资源的不可移动性必然要求贵州旅游业的发展只能首先在省内较发达、基础设施、交通条件较好的地区采用点轴模式进行，利用其区域优势，带动地区旅游业的发展。

（2）点轴型旅游业发展模式与贵州省现阶段社会经济发展阶段相吻合。贵州省尚处在生产力不高阶段，经济发展过程中资金短缺将是一个长期性的问题，加之贵州旅游经济带与产业经济带结合运转的耦合度较高，因此我们通过把有限的资金集中投放在这些条件较好的“点轴”上，优先考虑整体经济增长具有较高的效率。然后再通过点轴模式的扩散效应，争取全省经济空间结构的相对均衡。在贵州省，旅游黄金通道经济带都是与其他产业密集程度较高的产业经济通道带耦合在一起，旅游产业通道经济带与其他产业通道经济带结合运转，构成贵州特色的通道综合产业经济带。

（四）牵引型层次推进的旅游业发展模式

贵州省民族地区旅游资源的缺点是景区分布较分散，景点之间距离太远，交通不便利，服务设施不先进。因此，有选择、有步骤地开发旅游资源显得尤为重要。另外，就是要把握好各级旅游资源开发的协动关系，应注意不要推动“一窝蜂”似的开发狂热，否则，贵州省旅游业发展就有可能走弯路。为了避免在旅游业中也出现政府热情过旺症和企业投资盲目症，在吸纳一系列社会资金投资的基础上，抑制旅游投资的盲目性。在远离城市居民居住的民族地区，以自然旅游资源为本，开发一些有民族特色的旅游区。这样的区域旅游业发展模式是一种在选择中由大牵中、由中牵小的旅游业发展模式，这种牵引型层次推进的发展模式能保证资金流向相对集中合理。贵州省的旅游业发展模式如果按这种模式运行，将会高速运转，而且是可以实现旅游业的可持续发展的。

五、贵州省社区参与旅游业发展模式选择中值得注意的问题

（一）社区居民自身的消极性，使“旅游—经济—生态”系统耦合度不高

旅游业本身就是一个对自然资源高需求、高消耗的产业。贵州省的经济增长方式目前还处于粗放型的生产方式，经济增长的效益不高，旅游业和经济发展必然给生态环境带来负面影响，因此必须充分调动社区居民参与环境保护的意识。而贵州省社区居民在旅游发展中更多地表现为参与的积极性不高或消极参与，主要表现在：第一，是由政府或者旅游专家制定旅游规划案例，往往忽视了社区居民的地位和利益。这种自上而下的旅游规划模式使社区居民认为规划是政府和专家们的事情，与他们无关。因此，社区居民就对参与旅游发展没有多大的兴趣。第二，社区居民自身的意识淡薄以及受对旅游文化认识不足的影响，缺乏参与旅游社区生态环境保护的能力，限制了他们参与旅游发展的机会。第三，贵州省民族地区的旅游景点一般都处于偏远的村寨，社区居民长期身在贫困社区，思想比较落后，封闭和自卑的心理使他们面对投资商、专家和行政官员甚至外地游客都抱有仰视的态度，这种自认为的不平等地位使他们很难与这些利益主体建立起积极的合作伙伴关系。因此，在构建社区参与旅游业发展模式时，必须首先调动社区居民广泛参与的积极性，必须同时以新型的发展模式代替传统的高消耗的发展模式，实现经济发展战略根本性的转变，增强“旅游—经济—生态”系统的耦合度，保障全面发展。

（二）经济、社会、生态、文化四者的协调性问题

任何一个系统，都必须有一个完整的价值体系作为其核心，而一个完整意义上的价值体系应该是由社会、经济、生态和文化四个方面的标准共同组成，缺一不可。然而现实却是，在旅游开发和经营中对经济效益过分倚重。相当一部分贫困地区都将旅游看成经济复苏的“稻草”，但其实是另外三个更能体现“和谐”与“可持续”理念的标准。一个由失衡的价值体系指导下的模式缺乏对长远利益的考虑，无法依靠系统本身的力量有力地制止短视盲目的开发行为。社区参与型旅游发展模式就是要求社区参与与当地的旅游资源融合成为一个整体，维持经济、社会、文化和生态之间的协调发展关系。贵州省选择社区参与型发展模式，不仅是协调好人—地关系的最佳选择，而且可以实现旅游业可持续发展的“四维”目标。但在实际操作过程中，往往容易忽视生态因素，以牺牲生态为代价，来换取旅游业的繁荣和经济的高速增长。因此，贵州省在构建适合自己旅游业可持续发展的模

式时，必须注意协调好四者的关系问题，以旅游资源可持续利用为基础，以经济、社会、文化和生态协调发展为保障，以创建和谐的旅游环境为目标。

六、本章小结

本章通过构建社区参与的旅游发展模式，对社区参与下的旅游发展模式进行系统分析和可持续性分析，最后对贵州省社区参与旅游业发展模式中注意的问题进行阐述，主要研究内容如下：

本章详细地分析了构建社区参与旅游模式的基本思路、主体、目标和实施范围等，重新构建了社区参与的旅游理论基础，为旅游目的地社区的良性发展提供了理论上的支持；从决策机制、利益分配机制、参与保障机制、约束机制和参与评估体系等方面系统地提出了社区参与旅游的运行机制，构建了一个相对完整的社区参与旅游体系；由社区参与旅游评价因子体系、功能及渠道分析、产业链分析、社会系统工程分析、旅游生态环境系统工程分析共同构成了社区参与旅游发展模式系统分析；以社区参与为主线，通过经济、社会、生态和文化的可持续发展目标的组合，系统地构建了基于社区参与的贵州旅游业发展模式。

第八章　贵州省旅游业可持续发展对策研究

一、贵州省旅游业可持续发展的宏观主导分析

（一）旅游业实施政府主导型战略的原因

1. 市场缺位

旅游业实行政府主导型战略不是因为市场失灵而是因为市场缺位。旅游业是竞争性行业，旅游产品的供给主体是由市场机制所决定的。但另一方面，旅游业是一个新兴产业，市场机制在产业发展的初期尚难以带动产业迅速形成规模经济。在转轨时期，市场体系和市场法制尚不健全，因此政府在拉动产业起步和健全市场体系方面起着关键作用。政府在旅游业产业起步中不是扮演市场失灵的替代者，而是扮演着市场制度的导入者和市场体系的完善者。从这一结论出发，我们可以推导出旅游业实行政府主导型战略是有阶段性特征的，一旦市场体系建立和完善，市场机制已经具备足够的力量去配置资源，政府主导就要让位于市场主导。但当市场机制存在缺位时，政府及时补位是必要的，这种补位是为今后让位做准备，此时，政府主导战略可以界定为一种过渡性战略。

2. 综合性强

旅游业是一个综合性很强的产业，和旅游业有关联的行业包括航空业、铁路业、公路水路交通业、建筑业、餐饮业和商业零售业等 70 多种行业。旅游业本身的产业链很长，且发展不平衡。旅游景点、旅游景区是旅游需求产业的源泉，可以看作是旅游产业链的龙头。饭店、旅行社作为中介行业可以看作是产业链的龙身和龙尾，旅游业在缺少政府调控下往往表现为尾大不掉。处在产业链下游行业中的饭店和旅行社由于其投资少、见效快，在市场机制作用下，供给发展很快。而处于上游行业中的旅游景点和旅游景区，由于其投资大，建设周期长，往往难以有效的吸引市场投资，这样最终导致下游产业供过于求，上游产业开发不足。旅游业这种产业特征决定了需要政府来综合协调相关产业的发展，并需要政府通过“看得见的手”的调节来取得旅游产业链的平衡。

实行贵州旅游业可持续发展的大开发本身就是一种政府主导型战略举措，政府通过增加投资和政策导向，实现对区域经济发展不平衡的调整目标。贵州地区极富特色的旅游资源构成了中国旅游业发展的后势，贵州旅游业实现跨越式发展，形成具有竞争优势的特色经济，已成为贵州旅游开发战略的重要组成部分。贵州旅游开发中对贵州生态环境的改善和基础设施的完善，都会给贵州旅游业的起飞奠定一个良好的基础，贵州地区旅游业的加速发展又会有力地促进贵州大开发的步伐和拉动贵州经济的增长。政府在东部地区旅游业

发展中是逐步向协调者和规范者过渡的，由于贵州地区旅游业的发展水平和市场体系发育状态与东部地区存在着明显差距，所以在贵州省政府还主要扮演着开拓者的角色。贵州地区旅游资源大部分尚处在市场开发的初级阶段，市场机制在资源配置方面的力量尚显薄弱，潜在的旅游市场需求尚难以形成对供给的强有力的拉动作用。

综合以上各方面因素来分析，实行政府主导战略在促使贵州旅游业实现可持续发展方面将会起到关键作用。①

（二）政府主导型战略的实施内容

1. 观念主导

旅游业发展的首要问题是更新观念，用新的旅游观念取代传统的旅游观念，这是政府主导型旅游发展战略的前提和基础。

（1）赋予“旅游”概念以新的内涵。传统观念认为旅游就是以消遣放松为目的的外出游山玩水。用现代的观点来看，这种定义具有一定的片面性。世界旅游组织把旅游定义为：旅行者在工作及日常居所外的地方享受的旅游便利及服务。在新的旅游概念下，旅游内涵日趋丰富，类型不断增加。在现代旅游中，游客享受的是全方位、全过程的吃、住、行、游、购、娱一体化的服务。

（2）更新旅游定位的观念。传统经济理论认为旅游为非生产部门，不创造价值。这种观点致使旅游行业地位低下，这种错误的定位制约了旅游业的发展。伴随着改革开放的进程和市场机制的引入，旅游业作为第三产业的龙头地位逐步确立。由于旅游业是关联性最强的产业，具有极大地带动效应和扩散效应。因此，对旅游业要有正确的认识。旅游产业的正确定位，会促使旅游业的产业地位相应提高，形成坚实的社会基础。

（3）更新“旅游业主体”的观念。传统观念认为，旅游业发展的主体应该是旅游管理部门和旅游企业。随着旅游产业的日益成熟化，现代观点认为旅游业发展的主体有三个：政府、旅游企业和居民。政府是旅游业发展最重要的主体，担当起发展地方的责任。人是旅游文化内涵的载体，代表旅游目的地的形象，高素质的居民群体不仅会给游客带来高品位的文化享受，而且会使当地获得丰厚的精神回报。因此，政府应充分发挥旅游产业具有主观能动性的人文主体的重要作用。

（4）更新旅游宣传促销观念。对旅游产业来说，宣传是促销的基础和前提，只有广泛宣传才能达到促销的目的。贵州很多地方仍存在着“光赚钱，不宣传”的落后观念。这种观念亟待更新，正确得当的宣传促销手段不仅能使景区景点受益，而且能带动整个地区受益，进而促进整个地区的经济和社会发展。这时，政府不仅要为旅游地提供一定的宣传经费外，还要动员居民积极参与到旅游宣传中来。

（5）更新旅游产品的观念。传统的旅游产品观念认为景区景点就是旅游产品。而实际上景区景点只不过是旅游的六大要素之一，真正意义上的旅游产品应该是由旅行社推出的，为游客所接受的成品旅游线路。树立起这一观点，政府就可以严格按照旅游产品的要素、价格、路线，对各旅行社实施监督、执法检查，对旅游产品实行要素管理法，从而提高旅游产品的信誉。

---

① 李树民，陈实．论西部旅游业实施政府主导型战略的宏观分析［J］．人文杂志，2002，（5）：66－68.

2. 政策主导

政府政策的推行过程是旅游业政策地位不断提升的过程。从最初的歧视政策到公平政策，再到后来适度倾斜与优惠的政策，旅游业在政府政策推动下呈现出蓬勃的发展势头。从长远看，旅游业发展需要一个高水平、全方位的集目标、组织、规划开发、促销等要素于一体的政策支持体系，从而形成旅游业发展的最佳环境。

3. 规划主导

政府主导发展旅游业，必须首先形成旅游发展规划。贵州省旅游规划存在起步晚，底子薄，发展快的特点。具体表现为：规划人员少，组织机构松散；规划水平、规划程度不均衡，差异明显；规划理论、规划方法的研究基础弱；规划管理基础薄，旅游行业管理部门对旅游规则的指导、调控功能没有充分发挥；旅游规划工作发展势头迅猛，但极不成熟。为改变这一现状，从省里到地方，均要制定出不同层次的规则。省级规划应侧重宏观性、指导性、全局性和长远性，省级以下地方的旅游业发展规划应具体、细化和翔实。

4. 规制主导

对旅游业的规制旨在营造健康有序的发展环境，这是宏观调控的一种根本手段。世界旅游组织认为，政府旅游部门在旅游业中所起的作用，大致经历了三个阶段：开拓者阶段、规制者阶段和协调者阶段。我国目前正处于第二阶段，即政府主管部门对旅游业的管理正由直接管理向行业管理转变。随着旅游业的发展，我国已出台了许多旅游市场法规、条例，这些法规、条例在调整旅游业结构、规范旅游市场、解决旅游纠纷、保护旅游法律关系主体各方权利义务等方面起到了一定的作用。

政府主导型旅游发展战略的规制内容主要包括如下几方面：一是制定一部统一的综合性旅游基本法；二是配套部门行政性规章的制定；三是地方性法规建设；四是进行有效的行业管理，包括管理手段的形成、管理体系的健全、管理权威的树立、管理领域的拓展。在旅游行业管理体制方面，政府要坚持和完善旅游市场准入制度，使许可证制度、定点制度和资格证制度进一步规范化，并逐步扩大使用范围。政府管理部门履行对市场的检查、监督，通过健全旅游质量监督网络，切实落实行政处罚权，保证旅游业的整体效益和长远利益。

5. 资金主导

资金主导是指通过政府资金启动社会投资，从而更有效地调控经济、刺激市场。在旅游业发展初期，政府利用行政体制促使旅游业超常发展，能迅速形成较大的产业规模和供给能力。政府在这方面的角色表现为：一是公共产品的提供者。主要是加快旅游基础设施建设，积极牵头开发旅游线路。二是重大项目的启动者。政府对重大建设项目的投资可以拉动私人资本的更大投资。三是浓郁氛围的营造者。主要是通过宣传促销活动刺激旅游动机，扩大旅游市场。此外，政府可以通过组织策划一些影响力巨大的主题活动。如“瓮福杯”多彩贵州旅游商品展销大会和“清凉世界、天然空调”避暑游推介团都是政府主导、部门联动、社会参与的成功范例。

6. 双重主导

政府主导型旅游发展战略旨在推进经济的发展，实现物质产品的极大丰富和人们生活水平的提高。我国政府注重以健康向上、品位高雅的消费活动引导旅游者，使游客在获得物质享受的同时，获得尽可能多的精神享受。此外，通过政府主导开发中部地区旅游资源，可使贫困地区脱贫致富，实现地区间的平衡发展，起到稳定社会的功能。可见，在旅游业发展中，政府对经济领域和社会生活领域具有双重主导作用，这也是有中国特色的旅游产业区别于西方资本主义旅游产业的根本之处。①

（三）可持续旅游构建下政府主导行为的发展趋势

政府需要进一步注重其主导作用的管理水平。政府主导作用的运作过程其实就是主体与客体相互作用的过程，即政府行为主体与政府行为客体相互作用的过程，而这种主客体的相互作用不是直接的作用，而是通过技术性的方式进行联系的。所以政府组织总是应用一定的技术工具和技术手段对政府行为对象实施作用，反之，政府行为对象也须应用一定的技术工具和技术手段反作用于政府组织。

贵州省旅游业是政府行为主体作用的对象，强化政府行为工具和手段的管理直接影响着贵州省旅游业开发与管理的科学化程度。那么，在新的发展阶段，政府该如何实现工具和手段的高效率的管理就成为政府主导作用表现形式的关键环节。

1. “依法治旅”规范旅游市场秩序

旅游法律、法规的制定出台，可以从大旅游、大产业、大市场的角度，全面依法监督管理旅游资源开发、旅游设施建设、旅游市场经营、旅游教育培训等各个方面，推动和促进旅游业的持续、健康、快速发展。同时对不同时期旅游市场上存在的突出问题和旅游者投诉比较集中的地区，旅游、公安、工商、质检等有关部门应密切配合，加大联合执法力度，进行重点整治，维护公平的市场秩序，创造较好的旅游环境。

2. 及时修订和完善旅游政策环境

政策环境持续优化是旅游业持续发展的保障。政府应及时修订不合时宜的政策条文，注意研究新情况、解决新问题，不断进行完善、补充和修订。可以由过去强调具体的实惠政策，转变为引导市场投资的导向上；可以由过去的以鼓励开发建设为主，转变为适当加强旅游调控、监管手段。要不断总结以往经验教训，做到有所突破，有所创新，使政策促进旅游发挥出最大的支持作用。

3. 加强对旅游自然资源环境的宏观管理

旅游具有两重性：一方面能够促进社会经济和文化的发展，另一方面也加剧了环境的损耗和地方特色的消失。因此，实施“政府主导型”模式，就是要充分发挥政府在保护自然资源环境和文化遗产中的作用，这也是实施旅游业持续发展的前提条件。

（1）健全旅游环保管理制度和法律法规。完善的法律制度是做好旅游环境保护工作的保证，通过对旅游者和旅游经营者制定行为规范，对破坏行为实行强制性的干涉与惩罚。

（2）科学规划，有序合理开发。目前，在发展旅游业上，应采取“政府主导，规划先行”的战略。政府可以从规划的制定和审批过程中，督促企业落实具体的环境保护措施。

（3）运用经济手段及其他手段，控制热点旅游区的旅游规模。采取提高热点旅游区的门票价格、划定特殊旅游景点并控制其旅游人数等手段；调整旅游区的旅游规模，在保

① 赵新峰．政府主导型旅游发展战略的实施内容［J］．经济论坛，2004，（3）．

证一定经济效益的同时使旅游区的环境得到保护。

（4）设立常设机构和人员，对旅游企业在资源开发过程中产生的破坏环境、破坏文物的现象，依法进行处罚，并督促其改正。

4. 坚持走全社会办旅游的路子，多渠道筹措旅游业投资

旅游业是一个高投入、高产出、高创汇、高效益的产业。要加快旅游业发展，需要大量的资金投入。在发展旅游业的过程中，应坚持“国家、地方、部门、集体、个人一起上，自力更生与充分利用外资一起上”的方针，鼓励利用各方面物力、财力开发旅游。政府财力一方面主要集中投入与旅游业密切相关的交通、通信、电力等设施建设和解决制约旅游业发展的关键性问题，以此为旅游业的快速发展奠定基础，营造良好的旅游“硬环境”；另一方面，应采取各种鼓励政策和优惠政策，着力改善投资的“软环境”，使社会办旅游的积极性不断高涨，吸引大量社会资金积极投资开发旅游资源，搞好景区、景点、旅游度假区建设，改善旅游接待条件，提高旅游服务水平，增强旅游产品的吸引力和竞争力。

5. 加强旅游产品的对外宣传工作

由于旅游产品是一种特殊的产品，必须依靠对外的宣传促销。而旅游业涉及“吃、住、行、游、娱、购”等各行业，任何一个企业要独立地对外促销，在经济上都是不划算的。当企业对外宣传促销的成本超过得到的利益，其他企业免费“搭便车”时，任何企业都不会进行此项投资。因此，旅游产品虽然不是公共产品，但却具有公共产品的特性，这就需要政府出面进行组织，建立了长期、稳定的旅游促销经费的筹措机制，并形成由省政府统一领导，各级旅游行政和管部门牵头，广大旅游企业积极参与的旅游宣传促销体系。实施“政府主导型”模式，由政府来组织旅游宣传促销活动还有两点优势：第一，可以树立一个地区作为旅游目的地的整体旅游形象；第二，可以集中一个地区旅游企业的力量，易于形成规模，扩大效果。

旅游规划是贵州省政府在旅游发展中的一项重要职能，需要一定的技术手段，是政府对一个区域旅游活动过程及状态的总设想，它的核心问题在于旅游产品的设计和推广，而旅游形象则是“旅游者对旅游地综合性、概括性的认识和印象，是公众对旅游地所有产品、服务设施的综合感知”。① 不同地方的旅游形象对旅游者的旅游动机和政府的旅游决策产生不同的影响，所以地方政府在进行旅游规划时应以良好的产品形象设计为导向。

一方面，要突出自身资源产品的形象。根据辩证唯物主义物质决定意识的观点，旅游形象作为主观产物，其定位必须建立在旅游自身资源上，旅游资源决定旅游形象，而旅游形象又决定影响着地方旅游产业的可持续发展。② 地方政府以自身资源进行形象定位，是政府制定旅游政策，进行旅游规划的基础。如厦门市政府实施“跳出景区看旅游”的方略，强调大区域度假范围，大大提升了全市旅游形象。通过对各区域、各乡镇进行各自的形象定位，以避免盲目性、重复性开发，造成巨大的资源浪费；通过政府的区域规划，以体现各具特色的民族文化与独特的自然景观相结合的旅游形象。另一方面，要重视旅游产

① 匡林．旅游业政府主导型战略研究［M］．北京：中国旅游出版社，2001.

② 蔡碧凡，夏盛民，俞益武．乡村旅游开发与管理［M］．北京：中国林业出版社，2007.

品形象的推广。旅游地旅游形象的推广是地方政府义不容辞的责任，它对该地区旅游业的可持续发展至关重要。如香港的旅游业取得举世瞩目的成就与其政府的宣传促销有直接的关系，针对不同的对象采取不同的方式，如向欧美地区的宣传采用传统的东方色彩；云南省地处西南边陲而吸引大量的国内外游客也与地方政府的宣传促销活动密不可分。因此，贵州省政府也应该通过大力宣传促销活动扩展市场，树立乡村旅游的品牌形象。这是政府服务于贵州省旅游业的一项重要职能。

面对激烈竞争的旅游市场，建议政府坚持以形象导向型旅游规划，加大贵州省旅游业形象的推广力度。通过报刊传媒、网络传媒、庆典活动等推广旅游形象，尤其要借助于网络技术提高政府的服务能力，及时发布和更新网络信息，与游客形成良好的互动关系。

6. 专业人才的开发与管理

根据新增长理论，在经济落后的地区要实现经济快速增长，必须有一个更快的知识积累率。该理论认为，知识的应用和推广是推动区域经济良性发展的重要因子，也就要求地方政府及各部门应鼓励并参与到知识的生产和扩散以及人力资本的积累中来。政府应该强化对旅游教育的管理，形成高、中、初级和在职旅游教育培训体系，以提高政府的旅游决策水平及宏观管理能力，提高旅游企业和社区居民的服务能力和服务质量。这是地方政府服务于旅游产业的必要准备。

一方面，要更加注重人才的外送培养计划。管理人员的专业化是地方政府对各项工作进行有效管理的根基，也是实现政府行为技术性的前提条件。对于参与旅游事务管理或旅游决策的政府人员及政府官员须经过一定的专业培训，因为管理说到底就是对人的管理，而管理人的人自身就是一个素质问题。旅游业是综合性较强的行业，一旦出现政策偏差，会牵涉到各个领域，从而使政府行为“失真”。所以在政府组织中迫切需要有一定比率的专家和行家能把握贵州省旅游发展动态，为贵州省旅游业的开发提供政策支持，在旅游发展领域实行专业化管理。为此，建议当地政府制定高层次人才外送培养计划，尤其有计划地将旅游管理部门的高层公务员，饭店、旅行社和部门经理以上的管理人员送往旅游高等院校培训学习、深造。同时，通过与高校建立互动关系，利用高校师生为贵州省旅游开发与管理提供智力支持。另一方面，要更加注重普通员工的培训与管理以及配套设施的建设。实现良好社会治理需要广泛的社会参与，而社会参与中人的素质及其对参与机制的认同直接关系社会治理的成败。社区居民的旅游服务技能及其对旅游法规、制度的认同也直接影响着贵州省旅游业的可持续发展。地方政府加大对旅游服务人员的培训与管理是实现政府与社会共同治理贵州省旅游业发展中事务的必要准备。为此，政府需要对各饭店、旅游商店、社会导游等全面进行资格审查，对以家庭为单位的旅游服务也实行持证上岗制度，以保证服务质量和维护市场秩序。在旅游局设立质量监督机构，开通旅游质量投诉电话，为游客建立必要的表达机制。同时，加大旅游法规的学习和宣传力度，使贵州省各业主在旅游业发展上与地方政府达成共识，在维护市场秩序上转化为自觉的行动，从而实现民族教育振兴与旅游经济发展的良性互动。

总之，对专业人才的开发与管理是地方政府服务于贵州省旅游业的重要途径，也是实现政府行为工具和手段技术性的发展要求。通过对专业人才的开发与管理为贵州省旅游业可持续发展提供有力的人才保障。

二、贵州省旅游业可持续发展的微观角度探索

（一）社区居民

1. 组建社区居民旅游社团组织，增强社区居民参与权

社区居民往往受信息、知识、能力等因素的制约，很难与政府及开发商沟通并表达自己的意愿，其利益也经常无法得到保障。要使社区居民作为旅游发展主体并真正进入规划、开发等重大事宜的决策执行体系中，首先要解决的问题是改变社区居民当前的弱势地位。社区居民可通过民主选举和自愿结合的方式组建社区居民旅游社团组织，将社区居民成员的力量整合起来，参与到旅游目的地的管理中去，并以社团组织的名义与政府部门及旅游开发商进行平等沟通，保障社区居民的正当权益。社区居民旅游社团组织的群众性决定了它要以群众的要求和意愿作为一切工作和活动的出发点，代表和表达广大社区居民的意愿。其首要职能是保护社区居民的利益，主要包括分享旅游目的地管理权力和经济权利；其次是教育职能，包括社区居民参与旅游发展意识的培养及提高社区居民的文化素质和科学技术管理素质；最后是经济建设职能，社区居民旅游社团组织通过建立和健全各项民主管理制度，积极开展合理化建议活动，汇总组织成员的意见，并审定开发商的各项规划及决策方案。此外，社区居民旅游社团组织可以聘请有关专家学者作为顾问，为组织工作提供指导，以确保社团政策及行为的科学性和合理性。

2. 加强教育培训，提高社区居民参与能力

对社区居民进行必要的教育培训是社区居民参与旅游发展的基础条件。教育培训的内容包括基本文化知识和旅游专业知识两个方面。民族地区与发达地区相比，由于受教育和落后观念等因素的影响，在教育质量和人力资本存量方面还有很大的差距，这严重制约了社区居民参与旅游发展的能力。针对民族地区的这种特殊状况，首先，要加大教育培训经费的筹措，可通过从旅游企业收入中提取一定比例的资金建立社区居民教育培训基金、争取社会捐赠等多种手段共同筹集社区居民教育培训费用。其次，长期教育与短期培训相结合。短期培训主要针对从事旅游行业的社区居民，可与附近高校建立长期合作关系或委托旅游行政管理部门、旅游企业，对社区居民进行外语、经营方式、饭店服务、商品开发等方面的知识培训，提高社区居民的素质，使他们更好地参与旅游发展。

3. 发挥政府主导作用，引导社区居民积极参与

政府与社区居民一样是社区居民参与旅游的主体，并在其中发挥着重要的引导、指导和监督等作用。尤其是民族地区发展旅游业起步较晚，社区居民对旅游业的认知程度还不高，更需要政府部门的引导和扶持。当前，政府部门对社区居民参与旅游发展的重要性认识不足，对社区居民的扶持力度还远远不够，一般在市场竞争秩序陷于极度混乱状态或发生冲突的时候，有关部门才会出面协调和规范。政府部门应该与社区居民旅游社团组织相配合，在旅游发展初期，加大对社区居民旅游信息的宣传力度，提供必要的资金扶持和就业、培训机会，并为社区居民进入旅游规划决策团队创建平台。当社区居民以积极主动的姿态参与到旅游发展中时，政府侧重加强对旅游市场的监督和管理，平衡各方利益，使社

区居民能够公平受益。

4. 以社区居民整体利益作为标准，衡量和评估旅游项目与决策

社区居民参与旅游发展的核心是让社区居民作为一个整体参与开发，使其公平地从旅游业中受益，从而达到社区经济、社会、生态和文化效益的最优化，而且它所追求的并不是社区居民成员内部某一个居民、个别集团的利益，而是共同利益。民族地区往往由于经济落后、财政吃紧，而缺乏旅游开发启动资金，有时会过度赋予外地开发商政策、物资、资金等方面的优先权而放弃社区居民相当部分的利益。因此，民族地区发展旅游要以社区居民整体利益作为标准，衡量和评估旅游项目与相关决策，达到社区居民成员共同参与、共同受益的目标，从而实现民族地区旅游业的可持续发展。

（二）旅游企业

1. 诚信经营战略

诚信经营战略是旅游企业可持续发展的无形资产。旅游商品具有无形性、不可转移性等特点，这些特点反映了旅游企业所生产的商品与一般企业生产的商品有明显的不同之处，消费者在购买旅游商品时所承担的风险更大，信用对旅游企业来讲也显得尤为重要。作为无形资产的企业信用，在商品交换的过程中使所有者和经营者持续不断地获得收益，从而实现企业的可持续发展。因此，在激烈的市场竞争中，继价格竞争、质量、品牌竞争之后的企业信用竞争将更具有综合竞争力，只要企业好好把握，必将产生巨大的威力。

（1）要培养企业员工的道德心，形成独特的企业文化，树立鲜明的企业形象。目前，在旅游企业经营活动中，经营者普遍存在着浮躁、急功近利倾向，对长远目标和利益考虑不够，对员工缺乏培养。我们需要的是从利益到信誉，让每一个员工都能成为消费者信赖的对象。这就要求企业以诚信原则来培养员工，教导员工信誉为本，便民利民，这样才能得到消费者的认可和接受，同时要把它升华为一种企业文化广泛传播。

（2）正派经营。正派经营是旅游企业的立足之本，但是由于我国目前仍处于由计划经济向市场经济转型的混合经济运行时期，不正当经营时有发生，如地方保护主义、旅行社的回扣现象、饭店餐饮的短斤缺两、企业广告促销与实际产品质量的不符以及旅游者的消费不成熟、防伪经验不足，致使坑蒙拐骗、假冒伪劣产品充斥市场，极大地阻碍了旅游市场的正常发展。因此现代企业树立正派经营的思想是必须的，只有正派经营，才能赢得消费者的心，企业才能真正走上可持续发展的道路。

2. 人才战略

人才战略是旅游企业可持续发展的源泉。旅游企业作为劳动密集型的服务业，它的发展方式不仅与企业外部环境有关，同时更取决于企业的内部环境。在旅游企业进行生产经营活动所需要的人力、财力、物力等资源中，人是其中最基本、最活跃的因素，可持续发展企业是建立在人的发展基础上的，因而，旅游企业的人才战略是企业可持续发展的源泉。

旅游企业的人才战略实际上就是对企业人才的开发管理，具体来说主要包括三个方面：一是造就一支高素质员工队伍；二是使员工队伍得到优化组合，做到人尽其才，才尽所用；三是建立一套科学的人力资源开发利用体系，形成人才辈出的优化机制，创造一个良好的工作环境，充分调动员工的积极性和创造性。旅游企业应把理解人、尊重人、关心

人作为企业管理的出发点，建立有效的激励机制，构筑企业员工的共同价值观；加强管理人员和职工的培训工作，努力提高职工的思想道德、科学文化水平和业务能力，改善企业的整体素质。这样，企业在竞争中才有可能更胜人一筹，形成对企业可持续发展的创新驱动。

3. 核心能力的培养

核心能力的培养是旅游企业可持续发展的长远战略。旅游行业的激烈竞争一方面是市场本身的作用，另一方面也反映了旅游企业所提供的产品技术含量不高，互相容易模仿，缺乏垄断性。因此，旅游企业走可持续发展道路的长远战略是要培育企业的核心能力。企业核心能力是指使企业在特定经营领域具有竞争能力与优势基础的多方面技能、互补性资产和运行机制的有机体，是不同技术系统、管理系统及技能的有机组合，是识别和提供竞争优势的知识体系。

（三）旅游者

1. 环境保护的责任

旅游的产生背景是由于旅游活动对自然、文化、社会等环境产生了多种多样的影响，这些影响损害了旅游业赖以生存的环境质量，威胁旅游业的可持续发展。旅游作为一种维护环境的旅游活动，旅游者发挥的作用巨大，他们应该热爱大自然，具有较强的环保意识，对旅游目的地的生态环境维护具有责任感。具体说来，他们应尊重旅游目的地的生态系统、生态过程及生态文化。

2. 尊重旅游目的地的生命

尊重生命，是人类文明永恒的主旋律，过去的尊重生命往往仅限于对人类及少量特殊动物生命的尊重。尊重不应该只是出于人类的同情心和意愿，而是要立足于生命的创造性、维持性等价值，从生命物种的保存、进化和生态系统的完整、稳定、完美出发，遵循生态规律，尊重生物生存的愿望、生态活动方式以及生物维持种类协同和进化所必需的生态条件不受人类破坏等权力，才能真正尊重生命。

3. 尊重旅游目的地的自然生态系统

生物及其生存环境构成了自然生态系统，整个旅游目的地是由多样、多层的生态系统所组成，旅游者进入目的地后，也只是生态系统中的一部分，生态系统的稳定性、完整性和完美性包含着有益于人类生存的环境价值，值得尊重。要尊重生态系统，就得按照生态规律来理智地行动，注意保护生态系统中内在的相互依存的自然生态关系。

4. 尊重旅游目的地的生态过程

稳定的自然生态系统所遵循的自然生态过程有三个机制：第一，能量单向流动机制。绿色植物通过光合作用，使太阳能流入生态系统，在此基础上为动物和微生物的生存创造条件，假如减少植物的光合作用，减少能源的进入，生态系统中就会因能量的缺乏而出现生命的贫乏乃至走向灭亡。第二，封闭的物质循环机制。物质在生态系统中可以循环使用，不会消失，只是存在的方式不同。第三，多层次的自我调节机制。对内对外的条件变化均能做出反应，矫正偏离，补偿缺损，使整个生态系统保持稳定。这三大自然生态过程机制使得地球这一宇宙中的“绿岛”常青，使人类生命之河源远流长，因此，我们应该充分认识到生态过程的形成是大自然生物圈几十亿年优化选择的结果，旅游者应关注生态过程，尊重生态过程。

5. 尊重旅游目的地的文化

旅游者的职业、年龄、学历与经历各不相同，各自的文化背景与旅游目的地的文化肯定会有所不同。为维护当地文化的自然性，旅游者应以学习了解当地的文化、风俗习惯、民族风情为目的，不应将自己的文化价值观强加于人，不要强求过分的舒适，要在了解民族礼仪、习俗及禁忌的基础上“入境问禁”、“入乡随俗”，尊重当地的风俗习惯，在当地居民允许的范围内参与其活动，体验其文化，以求自我充实。

6. 促进旅游社区经济发展的责任

旅游区与其所在的社区经济发展有一定的联系，主要是旅游区设立后，制定了相应的资源保护政策，限制社区居民对自然资源的传统性利用，旅游的开发对社区有不同程度的影响（如道路损坏、传统生活方式的扰乱等）。这些问题如果不加以处理，就会激发旅游区与社区居民之间的矛盾，长远看会妨碍旅游业的发展。解决这一问题的途径之一是给当地居民提供物质鼓励，减少他们对保护区资源的依赖，引导他们的行为方式向对保护区损害较少的方面转化，所需的资金来源除政府出资外，旅游者所缴纳的门票收入、捐赠、购买当地土特产品都是很好的支持，旅游者要充分意识到建立旅游区时当地居民做出了巨大的牺牲，有责任让旅游区与当地社区共同生存，共同繁荣。①

三、贵州省旅游业可持续发展的总体思路

（一）指导思想

坚持以人为本，全面、协调、可持续发展的科学发展观，全面执行国家“积极发展旅游业”的方针和“适度超前，持续稳定发展旅游业”的指导思想，在省委、省政府的统一领导下，实行统一规划，分区实施、集中管理方针，在开发的同时，坚持再分配的公平性原则，保持当代人与后代人之间的纵向平衡，即我们在考虑自身培育旅游支柱产业开发旅游资源的同时，要对后代人满足自身需求担负起保持一定资源储量的历史责任，依靠各方面的参与因素，实现贵州旅游业的经济、社会文化和生态的全面可持续发展。②

（二）发展目标

贵州省旅游产业可持续发展战略的实施分为近期和远期两个阶段进行，从 2006 年起到 2020 年，各个阶段的主要目标为：

2006～2010 年：这一阶段为近期目标，争取用 5 年左右的时间，建设旅游产业可持续发展的政策、法规与协调管理机制，积极推进可持续发展战略的宣传与实施，使可持续发展的理念与行动在旅游产业发展的各个层面上得到体现。

2010～2020 年：这一阶段为远期目标，争取用 10 年左右的时间，建立旅游资源保护

---

① 杨桂华．旅游经济学［M］．北京：高等教育出版社，2000.

② 方恭温．中国改革实践与社会经济形势［M］．兰州：甘肃文化出版社，2000.

和开发的管理、监控、补偿、分配等机制，扭转旅游资源的破坏性开发、旅游项目低水平重复建设和旅游生态环境恶化的趋势，初步实现旅游产业与资源、环境协调发展。对旅游业结构和发展模式进行调整，构建可持续发展的旅游产业结构和发展模式，全面建立旅游产业可持续发展的运行体系，实现贵州旅游经济、社会、生态和文化的可持续协调发展。

（三）发展重点

旅游可持续发展的重点是在尊重自然生态环境及旅游资源基础上形成的，把合理利用旅游资源和保护旅游环境相结合，把近期利益与长期利益相衔接，努力谋取旅游经济效益、社会效益、生态效益和文化效益的协调发展。

1. 高度重视旅游可持续发展的重要性

旅游可持续发展的要领实际上表达的是一个旅游发展及其与目的地自然和社会文化环境之间关系的问题，它实际上蕴涵着一个目的地承载力的问题。有名的BULTER曲线总结了这一关系。根据BULTER曲线，一个目的地的旅游业可能会和其他的产业一样，经历一个由上升或增长到成熟，再到下降的生命周期。当旅游业的活动给当地社区带来的消极影响累积到一定程度，以至于旅游业活动所依赖的资源变得枯竭并失去其再生性时，该目的地就会失去吸引力，此时，来访的旅游者会越来越少，最后甚至不再有旅游者到来。此时，任何干预都可能无法使资源恢复，即使可能，也代价高昂。

2. 处理好经济发展与旅游资源保护的矛盾

旅游可持续发展的核心思想是建立在经济效益、社会效益、生态效益和文化效益基础之上的，它所追求的是：既要使现代人的旅游需求得到满足，又要使旅游资源和自然环境得到保护，使后人具有同等的旅游发展的机会和权利。在发展指标上，不单纯用旅游收入来衡量，不要片面追求GDP，而是用社会、经济、文化和环境等诸多项指标衡量其发展。吸取一些发达国家"先污染，后治理"导致环境恶化，付出了巨大代价的经验教训。可持续发展的原则要求我们在旅游开发中，要兼顾当代人和后代人的利益，把旅游资源的开发和保护紧密结合在一起，在开发中遵循可持续发展的原则，使资源与环境得到永续利用，实现贵州旅游的可持续发展，在旅游资源的开发和旅游消费形式的选择上，坚持以可持续发展的理论和方式来管理旅游资源，做到在满足当代人享受旅游的自然景观和人文景观的同时，不损害满足子孙后代旅游需要的能力。旅游资源的开发是以合理开发，有效保护为前提的。

3. 统一规划，有序开发，按旅游科学规律办事

做好旅游开发规划，是旅游资源合理开发的关键，也是确保旅游业可持续发展的必要条件。各地旅游资源的开发必须按要求在开发前进行科学规划，并通过旅游等主管部门的批准，要逐步开展对旅游规划的总体环境影响评价工作。旅游主管部门要会同其他相关部门把好规划的审批关，严格规范开发程序，杜绝盲目的破坏自然资源的旅游开发活动。旅游开发规划，要科学、合理地划分旅游景区的各类生态功能区，确定旅游区环境容量，明确旅游区域和路线，提出可持续利用旅游资源，保护生态环境的具体目标、方法和保障措施。在一些重要和敏感的生态区域应严格规范旅游活动。旅游开发要尊重自然规律，按照当地自然环境的特点，选择合理的开发模式，特别应注意生态脆弱区、环境敏感区和珍贵自然景观与人文景观特点，采取严格的保护措施，适度开发，绝不能采用粗放、野蛮、掠

夺式的开发方式。做好旅游开发规划是预防资源和环境遭到破坏的重要措施。充分认识到旅游业不仅仅是经济事业，同时也是一门科学。在旅游开发中，必须尊重旅游科学的基本规律，否则将会造成旅游资源的浪费和破坏。这里所说的“破坏性建设”，是指旅游区的管理者和建设者因缺乏生态学或有关的科学知识，在风景区的建设中，或是造成了对生态环境的破坏，或是造成了对资源的浪费。在开阳南江峡谷风景区和贵阳鱼梁河风景区开发建设的初期，在建设中因施工不当造成对景观破坏的事件也有发生。因此，凡是风景区、旅游区、森林公园的开发，必须首先进行规划，然后再严格按照规划进行开发。

4. 大力发展生态旅游

要实现贵州旅游业可持续发展，必须摒弃传统的粗放式大众旅游，发展既能保护环境，又能为旅游者提供高质量旅游经历，使贵州社会经济效益最大化的旅游形式。生态旅游是“以欣赏和研究自然景观、野生生物及相关文化特征为目标，为保护区筹集资金，为当地居民创造就业机会，为社会公众提供环境教育、有助于自然保护和可持续性发展的自然旅游”。生态旅游是符合可持续性发展的最佳选择。生态旅游已不是传统意义上的游山玩水，它更强调的是在认识自然、享受自然的同时对自然保护做出贡献，使游览地区的生态环境、民俗风情、传统文化得以完整的保存下来，不至于因为旅游的开发导致当地人文、生态、地理环境的破坏。大力提倡生态旅游，有助于提高群众保护旅游资源和生态环境的意识。注意保护旅游区的生态环境，保护好旅游资源，这是旅游可持续发展的前提。这一观点已为大多数旅游开发商、旅游区的管理者所公认，但在实际操作中却又往往会忽略这一原则。提高群众的环境素质是建设文明、科学、健康的旅游环境氛围，实现旅游资源可持续发展的长期保证。

目前贵州省旅游业发展基础差，但速度快，旅游者和管理者的整体素质比较低，大部分旅游者、管理者环境意识较薄弱，破坏资源和不文明旅游行为比比皆是。游客接待量的增大，旅游者的触摸攀爬以及乱刻乱画等不当行为，本身就会侵害历史古迹的存在寿命。游客乱扔垃圾，大量的不可降解的垃圾给生态环境带来沉重压力。因此，提倡生态旅游，可提高群众的生态环境保护意识，形成全社会强有力的环境保护监督机制，有效地改善和保护旅游生态环境；有助于提高公众的自然保护意识，使人们在欣赏大自然美景的同时，学会珍重自然、热爱自然，增强保护自然的意识和责任；有助于实现资源环境的可持续性发展，生态旅游强调把旅游带给资源与环境的负面影响控制在资源环境可承受的限度，旅游设施要与自然景观协调，达到并维持自然资源与环境可持续性。

（四）发展思路

1. 整体思路

贵州省旅游业可持续发展的整体思路可以概括为观念创新、方法创新、机制创新和组织创新。其中，观念创新是基础，是其他创新实现的前提和保障；机制创新是产品和服务创新的内在动力；方法创新和组织创新是实现产品和服务创新的工具，方法创新包括技术方法和管理方法的创新。观念、方法、机制、组织创新都是过程创新，都是为了实现企业产品和服务的创新，都是为了实现企业效益的增值；而产品和服务的创新是结果创新，没有这些过程创新则当然不会有结果的创新。

（1）观念创新。

改革开放以来，在“两步走”战略的指导下，东部地区率先实行开放，大量的资源流向了沿海地区，也带动了沿海地区的观念转变。西部为“两步走”战略做出了很大牺牲，贵州省经济发展速度一直落后于全国其他省份。而经济的落后与观念的落后互为因果关系，观念落后会导致经济落后，而经济落后又会进一步降低新思想新信息的导入速度，长此以往，会强化思想观念的落后。贵州省观念落后主要表现在开发模式、经营理念、可持续发展观念上的滞后。振兴贵州省的旅游业必须在观念创新上下工夫，树立科学的发展观，积极走可持续发展之路。

①建立协调的区域发展观与开发模式。可持续发展具有两层含义：一是空间层面的可持续发展，即区域内部各地之间的平衡发展；二是时间层面的可持续发展（代际公平），即“当代人的发展要以不牺牲后代人的生存需要为前提”。

贵州省旅游首先要改变原来的只考虑局部利益所导致的产品雷同、层次低下、削价恶性竞争的发展模式，建立全面、协调的区域发展观，兼顾局部和整体利益，提高产品开发档次，发挥自身比较优势。

目前，在贵州省普遍存在的问题是产业之间、区域之间合作意识淡薄。旅游作为一个综合性、关联性、互动性很强的产业，在发展旅游时，必须打破狭隘的地区或部门界限，树立“社会旅游观念”，发挥整个社会力量办旅游，加强部门间、产业间、企业间的合作，整合各自的资源，发挥各区域内的比较优势，在分工与合作中提升贵州省旅游业的综合竞争能力，这样，才会产生整体大于部分之和的效果。

要坚持走经济效益和环境效益相结合的可持续发展道路。贵州省生态环境比较脆弱，自然恢复能力差，一旦破坏，则难以恢复。因此，保护性开发是基本前提。对可进入性非常差，旅游资源又极其丰富的地区，要加强保护，待条件适宜时再开发。随着社会经济发展水平的提高，分阶段、适度规模发展。大规模超前建设不符合市场经济规律。

②建立现代的“生态旅游”发展观。观念滞后的一个重要表现是资源开发保护、环境保护思想的落后，一些地区只注重眼前短期利益，忽视长远持久利益，造成目前贵州省生态环境恶化，资源保护压力很重。要实现贵州省的长久发展，必须切实从制度法规等方面做好资源和环境的开发保护工作。

这里的生态旅游是广义概念的生态旅游，即不仅旅游者要具有强烈的环保意识，而且旅游产品的提供者以及其他相关人员（包括其他产业、政府机构以及与旅游业有直接或间接关系的人）要有强烈的环保意识，只有这样，才符合旅游业关联性强的特点，实现真正意义的“生态旅游”。

③树立正确的旅游资源观。改变将资源等同于产品，等同于市场的错误观念。资源是存量，产品和市场是流量，资源只是实现产品、产品交换的一种基本要素，还必须有其他资源的输入，经过加工才可以实现这一过程。贵州省要加大旅游资源的开发与营销力度，将资源优势真正转化为市场优势。西部在旅游开发中必须注意资源的可持续性。资源的可持续性本身包含了对资源的可持续开发与利用的含义。不合理的开发会影响资源的可持续性，但开发方式对不同类型资源的影响程度不一样，不可复制的自然资源和人文资源受到的影响最大，社会资源受到的影响较小。

贵州省旅游资源以自然景观与人文景观为主，具有典型的民族特色，难以复制和替代，这是贵州省旅游的核心竞争优势。但是贵州省的历史文化遗产留存年代久远，保护的难度很大，因此，要根据区域资源的不同特点，认真做好历史文化遗产保护开发的规划，并把其作为当地旅游发展规划的重要组成部分。要加大科研力度，防止人为因素造成损失。在选择开发方式时，要首先考虑对资源可持续性的影响，必须采取现代的科学手段对资源进行保护，切忌盲目开发，以致造成不可弥补的损失。贵州省旅游在开发过程中，必须坚持“保护为主、抢救第一”的原则，在保护的前提下进行开发，注意资源的可持续性，否则，资源的破坏性开发必然导致贵州省旅游核心竞争力的丧失。

④树立现代的文化旅游产业观念。现代旅游业是一种典型的文化性产业，旅游产品和服务中蕴涵了丰富的精神与文化因素，必须抛弃过去的那种旅游资源就是旅游的低层次开发意识，树立现代的文化旅游理念，从实践中深层挖掘旅游资源的文化内涵，使游客真正被独具魅力的异地文化所吸引，提升旅游产品的文化含量，增加旅游产品的附加价值。

⑤树立以顾客需求为导向的开发理念。贵州省旅游业目前整体表现为资源的直接利用，产品特色不明显，内涵不丰富，附加值不高，难以满足顾客需求个性化、多样化、高档化的需求，进而逐渐失去其吸引力。因此，贵州省要从开发理念上以满足顾客不断变化的需求为宗旨进行创新，摒弃过去的“有什么资源就搞什么旅游”的卖方市场观念，以顾客的需求为中心，研究顾客的个性与偏好特征，提供市场上需要的旅游产品。贵州省自然和人文景观对海内外游客具有很强的吸引力，资源的独特性和综合品位是主要驱动因素，游客以观光旅游为主要选择，对设施、接待条件要求不高，对旅游商品兴趣不大。海内外游客到西部旅游以观光为主，专门娱乐和购物则很少，专项旅游的客人会逐步增加。因此，贵州旅游开发应以国内旅游市场为立足点，开发规模和方向要适合国内游客的消费水平。而在一些世界级风景区，可适当建设高档服务设施。另外，贵州省中心城市周围，适合本地游客一日游的景点开发和游憩场所建设也是必要的。

要坚持市场导向为主的开发方针。旅游业是一种市场性非常强的行业，旅游开发要符合市场经济规律。20 世纪 90 年代初，东部一些旅游地盲目上项目，大搞酒店、度假村和人工景点建设，结果供过于求，效益低下，至今没有走出低谷；而旅游涉外饭店平均客房出租率不高，而适宜于国内游客的中档宾馆人满为患。这都是在没有充分研究市场需求的情况下盲目开发的结果。贵州旅游业要注意吸取这些教训，避免犯类似的错误。

（2）方法创新。

观念贯穿方法的设计、选择与实施的全过程，而方法是对观念的表征和包含，方法更具操作性、可视性与评价性。贵州旅游业的方法创新包括开发方法创新、营销方法创新、管理方法创新。

①开发方法创新。贵州的经济、自然环境和基础设施环境决定了贵州省旅游业必须走特色化旅游道路。贵州省难以和东部、中部较为发达的经济地区相抗衡，只有扬长避短才能有所作为。贵州省资源的多样化、独特化是贵州的优势，应在深层开发这些特色性资源上加大投资力度，开发出具有鲜明地域特色、文化特色、民族特色、宗教特色的高层次、高知识含量的系列产品来。要特别注意突出地区旅游产品的市场定位。在旅游开发的前期，必须经过科学的研究与论证，确定出当地独具特色的、与当地资源状况相吻合的、具有市场潜力的产品定位。在产品开发过程中，要通过持续不断的投入，逐渐形成并强化地区的产品定位，形成品牌效应，建立起地区独特的旅游形象识别系统。这种依托品牌效应建立起来的竞争优势具有很强的持续性。比如长城是北京的代表性旅游产品之一，集中体

现了北京的古都特色。但是对中国历史有所了解的人都知道，长城不仅仅在北京，而是绵延在中国广大的北方地区，起点在山海关，终点在嘉峪关。之所以长城的概念紧紧与北京相连，是因为北京在地区旅游开发中，通过对资源的深度整合，强化地区的产品定位，充分利用故宫、颐和园、圆明园等相关资源，共同托起了北京的古都形象。在突出地区的产品定位方面，云南的经验也值得总结。云南省近几年旅游业的高速增长，仅以旅游外汇收入为例，不论从绝对值还是相对值上都位居西部旅游业首位，而且在全国也名列前茅，最主要的是其利用自己独特资源，找好市场定位，进而市场扩展，形成自己强有力的品牌，如云南香格里拉碧塔海生态旅游景区，其形成的“香格里拉”品牌现已扩散到整个西南地区，其品牌核心是在云南，为其保持持续竞争优势奠定了市场空间基础，因为云南省将自己的“香格里拉”品牌与西南其他各省有机整合，形成品牌伞效应。

②营销方法创新。贵州省要不断适应科技与信息技术的发展趋势，利用现代化的信息工具与传媒手段，做好旅游资源产品、线路产品、客房预订的销售和推广工作，特别是积极建立当地的旅游信息系统，为旅游企业的战略制定、市场定位、企业合作、游客服务、产品研发提供指导。旅游信息系统是管理信息系统的具体应用，它是借助计算机技术、通信技术、数据库技术和现代管理理论为管理者进行管理决策服务的综合性系统。

旅游营销宣传可以借助互联网技术，多媒体技术，动画技术将旅游产品活生生、多角度地展现在游客和潜在游客面前，通过现代的表现手法将景观、文物与历史内涵有机地结合起来，变传统的单向解读式观赏为双向互动式观赏，变信息单元诉诸视觉为信息单元诉诸视觉、听觉、触觉，最大限度激活旅客的想象力，增强游客的体验和参与感知能力，提高潜在游客对产品的兴趣度，进而刺激旅游需求。

要强化品牌意识，把历史文化遗产作为当地旅游产业发展的主打品牌，例如，对黔东南州原生态性文化、黔西南州的三都水族文化、贵州旅游文化的多元化等，应加大宣传力度，以招揽游客，拓展客源市场。

③管理手段创新。政府方面需要进行制度创新和服务创新。政府是法规、制度的供给主体，制度的提供本身就是一种服务，要将法规、制度的设计与当地的实际情况结合起来，使出台的法规制度科学、合理，满足社会、经济、环境效益的统一，这就涉及制度设计方面的创新、制度实施过程的创新。政府的管理职能是服务、监督、约束、控制和引导，因而政府要在方方面面对自己重新进行定位，变计划体制下的“统包统揽”为市场体制下的“宏观调控，间接指导”，为市场运行营造良好的法制环境和政策环境，促进公平和效率的统一。

企业是社会的重要组成部分，旅游企业在运营过程中必须不断创新，否则就可能失去顾客、失去市场。管理手段创新是技术创新的基础和保障，没有管理手段的创新其他创新将会失去环境支持，比如人力资源，研究开发、财务、生产、销售等方面均离不开创新。贵州省的旅游企业之所以发展缓慢、缺乏后劲，缺乏管理方面的创新是主要原因之一，比如产权不清，权责不分，常常存在有权无责或有责无权现象，因此要积极探索并建立西部地区旅游业的现代企业管理制度。

④融资方法创新。长远观点来看，深层次的旅游开发需要强大的资本作后盾。社会化投入和多元化融资是资本来源的重要途径，也是市场经济条件下产业发展的必由之路，并成为政府引导性投入之外的更广泛的资金来源。资本市场将成为贵州省旅游深层次开发的

主要支撑点。充分利用资本市场直接融资的便利，通过项目融资、股权置换、设立旅游产业投资基金等方式，解决贵州省旅游业发展的资金“瓶颈”。

（3）机制创新。

机制创新重在结构创新，而结构创新主要包括产权结构创新、管理体制创新，具体要涉及这些不同层次、不同方面的结构设计和功能运作问题。

①产权结构设计。贵州省虽有丰富的旅游资源条件，但是缺乏将资源优势转变为竞争优势与产业优势的内在机制，表现在产权管理混乱、治理模式落后。贵州省的景区以隶属资源主管部门的自主开发模式或以国有企业为主导的开发模式。贵州旅游业要实现快速增长和发展，必须引入高效的产权制度，建立现代企业制度，完善公司治理结构。

产权是一权利族，包括所有权、经营权、管理权、支配权和剩余索取权等，各项权利相互制约，每种权利都包含丰富的内涵、严格的外延与实现条件。高效的产权制度是这些权利高效配置和高效运行的基本条件。建立高效的产权制度，必须首先对上述各项权利进行清晰界定，真正达到产权清晰，权责明确。仅有产权清晰而没有权责明确也不行，比如国有企业的产权是明晰的，所有权归国有，经营管理权归经营者代表，为什么效益低下，重要原因是权责不分，有的权利过大，责任过小，有的权利过小，责任过大，不能形成有效竞争与激励机制。

其次，贵州省要尽快构建完善的产权要素市场、资本要素市场和职业经理人市场。因为市场经济是效率经济、竞争经济、产权经济，市场经济可以实现各种要素的优化配置，实现产权的最佳配置，实现资金的有序流动。只有建立公平而透明的各类要素市场，才能达到建立高效的产权制度和完善的企业治理模式。

目前旅游企业的产权关系可大致分为两类：一类是国有资源性资产的所有权和经营权的产权关系，另一类是经营性资产所有权和经营权的产权关系。国有资源性资产是指自然具有和历史遗留并应永续存在的景区有形资产，当然应归属国有，不论采取何种经营方式，应确定国家的所有权收益。经营性资产是指投入资金开发建设的各类旅游设施、设备等，经营性资产可归国家、集体或个人所有。资源性资产在明晰的产权关系的基础上可以交付企业进行经营，而国有经营性资产可以转让给企业实行完全产权关系下的经营，这里的完全产权关系是指企业可以对该资产具有所有权。

②管理体制创新。要建立具有权威性的旅游行业协会，监督、制约、控制旅游企业经营的外部性行为。贵州省旅游业甚至全国旅游业普遍存在的一种现象是旅游资源受多个部门的管理，部门交叉造成旅游资源的毁坏和贬值。旅游资源的价值体现不仅仅是具有经济价值，而且还有生态价值、社会价值、人文价值、历史价值等。要建立高效透明的统一管理体制和监督机制，规范企业的经营行为，以取得资源的永续利用。监督机制的设计应参照发达国家和地区的经济并结合本地的实际，笔者认为不妨采用旅游行业协会的做法。

经济价值的货币表现是旅游企业存在的目的所在，但经济价值只是旅游资源总体价值的一小部分，而旅游资源的多元化价值如今受到商业行为的侵蚀，企业受经济利益的驱动常常不顾一切地过度开发旅游资源，而统一的旅游行业管理可望解决此类问题。另外旅游资源和土地、矿产一样，其开发利用不但应遵守国家法律，更应纳入地方发展规划，接受统一的行业管理。各级旅游管理部门应当统一协调各相关机构和部门，对旅游资源的开发利用进行全方位的管理，以实现国有旅游资源保值增值和有效投资的管理职能。贵州省特殊的产业地位和旅游资源的易损性更加呼唤权威性与统一性兼具的管理体制。

（4）组织创新。

就贵州旅游产业而言，组织创新主要包括产业组织创新和企业组织创新。产业组织创新功能重在协调、引导，即协调产业内部各企业间的分工合作关系、竞争合作关系，形成规范完整的大旅游、大产业、大市场体系。产业组织是一种自组织系统，具有自动调节产业内部以及产业之间的协调能力。企业组织创新重在形成扁平式、网络式或虚拟型的企业组织结构，依靠组织结构的创新实现功能上的卓越和完善。产业组织强调宏观效果，而企业组织注重微观效能。以微观效能的积累加上政府作用的发挥，达到产业结构、规模、效益等宏观效果的实现，也就是说企业组织创新是产业组织创新的前提条件，而产业组织创新又会促进企业组织的再创新。

①产业组织创新。产业组织创新是产业组织理论的应用。贵州旅游产业发展历程仅有20多年的时间，产业规模、产业结构、产业总量、产业竞争力等方面还不太成熟，表现在规模低下、结构单一、效益不佳等方面，因而需要从产业的结构方面入手进行产业组织的创新。

a. 建立起贵州大旅游的市场组织体系。

贵州省地区资源虽然丰富，但是旅游市场体系的松散、旅游企业经营理念的落后，淡化了这一资源优势，造成贵州省经济的先导产业旅游业的优势不能充分发挥，反映在旅游产业内部表现为资源整合效率低，企业运营成本高。改变这一现状必须首先建立贵州省大旅游的市场组织体系，这一组织体系既能体现区域分工又能反映区域合作，避免旅游企业的盲目开发、产品雷同与恶性竞争，以提升整个贵州省旅游产业的综合竞争能力。

b. 构建具有本地特色的产品开发体系。

产业组织创新一方面在市场领域，另一方面在企业领域。企业领域层面的产业组织创新要抓好特色产品的研究开发，使产品具有高度的综合性、趣味性、娱乐性、知识性、文化性。贵州省地区以生态资源与民族文化资源为主，将贵州省旅游资源进行深度挖掘，开发推出不失本地特色的高品位旅游产品，以满足游客不断提升的个性化、多样化需求，形成贵州省旅游独具特色的产品优势。

c. 建立贵州省旅游管理信息系统。

利用先进的计算机技术、信息网络技术以及管理科学理论构建贵州省旅游产业的管理信息系统，随时收集国际旅游、国内旅游、贵州旅游方面的市场、产品、企业信息，收集旅游企业经营管理、产品开发、市场定位、顾客需求信息，利用管理信息系统的强大功能对信息进行分类加工，提供便于管理者决策的有价值的信息，实现管理者决策的科学化、系统化、条理化。

②企业组织创新。企业组织结构的变化反映了人们对市场认识程度的变化，随着旅游市场由卖方市场向买方市场的转变，企业的市场地位由主动转向被动，要求企业的组织要更加具有柔性，便于信息的畅通性、传递性、及时性。贵州省旅游企业要适应世界旅游的发展潮流，特别是应对外来旅游企业的进入威胁，必须对贵州旅游企业的组织结构进行转化，即改变原来死板僵硬的金字塔式结构为扁平式、网络式、虚拟型的组织结构，可以通过贵州省饭店企业的重组、并购，建立跨区域的饭店企业集团，与此同时，变原来的对实物管理为先进的信息管理，变原来仅能满足游客大众化需求的产品和服务为如今的能够满

足不同游客的个性化需求，这些均须对企业的组织结构进行创新。

虚拟型的组织结构是指企业只从事信息的加工与生产，或者只占有最关键的资源，对其余部分采用外包方式的虚拟的一种组织结构，贵州旅游企业在资源管理、信息管理达到一定水平的情况下也可构建这样的组织结构，以提升自己的竞争优势。

2. 总体思路

认真落实省委、省政府加快旅游产业发展的战略决策，以优化结构、转型升级、提质增效为主线，以开发特色旅游产品、培养国际知名旅游品牌为核心，通过对贵州省旅游资源进行科学合理地规划与开发，使旅游产业赖以发展的自然、文化资源得到保护与合理开发利用；将旅游开发与自然、文化和人类生存环境融为一个整体，在保护生态环境、维护文化完整的前提下进行旅游资源开发，同时旅游业的发展必须建立在旅游区生态环境和社会环境的承受能力之上，即当代人对旅游资源的开发利用不应当危害后代人的利益，确保旅游资源开发利用的代际公平；采用旅游产业与经济、社会、环境和资源良性协调发展的模式，实现旅游产业的全面可持续发展。①

3. 具体思路

（1）旅游定位。以喀斯特生态旅游、民族风情旅游、休闲度假旅游和专项旅游为主的具有丰富文化内涵的高品质旅游目的地；建设贵州旅游大省；旅游培育为支柱产业。

（2）旅游业生产力布局。

①一个中心。以贵阳为旅游集散中心。

②六个节点。建设安顺、凯里、都匀、兴义、遵义、铜仁六个旅游节点城市。

③四大旅游产品。

a. 以喀斯特地貌、丹霞地貌为代表，集山、水、林、瀑布为一体的自然观光产品；

b. 以独具贵州特色、风情浓郁的民族文化和原始古朴、历史悠远的屯堡文化为代表的人文旅游产品；

c. 以古地质、古生物、古人类和珍稀保护动植物资源为背景且保存完好、资源富集的生态旅游产品；

d. 以空气清新、气候宜人、悠闲自得、民风淳朴、热情好客为特点，分布全省、四季皆宜的度假旅游产品。

④九个重点景区。

a. 黄果树及龙宫风景名胜区；

b. 红枫湖风景名胜区；

c. 织金洞风景名胜区；

d. 㵲阳河风景名胜区；

e. 黎平侗乡风景名胜区；

f. 马岭河风景名胜区；

g. 梵净山太平河风景名胜区；

h. 荔波漳江风景名胜区；

---

① 云南省科技情报所．旅游可持续发展与云南旅游发展战略选择研究［M］．昆明：云南科学技术出版社，2007.

i. 赤水风景名胜区。

⑤五条旅游线路。

巩固西线，突破北线，发展东线和南线，积极营建跨省旅游线路。

a. 黔西旅游线：以贵阳市为旅游枢纽的秀丽山水风光、少数民族风情旅游线、贵阳—红枫湖—安顺—黄果树、龙宫。

b. 黔北旅游线：以贵遵高等级公路为纽带的贵阳—息烽—遵义—赤水—泸州—重庆旅游线。

c. 黎平侗乡风景名胜区工程。保护好典型民族建筑。建设中国最大的侗寨、一流的民族文化村，建设黎平机场，形成和桂林衔接的旅游通道。

d. 梵净山太平湖风景区工程。开发梵净山为度假、观光、探险、科考、疗养旅游为一体的高层次旅游区。

e. 荔波漳江风景区名胜区工程。把瑶、水民族风情与小七孔、大七孔、漳江等景区有机结合起来开发，逐步形成集度假、观光、探险、科考、生态旅游为一体的黔南大型旅游风景区。

f. 赤水风景名胜区工程。重点开发丹霞地貌景区，启动开发侏罗纪公园、竹海公园和十丈瀑布景区。

总之，在尊重自然生态环境及旅游资源形成基础上，把合理利用旅游资源和保护旅游环境相结合，把近期利益与长期利益相衔接，努力实现旅游经济效益、社会效益、生态效益和文化效益协调发展。

四、实现贵州省旅游业经济可持续发展的对策建议

（一）增加资金投入，改善基础建设

基础设施是实现贵州省旅游经济发展、产生社会效益、环境效益的硬件条件，它既服务于当地居民，又服务于游客，对贵州省经济和贵州省旅游形象具有重要的作用，加快基础设施建设是政府服务于旅游业的基本要求。要提升整体旅游形象，政府必须加大旅游基础设施建设，着力于解决旅游交通、通信、旅游公共厕所等基础设施问题，尤其是旅游交通问题。目前，贵州省大多数旅游景区因为旅游配套设施建设力度不足，已严重影响了旅游业的可持续发展。因此，地方政府应重视和加强基础设施建设，积极改善交通条件、食宿环境，进一步完善住宿接待的基本功能；强化相应配套产业的发展规划，进一步完善有关通信、医疗、银行等配套设施；积极建设游客服务中心、咨询和投诉中心，进步适应和满足游客的多层系需求。当务之急，政府应充分利用好西部开发各项基金，对全地区旅游交通路线进行科学勘测与规划，以早日实现设施齐全、基础过硬的乡村旅游全面发展的格局。主要在以下两个方面进行：

（1）交通方面：贵州旅游交通状况差、旅游行程长一直是游客抱怨最多的地方，成为旅客入黔的一道屏障。但在国家实施西部大开发的扶持战略下，建立的“新交通网”将彻底解决贵州旅游“行”难的问题。要牢固树立“围绕交通办旅游”的思路，改善和

提高旅游景区景点的通达性，围绕正在建设或将要建设的贵广快速通道，贵阳至成都、贵阳至昆明、贵阳至重庆、贵阳至长沙快速铁路，全省高速公路网以及一批新的旅游支线机场，修订贵州省旅游发展总体规划，围绕交通整合旅游资源，围绕交通集聚旅游要素，更快捷、更方便、更安全的旅行通道势必吸引更多的游客到贵州旅游。并且新交通网络投资项目，其建设必然带动一批相关产业的发展，产生新的产业群，如附属设施、配套设施、接待设施、房地产、环境改造工程等，从而形成旅游经济新增长点。

（2）旅游配套设施方面：很多专家到贵州旅游调研时发现贵州的气候、资源条件在发展商务旅游、度假疗养旅游方面具有很大的优势和潜力，但问题出在贵州的旅游配套设施档次、水平过低。加快贵州高星级酒店建设步伐，积极推进特色旅游购物、风味小吃、休闲一条街建设等，以形成配套完善的旅游服务功能。总之，围绕食、住、行、游、购、娱六大要素，着力推进旅游硬件建设。

（二）社会多方集资，拓宽投资渠道

2008 年贵州省组织了 164 个旅游投资项目，申请国家、省补助投资 39.78 亿元，而各种渠道投入旅游交通基础设施、景区（点）建设和宾馆饭店等资金共计需 165.48 亿元。[①] 可见贵州旅游业的发展急需资金投入。要解决我省旅游业投资不足的矛盾，必须实行利用内资和引进外资相结合的多元投资体系。目前越来越多的省外客商到贵州投资，在刚结束的瀑布节经贸洽谈会上，首批签约总投资就达 400 多亿元。投资者正是看中了贵州丰富的资源以及旅游业市场化不充分的商机。贵州应建立旅游发展基金，改善投资环境，以多形式、多渠道地筹集社会资金，解决贵州旅游资源开发资金不足的难题。为此，可以考虑以下一些方式：一是政府可以进一步加大对基础设施建设投入，一方面可以促进包括旅游业在内的经济发展，另一方面可以拉动内需，加速经济增长。二是可以采用公共物品的私人供给方式，在旅游基础设施建设投资上向社会全面开放，吸引社会资金进入。三是向外资进入旅游基础设施建设提供优惠政策和良好的行政服务，吸引外资进入。并可按照“统一规划、政府引导、群众参与、市场运作、利益共享”原则，鼓励广大旅游地区居民广泛参与投资建设。随着经济体制改革的进一步深化，虽然暂时政府主导的投资方式仍是主流，但将来可以预计社会外来投资将会逐渐发挥越来越重要的作用。但将来可以预计社会外来投资将会逐渐发挥越来越重要的作用。

明晰产权，实现资源的所有权、管理权与经营权的分离是建立有利于贵州省社区参与和社区发展管理机制的关键环节。在开展旅游产业的贵州地区，虽然所有权属于国家，但在现代市场经济条件下，必须要实行所有权、管理权和经营权的分离，即三权分立。与美国的国家公园相类似，管理权属于保护区管理机构，它不从事旅游经营活动，但可以对旅游开发与管理以及游客行为进行管理，执行部分旅游管理职能，而把经营机会让给企业和当地社区，使之达到各尽其职、协调管理。产权市场引进私人股权投资基金，有利于提高企业直接融资的比例，完善法人治理结构，对推动资本市场的发展有着十分积极的意义。同时，支持企业利用国内外多样性的资本市场进行全球融资，对促进贵州省旅游业经济的整体繁荣都将具有非常重要的作用。

---

① 来源于网易新闻：http：//news.163.com/09/0326/12/55B5LJ8D000120GR.html.

虽然我们强调社区参与在贵州省旅游业发展中的重要作用，社区居民能够直接或间接地从旅游业中获得就业、商业和赢利机会，但个人的力量非常有限，尤其在资金、技术等方面均处于弱势地位，主观上难以与外来企业或机构形成竞争，客观上造成贵州省的社区居民商业经营和决策权力被剥夺。因此，在明晰产权的前提下，应建立多元化的筹融资渠道，财政下拨的乡村发展资金和扶贫资金，来自社会的捐赠都可以优先用于当地旅游业的开发，社区居民的闲散资金也可以集中起来用于一些项目的开发和运作，还可以通过在引入外来投资中融入社区参与内容等途径保护贵州省社区居民对旅游服务企业的参与权利。

（三）深化体制改革，优化发展环境

1. 体制改革，加快旅游企业集团化发展步伐

旅游产业结构调整和优化的最终落实点在产品结构上，而产品与企业特殊的关系，决定了企业在调整和优化旅游产业结构方面具有举足轻重的地位。虽然贵州省的旅游业起步较晚，但旅游产业以赶超的速度形成了相当大的产业规模。然而由于没有在产业结构演进及高度化方面取得突破性的进展，旅游经济几乎一直停留在外延式扩大再生产的水平上，必然产生了旅游企业的数量过多和过度竞争。因此，加快旅游企业集团化发展是旅游产业结构高度化的重要内容。贵州省加快旅游企业集团化发展的重点如下：

（1）组建大型旅游集团，形成旅游开发、经营、管理的一体化。贵州省旅行社数量多，但规模偏小，可以对一些经济效益差的旅行社进行合并重组，建立旅行社集团公司，增强在国内外开拓客源市场的能力；支持旅游优势企业跨地区、跨行业、跨所有制进行收购、兼并、重组，形成一批规模化经营、集约化发展的大型旅游企业集团；对于旅游饭店，可以引进国内外先进的酒店管理公司，成立连锁集团，提高旅游饭店的整体素质和在市场上的竞争能力。

（2）促进所有制结构调整，实现旅游经济所有制结构的合理化。加快对现有省内国有旅游企业的改革，实现投资主体与企业组织形式的多样化；加快旅游企业制度创新，推动旅游企业的股份制、公司制改造，健全现代产权制度，完善法人治理结构；旅游产业提供给旅游者的旅游产品包含了旅游资源、旅游设施和旅游服务的组合产品，这样的组合产品的细分项分别由旅游产业的“六要素”企业提供的，而旅游者对产品消费具有完整性的要求，这在客观上要求旅游企业提供一体化服务，为旅游者提供完整的旅游产品形态。因此，可以组建集旅行社、旅游景点、旅游交通、旅游饭店、旅游购物为一体的旅游集团股份有限公司，增强企业的竞争能力、抗风险能力，待条件成熟可以发行股票上市经营，求得更快的发展。

（3）加强旅游集团的科学管理和现代化管理。要不断提高旅游企业经营管理的国际化水平，依靠科技促进发展，依靠管理增加效益；建立现代企业制度，使其成为真正的市场竞争主体，按市场需要调整经营策略，利用各种竞争手段参与市场竞争，逐步提高国有旅游企业的管理水平，提高其市场竞争力；要大力发展电子商务，使旅游者在网上浏览、查询、进而购买旅游产品；政府部门应加强规划，引导扶持，建立一套有利于电子商务发展的外部环境。

2. 体制改革，为旅游业的发展创造良好的环境

我国实行主要是政府主导型旅游发展模式，因此，政府在实现旅游业可持续发展的过

程中扮演着十分重要的角色。旅游的可持续开发和经营也必须是在宏观调控的基础上和健全的法制保障下进行的，因此有必要改革目前的体制。为了解决目前旅游发展中的体制障碍和机制障碍，必须加大力度，加快步伐，对产业内部的运行机制和外部环境机制进行创新，为旅游的可持续发展创造良好的内外部环境，主要从以下几方面着手：

（1）明晰产权关系。实行经营权与所有权的有效分离，彻底解决目前存在的产权关系模糊、权责不清、权限不明等问题，建立明晰的产权制度。景区景点的开发经营应逐步实行企业化运作，政府部门应尽快从具体的经营管理中脱离出来，更好地实行服务、规划、管理和监控的职能。根据地方实际，可以引入承包经营等不同的经营开发模式。

（2）调整收益分配制度。一是在旅游经营管理者和当地居民之间制定相关政策，使收益在目前的情况下向当地居民倾斜，如给居民以适当补贴，同时调动本地居民参与景区的管理、服务等各项事务，改变他们贫穷落后的状态；二是在旅游区与政府之间，减轻旅游区经营管理的经济负担，通过各种渠道将旅游直接收入的分配向旅游区倾斜，同时，加大旅游相关产业的税收与管理，使更多的收益用于旅游区的开发与建设。

（3）增加资金投入。通过市场手段如吸引民营企业参与投资、股份制等，实现投资主体的多元化。除此之外，国家也应该争取有关项目的投资，拓宽融资渠道，确保资金的投入。

（4）制定各种经济政策。实施旅游经济可持续发展战略，必须从宏观上提供必要的政策保障。这要求政府在遵循各种经济关系相互作用规律的基础上，同旅游主管部门等相关部门协调，制定和运用各种财政、金融、税收、价格等政策，运用经济杠杆，以经济手段调节旅游经济活动，保证旅游经济的可持续发展。

（四）加强旅游规划，完善产业结构

1. 合理配置旅游六大要素，提高旅游产业结构效益

旅游产业是建立在食、住、行、游、购、娱六要素基础上，包括旅行社业、住宿业、餐饮业、交通运输业和游览娱乐业等基本行业，这些基本行业相互之间合理的比例关系，是保证旅游业健康有序、稳定持久地发展的基本条件。因此要从要素结构入手，研究旅游景观、旅游设施、旅游服务及旅游购物品等各自的发展规模、数量、水平及比例状况，从而把握住各种要素的特点及供给能力，为开发旅游产品奠定基础。贵州旅游业已经初步发展成为门类较齐全的产业结构体系，但旅游产业内部结构不尽合理，经济效益和发展规模不相适应，因此，必须加大旅游产业结构调整力度。要确立全局观念。旅游产业六要素的综合性强、覆盖面广，需要与商业、交通、文化、城建等各个部门加强沟通和协调。为此，必须树立“大旅游”的观念，深化旅游体制的改革，加强宏观调控力度，鼓励旅游产业内部部门间的联合，成立行业协作组织，促进旅游产业各部门的协调发展，在旅游产业结构的调整中求速度、求效益。这既是由旅游产业的特点所决定的，同时又是现代经济社会化、专业化和国际化发展的必然要求。

2. 改善要素内部结构，实现横向与纵向升级换代

旅游产业的部门结构优化就是要实现旅游产业与其相关产业协调发展、实现旅游产业内部结构各要素的合理配置与协调发展。旅游产业内部各要素的发展只有不断通过综合平衡，保持一定的合理的比例关系，才能使整个旅游产业协调发展。总之，优化旅游产业结

构，必须对旅游产业食、住、行、游、购、娱六大基本要素进行横向综合平衡，达到部门结构的合理配置。旅游产业内部各要素之间的关系，实际上是各类旅游产品之间的关系。旅游产品必须随着旅游市场需求的发展变化不断升级换代。因此，旅游产品的纵向升级换代，是优化旅游部门结构的又一重要方面。肯定相对单一的初级观光产品奠定贵州旅游产业基础的历史作用并仍有继续存在价值的同时，也要看到它不适应国际国内旅游市场新的发展趋势的局限性。现今人们越来越要求旅游活动有文化娱性，甚至追求冒险刺激，希望参与其中，不满足于从旁观看。国际上一些好的旅游产品，都具有较强的参与性和文化娱乐性。总之，贵州旅游业应努力追踪国际旅游新潮流，并结合本地实际情况，尽量通过对旅游产品进行纵向的更新换代，以优化旅游行业结构，从而提高旅游业的档次和水准。

3. 实施旅游精品工程，拓展贵州旅游产品体系

旅游业是一个综合性很强的产业，它的发展需要以旅游资源为依托。贵州省拥有发展旅游业的丰富的自然旅游资源和文化旅游资源，构成以独特的历史文化、风俗民情为主体的旅游资源带。但贵州省目前开发的旅游资源中大部分是观光类产品，而能让游客体验本地民风民情的旅游产品开发甚少，因而产品的吸引力在下降，导致游览、娱乐在旅游收入构成中的比重一直偏低。旅游品牌开发层次较低，旅游产品类型单一，已经越来越不能适应游客日趋多元化的出游目的，游览和娱乐部门已经成为贵州旅游产业结构优化的两大“限制性因素”，因而，贵州省应发挥丰富的自然旅游资源和人文旅游资源优势，提升传统观光旅游产品的开发深度，开发出一些世界级和国家级的旅游精品和名品，实施旅游精品工程，拓展贵州旅游产品体系。

贵州旅游产品开拓的总体思路是：围绕观光旅游产品挖掘文化主题，丰富文化内涵，改善生态环境，完善配套产品，注重参与性和娱乐性；通过资金投入、智力投入、文化投入和技术投入来实现对基础配套设施的完善、对游览内容的创造性安排、深刻挖掘文化内涵、打造文化精品、塑造优质品牌、增加参与性与娱乐性内容；按照“少而精”的原则开发新兴旅游产品，完善产品结构，逐步建立一个以观光产品为基础，非观光产品占有较大比重，两者相辅相成的高级化、多元化、不断推陈出新和合理分布的旅游产品体系。

4. 完善产业结构

要实现贵州省旅游业的可持续发展应完善贵州省旅游业的产业结构。一是完善产业布局。实行有差别的产业布局政策，对于有发展潜力但处于后进的贵州省地区县市，在财政、税收等政策方面加以扶植，使其成为旅游业新的增长点；对于贵州省旅游业较为发达的区域，加以正确引导和规范，促使其产品及服务升级，成为旅游产业龙头和基地。二是完善行业结构。旅游产业中的食、住、行、游、购、娱六大要素之间比例要协调。三是完善产品结构。不断充实、改造、提高传统观光产品的内容和品位。继续完善现有景区旅游功能，深化产品开发，形成具有民族特色和喀斯特地域风情的旅游产品。四是完善市场结构。加强市场开发意识，为适应不同地区、不同层次的需求，应积极开发和推出不同类型、不同档次的产品。

（五）培育中介机构，加强部门协作

从政府自身条件上看，政府肩负着贵州省旅游整体规划、提供旅游公共品、强化旅游基础设施建设的责任。但是由于自身资源的稀缺性及对私人市场反应能力的局限性，使许

多公共问题不能迅速走向议事日程，迟迟不能做出决策，即使做出了决策也有许多项目难以真正落实；从旅游企业的发展状况看，目前这些企业规模小、产业单一，没有足够的力量进行有效的旅游开发。这就需要在政府与旅游企业之间培育一个中介机构，有效解决政府与旅游企业目前的困难，从而提高地方政府公共服务的能力及社会治理能力。

通过对中介机构的培育和扶持，使政府的服务方式由微观直接向宏观间接转变。在政府与市场、政府与旅游企业之间培育和扶持专为乡村旅游业服务的半官方机构，有利于通过各种渠道（如国家开发银行的贷款、土地开发的销售收入）筹集乡村旅游发展资金。在政府统一规划下负责喀斯特乡村旅游区的开发，负责基础设施的提供、评估旅游项目开发，负责全县旅游经营管理人员的培训以及内外旅游的宣传、促销等。应用所调用资金对购买的土地进行开发，变生地为熟地，使交通便利后销售给旅游开发商或旅游企业。这样有利于培育市场主体，为喀斯特地区乡村旅游企业发展提供更宽广的空间。

由于历史原因，加上我国旅游产业发展还处在市场经济体制转轨时期这一大的背景下，旅游产业的综合性与部门分割的矛盾还十分突出。特别是旅游产业内部各子系统之间的人为障碍，割裂了旅游经济的内在联系，难以实现一体化经营与管理，制约了旅游产业系统的健康发展。旅游产业综合性强、覆盖面广，需要与商业、交通、文化、城建等各个部门加强沟通和协调。为此，必须树立“大旅游”的观念，深化旅游体制的改革，加强宏观调控力度，鼓励旅游产业内部部门间的联合，成立行业协作组织，促进旅游产业各部门的协调发展。这既是由旅游产业的特点所决定的，同时又是现代经济社会化、专业化和国际化发展的必然要求。

贵州省旅游业的发展不能各自为政，应相互联合，协调发展。一方面，区域间和企业间复杂的制度关系和利益关系，导致单纯依靠市场和企业本身难以有效地实现区域旅游产业的整合。因而在旅游产业区域整合中，各级政府应站在贵州旅游业大发展的高度上，在上级政府的协调领导下建立区域旅游产业整合协调机制及其运行机制、利益分配机制，理顺各方关系，为区域旅游产业的整合提供制度保障。另一方面，由于各地区旅游资源、环境特征、市场特征和发展现状不尽相同，贵州省可以通过优化整合各区域的旅游资源、产品、市场等，产生互补增强效应，提升区域旅游的整体吸引力和竞争力，树立整体旅游形象，增强市场感召力。如贵州省同四川、云南两省的旅游合作，已经有了一个较好的基础，可进一步联合推进打造西南旅游品牌。

（六）提供政策保障，制定战略目标

实施旅游经济可持续发展战略，不仅要统一思想、提高认识，加强组织、落实资金投入和加快人才培养，还需要从宏观上提供必要的政策保障。必须按照旅游经济可持续发展战略的目标要求旅游主管部门协调各相关部门制定各种相互配合、协调一致的政策，以保证旅游经济的持续发展战略得到贯彻落实。

第一，制定和运用各种经济政策，保证旅游经济可持续发展。政府要在遵循各种经济关系相互作用的规律的基础上，制定和运用各种财政、金融、税收、价格等政策和经济手段调节旅游经济活动，促进旅游资源的外发和环境保护，保证旅游经济的可持续发展。

第二，积极采取行政性政策和手段对旅游经济进行宏观调控。行政性政策和手段是依靠政府行政组织运用计划、命令、指示、规定等政策手段，对旅游经济活动进行调节和管

理的方法。特别是目前，我国刚刚建立社会主义市场经济体制的框架，行政政策和手段仍然是调节和管理旅游经济的重要手段之一。

第三，加强旅游法制建设。我国旅游业起步晚，发展速度快，在旅游经济发展过程中还存在不少问题。因此，必须加强旅游法制建设和法律政策研究，努力运用旅游法规和法律政策来调控和管理各种旅游经济活动，才能使整个旅游业和旅游经济的发展在法制的轨道上健康发展。

总之，旅游经济的可持续发展涉及城建、环保、交通、邮电、宾馆、公共传播、艺术等许多方面，使旅游经济的发展具有广泛的、多层次的社会联系。因此，旅游经济可持续发展不能仅仅依赖市场机制的作用，还必须通过政府的综合协调政策，即依靠经济、行政、法律等多种政策手段的综合运用进行总体协调，形成合理的政策保障体系，促进旅游经济的可持续发展。

五、实现贵州省旅游业社会可持续发展的对策建议

（一）科学合理规划，深化监管体系

1. 健全制度，完善监督管理体系①

首先，应加强对贵州省投资者的监督和管理，对投资者的方案进行严格全面的审查和评价，尽量避免对自然生态和环境的破坏。其次，应加强对旅游经营者的管理，制定好贵州省旅游业的经营许可、安全卫生、土地审批、价格税收政策，重点加强对乡村旅游经营者在基础设施建设、环境卫生保护、治安安全方面的行政管理和监督。再次，应建立对游客的监督和管理体系，随着贵州省旅游业的不断发展，游人的数量也越来越多，游客的大量进入，势必对原来的自然环境造成污染，影响当地居民的生活和乡村旅游的可持续发展，可以在宣传教育、限定人数等方面加强管理。最后，还应健全各项规章制度，使该地区乡村旅游的监督管理能有法可依，有章可循，使居民、游客自觉在法规下约束自己的行为。

2. 制定标准，做好旅游行业管理工作

制定科学的贵州省旅游规划，是实现贵州省旅游业可持续发展的前提和重要保障。应坚持持续性、科学性、法定性的原则，在全面开展贵州省旅游资源调查、评价工作的基础上，合理规划，为贵州省旅游业的发展提供科学的依据。应形成《贵州省旅游发展总体规划》，寻求创新的发展思路，指导各县市区规划、开发本地的旅游产业。各县市区旅游部门应做出本地的乡村旅游总体规划，先期重点规划开发旅游资源集中的乡镇。在旅游资源相对集中的乡镇、办事处设立旅游办公室，负责本乡镇的乡村旅游规划、管理、促销等工作，对于乡村资源相对集中的区域，应邀请规划专家做好高水平、可操作性强的旅游景区修建性详细规划。

在制度上，应充分发挥地方政府和旅游行政管理部门的职能作用，根据相关政策制定相应的贵州省旅游业等级划分评定标准、卫生管理标准、服务质量标准等系列标准和制

① 肖湘君．我国乡村旅游可持续发展研究——以桂林阳朔为例［J］．湘潭大学学报，2006.

度。对于发展贵州省旅游业的乡镇、村、户，进行等级评定，并将有关标准严格落实、监督。在培训上，邀请高校教师或专业人员对本地从业人员尤其是农民接待户进行专业和素质培训，主要培训内容以接待礼仪、营销技巧、烹调、卫生、管理、当地旅游概况、文化等方面的知识为主，全面提高业务素质和服务质量。

3. 强化政府职能，深化政府管理体制改革

（1）经济手段。在社会旅游价格方面，可适当提高门票收费额，以补偿游客相对较少、收入相对较低、生态环境建设费和保护费相对较多的不足；在旅游总收入或利润中，提取一部分作为社会旅游资源和环境保护的补偿金；在旅游企业税收方面，根据国家和地方的规定给社会旅游开发区返还一部分生态环境建设费；在项目合同和经济责任方面，严格按施工建设合同和责任制的规定，对不符合社会旅游管理要求和目标的合同及责任担保者做出不合格的评定，并给以相应处罚。

（2）法律手段。在社会旅游中，应当充分运用法律手段的权威性，建立健全旅游环境保护的各项规章制度，把行之有效的政策进一步条例化、规范化和稳定化，要求社会旅游各类利益主体都严格遵守并认真执行。

（3）行政手段。政府等各级领导部门应加大执法力度，做到执法必严，违法必究。根据各项规章制度，按“谁主管、谁负责”的原则，分类别、分层次、分范围地明确管理职责和保护的具体要求，列入岗位目标管理，切实加强管理和保护工作。如工商局和税务部门应依法定期对相关旅游企业进行检查，对违规作业的企业要依法给予打击。

（4）科学管理，加强生态旅游景区的生态建设和环境整治。资源和生态环境保护水平的高低已成为衡量一个地区景区建设和旅游发展水平的重要标志，而要科学合理地开发生态旅游首先要做好规划。要编制高起点、高标准、高水平的生态旅游发展规划，重点生态旅游区都要编制控制性详细规划和修建性详细规划。

（5）利用税收、财政杠杆。利用税收等经济手段进行有效调控，建立环境资源税收制度，如森林税、水资源税等；同时对经营管理好的企业给予税收减免政策；利用财政等经济杠杆，调动旅游开发经营部门保护环境的积极性。

（二）加强区域合作，发展整体优势

1. 加强府际之间的合作与交流

府际合作是政府主导的重要特征。也就要求各级政府在确认共同目标的基础上，着力建立良好的府际关系，通过协商合作、采取联合行动来实施公共管理，使相互冲突的或不同的利益得以协调。所以政府对公共事务的管理不仅仅局限于政府与公民社会的合作，还体现在政府与政府之间的合作。随着市场化的推进，政府间的经济关系更加密切，相互依赖程度进一步加深。“政府间的横向合作普遍促进相关区域内基础设施等公共产品的改善，从而使相关地区的整体效应得到提高。”① 由于贵州省旅游业开发在很大程度上与周边区域存在密切的空间互动关系，因此可以通过区域合作，发挥整体优势，使旅游地与周边云南、重庆、成都、广西等地区实现资源优势互补、整体促销。

① 陈振明．公共管理学［M］．北京：中国人民大学出版社，2001.

2. 构建廉洁、高效的行政文化

行政文化是政府主导的灵魂，是在一定社会历史背景下，在行政组织和行政制度的发展和变革的长期实践中形成的；是在行政实践活动的基础上所形成的直接反映行政活动与行政关系的各种心理现象、道德现象和精神活动状态。行政文化对规范行政组织、教育、引导广大行政人员树立正确的价值观起着重要的作用，地方政府行为在很大程度上受当地行政文化支配着，政府的旅游政策制定及其在当中的行为方式无不与地方的行政文化有着直接或间接的关系。服务性、民主性、公正性、有效性、创新性、法治性的行政文化正是公共治理架构下的行政文化价值取向。为促进良好政风形成，为地方政府服务于乡村旅游业提供文化保障，必须通过构建廉洁高效的行政文化对行政组织进行“心治”。通过革新政府观念，使传统的恩赐型或管制型政府向服务型、法治型、责任型政府转变。

为此，首先要提高认识，加大行政文化研究和思想教育的力度。“行政文化不仅仅指知识修养，而更主要是人们对知识的态度，不是人际关系，而是人际关系中所体现的为人处世的哲学。”① 廉洁、高效的行政文化需要发挥党的政治、思想、组织领导的作用，积极发挥党校的教育、培训功能，把党校作为党政理论学习和宣传的前沿阵地、地方行政文化的总策划基地。其次要加快行政改革和制度创新。通过调整和改革加深行政文化的积累，通过制度创新促使行政人员观念的转变，如公民参与旅游的制度创新、政务公开方式和途径的创新、政府服务于乡村旅游机制的创新等。廉洁、高效的行政文化是构建公共服务型政府的内在要求。

（三）强化科教创新，加大支撑力度

科学技术作为第一生产力，对旅游业的发展也是十分重要的。因此，强化科技支撑体系，是实现旅游发展的又一重要举措。旅游资源的开发不仅要重视资金投入，更应突出强调科技与文化投入，不断提高旅游业生产、管理科技水平和旅游产品的科技含量。

旅游业的可持续发展要涉及多门学科的知识，如生态学、社会学、民族学、经济学、可持续发展理论和系统论等，各学科的发展直接为旅游业可持续发展的实现提供智力支持，同时也离不开科技知识的保障，只有这样才能解决旅游发展过程中产生的各类问题。为了加大科技支撑力度，一是要从思想上高度重视科学技术对旅游业发展的重要作用，大力普及有关科技知识，增强人们的科学意识，丰富人们的知识底蕴；二是要加大科研投资力度，促进相关科研工作的顺利开展。这就要求要努力争取多渠道的融资项目，以保障科研及时间工作的顺利展开；三是要加快科研成果的转化，如建立示范区、进行同步教育与培训等手段进行实践活动，为成果的大规模转化创造条件。

（1）重视提高旅游产品的科技含量。发掘和延伸现有旅游产品中的科普、文化内涵，提高旅游产品品位；有重点地开发一批特色鲜明，集文化、科普与娱乐于一体的旅游项目；编辑出版形式新颖、内容丰富、文化品位高的导游词、解说词。

（2）开展必要的旅游研究与科普工作进行旅游业可持续发展和旅游资源可持续利用等方面的重大问题超前研究，鼓励民间团体或组织参与生态保护和旅游科普活动。

（3）加强旅游环境保护与整治技术的研制、开发与推广重点开发与推广保护旅游生

① 蔡林慧．行政文化的特质和要素分析［J］．理论探讨，2003，（4）．

态环境质量的清洁环保技术，景区（点）资源和环境的保护与修复技术，以及重点旅游区旅游资源、生态环境动态监测评估技术等。

（4）加快旅游业的信息化建设。重点抓好旅游统计网络、饭店预订网络、旅行社管理网络、旅游人才信息网络等建设。大力开发面向全球的酒店客房预订系统、旅游电子商务系统、旅游散客服务系统等旅游信息系统，推进旅游产业的信息化建设。

（四）重视人才培养，提高队伍素质

建设高素质的旅游专业人才队伍，是保障旅游产业可持续发展的关键因素。要充分利用高等院校的人才培训资源，联合创建多种形式的旅游人才培训基地与培训网络，积极培养旅游产业发展所需的各类人才。

（1）完善专业设置，重点培养中高级人才。引导和支持大中专院校开设旅游可持续发展方面急需的专业知识课程，促进旅游业在育人和用人方面的全面发展，培养新型的中高级专门人才。

（2）多渠道集资办学，提高教学质量和效益。鼓励建设旅游培训中心，多渠道筹措资金，改善目前培训机构的软硬件环境，围绕旅游产业可持续发展的需要，增强人才培训能力，提高人才培训质量和效益。

（3）充实教师队伍，提高师资质量。引进国内外高层次人才，加强旅游师资队伍建设，形成自我发展的良性循环机制，培养更多的优秀人才，为实施旅游可持续发展战略服务。

（4）组建高层次的旅游科研机构，促进旅游科研的发展。要对现有旅游科研机构及专业人才进行梳理，明确专业研究方向，整合现有研究力量，提高研究水平，集中解决旅游可持续发展中的重大问题，为高层的决策提供咨询服务，为贵州省培育旅游支柱产业服务。

（五）强调协调发展，构建和谐局面

当前，旅游业发展面临着十分有利的时机，贵州省的旅游开发也开始步入快车道。但越是面临发展的重大机遇，越要清醒地认识到自然资源和生态环境是旅游业活动的前提条件，资源开发与生态环境之间的协调统一、互为补充是旅游业可持续发展的基本要求。生态旅游就是在利用自然资源供游人观赏的同时，又对自然环境进行保护的一种观赏活动，也是游人在观赏自然风景、感悟自然的同时，增强环保意识，促进旅游可持续发展的重要方式。旅游部门在开展生态旅游活动时，首先要明晰旅游资源的产权关系和管理权限的划分范围，把责、权、利结合起来，坚持“谁开发谁保护，谁污染谁治理，谁利用谁补偿”的开发原则。贵州省生态旅游区保护与开发，必须解决好这个问题。总之，贵州省的旅游开发必须走可持续发展之路，强化限制性条件和可持续发展的效益，体现资源环境及可再生能力的保护、社会传统文化的保护和公众经济利益的保护。生态旅游强调规划、建设、管理、监测等多种系统环节，只有规划和检测先行，保护性开发才能落实。①

---

① 王国涛，张保军．关于河南省旅游扶贫开发战略的理论分析［J］．河南农业，2008，（17）：53－54.

（六）培养各界参与，营造和谐氛围

1. 培养居民的社区参与意识

（1）要使社区居民有效且主动地参到乡村旅游活动当中，必须首先培养他们的自觉参与意识，强化其主人翁责任感。实现这一要求，必须处理好以下问题。

一是逐步加深居民与社区的情感联系。比如，从社区满意度和归属感两方面。[①] 社区满意度是指社区居民对日常生活条件包括环境卫生、治安、购物的方便度等客观方面的评价。影响居民社区归属感的原因来自五个方面：居民对社区生活条件的满意程度、居民的社区认同程度、居民在社区内的社会关系、居民在社区内的居住年限、居民对社区活动的参与。可见，包括社区归属感和荣誉感在内的社区意识本身是对社区生活的真实反映。社区参与和社区意识是相辅相成的。社区参与的程度影响社区意识，社区意识反映社区参与的程度。要增强社区参与意识，不仅要借助宣传等手段，更要从实践生活的各个方面来提高居民的社区意识。要强调社区内部的情感交流，并通过各种途径增强社区居民之间的地域认同感和归属感。

二是让居民体会社区参与发展的全过程。通过宣传和培训，提高社区居民对旅游发展的积极认识。研究表明，社区居民对旅游发展的不同观念直接影响到他们对旅游发展的态度，因而，通过宣传使社区居民以更积极、乐观的观念来对待旅游发展，将有助于社区居民对乡村旅游活动的支持，他们对于参与旅游发展也会表现得更为积极。参与的程度越高，他们也越倾向于愿意保护当地的自然和文化资源。同时，要让社区居民接受“参与”这种全新的思维方式，让社区居民了解什么是参与，然后再通过在旅游业发展中实施各种项目来强化该思想，变被动参与为主动参与。[②]

生态旅游区的开发要带动地区经济的可持续发展，就必须将旅游区居民融入到生态旅游开发之中。当地群众参与所开发的生态旅游是原汁原味的，这一人文与当地的生态是协调、互补的。只有当地群众参与，让他们获得了利益，才能让他们体会到资源的价值，自觉地进行保护。过去许多景区乱砍滥伐，禁而不止，最后政府出一点资金，把农民组织起来成立护山队，允许他们在景区划定的地点开设小店做些土特产和旅游品的生意，结果破坏的力量转变为保护的力量，取得了较好的效果。

（2）培训相关旅游知识。旅游知识的教育培训大致包括以下两个方面：

一是社区居民自身主观方面的教育，主要由旅游行政管理部门或行业协会牵头实施。通过教育培训，居民由受教育前被动接受环境保护的教条转化为受教育后居民主动的、自觉的环保观念，这样的参与对贵州省旅游业的发展才有意义。

二是提高居民在旅游行业生存能力方面的培训。培训主体可以包括旅游行政管理部门、旅游企事业单位、社区组织等多方面主体。培训的主要内容是旅游基本知识和技能，帮助社区居民分析选择适宜的旅游服务项目。社区居民接受服务接待和经营方式的简单培训后，可将自家符合条件的居室装修改造为可供出租的客房并提供简单膳食，并从中受益。从这个意义上说，居民参与教育培训与参与利益的分享在目标上是一致的。政府

---

① 郎富平．基于态度感知的乡村旅游社区可持续发展研究［D］，浙江大学，2006.

② 张文．旅游影响：理论与实践［M］．北京：社会科学文献出版社，2007.

和组织要及时开展相关的知识培训，规范居民的旅游服务活动使之尽量标准化、规范化，以满足游客的需要。

2. 培养管理人员的社区参与意识

贵州省社区居民对于贵州省旅游的参与方式能够较快地适应与实现，然而对于管理者来说，由于其惰性较强，同时会使相关部门管理人员的工作量增加，他们会从自身利益出发，抵制或消极对待这种战略。因此，向管理人员宣传贵州省社区参与产生的效果并不大。但贵州省旅游业的发展又必须得到他们的支持，否则旅游发展项目很难实施。这样就应该更多的从制度、经济利益等方面对他们的参与进行有效的刺激与监督。但在观念上一定要树立这样一种思维方式，使他们尊重社区居民的民主权利，让他们意识到实施社区参与是实现贵州省可持续发展的保证。

3. 培养并强化旅游专家的社区参与意识

作为贵州省社区参与意识的倡导者之一——旅游专家，其本身对社区参与意识的理解直接引导着贵州省社区参与的发展走向。贵州省社区参与意识的研究既要与中国国情相适应，又要起到引导的作用，这需要专家有更现实、更长远的眼光。但贵州省社区居民长期生活在这一区域，他们对贵州省旅游业的目的地往往有着更为深刻的了解，旅游专家们也不应漠视他们的意见，而是要强化自己的参与意识，更多地从社区居民的角度出发，把社区发展规划的思路与社区居民的实际利益联系在一起，真正站在社区的立场提供建议，促进社区参与的彻底实现。

4. 培养贫困人口的社会参与意识

强调贫困人口的参与是坚持“以人为本”的最直接的体现。旅游扶贫的目的是使农村贫困人口脱贫和发展。所以贫困人口如何在旅游发展中获益和增加发展机会是旅游扶贫的核心问题。实践证明，旅游使贫困人口受益和获得发展机会的最佳模式就是让其直接参与旅游业的开发，而不是被排斥在旅游业之外。旅游开发的主体是当地企业或社团而不是外来企业，这样既保证了农村贫困人口在旅游开发中获得直接的经济利益，而且还解决了在农村贫困地区的就业问题，让农民获得持续长期的经济来源。另外，从旅游的角度来看，当地居民由于是与当地自然历史和文化资源关系最密切者，他们参与到旅游服务中，渲染的是原汁原味的乡村文化，还增强了旅游吸引力。

社区参与旅游业发展，有利于建设社会主义新农村、构建和谐的旅游业发展环境，是实现喀斯特地区乡村旅游可持续发展的必然要求之一。在喀斯特旅游规划开发、决策、管理及利益分配方面应充分考虑当地居民的意见；在村旅游发展过程中应时刻考虑农民的切身利益，如在旅游开发中，用地方面给予农民适宜的经济补贴，鼓励农民在开发项目中以土地租赁、资金等形式参股，得到利润分红；在经营中，鼓励农民参与经营管理，建立自己的经营摊点或旅游企业；在吸收从业人员方面，原则上以促进本地农民就业为主等，以实现当地居民利益最大化，树立起主人翁精神，使当地居民不以经济利益为目的，而是以环境保护、传统文化维护为己任，自觉参与乡村旅游开发和环境保护，从而促进乡村旅游走和谐开发、协调发展的可持续发展道路。

（七）确保社会治安，提高应急能力

维护社会秩序，确保一方平安是地方政府的一项重要职责，社会秩序和景区的社会治

安直接影响着地方旅游形象。为确保游客生命财产安全，贵州省地方政府需要加大对景区社会治安的治理力度，引导景区村民成立治安联防队；妥善处理好相关利益者之间的矛盾。建议政府在各大景区设立事务调解处及建立健全各项危机措施，排查景区及旅游交通上的安全隐患，努力提高贵州省地方政府应对突发事件的能力。

六、实现贵州省旅游业生态可持续发展的对策建议

（一）制定旅游专项规划，有序合理开发资源

1. 统一规划，促进旅游资源的有序开发

做好旅游开发规划、有序开发，贯彻资源和环境保护的思想，不仅是使开发取得成功的保障，也是预防资源和环境遭到破坏的重要措施。在规划过程中，要具有专业水准的旅游规划队伍，要注意听取各利益主体的声音，并在规划中得到协调。作为专项规划的生态旅游规划应该服从于本地区生态环境保护的总体规划。在生态旅游规划之前，进行可行性研究，对旅游资源价值和市场潜力以及旅游开发将会造成的环境影响等方面进行调查和评估，制定符合生态旅游目标的土地利用规划、景观规划、水资源和能源规划、环境保护规划等各种专项规划。以保证生态旅游规划和开发的科学性、合理性。

加强生态保护，避免无序开发，要注意对生态环境脆弱或敏感地区、内陆河湖及水库库区、自然保护区、历史文化遗产地等重点旅游景区的保护，划定旅游生态与景观环境保护范围，科学开发与科学管理。对暂不具备开发条件的旅游资源，要加强保护，避免盲目开发或无序开发。加强旅游业与相关产业发展的协调，避免其他资源不合理开发对旅游资源的破坏，实现资源优化配置，促进贵州省旅游业的经济、社会、生态、文化的协调发展。

省委、省政府有关自然保护区行政主管部门应加强部门之间的协调和合作，组织制定全省自然保护区生态旅游发展规划，并纳入全省旅游发展规划。近期内可以推出一批自然保护区生态旅游的精品路线或游览区作为示范，推动全省自然保护区生态旅游的发展。在生态旅游规划之前，进行可行性研究，对旅游资源价值和市场潜力以及旅游开发将会造成的环境影响等方面进行调查和评估，制定符合生态旅游目标的土地利用规划、景观规划水资源和能源规划、环境保护规划等各种专项规划。

2. 采取有效措施，促进旅游资源和环境的保护

脆弱的旅游生态环境条件特征决定了旅游资源开发和旅游业的发展，必须把旅游资源和生态环境保护置于优先地位，把可持续发展理念贯穿到旅游业发展的各个层面。一方面，发展旅游经济能够促进人们对环境的保护，不断提高人们的生活质量；另一方面，如果开发不当也会对环境造成危害。因此，必须把环境保护贯穿于旅游开发和旅游经济发展的始终。只有旅游开发和旅游发展建立在生态环境的承受能力之上，符合旅游目的地的经济社会发展实际，才能保证旅游经济的可持续发展。这就要求在旅游开发中切实采取一切有效的环境保护措施。

（1）强化宣传引导，倡导科学文明旅游。增强游客生态环境意识，是旅游目的地实

施可持续发展战略的关键。要采取各种有效方法和技术手段，对进入旅游区的游客，实施生态旅游及生态环境教育，提倡科学文明的旅游行为，促进旅游业的可持续发展。

保持旅游景区及景点与自然环境、社会文化和谐协调。旅游目的地开发各种旅游景点或景区时，不能损害当地的生态环境和社会经济环境，必须使旅游活动与自然环境、社会文化形成一个和谐、有机的整体，使旅游业和旅游经济得以可持续发展。

（2）保护民族文化资源，避免地方特色退化。注意挖掘、整理和保护民族文化遗产，保护文化多样性，避免受现代商品经济浪潮的冲击而使富有地方特色的民俗风情、娱乐、节庆活动退化，使独具魅力的民族文化资源得到更好的保护。

保护地方文化历史和文物古迹。尽可能保护地方文化的本来特征及真实性，维护各种历史文物古迹，保持独具特色的地方建筑风格。加强对当地居民的教育，尽量使旅游者了解地方风俗习惯，从而使旅游目的地在适应和有选择地吸收外来文化的有益方面时，切实保持地方文化的精髓，增强旅游目的地的吸引力。

（3）完善旅游交通条件和社区条件。围绕旅游景区、景点开发、建设、发展适当的交通系统，重点放在公共交通工具和无污染的交通手段上。要对游客流向及旅游景点客流分布作认真的规划和管理，限制生态环境敏感地点的游客量，控制旅游者的不当行为，尽可能减少和避免旅游者对环境造成的破坏及污染。

（二）加强生态环境教育，大力培养绿色观念

1. 加强宣传力度，树立绿色观念

宣传教育对旅游的可持续发展具有重要的内在驱动作用。旅游者和旅游从业人员环境意识和生态观的正确与否，直接影响服务质量及旅游活动时的主体行为，因此，应加大对旅游生态可持续发展新观念的宣传教育力度。

（1）更新教育内容，增加可持续发展的理论。向受教育者提供更新、更及时的生态科学、环境科学、系统科学知识，弥补其知识结构中的欠缺。

（2）拓宽教育渠道。包括在相关大中专院校中设置专业课程；对从业人员进行针对性的专业技能训练；通过报纸、电视、广播等各类媒体进行广泛宣传，提高大众的生态环境意识；在旅游地用海报、宣传栏和导游的讲解等，直接影响、教育旅游者。

（3）加强对四大旅游主体的教育。总体上应通过学校教育来实现，同时对不同的主体还应有不同的方式和目的：对决策者通过高级研讨会、专题讲座等形式强化其可持续发展战略思想；对旅游从业人员和社区居民通过多种传媒进行宣传引导，帮助其树立生态伦理道德，自觉实现旅游行为的生态化。

（4）培养主体绿色观念。主体意识相对成熟是形成可持续发展观的先导力量，推动主体意识成熟也必然是进一步强化人类的可持续发展思想的前提条件，其基本内容和要求就是强化人类主体生态意识，使人类深刻认识到良好的资源环境条件是人类生存的基本前提和人类生命系统的有机构成部分，资源存量与环境质量将越来越成为决定人的生活质量与发展潜力的关键因素，牢固树立珍惜资源、保护环境的思想观念；强化主体责任意识，即使每个人的思想行为同代内人类和代际人类的利益联系起来，以地球资源环境条件的硬约束来确定自己的活动方式来满足自己的需要；强化主体参与意识，使人类充分认识到地球是人类共有的生存家园，每个人都有充分的权利和义务全面参与到节约资源、维护生态

平衡、美化地球家园的具体社会实践中去。

2. 更新思想观念，树立新的旅游发展观

实施旅游可持续发展战略，关键在于树立以保护为主的观念。保护旅游资源和生态环境不受破坏与污染，使保护与开发利用良性循环，才能真正实现旅游持续发展的目标。资源保护越完善，开发利用也越有潜力；反过来，对旅游资源的开发利用必须以保护为前提。保护是为了利用，利用也有助于更好的保护。

（1）树立持续发展的资源利用观。对旅游资源的开发要留有余地，要有长远开发的眼光与打算，把那些生态品位不很高、尚需进一步培育和改善的资源，留待以后进行开发。现在开发这些生态资源会因科技水平有限，而导致不合理的开发利用，等将来随着科学技术的发展，资源利用水平提高了，再来开发这些生态品位较低的旅游资源，使其转化为合理开发的产品。资源的开发利用程度，与科技发展水平有直接关系，要合理开发生态资源，就要以持续发展的资源利用观为指导，做长远的规划和部署。

（2）树立对生态环境新的道德观。要大力提倡生态旅游，生态旅游是一种对环境负责任的旅游，强调参与这项活动的人要树立对自然界的责任感和道德观。

（3）把保护生物多样性放在重要位置。要采取有力措施保护生物多样性，以确保整个旅游生态系统的完整性，为旅游产业的可持续发展提供优良的生态资源环境。

（4）建立与后代休戚与共的思想观。当代人既要留给后代人一个很好的环境，又应为后代人积累足够他们发展的旅游资源财富。旅游的开发者与管理者，只有具备了这种代际共享和与后代休戚与共的思想，才能真正为保证后代人有一个良好的生态环境做出贡献。

3. 加强生态环境教育，促进生态旅游发展

帮助大众正确认识生态旅游。生态旅游不仅仅是投入大自然的怀抱，也是对环境负责任的一种旅游形式。在整个生态旅游活动过程中，要求对环境影响达到“最小化”，这对广大游客、经营者、管理者、开发商、当地社区都提出了新要求。但目前社会公众，无论是旅游经营者还是旅游者或普通公民均缺乏真正的生态旅游意识，或者对一些理念仅仅停留在口头上，在实践中根本无法落实，使得在实践中生态旅游很容易走样。因此，加强生态环境教育非常重要，要扩大生态环境教育面，对在校学生要开设相关课程，培养可持续发展思想和意识。重点是加强对生态旅游中各利益相关者的环境教育：一要对景区内各旅游经营者的宣传教育，让他们认识到生态环境对旅游经营的重要性，认识到保护环境的责任感，尽量采用节约型、环保型的新技术，同时对破坏环境的行为要依法进行严肃处理。二要加强对游客进行生态学、环保知识的宣传与教育。在生态旅游实践中，既要充分发挥生态旅游中导游的服务和管理职能，教育游客，又要加强景区内旅游专业性解说的规划设计，如增加资料图片、设立标语或广告牌，引导游客。三要多向当地群众宣传环保知识，帮助他们树立环境保护的法制观念，改变不良习惯，并自觉地成为保护当地生态环境的卫士，促使生态旅游的可持续发展。

（三）改革资源管理制度，促进资源合理分配

对资源管理制度的改革调整，第一个方面主要是对部分生态旅游资源实行资产化管理，以尽快实现由计划管理分配资源模式转化为市场配置资源模式。生态旅游资源主要由

各类地球演化产物所构成的景观要素组成，即植物、动物、地形、水体、空气、土壤、化石及其他景观要素，这类资源按其组成的不同特性分为可再生资源、不可再生资源和恒定资源。然而由于传统的价值观、旧的资源管理模式的根深蒂固，以及自然资源资产化管理本身理论的不完善与实践经验的不足，在一定程度上影响了资产化管理的实施进程。但从总体上看，这是生态旅游资源管理的发展方向，对这类资源进行资产化管理，有利于在一定程度上解决生态旅游资源被无偿使用、经济虚假增长以及旅游地生态环境恶化等问题。

资源管理的第二个方面是要认真、细致、有效地进行环境影响评价论证，并将其在项目开发过程中运用到相应水平。环境影响评价的有效实施于旅游资源的开发管理，可以在一定程度上避免没有发展潜力或者产生大量消极环境作用的生态旅游开发项目的实施。在一些环节上，通过环境影响评价可以降低项目的运营成本，减少投资损失，同时，还可以帮助确定环境容量，这对于开发的实时监控、环境评估等后续管理具有十分重要的意义。

资源管理的第三个方面是建立区域环境容量监测系统，测定游客承载量。通过对区域环境承载饱和度的测定，一方面可以确定资源目前的承载状况以及受损害状况，以便及时对游客的流量进行有效控制，保证资源利用在承载力范围内波动；另一方面可以有助于制定生态旅游产品促销计划，有效避开客流高峰，加强淡季销售，实现淡旺季均衡。

（四）注重环境影响评价，适时进行环境监测

在贵州省旅游业开发项目开发前必须进行环境影响评价，分析旅游区域的旅游环境容量和生态环境容量，确定一个“最佳值”，严格控制各个景区的游客量，避免旅游区域超载引起的环境恶化问题。在经营接待过程中，有关环境管理人员定期监测，及时提交环境报告和制定相应环保措施。

生态旅游区的开发要带动地区经济的可持续发展，就不可能在开发和经营中把当地人排除在生态旅游开发之外。吸纳当地人参加生态旅游开发和经营，这不仅是生态旅游发展的群众基础，也是当地就业和经济来源的替代选择，是决定生态旅游开发成败的关键。但由于生态旅游开发和经营对专业化的要求较高，这就使得建立生态旅游从业人员的培训体系显得尤为重要。

在投资建设过程中和项目建成运营后，不间断地检查、监督环保措施是否落实；对旅游投资者的投资方案，一定要按国家和地方规定的环境技术标准和要求进行严格审查，实行到位。旅游管理部门还要将投资者的人数、产品开发数量限制在一定范围内，审查其生态旅游产品的开发目的和开发计划，有条件的地方可制定标准，实施“生态旅游经营者分级制度”；同时应对环境的绿色水平进行分级界定，以评价生态旅游经营者的可靠程度，保证生态旅游“货真价实”。

（五）提高居民参与意识，形成环境监管机制

政府应加强对贵州省社区居民的环保意识和可持续发展理念的培养，社区居民与旅游企业、旅游个体户签订环保责任书，杜绝垃圾和废弃物的就地处理，严禁随意排放废水等污染物和使用一次性餐具，进行适时监督。政府、企业、当地居民应对旅游者进行环保宣传，提高全民参与意识，对严重破坏环境的行为采取相应措施，以实现当地乡村旅游环境的良性发展和保护。

（六）加强环境立法观念，强化法律法规制度

生态旅游一定要加强环境立法，严格执法和遵守我国的《环境保护法》、《森林法》、《文物保护法》、《野生动物保护法》等与旅游密切相关的环境保护法律和法规，对违法侵害自然资源者，加大执法力度，使其承担相应的民事责任和刑事责任。在加强环境立法的同时，在全社会普及生态教育和生态道德教育，使每一个旅游者从自己做起，理解大自然，热爱大自然形成与现代工业、现代文明和科技社会相适应的新型生态环境伦理观，使每个人都是环境保护的卫士。

当前在文化与经济一体化发展的新形势下，旅游经济注入的文化内涵越多，开发出的旅游产品档次和附加值越高，竞争力就越强。贵州的旅游文化本底是丰富的，拥有深厚的民族文化底蕴和特色文化资源。但现在缺乏挖掘、整合及宣传。笔者认为贵州可在红色文化、古镇文化、夜郎文化、民族民俗文化、屯堡文化、酒文化等方面深度挖掘，让贵州的自然景观和人文内涵紧紧融合在一起。在挖掘整合基础上，要将贵州旅游文化性通过形式多样的宣传方式推广出去。其中，举办文化节就是一个很好的方式。文化节是结合地方特有人文资源与文化资产所举办的节庆活动，唤起民众对本土文化的认同，更成为观光客的主要吸引力，2005 年中国·贵州黄果树瀑布节所推出的大型民族歌舞“多彩贵州风”就是一个成功的示例，它为贵州旅游注入了厚重的文化元素，提升了贵州旅游的文化和品位，但该节目在画面精致性、市场运作等方面还需进一步提升。一个地区能推出旅游精品，无疑对于拉动旅游经济是至关重要的。目前贵州的旅游产品不少，但能称为“精品”的却不多。长期以来，贵州旅游精品的标志一直是黄果树瀑布，其他的旅游产品、旅游项目由于开发力度弱、硬件条件差等原因始终不能成为全省旅游精品。要想打造贵州旅游品牌，提高贵州旅游经济效益，仅凭一个黄果树瀑布是远远不够的，它需要我们贵州拥有一批在国内乃至国际上具有吸引力、竞争力的高品位旅游产品。对于创造旅游精品，贵州旅游局局长杨胜明指出，除了要做到科学规划、开发以外，一定要整合旅游资源，突出自身特色，创建旅游品牌。正如贵州的遵义，它是全省重点建设的 10 个“红色旅游基地”之一，同时在全省重点建设的 30 条红色旅游精品线路中，又名列其中。之所以能入选，是因为遵义旅游突出了自己的特色，形成了自己的名牌，即以遵义会议会址为核心的长征文化旅游品牌；以国酒茅台为支撑的酒文化品牌；以赤水、习水自然风景区为重点的生态旅游品牌。这三大品牌在“红色”主题下串联起来，整合在一起，产生巨大的旅游吸引力。现代旅游业竞争关键在于特色和品牌，越有特色和品牌的产品，市场竞争力就越强。贵州旅游业借鉴其他地方发展旅游业的优秀经验，避免重复决策失误，立足于高起点、高品位，在创造特色旅游精品和塑造品牌上大做文章，实现旅游业的跳跃式增长。

七、实现贵州省旅游业文化可持续发展的对策建议

（一）科学合理策划，制定旅游文化开发规划

规划是一种使预定目标得以实现的有条理的行动顺序。制定科学合理的旅游规划，有

助于在可持续发展的目标和价值判断下，提出旅游发展的行为标准，以及如何达到这些标准，从而有效地引导旅游的发展。旅游发展规划既包括区域范围内不同特色旅游地的布局，也包括每一个旅游地的个性化规划。这不仅是使开发取得成功的保障，还有利于保护广大投资者和经营者旅游开发的积极性及景点建设和配套设施建设的相互协调。所以在开发旅游资源的过程中，必须要认真科学地策划好旅游开发项目，避免无序开发、重复建设、一哄而起、一哄而散的局面。同时，还要加强以乡土文化、民族文化为核心的文化内涵建设，提高旅游产品的品位和档次。

（二）提高文化品位，深挖民族本土文化内涵

贵州的旅游文化本底是丰富的，拥有深厚的民族文化底蕴和特色文化资源，但现在缺乏深刻挖掘其文化内涵。

在旅游产品项目的开发和设计中，要在民族风情和乡土文化上做好文章，使旅游产品具有较高的文化品位和较高的艺术格调。事实上，由乡村淳朴清新的自然景观和丰富多彩的人文景观组成的旅游资源，只有挖掘其文化内涵，实行科学的开发利用和经营管理，才能改变目前我国旅游产品结构雷同、档次低的状况，为当地旅游的发展和振兴发挥重要作用。

国家旅游局副局长顾朝曦在贵州考察旅游业时认为，“贵州独特神奇、保存完好的民族文化，是贵州发展旅游业的后发优势所在”。我们要善于围绕贵州丰富的民族文化资源大做文章，深入挖掘这一优势资源并赋予新颖的表现形式，做大做强贵州的旅游业。我们相信，贵州在发展旅游业中，着力于民族文化资源的开发利用，实现民族文化资源与自然资源的有机结合，将推进贵州旅游事业的全面、协调、可持续发展，并带动其他相关产业的发展，最终实现民族地区经济和社会的全面发展。①

（三）合理利用资源，重视民族文化资源保护

贵州拥有丰富的民族文化资源，这是贵州发展旅游业的极大优势。只有保护好民族文化资源并合理利用，民族地区旅游业才能实现可持续性发展。因此，贵州省民族文化资源的保护必须采取有效的措施。

（1）要提高对民族文化资源的认识。民族文化资源是千百年来少数民族人民创造的精神财富，有相当多的成分在当今和今后都还会发挥积极作用，保护民族文化从根本上说是为了保存人类文明的结晶、保存历史。

（2）要在保护中正确区分哪些是民族文化的精华，哪些是糟粕，要保护和弘扬积极向上的民族文化之精华。

（3）要正确处理好民族传统文化和现代文明的关系，不能因保护民族传统文化而排斥现代文明。当今科学技术快速发展，不断改变人们的文化生活方式，民族传统生活方式也会受到影响。但是我们不能以保护传统文化为由而让少数民族群众不能享受科技发展带来的现代文明成果，应当正确处理好两者之间的关系。

---

① 罗林，陆廷梅．坚持科学发展观　推进贵州民族旅游文化的开发和利用［J］．黔南民族师范学院学报，2007，（2）：34－36.

（4）要探索先进的保护方法和保护手段。贵州省过去在民族文化保护方面进行了很多有益的探索，如建立了一批民族文化村寨和民族文化生态博物馆。这些不同保护方法对民族文化保护发挥了积极的作用。民族文化保护还要积极探索和处理好新形势下如何利用知识产权保护等手段来对民族文化进行保护等相关问题。

（5）要采取开发利用与保护相结合的方法，要实现对文化资源的有效保护，必须将保护与开发利用结合起来，在开发利用中实现保护。

（6）要注意以市场为导向，合理利用丰富的资源，着力打造精品，推动民族文化产业的发展。另外，还要深入挖掘民族文化资源，组织专家对民族文化进行全方位的有深度的再开发，对民族文化资源开发不能局限于搞一些突击性的狂欢节或文艺汇演等老路子、老套子。贵州省近几年来不断推出安顺屯堡文化、黔东南苗侗文化、黔西南布依族文化、黔南水族文化、六盘水夜郎文化、毕节彝族文化、铜仁佛文化和土家族文化、遵义红色文化、名酒文化和仡佬族文化；与此同时，还坚持重点搞好《多彩贵州风》赴韩国、日本、东南亚国家、法国、德国、美国等主要客源地举办的宣传营销活动，充分发挥各部门的行业优势，积极申办国际性会议、博览会、交易会、体育赛事和文化文艺活动，推动贵州对外开放，带动旅游业的快速发展。①

（四）体验民族风情，凸显地域旅游文化特色

贵州省特色的旅游文化主要集中在黔东南州、黔南州和黔西南州，而这些地区同时也是少数民族集中区，特有的民族文化构成了贵州省旅游重要的组成部分，因而在贵州省旅游业的发展过程中应注意保持地方文化的本土性。

一是应制定保护文化法规，并通过有效宣传，使旅游者充分尊重乡村文化和风俗习惯，使社区居民增强自我保护的认同感，增强民族自信心。

二是要在乡村旅游产品的开发与建设中突出本土文化特色。同时，对旅游项目的设计要深入挖掘贵州省旅游资源的文化内涵，保持旅游环境的真实性，营造传统文化的乡土气息和氛围，增加文化含量、增加知识性、增加参与性，留住游客、延长其逗留时间，树立“打造精品”的理念。②

三是要进一步提升贵州省旅游产品的文化品位。深层次、多方位的将贵州省独具特色的传统文化、民风民俗、社会组织形式和家庭关系、古朴典雅的乡村建筑、浓厚文化底蕴的乡村节庆、农作方式、生活习惯、趣闻传说等文化内涵挖掘出来，开发设计适销对路的产品，提高市场竞争力。①增加科技含量。随着科学技术的飞速发展，现代信息技术、生物技术、仿生仿真技术在农业中的应用，创造出千姿百态的旅游产品，营造出千奇百怪的农业自然景观。如利用现代技术对农业的自然之谜、极端现象、农业史上有较大影响的自然灾害进行模拟演示，增加贵州省旅游的科技含量。②加强饮食文化的开发利用。开发地方风味小吃，挖掘特色饮食文化。如“饮食与文人”、“饮食与健康”、“饮食与文化”等都可以进行开发。

---

① 来源于同程网，http：//www.17u.net/news/newsinfo_109977.html.

② 赵承华．我国乡村旅游可持续发展问题及对策研究［J］．农业经济，2008.

1. 突出贵州民族戏剧、歌舞文化特色

贵州是一个多民族的省份，有 18 个世居民族，每一个民族都有自己的特色，都有一大批娱乐产品，应该予以很好的开发利用。例如，杂技《双钻桶》在摩纳哥第三届国际青少年杂技艺术节上获最高的金 K 奖；无音乐伴奏的侗族大歌在国际上经常获奖，深受国际友人赞美。近年来，贵州的几个文艺团体先后在法国演出，引起轰动。其中的“地戏”被赞誉为戏剧的“活化石”、“侗族大歌”被称为“东方的咏叹调”。黔东南地区的民族风情最为浓郁，各种民族建筑保存数百年者比比皆是，各种民族服饰鲜艳夺目，让人眼花缭乱，简直就是一个大民族园，与之相映的是自然风光具有淳朴的原始风味。有了这些基础只要再将交通搞好一些，就能够吸引更多的海内外游客。由此看来，突出民族特色已成为人们的共识，只有反映出自己民族文化的特色，旅游才有生命力，才能吸引更多的游客。

2. 突出贵州饮食文化特色

贵州各族人民在长期的劳动生活实践中，根据本地区的物产、气候特点，创造出贵州灿烂的食文化。贵州人民特别喜欢食酸、辣、糟、腌制品。由此，在烹饪方面，创造出著名的“黔菜”系列，“黔菜”可与“川菜”、“湘菜”相提并论。同时，还创推出许许多多的地方风味小吃，诸如肠旺面、羊肉粉、豆花面、辣鸡粉面等。粮食制品方面可以推出“耳块粑”、“荞酥”、“绥阳空心面”等。贵州出产品种众多的名贵中药材，诸如天麻、杜仲、三七、人参等。贵州药膳分外吸引食客，这是贵州的一大特色，应注意很好地开发，并推广和创新，借以吸引更多的旅游者。

发展食文化，一不能西化，二不能普通化。烹调如果西化了，搞不过西方人，外国游客还来中国干什么？外国人吃牛排哪里吃不到，非到中国来吃牛排不成？也不能像推广普通话那样，大家都说普通话。如果大家都吃“京菜”、“扬州大菜”或者“满汉全席”，那可不行了。一定要保持贵州原汁原味的古老特色的风味。先进的东西可以借鉴，可以创新求得发展，但不能舍弃根本，失去原来风貌，否则就将失去贵州的“黔菜”特色。有自己的特色是至关重要的，山东要有山东的食文化特色；贵州要有贵州的食文化特色。中国各地食文化总起来就是中国的食文化特色，这就是中国食文化领先世界新潮流的根本所在。要给旅游者留下游在贵州、食在贵州的美好回忆，吸引更多的回头客。

3. 突出贵州的烟酒文化特色

贵州的烟酒驰名海内外，酒有国酒之誉的茅台酒。还有众多的名酒，诸如习酒、董酒、贵州醇、珍酒、湄窖酒、鸭溪窖酒、青酒等。目前，销售渠道尚不畅通的关键在于信息不灵。因此，更为重要的是广为宣传，将信息传递给广大消费者。笔者于遵义市看到，无论是公共汽车、广告宣传栏都在宣传董酒，然而其他地方则没有这类广告。像这种仅在产地宣传，信息传播量少而不广，是商品销售的败着。因此，董酒滞销。酒是游客饮、购、馈赠朋友的带地方特色的佳品，一定要做好促销工作，游客就是最好的广告，酒商一定要找准这个切入点。

贵州是我国著名的产烟区，磨砂黄果树牌香烟质量上乘，完全可与红塔山牌香烟一比高下，只要信息灵，销售渠道畅通，是可以占领我国烟市场的。

4. 突出贵州历史文化特色

贵州发展历史悠久，贵州的“黔剧”、“贵州花灯”、“地戏”、“傩戏”、“民族歌舞”

都有十分精湛之处，理应很好的开发、挖掘，展现贵州文化于游客面前。外国旅游者特别喜欢贵州历史文化特色，有一种神秘感，顺应这种趋势，大力开发贵州历史文化，突出贵州特色，更好地促进贵州旅游的发展。

贵州古时候是由中原通滇缅的古驿道，被称为西南“丝绸之路”，可以从“史志”中挖掘开发出一些精彩的节目，以反映贵州各族人民与中原人民、东南亚各国人民之间的交往史实。贵州的关岭、乌江渡口是贵州的西大门和北大门，也曾是古战场，在这些地方曾发生过无数次大小战事，可以从中开发出若干精彩的战争故事节目来丰富贵州历史文化宝库，吸引更多的游客。贵州是陈圆圆墓葬的地方，根据这些线索史实，也可以开发出若干戏剧、歌舞、说唱等节目。

办好贵州旅游一定要突出贵州特色，特色是根本，没有特色，贵州旅游就不复存在，开发贵州的各种旅游资源，只能学习、借鉴别人先进的东西，切不可生搬硬套，创新是关键。只要努力夯实基础，一点一滴认真做好每一件工作，贵州旅游就可朝气蓬勃，长盛不衰。

（五）优化民族文化结构，加强民族文化整合

优化与整合是提高民族文化资源开发效率的有效途径，同时也是促进民族文化资源可持续利用的方法，民族文化资源的开发必须找到合适的契合点，关键是能推向市场，与经济形成良性互动。贵州各少数民族能歌善舞，很多民族地区常常被人誉为“歌舞之乡”，但是长期以来却没有几个具有代表性的歌舞走向全省。贵州省的一些原生态歌舞虽然得到专家学者的赞赏，但是总处于叫好不叫座的境地。这就需要我们在对民族文化资源开发中，必须对民族文化进行优化整合，利用现代的表现形式和传媒方式对民族文化进行开发和加工，并下大功夫进行宣传和推介，使之在市场上成为有竞争力的旅游产品。

贵州省从2005年以来，着力打造《多彩贵州风》，淋漓尽致地表现了少数民族绚烂的民族文化，在省内多次演出受到了省内外专家游客的好评，并几经修改于2006年又到北京和海外演出，场场爆满，既展示了贵州少数民族风采，宣传了贵州，又吸引了大批游客前来贵州旅游。《多彩贵州风》的推出，在文化氛围上将贵州旅游提升了一个层次。另外，贵州各民族有大杂居、小聚居的分布特点，在过去的开发中由于缺乏科学的规划和资源的整合，民族文化开发显得杂乱无章，亮点不显，呈现出星多月不明的状况。因此在民族文化资源开发中有必要对民族文化资源进行整合。

对民族文化进行整合的主要方式为：一是进行区域整合，要选准区域实施集中开发，带动周边区域的旅游开发，选择的区域要考虑各方面条件，既要考虑交通条件、城市的依托性，也要避免单一的城市中心论；既要考虑资源的品位和特色，也要注意开发的难度与对周边区域的带动，要通过一个亮点的突破，实现对一个地区的综合带动，使这一地区成为旅游线中的一个点、或者一个段、或者一条支线。二是要进行内容整合，我省许多地区的民族文化资源开发，不能仅仅只限于简单的民族歌舞、民族风情的表演，要与建筑文化、饮食文化、农耕文化、民俗文化、服饰文化等民族文化内涵紧密结合，要对民族文化资源进行深度挖掘，注意突出特色，提高品位，增强吸引力。三是研发的整合，民族文化资源的开发就是要向市场推出一批民族旅游的精品。因此，在民族文化开发中，需要构建一套包括政府部门、文化部门、研究部门、市场开发部门以及民间艺人等在内的研发班

子，并按现代的市场运作手段，将研究成果与市场推广结合起来，不能脱离市场搞研究和脱离研究进市场。贵州民族文化广博深厚，各民族独具特色的民族语言、风格迥异的民居建筑、精美绝伦的民族服饰、色香味美的民族饮食、欢乐壮观的民族节日、优美动人的民族歌舞、绚丽多姿的民间戏曲等等，千姿百态、各具特色，这是人类宝贵的民族文化遗产。我们应该看到，民族文化内涵的注入，将更加吸引国内外游客，贵州的旅游将迎来更大的舞台。我们要善于围绕贵州丰富的民族文化资源大做文章，深入挖掘这一优势资源并赋予新颖的表现形式，做大做强贵州的旅游业。我们相信，贵州在发展旅游业中，着力于民族文化资源的开发利用，实现民族文化资源与自然资源的有机结合，将推进贵州旅游事业的全面、协调、可持续发展，并带动其他相关产业的发展，最终实现民族地区经济和社会的全面发展。①

资源整合，挖掘旅游景观的人文内涵，这应是贵州民族旅游努力的方向。贵州有着世界上著名的自然景观，如“黄果树瀑布”，给人以奇异、壮观的感觉，在内容上，如人文内涵上，黄果树这一景点值得挖掘的较少，像这些旅游景点值得一游，但也大多是到此一游，游客回头的较少。相反，贵阳市郊的青岩古镇，为数不少的属于重游，重要原因就是青岩古镇的文化含金量较高，除民族风情、特色物产外，这里有着浓郁的文化氛围：人文文化、宗教文化、建筑文化、革命文化等。青岩，建于洪武十一年（1378 年），贵阳府青岩人士赵以炯中状元，这打破了地域文化和科举结果的关系，因那届科举才子从榜眼、探花到解元均出自中国文化名流的集中地——江苏。除此之外，青岩还出了两位名人：官至翰林学士的周渔璜（1664～1714 年）以及曾任台湾诸罗知县的周钟宣（1671～1763 年）。重游青岩古镇，除对建筑特色、风味小吃、民族风情的欣赏之外，也是对古代贵州文化崛起历史的重温。在青岩古镇，浓郁的“革命文化”也是令人追寻的。革命文化遗址在青岩古镇随处可寻：民主革命先驱平刚先生（1887～1951 年）的故居（平刚先生曾先后任民国临时政府众议院秘书长和大帅府秘书）；工农红军指挥所，这是 1935 年中国工农红军长征时曾进驻青岩，并在此给国民党以重创；另外，1939 年“二四”大轰炸后李克农及家属、周恩来父亲、邓颖超母亲曾居此地，与当地群众同甘共苦，《长征》剧组曾赴此拍摄。悠远、神秘的历史神韵，也使得电影《寻枪》的拍摄在这里完成。经营旅游就是经营文化，这应成为现代旅游的理念与精髓。如从上海随着 20 世纪 60 年代“上山下乡”运动来到贵州当知青的叶辛，他的早期作品《高高的苗岭》、《我们这一代年轻人》是贵州高原那个时代生活的再现，而他以贵州为背景创作的《孽债》则使得西双版纳的知名度骤升，并成为著名的旅游城市；沈从文先生的《边城》使湘西凤凰成为一种情结的凝聚与浓缩，让人们半个多世纪以来都去探寻、追访。可以这么说，在某种特定的背景与条件下，经营文化其实也是在经营旅游。贵州的民族旅游推介需加大力度，对旅游资源市场也要进一步的拓宽，文学作品、电影、电视以及各种诗会、研讨会等都能作为载体，以反映贵州的特色和优势。

---

① 罗林，陆廷梅. 坚持科学发展观　推进贵州民族旅游文化的开发和利用［J］. 黔南民族师范学院学报，2007，(2)：34－36.

（六）加大宣传力度，塑造旅游特色品牌形象

尽管贵州在塑造旅游形象的道路上走得很艰难，而且收效甚微，但本研究认为贵州还是必须坚持塑造出一个鲜明、易记的旅游形象，因为形象树立对于贵州旅游持续发展的确具有非常重要的意义。贵州省旅游应在当地政府的引导下，要通过规划和品牌的营造，将贵州省旅游推向产业化的健康道路。品牌的打造还须强化资源特色和文化的挖掘与包装。贵州省旅游业发展应立足于乡情，体现其旅游资源特色。

我们发现几乎所有旅游业发达的国家或地区在旅游开发时，都是追求一种将整体而非若干景点作为旅游吸引力因素来推动市场，依靠形象吸引旅游者前来旅游。贵州过去塑造的旅游形象、打出的宣传口号变化太多、特色不明。如今贵州旅游形象定位应站在全省这个角度，从旅游者心理感应和市场需求的角度来考虑，贵州旅游形象设计既要符合自己的资源特色和历史文脉，又要对市场有吸引力。在对外进行旅游宣传时，应在建立一个总体旅游形象的基础上再针对客源市场的特征予以规划。如贵州的总体旅游形象可定为“神奇贵州多彩风”，然后针对沿海地区推出“原生态自然风光、五彩民族风情”形象；对中原市场推出“绿色喀斯特王国、秀美山水之乡”形象。诸如此类，让贵州首先在世人心中留下一个深刻旅游形象后，又在不同的客源市场拥有独具特色、不可替代的旅游吸引形象。

塑造出贵州鲜明而吸引力的旅游形象还必须通过有效的宣传方式推介给大众。我们必须充分利用各种传播方式，积极推介宣传贵州旅游形象，精心策划旅游形象推广活动，有效运用市场促销手段，适时寻找公众利益的切入点，以造成贵州旅游的声势。并通过实现与广西、贵州、粤港澳等周边地区的资源共享、产品互补、客源互流，开展联合促销，从而形成区域旅游宣传合力。目前贵州各级旅游部门已有了企业主动“走出去，请进来”的市场战略意识，陆续赴沿海重点客源城市和日本、欧洲等国外客源市场进行促销活动。但还应在宣传促销力度和切入点上再下工夫，旅游促销要导入 CI 形象策划，让更多的旅游企业也要走出来，和政府部门联手出击，并且力求促销一个，成功一个，投入人力、物力，通过精美的包装、动人的讲解、创新的广告、形式多样的推介活动以及专业旅游网站将一个赋有高品位旅游资源的贵州展现在世人面前。

贵州省旅游形象作为主观产物，其定位必须建立在旅游自身资源上，旅游资源决定旅游形象，而旅游形象又决定影响着地方旅游产业的可持续发展。首先，贵州省地方政府以自身资源进行形象定位，是政府制定旅游政策，进行旅游规划的基础。通过对贵州省各区域、各乡镇进行各自的形象定位，以避免盲目性、重复性开发，造成巨大的资源浪费；通过准确的定位，体现各具特色的民族文化与独特的自然景观相结合的旅游形象。其次，依托酒文化品牌，提升乡村旅游形象。国酒茅台、四川的五粮液等酒文化应与当地的旅游品牌相结合，塑造贵州省独特的乡村旅游形象；重新审视并打造贵州省品牌。以中国南方喀斯特申报世界遗产地为契机，整合贵州省旅游资源，开展一系列如科研等为主的乡村旅游。最后，贵州省旅游需要经营的品牌，需要各参与主体塑造与倡导。贵州省旅游区应拓宽销售渠道，创新营销策略，采取多种促销方式相结合，加大促销力度。应当加大广告力度同时针对性地开展营业推广活动，通过新闻媒体加强公关活动的开展；应当通过宣传册或其他形式向分销商传递产品和服务信息，维持良好的合作关系；同时，贵州省旅游区还

应积极参加国内外旅游会议和展览，组织当地报刊和电视传媒进行实地考察；并建立和完善贵州省旅游网建设步伐，等等。

（七）重视文化传承，挖掘地域民族文化内涵

文化的保护与传承，对贵州省民族地区来说，显得尤为重要。贵州省有许多非物质文化遗产，如三都县的水族，其主要的非物质文化遗产：一是端节；二是水书；三是马尾绣。端节相当于现在汉族的春节，水语叫做“戒端”。端节期间，水族同胞将举行隆重的祭祖仪式，敲铜鼓、赛马等。水族端节的时间跨度比较长，按水历推算，从每年农历的八月到十月，长达 49 天。水书被称为“象形文字的活化石”，也是一种古老的文字符号，内容博大精深，记载了水族比较古老的天文、地理、历法等等。马尾绣是水族妇女智慧的结晶，工艺比较独特，主要特点在于其是用马尾制作而成，并制成许多图案，栩栩如生，惟妙惟肖。其中水书作为水族特有的一种古老文字，是水族先民集体智慧的结晶，是不可再生资源。在重视文化传承与保护的今天，保护这些民族文化就是保护了历史。

要深度挖掘贵州省文化内涵，就要成立文化保护工作小组。恢复当地民间风俗、开发当地民族文化产品。在少数民族聚居的地方，要深度挖掘隐藏在其中的民间文学、民间舞蹈、民间工艺就要依靠群众的力量，需要从长者身上挖掘、恢复少数民族民间的文化活动，以弘扬当地的少数民族民间风俗。保护工作小组的成员通过与居住在此地的长者进行访谈、记录、整理等工作来挖掘、恢复、开发当地的少数民族文化。

（八）增加居民参与，实现旅游文化互利共赢

1. 增强当地村民的民族文化保护意识

这项工作必须靠自觉培养和政府引导。政府要做好引导工作，在政策上、在行动上给予支持，诸如对于做得好的村民，政府给予奖励和表彰。当地社区居民应保护民族文化资源，避免地方特色退化。贵州省保护民族文化自觉意识可以通过在乡村旅游的发展中逐渐提高，当富含民族风情的旅游节目备受游客欢迎，村民在民俗旅游中得到了自我价值的实现，当地村民对民族文化的保护和传承的意识也将被唤起。首先，应深入了解本地文化内涵。[①] 贵州省旅游目的地社区居民面对发达地区的游客，容易产生自卑感，以至于否认本地区优秀的传统文化，而这些文化恰恰是吸引游客的地方。只有提高文化的认知与认同，社区居民在社区参与旅游发展中才能起到积极作用，甚至参与到保护传统文化的工作中来。其次，应保护民族文化遗产，保护文化多样性，避免受现代商品经济浪潮的冲击而使富有地方特色的民俗风情、娱乐、节庆活动退化。最后，应注意挖掘深层次的民族文化内涵，使富有特色的民族文化在保护中得到发展。

2. 通过政府调控和教育，增强当地居民对自身文化的归属感

贵州省旅游业的开发会对当地社会文化和生活方式产生较大影响，使当地居民逐步舍弃原有的历史文化，可能直接导致本地文化的湮没和解体。因此政府应在以经济发展推动社会进步的同时，努力宣传倡导本地民俗、民风及文化传统，在青少年历史教育中，加入本地历史文化和传统民俗等方面的知识，也可通过编辑一些历史、民俗、传说之类的小册

① 陈理．民族历史文化资源与旅游开发［M］．北京：民族出版社，2007.

子，在当地和旅游者中发行，增加当地居民和旅游者对本地文化的了解程度，确保传统文化核心的传承，增强当地居民对自身文化的归属感。

3. 增加居民的参与度，实现旅游跨文化交流的双赢

跨文化交流成功的一个主要动因在于当地居民的积极主动参与，然而创造积极主动参与的平台与条件是与政府等公共机构的努力分不开的。作为社区的主人，目的地居民首先需要有机会参与社区的开发，提出自己的观点，树立主人翁的信念。这其中有必要完善委托代理机制，充分发挥政府的积极作用，大力推动社区参与的程度。从经济学角度来说，作为民意代表的政府应当持有一种利他主义的态度。但是基于利他主义的动机通常仅仅限于小型群体，那么当人们为与自己关系不密切的他人做代理时，就会出现一系列的问题。如果委托人想要监督代理人的行为，就需要耗费高额的监督成本，这是信息不对称的结果。然而，强化社区参与强度就可以减少这一成本，可惜很多地方都没有为当地居民提供这样的机会与平台。比如有些地方居民对于当地旅游开发保持“理性的无知”，大部分居民认为社区福利条件没有因为旅游开发而得到改善；居民根本没有机会参与规划，没有机会提出意见与主张，这对居民主人翁精神的树立是不利的，对本地文化的传承也是不利的。

原则上，一个具体的旅游计划在制定和实施过程中，旅游目的地居民对于旅游给他们带来的实际利益和对当地生态、文化环境的影响，都应该有一个清醒的认识和判断。确定了旅游发展方向，社区居民就会从中受惠：①居民普遍获得收入，改善生活条件和生活水平；②尽可能多地拥有对旅游开发和发展的参与权；③尽可能地保护传统文化和文化赖以存在的环境，使两者不会导致退化和破坏。这就要求，在一个旅游区开发之初，应该召集有关的利益相关人员召开听证会，广泛听取各方意见，特别是当地居民的意见，以制定符合民意的规划。此后，相关的民间组织作为居民的代表应该监督旅游发展状况，实时提供对旅游发展状况的反馈意见；同时，应当制定收益分配方案，公布旅游收益资金走向，增加政府工作的透明度，增加居民的参与度，实现旅游跨文化交流的双赢。

（九）提升人文内涵，注重多元文化创作交流

艺术源于生活，丰富多彩的现实生活已成为取之不尽的创作源泉；同样，岁月流逝中流传下来的那些对草木山川、风土人情、社会变革等摹写的篇章，滋润灵魂，让人难忘。如明代旅行家徐霞客用30多年游历了大半个中国，成就了一部200多万字、影响整个世界的伟大著作——《徐霞客游记》，其中的“五岳归来不看山，黄山归来不看岳”使得美丽的黄山锦上添花，并披上神秘的外衣。他的西南之行，历经四年，也留下了不少有关贵州山川的篇章，在描述都匀印象的美文中就写道：“东倚东山，西瞰大溪，溪自北来，西转环其东。”对世界著名的黄果树瀑布，他用“捣珠”之声对“黄果树听瀑”作了经典的描绘。这些篇章一方面客观再现了自然景观，更多的是激起人们对旅游观光的强烈愿望。贵州优越的自然环境以及淳朴的民风民俗孕育了一批又一批的少数民族作家，这些作家在民族文学创作中创造了极大的价值和财富。在20世纪100年的历史里，苗族作家和诗人共创作出版了50多部长篇小说、300多部中篇小说、100多部短篇小说集、50多部诗集、100多部散文集、100余部戏剧和影视剧本。这些作品中以小说的成就最大、影响最大，其次散文和诗歌也以其精彩和特色呈现独特的魅力。总之，不同民族的作家都是以不同类

型的作品叙述世事，抒写人生、诠释情感。进入 20 世纪 90 年代中后期，贵州作家的创作已走向多元化，并且描述的空间更为广阔，描述的角度更为独特。如贵州作家、自由撰稿人王大卫不畏艰辛前后连续四次自费考察贵州三江并流区域的自然生态与人文生态，与摄影师陈启基一道用“采访式”和“体验式”的方式，共同用笔和镜头如实再现了贵州迷人的自然风光，花两年时间完成了长篇纪实散文《天地无极》。这是一部“论述洛克、记述纳西民族、记述三江并流区域自然与文化的不朽佳作。”[①] 特别值得一提的是，已故作家张克的《贵州真山真水行》，这是他生前走遍贵州的每一个地方，并走一程写一程，最终将数十篇游记散文结集而成，真实地再现了贵州山水，神奇而迷人。[②]

总之，旅游的社会文化建设需要一个长期的健全的机制，这需要社会各个方面的支持。

八、本章小结

本章以第七章构建的社区参与旅游模式为依托，旨在探索实现贵州旅游业可持续发展的对策、建议，主要研究内容如下：

首先，以政府主导型战略为研究主线，对贵州旅游业可持续发展进行宏观主导分析，指出贵州省旅游业的发展，宏观角度上需要政府的主导；其次，从微观角度，包括社区居民、旅游企业和旅游者三方面探索贵州旅游业可持续发展，指出实现贵州省旅游业的可持续发展，微观上需要参与主体的全面参与；最后，在旅游业可持续发展总体思路的指导下，提出贵州旅游业经济、社会、文化和生态可持续发展的对策建议。

---

① 白庚胜．序言：与天堂同在，天地无极［M］．北京：中国工人出版社，2006.

② 周丽玲．对贵州民族旅游文化内涵及写作价值的探讨［J］．贵州民族学院学报（哲学社会科学版），2007，(2)：166－168.

第九章　结论、创新与展望

一、结论

作者对贵州省旅游业可持续发展理论进行了梳理和总结，运用了相关理论构建了贵州省旅游业可持续发展的理论体系。基于系统论研究视角对贵州省旅游业可持续发展做了系统的分析。运用定性与定量相结合的分析方法构建了具有可操作性的旅游业可持续发展评价指标体系，在此基础上选取民族地区作为案例进行实证研究——以黔东南州、黔南州为个案，最后，从宏观角度、微观角度对贵州省旅游业可持续发展提出具体的政策建议，现可得到以下结论：

第一，社区参与、系统论、博弈论、利益相关者、共生理论、层次分析（AHP）法的思想与理论是研究贵州省旅游业可持续发展的有效视角与方法。

第二，贵州省旅游业可持续发展系统运行框架体现出系统的整体性、复合性和动态性、协调性和反馈性，对其进行研究可以促进旅游业的经济、社会、生态和文化的可持续发展。

第三，动力系统的解析与优化、微观参与主体行为的冲突与协调、多目标与多主体共生、可持续发展评价指标体系的构建四个方面共同构成了贵州省旅游业可持续发展研究的重要途径。

第四，动力系统的解析与优化就是对贵州省旅游业可持续发展系统进行分析，贵州省旅游业可持续发展问题即是系统内各个子系统的优化和共生问题。

第五，社区是旅游发展的空间载体与依托，社区参与是贵州省旅游业可持续发展的一个重要内容和评判依据，其应贯穿于旅游业可持续发展的始终。

第六，实现贵州省旅游业经济可持续性、社会可持续性、生态可持续性与文化可持续性的协调发展是贵州省旅游业可持续发展的核心内容。

第七，通过构建的评价指标体系对黔东南州、黔南州进行实证分析，得出黔东南州处在基本可持续发展阶段、黔南州处在初步可持续发展阶段，此结论在一定程度上反映了贵州省旅游业可持续发展的情况，说明贵州省旅游业发展应处在初步可持续发展阶段，并且贵州省旅游业发展具有可持续性。

第八，贵州省旅游业可持续发展，宏观上需要政府的主导，微观上需要构建一种以社区居民为核心的微观主体全面参与的模式体系。同时，要充分考虑社区居民的利益，把居民的意见纳入旅游发展规划和政府决策中的原则，并实现各主体互利共生，和谐相处的一体化利益格局。

二、创新之处

第一，为区域旅游业可持续发展问题的研究提供了一种全新的理论视角。本书采用多学科理论，从旅游业可持续发展的基础理论和旅游业可持续发展的支撑理论两个层次系统地论述了贵州旅游业可持续发展研究的相关基础理论。从广度和深度上发展了区域旅游业可持续发展的理论内涵。

第二，系统地构造了一个具有多学科理论耦合性的贵州省可持续发展分析框架。首先，从系统论的研究视角出发，对贵州省旅游业可持续发展系统进行了重新审视，界定了贵州省旅游业可持续发展系统的内涵。旅游业可持续发展系统是由经济、社会、生态和文化四个子系统相互联系、相互作用而构成的具有特定结构，能够促进旅游业可持续、协调发展的有机整体。其次，本书将博弈论、利益相关者、旅游地生命周期理论的有关理论创新应用于贵州省可持续发展的研究中，从更微观的角度探索关键利益相关者经济、社会、生态等各方面的需求，从而找到了一条适用于贵州省可持续发展的道路。

第三，构建了一套适用于贵州省旅游业可持续发展的评价指标体系。首先，在研究方法上，本研究利用系统论、博弈论、共生理论、利益相关者等学科方法对贵州省旅游业可持续发展的诸多深层次问题进行了系统研究；其次，在构建贵州省旅游业可持续发展评价指标体系时，本研究利用层次分析的方法客观地将贵州省旅游业可持续发展评价指标划分为总目标层、系统层、状态层三个层次，达到了贵州省旅游业可持续发展目标与内容的科学统一。

三、研究展望

第一，贵州省旅游业可持续发展是一项复杂的系统工程，研究其可持续发展问题还需要不断探索多学科的研究视野和跨学科的多层面分析方法。

第二，贵州省旅游业植根于不同的地域和文化背景，会表现出不同的发展形态和演进规律，加强贵州省对不同地域和文化背景的旅游研究，将有助于在研究中形成对该地区不同地域旅游可持续发展问题更多的共识。

第三，不同地域的旅游发展表现出来的模式经验既有普遍性，也有其特殊性（差异性），因此，在今后如何进一步系统地归纳出不同的地域文化背景中旅游发展模式的理论经验和研究成果，以及区别于不同地域的旅游发展所表现出来的普遍性、特殊性（即差异性），对于增强研究结果的可比较性将是一项有意义和有价值的研究任务。

附件一　评价指标意见征询表

您好！

衷心地感谢您抽出宝贵的时间填写此表！本研究从贵州省旅游可持续发展评价的角度出发，旨在建立评估贵州省旅游可持续发展的指标体系，并在此基础做出实证研究，请您按重要程度给每个指标打分。

以下是评价贵州省旅游可持续发展的指标体系，请您按其重要程度打分。非常感谢！

“非常重要”：9 分，“比较重要”：7 分，“一般重要”：5 分，“有点重要”：3 分，“较不重要”：1 分。

附表 1　贵州省旅游可持续发展评价指标体系

<table>
<tr><th>目标层</th><th>系统层</th><th>指标类型</th><th>基础指标（要素层）</th><th>评价得分</th></tr>
<tr><td rowspan="26">贵州省旅游可持续发展指标评价体系</td><td rowspan="26">A 基础层</td><td rowspan="4">AA 旅游资源</td><td>AAA 主要旅游资源点的数量（景观多样性）</td><td></td></tr>
<tr><td>AAB 旅游资源类型</td><td></td></tr>
<tr><td>AAC 旅游资源的等级</td><td></td></tr>
<tr><td>AAD 景区（点）保护程度</td><td></td></tr>
<tr><td rowspan="6">AB 生态环境</td><td>ABA 大气 SO_2 浓度</td><td></td></tr>
<tr><td>ABB 大气 TSP 浓度</td><td></td></tr>
<tr><td>ABC 污水处理率</td><td></td></tr>
<tr><td>ABD 垃圾处理率</td><td></td></tr>
<tr><td>ABE 噪声水平</td><td></td></tr>
<tr><td>ABF 景区（点）森林覆盖率</td><td></td></tr>
<tr><td rowspan="9">AC 旅游经济效益、社会效益</td><td>ACA 旅游总收入</td><td></td></tr>
<tr><td>ACB 旅游总人数</td><td></td></tr>
<tr><td>ACC 旅游收入占贵州省 GDP 比率</td><td></td></tr>
<tr><td>ACD 旅行社数量</td><td></td></tr>
<tr><td>ACE 星级宾馆数量</td><td></td></tr>
<tr><td>ACF 单位旅游收入的劳动力投入</td><td></td></tr>
<tr><td>ACG 单位旅游收入的资金投入</td><td></td></tr>
<tr><td>ACH 旅游就业人员比例</td><td></td></tr>
<tr><td>ACI 旅游业各营业部门的营业额和所得税</td><td></td></tr>
<tr><td rowspan="3">AD 社会环境</td><td>ADA 教育经费总支出占贵州省 GDP 比例</td><td></td></tr>
<tr><td>ADB 旅游从业人员基本素质</td><td></td></tr>
<tr><td>ADC 拥有科技人员比例</td><td></td></tr>
</table>

续表

目标层	系统层	指标类型	基础指标（要素层）	评价得分
贵州省旅游可持续发展指标评价体系	A 基础层	AD 社会环境	ADD 科技进步对国民经济贡献率	
			ADE 区域犯罪率	
			ADF 景区景点通达条件	
			ADG 通信信号覆盖率	
		AE 旅游文化	AEA 贵州省旅游景区民族文化特色体现程度	
			AEB 景区景点宣传力度	
			AEC 贵州省民族建筑的保护程度	
			AED 民族特色饮食的保存程度	
			AEE 居民日常生活中穿本民族服装的频率	
			AEF 本民族使用自己语言文字的频度	
			AEG 本民族遵守村规民约的程度	
			AEH 风俗习惯的保留程度	
			AEI 本民族宗教活动自发组织的频度	
	B 协调层	BA 旅游经济协调	BAA 非刚性费用在旅游消费中所占的比率	
			BAB 旅游收入增长速度与客源增长速度的比率关系	
			BAC 旅游总收入增长速率与 GDP 增长速率的比值	
		BB 旅游社会协调	BBA 当地居民对旅游者的态度（友好程度）	
			BBB 当地社区对旅游环境保护的态度	
			BBC 社区居民在旅游发展中的参与程度	
			BBD 游客满意度	
		BC 旅游环境协调	BCA 旅游人数发展规模与理论旅游生态环境容量的比率	
			BCB 旅游污染物处理能力	
			BCC 旅游环境安全程度	
		BD 旅游文化协调	BDA 旅游从业人员平均受教育程度	
			BDB 旅游对当地传统文化的影响	
			BDC 旅游对当地信仰崇拜的影响	
	C 潜力层	CA 旅游资源的潜在保障力	CAA 旅游资源的规模度	
			CAB 旅游资源的稀缺性	
			CAC 旅游资源的组合度	
		CB 社会经济的潜在支持力	CBA 旅游业的产业地位	
			CBB 贵州省投资环境	
			CBC 旅游品牌知名度	
			CBD 近年来旅游收入增长速度	
		CC 环境的潜在承载力	CCA 旅游区的能源供给能力	
			CCB 旅游管理者基本素质	
			CCC 贵州省森林覆盖率年均变化率	

续表

目标层	系统层	指标类型	基础指标（要素层）	评价得分
贵州省旅游可持续发展指标评价体系	C 潜力层	CD 文化的潜在传承力	CDA 贵州省民族文化保护	
			CDB 贵州省少数民族的风俗习惯	

您的基本情况：

（1）性别：A. 男；B. 女

（2）受教育程度：A. 初中、高中或中专；B. 大专或大学；C. 硕士及以上

（3）您的年龄层：A. 18～28 岁；B. 28～45 岁；C. 45 岁以上

（4）您的职业：A. 旅游相关部门；B. 旅游专业学生；C. 旅游学校教师

附件二　贵州省旅游问卷调查

您好！

非常感谢您在百忙之中填写这份调查问卷。由于对贵州省旅游业可持续发展调研的需要，需要对贵州省旅游情况进行相关调查，从而使贵州省的旅游业可持续发展得到定性与定量评价。本问卷调查约需要几分钟完成，调查将采取不记名方式，希望能得到您认真的回答。

1. 您主要是通过哪些渠道了解贵州省的？（限选三项，请按照重要程度依次排列）

A. 新闻媒体　B. 报纸杂志　C. 口碑传播　D. 历史事件　E. 节庆活动

F. 互联网　G. 旅游促销活动　H. 重大或突发事件　I. 名人效应　J. 工作出差

第一位（　）　第二位（　）　第三位（　）

2. 您对贵州旅游的评价是：（请您在相应的答案上打“√”）

评价内容	差	比较差	一般	良	优
	0.2	0.4	0.6	0.8	1
服务设施					
市容卫生					
文化氛围					
城市环境及治安					
居民素质					
长途交通					
城市建造风格					
经济实力					
旅游资源质量					
城市交通					
住宿					
旅行社					
餐饮					
景点安全设施					
工作人员素质					
医疗服务系统					
导游素质					
总体					

3. 您认为贵州旅游景区或景点的保护情况怎样？　（　）

A. 优　B. 良　C. 中　D. 低　E. 差

4. 您认为贵州旅游服务人员素质怎样？　（　）

A. 优　B. 良　C. 中　D. 低　E. 差

5. 您觉得到达贵州旅游交通方便吗？　（　）

A. 很方便　B. 方便　C. 中　D. 不方便　E. 很不方便

6. 您觉得该贵州旅游景区民族文化特色体现明显吗？　（　）

A. 很明显　B. 明显　C. 一般　D. 不明显　E. 很不明显

7. 您觉得该贵州景区或景点宣传工作到位吗？　（　）

A. 优　B. 良　C. 中　D. 低　E. 差

8. 您认为该贵州民族建筑的保护情况怎样？　（　）

A. 优　B. 良　C. 中　D. 低　E. 差

9. 贵州当地居民遵守村规民约的程度怎样？　（　）

A. 优　B. 良　C. 中　D. 低　E. 差

10. 贵州少数民族风俗习惯的保留程度怎样？　（　）

A. 优　B. 良　C. 中　D. 低　E. 差

11. 贵州当地居民对旅游者的态度（友好程度）如何？　（　）

A. 优　B. 良　C. 中　D. 低　E. 差

12. 贵州当地居民或社区对旅游环境保护的态度如何？　（　）

A. 很支持　B. 支持　C. 一般　D. 无所谓　E. 不支持

13. 贵州社区或居民在旅游发展中的参与程度怎样？　（　）

A. 很强　B. 强　C. 一般　D. 不强　E. 没参与

14. 您觉得旅游活动的参与性强吗？　（　）

A. 很强　B. 强　C. 一般　D. 不强　E. 没参与性

15. 您觉得该区域的旅游资源：　（　）

（1）规模　A. 大　B. 中　C. 小

（2）稀有性　A. 良　B. 中　C. 差

（3）种类　A. 多　B. 中　C. 少

16. 您觉得贵州旅游知名度怎样？　（　）

A. 很高　B. 高　C. 一般　D. 较低　E. 非常低

17. 您的基本情况：

（1）性别：A. 男　B. 女

（2）受教育程度：A. 大专及以上；B. 高中或中专；C. 初中；D. 小学

（3）您的年龄层：A. 20～30 岁；　B. 30～45 岁；　C. 45 岁以上

（4）您个人每月平均收入的范围是：

A. 1000 元以下　B. 1001～2000 元　C. 2001～3000 元

D. 3001～4000 元　E. 4001～5000 元　F. 5000 元以上

附件三　民族自治地区主要统计指标

附表1　少数民族自治地方行政区划（2007年）

民族自治州（县）名称	地级	县级
黔东南苗族侗族自治州	1	16
黔南布依族苗族自治州	1	12
黔西布依族苗族自治州	1	8

附表2　少数民族自治地方基本情况（2007年）

民族自治州（县）名称	土地面积（平方千米）	年末常住人口（万人）	生产总值（亿元）	财政一般预算收入（亿元）	财政一般预算支出（亿元）
黔东南苗族侗族自治州	30334. 7	449. 91	199. 46	10. 82	60. 32
黔南布依族苗族自治州	26197. 0	400. 86	233. 79	13. 21	57. 08
黔西布依族苗族自治州	16804. 1	316. 02	165. 10	12. 75	38. 64

附表3　少数民族分布情况

民族	分布的主要地区
苗族	黔东南州、松桃县、威宁县
布依族	黔南州、黔西南州
侗族	黔东南州、玉屏县
土家族	铜仁地区
彝族	毕节地区、六盘水市
仡佬族	遵义市、安顺市
水族	三都县
回族	威宁县、兴仁县、平坝县
白族	毕节地区
瑶族	黔东南州、三都县
壮族	从江县、黎平县、独山县、荔波县
畲族	凯里市、麻江县、都匀市、福泉市
毛南族	平塘县、独山县、惠水县
蒙古族	毕节地区、石阡县
仫佬族	凯里市、麻江县、黄平县

续表

民族	分布的主要地区
满族	黔西县、大方县、金沙县
羌族	石阡县、江口县

附表4　民族自治地方经济社会主要指标

指标	2002年	2003年	2004年	2005年	2006年	2007年	2007年比2006年增长（%）
年末常住人口（万人）	1580.33	1593.86	1608.24	1621.10	1632.50	1641.18	0.5
少数民族人口	901.53	915.87	934.01	945.79	963.30	972.14	0.9
生产总值（亿元）	365.62	407.97	470.28	561.89	642.83	767.43	12.4
第一产业	136.77	147.64	167.51	186.39	199.87	232.72	2.9
第二产业	120.22	136.17	164.06	176.96	214.78	269.12	18.5
第三产业	108.62	124.16	138.70	198.54	228.18	265.59	17.2
固定资产投资总额（亿元）	101.31	128.13	157.59	206.11	217.17	263.66	21.4
财政一般预算收入（亿元）	20.42	22.61	26.63	31.67	37.68	44.46	18.9
财政一般预算支出（亿元）	76.14	85.04	101.95	131.74	157.34	203.62	29.4
城乡居民储蓄余额（亿元）	185.92	222.49	271.83	337.42	410.07	448.59	9.4
农业总产值（亿元）	218.33	241.22	275.80	298.85	321.68	384.44	19.5
社会消费品零售总额（亿元）	96.47	109.74	127.36	151.41	174.69	209.12	19.7
人均生产总值（元）	2325	2571	2937	3480	3948	4688	13.4
人均地方财政收入（元）	130	142	166	196	230	272	18.2
城乡居民人均储蓄（元）	1182	1402	1698	2081	2521	2741	8.7

附表5　少数民族自治地方经济发展主要指标（2007年）

指标	民族自治地方	民族自治州	民族自治县
生产总值（亿元）	767.43	588.36	189.15
第一产业（亿元）	232.72	163.28	74.21
第二产业（亿元）	269.12	220.43	49.61
第三产业（亿元）	265.59	204.65	65.33
乡村人口（万人）	1461.73	1016.3	477.19
年末实有耕地面积（千公顷）	757.51	512.40	258.89
粮食总产量（万吨）	541.26	389.85	161.46
企业单位数（个）	924	741	200
工业总产值（亿元）	528.16	440.82	89.38
利润总额（亿元）	20.40	15.35	5.01
全社会固定资产投资完成额（亿元）	345.25	274.05	74.11
社会消费品零售总额（亿元）	209.12	170.20	42.02

续表

指标	民族自治地方	民族自治州	民族自治县
财政一般预算收入（亿元）	44.46	36.78	7.99
财政一般预算支出（亿元）	203.62	156.04	51.82
存款余额（亿元）	744.01	598.81	155.62
贷款余额（亿元）	477.33	371.19	110.05
城乡居民储蓄余额（亿元）	488.59	356.55	97.96

附表6　少数民族自治地方社会发展主要指标（2007年）

指标	民族自治地方	民族自治州	民族自治县
年末人口（万人）	1641.18	1163.79	511.03
少数民族人口（万人）	972.14	702.45	301.51
人口密度（人/平方千米）	167.77	158.69	190.18
公路线路里程（千米）	51318	34079	18071
内河航道里程（千米）	2006	1815	191
邮政所总数（处）	592	473	134
固定电话年末用户数（万数）	172.60	140.46	35.15
普通高等学校学校数（所）	9	9	—
普通高等学校在校学生数（人）	41074	41074	—
普通高等学校专任教师数（人）	2640	2640	—
中等专业学校学校数（所）	24	24	—
中等专业学校在校学生数（人）	39737	39737	—
中等专业学校专任教师数（人）	876	876	—
普通中学学校数（所）	1036	774	281
普通中学在校学生数（万人）	102.91	73.68	31.19
普通中学专任教师数（万人）	5.25	3.84	1.51
小学学校数（所）	6235	4397	1982
小学在校学生数（万人）	192.70	128.69	67.96
小学专任教师数（万人）	8.09	5.69	2.57

附件四　典型调查资料

资料一：贵州省黄果树景区的旅游发展模式

（1）黄果树风景区的简介。

黄果树行政管辖区位于贵州省镇宁县和关岭县交界处，属于贵州省安顺市管辖。位于东经105度40分，北纬25度59.5分，辖区内有面积600余平方千米，共有2镇（黄果树镇和白水镇）36个村，人口3.5万人。一类扶贫村1个，二类扶贫村13个，三类扶贫村2个。[①] 区内气候属于亚热带，温暖多雨。地表广泛出露的碳酸盐石系，经过长时期的喀斯特变化，并受过境的打邦河系的溶蚀侵蚀和切割，形成一座喀斯特破碎高山，是典型的喀斯特地貌特征。

黄果树风景区是贵州省旅游产业龙头和优先发展重点旅游区。黄果树风景名胜区规划面积115平方千米，黄果树风景名胜区以黄果树大瀑布景区为中心，分布有石头寨景区、大星桥景区、滴水滩瀑布景区、霸陵河峡谷三国古驿道景区、陡坡塘景区、郎宫景区等几大景区。于2007年5月8日被国家旅游局正式批准为首批5A级旅游景区。其中瀑布景观是黄果树最具代表性的景观，在以高77.8米、宽101米的黄果树大瀑布为中心，方圆20余平方公里的范围内就分布着雄、奇、险、秀，风格各异、成因不同、大小不一的瀑布18个，形成一个庞大的瀑布"家族"，被大世界吉尼斯总部评为世界上最大的瀑布群，列入世界吉尼斯纪录。[②]

（2）黄果树景区旅游发展模式。

本文以黄果树风景区社区体制改革为基点来看黄果树景区的发展模式。从1982年到1999年，黄果树风景区管理处由贵州省人民政府委托省建设厅，又由省建设厅委托安顺行署代管，建设厅管规划、财务、景区的保护、开发建设。1999年由贵州省开发投资公司持55%股份组建了黄果树旅游集团公司。从1999年4月到2000年10月设立了贵州黄果树旅游股份有限公司，将黄果树风景区做大做强，并设想尽快上市。从2003年4月至今，贵州省政府将黄果树风景区属地管理权真正下放给安顺市，实行"两块牌子、一个法人"的政企分开的管理模式。由其管理模式可以看出黄果树风景区之前仅靠景区管委会引领发展的模式，通过公司化经营，转变观念，增加一系列的市场操作和活动策划，通过活动带动旅游发展，以创新意识成就旅游市场。黄果树风景区采用以政府监管引领，以旅游股份有限公司带动，吸引社区农户参与的市场带动发展模式。到目前为止，黄果树风景区基本采用了公司加农户的股份合作制开发模式，带动了安顺市旅游产业的发展。

---

① 资料来源：安顺市人民政府.

② 苏江元，廖熙昱. 黄果树领跑安顺旅游，贵州商报，2008年9月3日.

(3) 该模式对景区产生的影响。

在这种模式下，黄果树风景区积极引导社区居民参与发展旅游产业，社区居民的参与热情提高，更多的社区居民从事景区服务和相关产业。景区依托旅游业，依靠公司帮扶的方式，成功形成石头寨蜡染加工与“农家乐”产业，集中发展了高附加值的农村养殖业、特色农业示范园、特种畜禽养殖园、野生花卉育繁园等。景区依托当地特有资源和物产，引导农户围绕旅游种植了4000亩“大坪地生姜”，开发了“黄果树姜糖”、“黄果树波波糖”、“黄果树辣制品系列”等旅游产品。据统计，黄果树风景区培训并管理的10000多人“编外员工”中，仅景区“农家乐”旅游餐馆、蜡染作坊、蜡染铺面就有400多家800多人，在景区从事摄影、导游等旅游服务的农户有1000多户近2000人，社区居民投工投劳参与景区建设达4000多人。① 社区居民收入大幅度增加，成为安顺市居民收入增长最高、最快的县区。景区社区居民在2000年的时候人均收入不足1000元，到2005年社区居民人均收入3876元（安顺市人均收入为3195元），到2006年社区居民人均收入为5120元（安顺市人均收入为4667元），到2007年社区居民人均收入为6332元（安顺市人均收入为5783元），比安顺市人均收入高出9.5%。② 在该模式发展下，黄果树旅游区取得了显著的成效，2007年，黄果树游客人数达380万人次，旅游总收入达14亿元。③ 黄果树在安顺甚至在贵州，真正发挥了旅游龙头优势，带动了整个安顺旅游经济的发展。

资料二：贵州省郎德苗寨旅游发展模式

(1) 郎德苗寨旅游发展简介。

郎德苗寨位于贵州省黔东南苗族侗族自治州雷山县西北部，距贵阳260千米，位于苗岭腹地雷公山脚下，隶属雷山县郎德乡，距黔东南苗族侗族自治州首府凯里市27千米。全村134户，共540人，全系苗族。与周边的怀恩堡、南花、季刀、南猛、脚猛和猫猫河等一起构成巴拉河流域7个著名苗族村寨群，是贵州省“巴拉河乡村旅游示范项目区”规划的民族旅游村寨之一。属贵州乡村旅游开发重点示范村寨。

贵州省黔东南雷山县郎德苗族社区是20世纪80年代初即确立的民族建筑省级文物单位，郎德上寨是典型的苗族村寨，背山面水落寨，依山就势建屋，苗族木制三层青瓦吊脚楼建筑群与生态环境和谐一体，精美的服饰以及婚丧习惯、节日风俗、日常礼仪、祭祀禁忌等古老民俗基本上是原汁原味地保存着，建有民俗文化博物馆和一座风雨桥。作为全国第一个民俗风情村寨游览地这里是有名有实：吊脚楼、芦笙堂、风雨桥一个都不少。节日期间或旅行团来到时会有热情的迎客仪式和盛大的芦笙舞、铜鼓舞、板凳舞等苗族歌舞表演。后来在各地兴起的“民族村”都是在它的启发下建立的。于1986年被国家文物局列为全国最早的“民俗露天博物馆”，1987年正式对外开放，1995年被文化部授予“中国民间艺术之乡”，1998年被国家文物局列入“全国百座特色博物馆”行列，2001年成为全国重点文物保护单位。④ 郎德村不仅保存了独具特色的苗族古建筑群，还保持着苗族古

① 资料来源：黄果树风景区管委会.

② 资料来源：安顺市旅游局.

③ 资料来源：安顺市旅游局.

④ 资料来源：雷山县人民政府网.

老的传统习俗和内涵丰富的民族历史文化。1987年开放至今，已接待了30多个国家和地区游客共70多万人次。年均旅游收入17万多元。[①] 郎德村的旅游项目主要是集体接待表演、参观寨容寨貌、参观民族陈列室、购买民族工艺品和吃农家饭等。

（2）郎德苗寨旅游发展模式。

郎德村乡村旅游的发展注重居民的合作参与，具体表现在参与旅游决策与管理、集体接待表演、民族工艺品的制作与销售、村寨旅游资源与环境保护等方面。

第一，社区居民参与旅游决策与管理。郎德村的旅游活动虽然得到了有关部门及专家的支持和指导，但村寨旅游的决策主要由村寨自主决定，也主要由村寨自主管理。目前村里建有旅游接待小组负责旅游的日常管理，并制定有严格的接待管理制度。接待小组主要由村干部组成，共20多人。成员分工明确，各司其责，包括平时表演队伍的训练、接待物质和道具的准备、通知与组织群众、村寨卫生、工分牌发放与收集、工分登记与利益分红等。有一套自定的内部管理制度。

第二，社区居民参与集体接待表演和获益机制。郎德村的集体接待表演规模宏大、环节众多，从各项准备工作到迎客进寨、歌舞与民间技艺表演，乃至陪客敬酒，都需要众多人员的全程参与。郎德村总人口才540人，平时接待表演参与人数一般都多达250人以上。之所以能有如此有序而积极的参与场面，与郎德人自己总结出的一套完善的参与机制有关，这就是“工分制”。

第三，社区居民参与旅游工艺品制作与销售状况。郎德村民参与旅游工艺品制作与销售完全是自发的。由于工艺品销售的个人获利远比参加接待表演大，因此村民参与工艺品销售的积极性一直很高，目前已有超过80位村民（均为女性）从事工艺品的销售，但专门从事工艺品制作的人很少，工艺品销售在给村民带来巨大经济利益的同时，由于缺乏有力的管理机制，无序经营，也带来许多问题。最初的工艺品销售是在个别参与阶段由少数人自发进行的，是一种被动销售。郎德村的工艺品销售经历了从被动销售到发现有利可图，再到主动参与销售的变化过程。工艺品的销售过程也是村民商品意识逐渐建立的过程。随着参与销售的人越来越多，兜售中的无序竞争也愈演愈烈，甚至极少数村民在与部分导游熟识后相互签订了回扣协议。为了规范村民的工艺品经营行为，村里制定了一些措施。从事工艺品销售的人虽多，但所卖物品属于自己制作的很少。很多村民有扩大工艺品生产的想法，但由于既缺乏足够的资金建厂，又担心规模做大了没有销路。因此工艺品制作方面一直是郎德村的一个薄弱环节。

第四，社区居民参与旅游资源与环境保护状况。作为全国第一座民族村寨博物馆，寨容寨貌的维护自不必说。而优美的自然环境与淳朴的民风民俗，更离不开村民的自觉维护。郎德村能有如此山清水秀的今天，既与郎德人传统文化中较强的环保意识有关，也与旅游业发展对村民带来经济上的实惠而使村民认识到保护村寨人文、自然环境的重要性分不开。郎德人在处理人与自然的关系方面有许多传统美德，从他们特别重视“保寨树”的道德规范中可以窥见苗族人民在处理人与自然的微妙关系中的文化心态。产生于这种文化心态和旅游背景之下的乡规民约，则更直接体现了郎德人积极的环境观和道德观。长期以来郎德人养成了良好的维护村寨环境的自觉性，在村寨四周划定的保护区内都得到了严

① 资料来源：雷山县旅游局.

格的保护，基本没有一般乡村挖山采石、毁林开荒、建窑烧炭、狩猎打鸟、毒鱼炸鱼的不良现象，使森林覆盖率一直保持在75%以上，村前小河再现了清澈见底、鱼虾成群的景象，为村寨旅游的发展提供了坚实的环境基础。

从以上的分析可以看出，郎德村的乡村旅游发展主要采取“村委会+旅游协会+村民”模式。这一模式的特点是发挥旅游产业链中各环节的优势，增强了当地居民的自豪感，从而为旅游可持续发展奠定了基础。

具体的做法是：政府负责乡村旅游的规划和基础设施建设，优化发展环境，村委会负责政府下放项目的基础设施建设、经营管理和商业运作；旅游协会负责组织村民参与地方戏的表演、导游、工艺品的制作、提供住宿餐饮等，并负责维护和修缮各自的传统民居。

通过近十年的发展，最大限度地保存了当地苗族文化的真实性，使古老的民族文化呈现出勃勃生机。村里搞旅游开发的基础建设的独具特色的石板路、民族歌舞表演场以及游客住宿服务设施等，都是村民共同集资投工投劳兴建的，所以从开发初期，郎德苗寨即按照“所有的人都为村寨的建设和保护出过力，应该家家都受益”的原则坚持“工分制”，即以工分制记酬，按劳分配：全村集体接待表演的收入，由村委会提成25%（每场500元，则提成125元）作为村寨旅游基金，主要用于维修道路、芦笙场，以及其他多种与旅游有关的集体性支出；其余的75%（375元）则按劳分配，以工分制记酬，每月分配一次，按每户所得工分统一分配；参与人员按参加内容及着装记不同的工分。工分牌分阶段发放制度：为保证群众能按时和自始至终参与，村里实行了工分牌分阶段发放制度，由村里根据不同参与等次的人员制作不同分值的工分牌，并以穿戴是否整齐和是否按时到岗到位来分阶段发放，由有关村干部负责各组（如老年组、妇女组、表演组、学生组等）工分牌的发放和回收登记。如女盛装表演者，称为大银角牌，总分15分，分三次发放：第一次，客人进寨之前到位者发4分；第二次，拦门酒唱歌敬酒后发3分；第三次，表演结束，跳集体舞蹈时发8分。此项制度的执行避免了迟到早退现象，也鼓励村民着民族服装。工分统计与月底分红：每场表演结束后，各组发牌人负责收缴登记，再到村会计处汇总。由会计以户为单位统一造册登记，会计必须把每场接待中每户居民所得工分作登记，每月结算一次进行分红。会计须算出各户当月总工分，再算出当月全村总工分和当月可分配金额总数，然后以当月总收入确定当月每个工分值多少钱，再算出每户村民应分得的金额是多少。由于计算量大，会计算每笔账有3元的额外报酬。若以每天平均一场接待计算，则工分最高户（4~5人参加）每月可获得350~400元的收入，一般户平均有120~130元的进账①。

（3）该模式对景区产生的影响。

巴拉河郎德苗族社区通过发展农户合作参与式乡村旅游增加了村民收入。2003年，郎德村集体旅游收入19.8926万元，用于村民分配有12.3832万元，平均每户分别为1000元左右，2005年郎德上寨村民人均收入增长到了3000元左右。2006年，郎德镇郎德上寨共接待旅游团队1419个，中外游客52618人，旅游收入达123.1万元，农民人均年收入为3600元，远远高于全镇乃至全县的平均水平。② 促进产业结构调整，带动相关产业发展。巴拉河流域7个村寨利用成片的稻田种植含晒无公害香米，发展稻鱼工程，创办香猪

①②资料来源：雷山县旅游局.

和野猪基地，采用先进技术大力发展养鸡业和稻田养螺。拉动农村剩余劳动力就业。发展乡村旅游，可使大量农村剩余劳动力向第三产业就地转移。在郎德上寨旅游从业人员就有500多人。郎德村结合本村的现状及其所处的发展阶段，选择了一条适合自身发展的乡村旅游发展模式。事实证明，这种模式促进了郎德村经济的发展，同时也对该村脱贫致富及提高村民的素质水平起到了积极的作用。

资料三：贵州省平坝县桃花村政府主导型模式

（1）桃花村简介。

桃花村位于平坝县北部，距县城30千米。东邻清镇市犁倭乡，北接清镇市流长乡，南与本县十字乡、乐平乡交界，西隔斯拉河与织金县相望。① 目前桃花村旅游资源的开发还处于初级阶段，棺材洞离地面高十几米，几乎到垂直状态，没有安全的道路可以通行。由于多年的落叶，上下唯一的一条路比较滑。而原生态蜡染、刺绣在逐渐走向衰落。所有桃花村的旅游资源的开发还没有形成规模的经济效益。

（2）桃花村的旅游发展现状。

一是旅游资源的单薄。整体来说，桃花村拥有棺材洞和原生态蜡染刺绣两种旅游资源是相对单薄的。在现代社会需求者要求旅游资源的多样化，那么桃花村的两种资源显得单调。由于桃花村是一个村寨单位，也不可能拥有大规模的旅游资源，这是个客观的原因。

二是桃花村的地理位置偏僻。平坝位于贵州省中部，因“地多平旷”，自古有“黔之腹”之称。但桃花村位于平坝县城北齐伯乡，距离平坝县城21千米，却是四周环山。从县城到桃花村需要两个小时的车程，通往桃花村的公路正在修建中。桃花村由于地理位置的偏僻，在历史上，既不是一方的经济中心，也不是政治中心，更不是佛教、道教的圣地，所以旅游资源不及其他地区多，也不利于旅游资源的宣传。

三是旅游资源的退化。随着市场经济的开发度加大，地区间的交流频繁，原生态蜡染、刺绣濒临“灭绝”。原生态蜡染和刺绣主要用于苗族自身的服饰，但随着他们与外界沟通程度的加大，他们逐渐被汉化。

四是旅游基础设施薄弱。旅游是一个综合性的行业，它集吃、穿、住、行为一体。桃花村旅游设施薄弱是影响桃花村旅游发展的重要因素。乡村道路、停车场、公共厕所、垃圾处理、住宿、饮食卫生等都还没有进行系统的投入建设。

（3）解析。

从桃花村的发展现状来看，目前桃花村旅游资源开发仍处于初级阶段（即探查阶段），这也决定了政府要在开发中起主导性的作用。

桃花村旅游政府主导型资源开发的政策建议：

一是整合区域旅游资源和派生旅游资源，打造良好的旅游环境。平坝县桃花村由于旅游资源的单薄，所以在旅游资源的开发上应立足自身，加大区域间的合作。资源、在地区间的差异性和联系性以及交通联系上的便利性和通达性是区域旅游的形成基础，区域旅游系统内各要素之间发生的共生效应、互补效应、整体效应是区域旅游形成和发展的动力机制。首先，根据就近原则，政府作为主导力量，加大与齐伯乡其他村寨的合作力度。齐伯

① 资料来源：平坝县人民政府网站.

乡拥有丰富的旅游资源。第一是温泉，初步探明，来自地表下1400~1800米深处，含硫，水温48℃以上，日流量超过600吨，有极大的开发价值。第二是森林，8453亩的林场是天然的氧吧，登上瞭望台，万千林海尽收眼底。第三是湖面，国家西电东送首批开工项目——引子渡水电站建成后，形成17.8平方公里的湛蓝湖面，28公里长的狭谷风光——斯拉河峡谷风光。第四是大坝，引子渡电站大坝高130米，宽264米，堆砌310万方的环保型高科技面板礁石坝，雄伟壮观。齐伯乡政府把桃花村旅游资源进行整合，实现资源的共生互补，形成大规模的旅游资源，减少交易成本，取得更大的经济效益。其次，加大与其他乡镇的旅游合作。比如可以与天龙镇进行合作，依托天台山和天龙屯堡文化的文化资源优势，立足自身民族文化特色进行旅游资源的合理利用和市场的合理开发，实现“双赢”。最后，与旅游派生资源相结合。可以开发旅游派生的资源，比如“农家饭”等。桃花村原汁原味的腊肉、酸菜等都可以作为旅游派生的资源进行整合，也与桃花村的民族节日资源进行整合。比如，传统的“跳花节”就是比较盛大的节日，可以开展原生态蜡染、刺绣工艺品的展览等。

二是建立便利的交通网。区域旅游合作是以区域间便利的交通作为基础的。首先，桃花村应尽快完成公路的修建，政府出资，桃花村村民出力一起共建桃花村的致富之路。应坚持“谁得益，谁出资”的原则。加大村与村之间的公路连接，以便与野毛村、关口村、下坝村等村寨进行资源和信息联系。其次，对旅游资源所在地进行交通开发。在棺材洞前是耕地，到农忙时节可能要影响旅游发展。所以要建立旅游的专用通道，与此同时，尽量用最小面积的耕地来建立最有效的旅游通道，以实现以最小的成本取得经济利益的最大化。

三是市场开发和文化保护并重。市场开发和文化保护是一对相互矛盾的政策措施。过度的市场开发不利于民族文化的保护，但过度的民族文化保护也不利于旅游市场的开发。如何寻找市场开发与民族文化保护的“均衡点”是关键的问题。首先，对反映民族文化的旅游资源原生态蜡染工艺、刺绣和棺材洞进行适当的发掘、包装，增加这些工艺品和棺材洞的民族文化内涵和民族特色，把文化资源优势转变为桃花村的经济优势，实现文化发展和经济发展的良性互动。其次，在加大旅游产品开发时，要注意培养人们保护民族文化的意识。对桃花村的村民进行适当的经济补贴和精神鼓励，激励他们保护传统的蜡染工艺和刺绣，在旅游时向旅游者灌输保护民族传统文化的思想，使其充满热爱民族文化、尊重民族文化的感情。最后，对民族文化进行保护。对传统的蜡染工艺的整个工艺流程进行保护。对村民用过的染缸、蜡刀、石蜡等建立蜡染工艺陈列馆，也可以陈列一些经典的蜡染工艺产品。或者对其产品注册商标等措施保护其文化。在旅游时，也考虑旅游环境的承载力。

四是加强基础设施的建设。桃花村要利用各方面的资金加强基础设施的建设。要结合新农村建设工程，多渠道筹措资金，尽快解决这些问题，从而改善农民生活环境和条件，同时完善乡村旅游基础设施建设及旅游配套接待服务设施建设，以迅速扩大和提升乡村旅游景区的接待服务功能，不断完善食、住、行、游、购、娱等六大旅游要素。比如引导村民发展经济庭院和园地、自办农家乐旅游项目。

资料四：贵州省平坝县天龙屯堡旅游开发模式

（1）天龙屯堡景区简介。

天龙屯堡文化旅游区是贵州西线旅游上的著名景区，东距贵阳市60千米，西距黄果树70千米，与西线上的四个国家级风景区黄果树、龙宫、红枫湖、织金洞相邻。天龙村是安顺众多屯堡村寨中开发屯堡旅游条件较好的村寨之一，是安顺大屯堡旅游经济圈的东大门，属平坝县天龙镇管辖，是贵阳至安顺的必经之地，距离贵阳60千米，距离安顺20千米。全村面积3.5平方千米，人口4080人，人均耕地面积只有0.7亩。天龙屯堡这一个典型的屯堡村寨，居住着的屯堡人是600多年前朱元璋征南战争的屯军后裔，80%的村民是来自南京祖先的后代，由“调北征南”、“屯田戍边”保留的屯堡村寨、屯堡人构成，“明代古风，江淮余韵”是“屯堡文化”的高度概括。建于明代，以释、儒、道三教共居的古老寺庙、“国家级重点文物保护单位”天台山伍龙寺也建于此，距离天龙村1.7千米，被专家们誉为“山地石头建筑的绝唱”。至今仍固守着明代江南汉族移民的民风民俗，“戏剧活化石”——地戏是屯堡文化的代表；景区的“国家级重点文物保护单位”天台山伍龙寺是屯堡古寺庙建筑的杰作。2005年3月天龙屯堡被评为第二批省级风景名胜区，在《贵州省旅游发展总体规划》中被评为B级。

（2）模式简介。

2001年由本村村民陈云、郑汝成、吴比3人共同投资10万元组建“天龙旅游开发投资经营有限责任公司”。平坝县政府同意授权经营50年，公司与镇政府、村委会达成协议，公司作为旅游企业负责旅游经营管理和商业运作：镇政府、村委组织组建“屯堡文化保护与开发办公室”，作为行政管理机构进行管理；村民成立旅游协会，由协会代表村民参与旅游开发事务。由公司统一景区的经营管理，统一收取门票（20元），负责整个景区内所需费用开支，负责将门票收入进行再分配（即上缴政府税收和共性开支、村委管理费和必要费用、给旅游协会基金和各项活动费用、给旅行社市场拓展金等）。上述几项共占公司毛收入的46%，余下的54%作为公司承担的费用开支和所得。在利益分配方面，毛收入的分配比例分别为：政府11%、村委会10%、协会及村民14%、旅行社11%、公司54%。①

在政府提出的“统一规划、政府引导、群众参与、市场运作、利益共享”的原则下，天龙屯堡采用“政府+公司+旅行社+农民旅游协会”的文化旅游经营模式。天龙屯堡文化旅游开发形式的具体操作方式和分工是：政府做好旅游开发和环境保护规划、为公司创造良好的投资开发环境；公司精心做好宣传、市场、管理、经营、投资；旅行社做好客源市场营销，组织旅游团队；农民旅游协会负责处理好村民参与旅游开发的各种关系，维护村寨的社会治安和环境卫生等。参与方各尽其职，各得其利。

（3）该模式产生的影响。

天龙模式的推行，极大地调动了各方面的积极性，几年来，政府和公司共投入1045万元，改建扩建了部分道路、民居等建筑，改造和新建了部分文化旅游设施，绿化美化了景区环境，改建了12座小型石拱桥，建起了旅游接待站、屯堡旅游工艺品作坊等等，还

① 资料来源：平坝县旅游局.

在每一条街巷摆放了风格独特的石板垃圾箱，组织了专人对全村的环境卫生进行监督管理，从根本上改变了过去天龙村脏、乱、差现象，全村面貌焕然一新，旅游接待和旅游收入大幅增加。据统计，2001～2005年，天龙屯堡古镇共接待国内外旅游者69.6万人次，其中接待海外旅游者10.07万人次，实现旅游总收入8017.1万元人民币；2006年1～9月，天龙屯堡古镇共接待国内外旅游者33万人次，其中接待海外旅游者3.54万人次，实现旅游总收入2832.5万元人民币。①

天龙旅游的发展，使天龙村及周边村寨在经济、文化、信息、社会文明、农产品销售等方面都得到了实惠。一是农民收入大幅增加，2005年，全村农户经营收入达1980万元，比旅游开发前增长48%，户均收入超过1万元，人均纯收入2980元，比旅游开发前净增820元。二是增强了集体经济实力，2005年村级经济收入达到69.28万元，比旅游开发前增加30万元；对村干部实行了月工资制，人均月工资为400～600元。三是促进了农业产业结构的调整，过去，天龙村从事农业的劳动力占90%以上，从事服务业的不到10%。旅游业发展以后，天龙村仅从事旅游项目经营的农户就达276户，占总户数的26%，经营收入达460万元。② 天龙旅游的发展，还带动了周边的芦车坝村的早熟蔬菜、雷家硐村的西瓜、周关村的地戏脸子雕刻、山背后村的农家饭庄等专业村的发展。四是解决了农村剩余劳动力的再就业，目前天龙村全村直接从事旅游接待服务的就业人数达145人，间接就业人数680人，占全村总劳力的46%。2003年以来，先后被省、市、县评为“文明示范村”，“全省旅游先进单位”、“贵州省文明风景名胜区”、“全国农业旅游示范点”。

资料五：贵州省云舍旅游发展模式

（1）云舍村简介。

江口县太平乡云舍土家民俗文化村坐落在国家级保护区梵净山太平河风景名胜区内，被誉为“天堂河谷”的太平河畔。云舍依山傍水，美景如画，“寨大似天庭，环行似迷宫”，云舍土家民俗文化村距梵净山南山门23千米，距江口县城5千米。居住着10个村民组451户1771人。云舍的土家族有上千年的悠久历史，是中国土家族民居经典古寨，有诸多明清古建民舍、祠堂，有独具特色的土家族服饰，有丰富多彩的民族传统节日。云舍村专门组建了一支120人的“半耕半演”的土家风情表演队，他们推出了婚俗表演、傩戏傩技、金钱杆、迎宾拦门礼、花灯、彩龙船、摆手舞、土法造纸等20多个精品节目。

云舍土家民俗文化村被誉为“中国戏剧活化石”的傩戏文化，有着古朴、雅俗、独特的民俗风情。独特的婚嫁习俗，悠扬动听的山歌、情歌、盘歌、哭嫁歌；参与性极强，源自土家日常生活的摆手舞、金钱杆、茶灯等民间艺术丰富多彩，源远流长；秦代的土法造纸手艺，唐代的水排作坊，明末清初的“筒子屋”建筑，形似迷宫、四通八达的古巷道，变化无穷的神龙泉，幽静优雅的云崖大峡谷，千姿百态的“地下宫殿”仙人洞等；云舍土家民俗文化村将人们引入一个集山、水、洞、民俗文化于一身的神奇世界。

近年来，云舍村以土家民俗风情旅游和生态农业观光为重点，以群众增收为目标，以

① 资料来源：平坝县旅游局.

② 资料来源：平坝县人民政府、平坝县旅游局.

改善人居环境为手段，引进铜仁东太集团集中开发、包装云舍，采取政府引导，企业经营，群众参与模式，由企业运作市场，不断拓展客源，提升旅游接待质量、服务和效益，探究形成了“住农家屋、吃农家饭、干农家活、享农家乐”的独特乡村旅游“云舍模式”，享有“全省乡村旅游示范点”、“全国农业旅游示范点”等多项殊荣，被誉为“中国土家第一村”。

（2）云舍旅游发展模式。

江口县旅游部门在摸清云舍旅游资源及发展现状的基础上，研究制定云舍旅游资源开发的工作方案和具体措施，通过帮扶资金与地方配套资金、社会融资相结合的方式，在当地挖掘乡村旅游资源，建设了一批旅游基础设施，以此帮助农民脱贫致富。主要运用的是人与自然和谐共处的旅游帮扶模式。采取科学策划与市场运作相结合、政府引导与村民自主相结合、整治村容与营造文明相结合、开发利用与保护民俗相结合、基层党建和新农村建设相结合等多种结合的方式，来帮助云舍制定云舍旅游发展模式。

如何在发展旅游的同时最大可能地保护生态环境，又能展示当地民俗，并帮助百姓脱贫致富，成了国家旅游局开展帮扶云舍村工作的出发点。2002 年，国家旅游局出资 250 万元帮扶贵州省江口县云舍村修建和改进了公共设施，培训农民发展乡村旅游。2005 年，江口县用于旅游基础设施建设的资金为 1324 万元，其中，县财政拨专项经费 40 万元，争取省、地专项建设发展基金 178 万元，招商引资 700 万元，投入交通专项资金 183 万元，农行、农信项目贷款 220 万元。云舍村得到旅游扶贫开发资金 300 万元，修复了古墙，亮化了造纸房，清理了龙塘河，重建了小桥流水人家景观。目前全村卫生整洁，无乱丢、乱占、乱堆现象，呈现出一派村风好、民心顺、积极向上的精神面貌。2005 年江口县旅游局对从事乡村旅游的从业人员分类进行了技能、服务道德等方面的培训，实施合格上岗，培训了乡村导游员 28 人，“农家乐”服务人员 240 人，运输售票员 240 人。

①政府引导与村民自主相结合。

江口县制定了“一山一河三文化”旅游发展框架，编制了太平河沿线“一链十珠”旅游开发整体规划，重点建设以民俗文化为灵魂、以农民经营为主体的云舍土家族民俗文化村，以满足城市人享受田园风光、回归自然的愿望。发展乡村旅游，将旅游新增长点开发和旅游扶贫结合起来。从根本上解决了旅游富民问题。江口县旅游部门按照生态经济型和可持续发展原则提出的“农业围绕旅游业调整，三产围绕旅游业兴旺，村寨围绕旅游业建设，基础围绕旅游业夯实，观念围绕旅游业转变”的“旅游兴民、旅游强县”发展战略指导下，紧紧围绕“生产发展、生活宽裕、乡风文明、村容整洁、管理民主”二十字方针，依托良好自然生态环境、田园景观、民俗风情、农耕文化、农家庭院和农林牧副渔特色优势产业，充分发挥云舍“中国土家第一村”品牌优势，坚持“以民俗文化为依托，市场为导向，农户为主体”，大力发展以“吃农家饭、住农家屋、游农家景、享农家乐”为主要模式的乡村旅游，培育旅游支柱产业成为经济增长点，带动了相关产业共同、快速发展。

云舍村坚持“政府引导、群众自愿、市场运作、资源整合”的原则，采取“政府扶持、农民出资”相结合的方式，积极鼓励农户自主创业，大力发展农家乐。县、乡两级政府充分利用乡村旅游发展专项资金，重点对云舍乡村旅游示范户和星级户进行扶持，切实为农户解决发展资金难题；统筹水利、农办、扶贫办、旅游、乡企、民宗等部门的农业综合开发、人饮工程、沼气项目、旅游基础设施建设等资金，加大力度扶持云舍水、电、路、电视和电信村村通等基础设施项目建设；按照“协调发展、统一包装促销”的方法，由协会按照服务标准对农家乐的经营进行统一管理、统一开展旅游从业人员培训，制定了《农家乐服务质量标准》，确保户户达到高质量的接待标准，确保游客来得方便、吃得可口、住得舒适、玩得尽兴。多种形式宣传党的建设社会主义新农村方针政策及其建设成就，宣传发展乡村旅游的先进典型，引导农民参与乡村旅游经济建设，引导市民参与乡村旅游活动，形成“城市支持农村，旅游业反哺农业”的良好局面。

②整治村容与营造文明相结合。

通过深入开展“一池三改”和“一标四建五改治六乱”工作，云舍村接通了自来水、新修了沼气池以及排污渠道，硬化了村寨道路、完善了垃圾池、垃圾桶和公共厕所等公共卫生设施，人居环境得到了显著改善。为巩固新农村创建成果，营造生态文明家园，该村坚持以“五在农家”、“创建平安村寨”为载体加强精神文明建设，建立村级文艺演出队、巡防队，完善人口学校和农技校培训班，开展农民技术培训，全面推行计划生育“村为主”和社会治安综合治理“村为主”，促进了云舍精神文明建设的全面进步。根据《村民自治章程》制定了《云舍民族文化村环境卫生管理公约》，按照“谁产生、谁负责”的原则，实行了门前三包责任制，设立了党员卫生监督岗和“党员示范岗”；在加强对环境进行监管的同时，该村通过张贴宣传标语、挂图，建立宣传走廊，开展文明户评选等方式，向村民宣传新风尚，营造了浓郁的文明创建氛围，为乡村旅游的发展奠定了基础。

③开发利用与保护民俗相结合。

该村充分利用土家民俗文化资源的内在优势，从规划开始就把发展乡村民俗文化旅游作为经济发展的突破口，作为农民增收的一条主要途径来抓。为避免云舍“农家乐”发展的无序性和盲目性，在开发利用旅游资源的同时，云舍坚持“保护第一，开发第二”的原则，注重把创建同保护、挖掘历史文物、古村落文化、土家族民俗风情相结合。在帮扶部门的协助下，云舍村对村内古桥、古民居、古巷道和土家四合院进行了修复，成立了土家民俗博物馆和民俗工艺品商店，修缮了演职场、旅游步道、环寨路等旅游基础设施。同时，挖掘整理出了婚俗表演、傩戏傩技、金钱杆、迎宾拦门礼、花灯、彩龙船、摆手舞、土法造纸等20多个精品节目，让古朴的土家山寨和悠久的土家民俗文化焕发出了新的光彩。

④基层党建和新农村建设相结合。

几年来，该村党支部多方筹资28万元，新建了具有土家民族特色的办公楼，建立了村文化室、卫生室、党员活动室，健全了工会、共青团、妇代会、民兵、治保等配套组织，完善了30多项体现民主管理、党员干部联系帮扶、规范党员和村组干部行为的制度，凡涉及人、财、物及关于全村经济社会发展的重大问题，都必须经村民代表大会讨论通过后方可执行，并实行村务、财务、党务“三公开”，实现了村级工作和村干部工作的规范化管理。为发挥党员示范作用，建立“设岗定责”制度，全村40名党员在“党务监督”、“村务监督”、“卫生监督”、“治安调解”、“林木管护”等岗位上积极工作，发挥作用。如老党员杨胜九，自愿承担起“党务监督岗”职责；党员雷桂兰主动承担“卫生监督岗”职责，并承诺长期保持云舍吊桥至村委会办公楼公路沿线的整洁；党员曾金钗承担“演职队长”，承诺认真带好演职队，提高队员素质；党员杨银发把村里85名无业村民召集起来，成立了云舍工程队，四处承包工程，民工年收入达 1 万元以上。在这样一个经济能人型的领导班子和党员队伍的带动下，农家乐、旅游服务、养殖业、种植业、加工作坊等产业在云舍迅速发展，一个以旅游业为龙头，种、养、加并存的多产业发展格局在云舍已经形成。目前，慕名而至的中外游客与日俱增，云舍游客云集，每天车辆不断，客铺爆满。云舍，正以它独特的魅力吸引着越来越多的游客。

（3）该模式对景区产生的影响。

云舍村围绕“中国土家第一村”这个鲜明形象来挖掘土家族文化，打造乡村旅游产品，乡村旅游发展取得了突出的成绩。经过几年的旅游开发、宣传，初步解决了各方面的利益关系，有效地调动了村民参与的积极性，促进了地方经济大发展，先后有 20 多户村民开办了“农家乐”，同时组建了一支 160 人的“半耕半演”的演出队伍。云舍土家民俗文化村的游客量以每年 60% 递增，2005 年全年接待国内游客 4.3 万人次、外宾 2000 人次，旅游总收入 295 万元，人均纯收入 2180 元。2006 年云舍村接待游客 5.6 万人次，旅游总收入 370 多万元，农民人均纯收入从 4 年前的不到 1600 元增加到 2800 元。2008 年接待游客 10 万余人次，农户实现经营总收入 600 万元，户均收入接近 0.5 万元，现在云舍村直接从事旅游人员 537 人，民俗文化演出人员 120 人。省委、省政府把云舍土家民俗文化村定为全省重点建设的示范性民族村寨，云舍民族文化村正日益成为打造“乡村旅游”的典范，逐步发展成了一个集旅游、度假、休闲于一体的旅游专业村寨。

参考文献

[1] Suzanne Wilson, Daniel R. Fesenmaier, Julie Fesenmaier, and John C. van Es. Factors for Success in Rural Tourism Development [M] . Journal of Travel Research, Nov. 2001: 132 – 138.

[2] Lindberg K. An Analysis of Ecotourism' s Economic Conservation and Development in Belize [J] . Washington D. C. : World Wildwife Fund, 1994: 569 – 571.

[3] Martha Honey. Ecotourism and Sustainable Development. Who Owns Paradise [M]. Washington D. C. : Island Press , 1999: 252 – 257, 345 – 349, 399 – 404.

[4] David Weaver. Ecotourism [M] . John Wiley & Sons, Inc. 2001: 137 – 182, 183 – 238, 329 – 374.

[5] Scheyvends R. Ecotourism and the Empowerment of Local Communities [J] . Tourism Management, 1999, (20): 245 – 249.

[6] 吕萍. 贵州旅游资源与可持续发展 [J] . 铜仁师范高等专科学校学报, 2005, (9): 24 – 27.

[7] 司金鸾. 中国可持续旅游消费理论问题探讨 [J] . 社会科学, 2001, (10): 20 – 24.

[8] 刘亭立, 赵小丽. 可持续旅游发展的经济学分析工具 [J] . 北京第二外国语学院学报, 2002, (4): 45 – 47.

[9] 丁赛. 民族地区旅游经济可持续发展分析 [J] . 西南民族大学学报, 2005, 26 (4): 123.

[10] 彭兆荣. 旅游人类学 [M] . 北京: 民族出版社, 2004.

[11] 唐飞, 陶伟. 建立旅游可持续发展的复合系统 [J] . 东北财经大学学报, 2001, (2): 28 – 30.

[12] 金华. 生态旅游区环境变化与可持续旅游发展 [J] . 中国人口资源与环境, 2002, (3): 95 – 98.

[13] 张文祥. 浅论可持续发展对当代旅游审美文化的影响 [J] . 桂林旅游高等专科学校学报, 2000, 11 (1): 60 – 62.

[14] 吴云超. 民族地区旅游业可持续发展探讨 [J] . 经济理论研究, 2008, (10): 9 – 10.

[15] 冯莉. 西部少数民族地区旅游经济发展研究 [J] . 西南民族学院学报, 2000, (4): 24 – 26.

[16] 殷红梅, 杨龙. 贵州喀斯特民族地区旅游业可持续发展研究 [J] . 贵州师范大学学报, 2008, (8): 26 – 30.

[17] 赵大有. 民族地区旅游业可持续发展思考 [J] . 科技创业月刊, 2007, (3): 15 – 16.

[18] 颜丽虹. 少数民族地区民族文化旅游发展研究 [J] . 边疆经济与文化, 2007,

(12)：20－22.

[19] 罗永常．乡村旅游社区参与研究——以东南苗族侗族自治州雷山县郎德村为例［J］．贵州师范大学学报，2005，(4)：108－111.

[20] 石朝平．贵州旅游产业发展模式剖析［J］．山地农业生物学报，2003，(4)：351－356.

[21] 肖湘君．我国乡村旅游可持续发展研究［D］．农业经济，2008，(4)：55－56.

[22] 兀晶．论生态旅游与中国旅游业的可持续发展［D］．临沂师范学院学报，2006，(4)．

[23] 舒伯阳．中国观光农业旅游的现状分析与前景展望［J］．旅游学刊，1997，(5)：41－43.

[24] 万幼清．旅游业可持续发展的理论与实践［D］．管理世界，2003，(8)．

[25] 袁光耀．可持续发展概论［M］．北京：中国环境科学出版社，2001.

[26] 郝海，踪加峰．系统分析与评价方法［M］．北京：经济科学出版社，2003.

[27] 桑林，李文庚．生态经济学理论在现代城市绿化中的运用［J］．西南林学院学报，2008，(4)．

[28] 胡乃意，李锦宏．黔东南州旅游环境承载力探讨［J］．中国高新技术企业，2008，(5)：84－85.

[29] 黄昆．利益相关者理论在旅游地可持续发展中的应用研究［D］．财贸经济，2004，(5)：27－31.

[30] 张维迎．博弈论与信息经济学［M］．上海：上海人民出版社，2004.

[31] 阎友兵．旅游地生命周期理论辨析［J］．旅游学刊，2001，(6)：30－31.

[32] 应天煜．浅议社会表现理论在旅游学研究中的应用［J］．旅游学刊，2004，(1)．

[33] 于立群．贵州省旅游形象研究［D］．湖南：中南林学院，2001.

[34] 宋瑛．乡村旅游与社会主义新农村建设的互动机制研究［J］．上海经济研究，2008，(4)：107－111.

[35] 贵州省人民政府研究室网站，http：//www. gzdrc. gov. cn/content. php? IndexID＝452.

[36] 赵玉婷．旅游业对我国经济增长的效应分析［J］．黑龙江对外经贸，2008，(11)：103－119.

[37] 曾雪梅．对西部旅游发展热的冷思考［J］．西南民族大学学报（人文社会科学版），2004，(1)：51－52.

[38] 倪幸媛．贵州旅游资源与发展生态旅游［J］．贵阳师范高等专科学校学报（社会科学版）（季刊），2005，(4)：50－55.

[39] 刘俊岭．论贵州少数民族民俗文化旅游发展［J］．商场现代化，2008，(7)：239－240.

[40] 秦士元．系统分析［M］．上海：上海交通大学出版社，1987.

[41] 杜瑞成，闫秀霞．系统工程［M］．北京：机械工业出版社，1999.

[42] 马勇，周霄．WTO与中国旅游产业发展新论［M］．北京：科学出版社，2003.

[43] 何文俊，段雪梅．旅游经济学［M］．北京：北京大学出版社，2008.

[44] 王德刚．试论旅游学的学科性质［J］．旅游学刊，2007，(8)．

[45] 杨军．中国乡村旅游驱动力因子及其系统优化研究［J］．旅游科学，2006，20(4)．

[46] 吴殿廷，张艳，王欣．论反向旅游［J］．桂林旅游高等专科学校学报，2007，(5)．

[47] 谢彦君．以旅游城市作为客源市场的乡村旅游开发［J］．财经问题研究，1999，(10)．

[48] 熊德国．系统科学理论在区域可持续发展中的应用研究［D］．重庆大学资源及环境科学学院，2004，(4)．

[49] 史宝娟．城市循环经济系统构建及评价方法研究［D］．天津大学管理学院，2006 (5)．

[50] 王良健．旅游可持续发展评价指标体系及评价方法研究［J］．旅游学刊，2001，(1)：67－70.

[51] 尹澂，倪晋仁，毛小苓，等．生态足迹研究述评［J］．中国人口·资源与环境，2004，(5)：45－51.

[52] 曹利军．可持续发展评价理论与方法［M］．北京：科学出版社，1999.

[53] 陈东彦，李冬梅，王树忠．数学建模［M］．北京：科学出版社，2003.

[54] Stephen L. J. Smith. 旅游决策分析方法［M］．李天元，徐虹，黄晶译．天津：南开大学出版社，2005，365－369.

[55] 赵树嫄．线性代数（第三版）［M］．北京：中国人民大学出版社，1997.

[56] 张远卿．黔东南苗族侗族自治州旅游工作手册（内部资料）［R］．凯里：黔东南苗族侗族自治州旅游局，2003，(2)．

[57] 杨东升．黔东南州旅游业发展的制约因素分析［J］．黔东南民族师范学报，2004，(12)．

[58] 体验生态博物馆——黔东南乡村旅游发展模式探析［J］．当代贵州，2008，(18)：12－14.

[59] 何永康．将黔南建成特色经济生态州［J］．当代贵州，2000，(7)．

[60] 杨学义、张有林．黔东南州森林覆盖率指标的探讨［J］．黔东南州林业调查规划，2007，(1)．

[61] 蒋焕洲．黔东南民族地区乡村旅游的可持续开发研究［J］．安徽农业科学，2008，(23)．

[62] 杨龙．贵州生态旅游［M］．贵阳：贵州科技出版社，2003.

[63] 贵州省环境保护局．贵州珍稀濒危植物［M］．北京：中国环境科学出版社，1989.

[64] 贵州省林业厅．贵州野生珍贵植物资源［M］．北京：中国林业出版社，2000.

[65] 贵州省人民政府办公厅．贵州年鉴 2004［M］．贵阳：贵州年鉴社，2004.

[66] 贵州省人民政府办公厅．贵州年鉴 2008［M］．贵阳：贵州年鉴社，2008.

[67] 新华网—黔南州，http：//www. gz. xinhuanet. com/zfpd/qnz/qnz/mzfq. htm.

[68] 普国安，白延斌．滇西北旅游产品的替代竞争与开发策略［J］．云南经济管理干部学院学报，2000，(3)：16－19.

[69] 国家旅游局政策法规司，国家统计局城市社会经济调查司．入境游客抽样调查资料［M］．北京：中国旅游出版社，2007.

[70] 国家旅游局政策法规司，国家统计局城市社会经济调查司，国家统计局农村社会经

济调查司．中国国内旅游抽样调查资料2007［M］．北京：中国旅游出版社，2007.
［71］戴松年，纵瑞昆．国际旅游学［M］．上海：学林出版社，2004.
［72］奚从清．社区研究——社区建设与社区发展［M］．北京：华夏出版社，1996.
［73］佟敏．基于社区参与的我国生态旅游研究［D］．哈尔滨：东北林业大学，2005.
［74］黄芳．传统民居旅游开发中居民参与问题思考［J］．旅游学刊，2002，(5)：54－57.
［75］蒋艳．欠发达地区社区参与旅游发展研究［D］．华侨大学，2003.
［76］李万立．转型时期中国旅游产业链建设浅析［J］．社会科学家，2005，(1).
［77］王茂强．贵州喀斯特山区农村社区参与乡村旅游开发模式研究［D］．贵阳：贵州师范大学，2003.
［78］何玲姬，明庆忠，李庆雷，等．试析西部地区社区参与旅游生态环境系统维护的实现途径［J］．云南地理环境研究，2007，(1)：118.
［79］刘勇．山西省绵山风景区旅游系统模型与旅游可持续发展研究［D］．山西大学，2003，33－34.
［80］宋振春．当代中国旅游发展研究［M］．北京：经济管理出版社，2006.
［81］蔡雄，程道品．安顺地区旅游扶贫的功能与模式［J］．理论与当代，1999，(4)：34.
［82］仲丽丽．关于运用循环经济理念促进旅游资源可持续利用的研究［D］．青岛大学，2005.
［83］蔡雄，程道品．安顺地区旅游扶贫的功能与模式［J］．理论与当代，1999，(4)：34.
［84］颜庭干．基于循环经济的江苏沿江地区旅游业可持续发展模式研究［D］．南京师范大学，2005.
［85］单延芳．对贵州旅游经济发展思考［J］．贵州大学学报（社会科学版），2006，(3)：77－84.
［86］王旭．贵州民俗文化旅游可持续发展研究［J］．贵州民族研究，2005，(6).
［87］范莉娜．贵州民族旅游开发中的社区参与问题［J］．贵州民族学院学报（哲学社会版），2007，(5)：83－87.
［88］王瑞红，陶犁．社区参与旅游发展的形成及内涵［J］．曲靖师范学院学报，2004，(4)：42－47.
［89］潘莎．贵州乡村旅游资源及其可持续发展［J］．六盘水师范高等专报，2007，(3)：10－15.
［90］徐梅．贵州民族旅游与地质旅游结合的思考［J］．贵州民族研究，2007，(2)：76－80.
［91］林懿．政府在乡村旅游开发中的职能浅析［J］．中国高新技术企业，2008，(11)：154－157.
［92］刘亚敏，伍玉静．试论政府在社区参与旅游中的作用［J］．昆明冶金高等专科学校学报，2007，(4)：95－98.
［93］刘向红．浅谈政府在旅游经济发展中的作用［J］．现代商业，2007，(14)：7.
［94］郑敏，张伟．建设新农村发展乡村旅游［J］．贵州行政学院学报，2006，(8)：

215 –217.
[95] 刘锋. 中国西部旅游发展战略研究 [M]. 北京：中国旅游出版社，2001.
[96] 赵俊，穆彪. 对发展贵州生态旅游的思考 [J]. 贵州民族学院学报（哲学社会科学版），2006，(4)：25 –28.
[97] 李银兰. 我国生态旅游实践存在的问题与对策 [J]. 经济论坛，2004，(17)：34 –35.
[98] 许秀杰. 生态旅游基本特征及发展对策研究 [J]. 乡镇经济，2007，(1)：52 –57.
[99] 威威. 内蒙古发展生态旅游的思路 [J]. 甘肃农业，2007，(1)：18 –19.
[100] 李群，白滇生，邓艺. 云南旅游可持续发展的思路及战略重点探讨 [J]. 科技进步与对策，2004，(12)：74 –75.
[101] 王国涛，张保军. 关于河南省旅游扶贫开发战略的理论分析 [J]. 河南农业，2008，(17)：53 –54.
[102] 李树民，陈实. 论西部旅游业实施政府主导型战略的宏观分析 [J]. 人文杂志，2002，(5)：66 –68.
[103] 赵新峰. 政府主导型旅游发展战略的实施内容 [J]. 经济论坛，2004，(3)：35 –36.
[104] 刘秀鸾. "多彩贵州城" 建设正在规划中 [N]. 中国旅游报，2007，(14).
[105] 沈桂林. 旅游经济学 [M]，北京：中国商业出版社，2002.
[106] 许晓瑜. 我国生态旅游可持续发展问题与对策 [J]. 商场现代化，2007，(12)：257.
[107] 方恭温. 中国改革实践与社会经济形势 [M]. 兰州：甘肃文化出版社，2000.
[108] 罗林，陆廷梅. 坚持科学发展观推进贵州民族旅游文化的开发和利用 [J]. 黔南民族师范学院学报，2007，(2)：33 –36.
[109] 周丽玲. 对贵州民族旅游文化内涵及写作价值的探讨 [J]. 贵州民族学院学报（哲学社会科学版），2007，(2)：166 –168.
[110] 杨桂华. 旅游经济学 [M]. 北京：高等教育出版社，2000.
[111] 李树民，陈实. 论西部旅游业实施政府主导型战略的宏观分析 [J]. 人文志，2002，(5)：66 –68.
[112] 侯志强，李洪波. 基于旅游地可持续发展的旅行社运营策略研究 [J]. 生态经济（学术版），2006，(2)：208 –211.
[113] 云南省科技情报所. 旅游可持续发展与云南旅游发展战略选择研究 [M]. 昆明：云南科学技术出版社，2007.
[114] 孙婷. 开发贵州旅游业必须坚持走可持续发展的道路 [J]. 特区经济，2008，(2)：196 –198.
[115] 房士林. "三农" 问题与农村旅游开发的互动性研究 [J]. 扬州大学学报（人文社会科学版），2005，(5)：37 –39.
[116] 同程网：http：//www.17u.net/news/newsinfo_ 109977.html.
[117] 网易新闻：http：//news.163.com/09/0326/12/55B5LJ8D000120GR.html.